本书系教育部人文社会科学基金项目"阿兰·巴丢诗学思想研究"
（项目编号：09YJC751018）的结项成果

本书得到"河北省社会科学重要学术著作出版基金"和
"河北师范大学学术著作出版基金"资助

本书系"河北省高等学校创新团队领军人才培育计划项目成果"

"学术新视野"丛书

阿兰·巴丢"非美学"文艺思想研究

毕日生 著

中国社会科学出版社

图书在版编目(CIP)数据

阿兰·巴丢"非美学"文艺思想研究/毕日生著. —北京：中国社会科学出版社，2014.8

ISBN 978-7-5161-4264-6

Ⅰ.①阿…　Ⅱ.①毕…　Ⅲ.①巴丢—文艺思想—研究
Ⅳ.①B565.59②I0-02

中国版本图书馆 CIP 数据核字(2014)第 097902 号

出　版　人	赵剑英
选题策划	郭晓鸿
责任编辑	熊　瑞
责任校对	李　莉
责任印制	戴　宽

出　　　版	中国社会科学出版社
社　　　址	北京鼓楼西大街甲 158 号（邮编 100720）
网　　　址	http://www.csspw.cn
	中文域名:中国社科网　　010-64070619
发 行 部	010-84083685
门 市 部	010-84029450
经　　　销	新华书店及其他书店

印　　刷	北京君升印刷有限公司
装　　订	廊坊市广阳区广增装订厂
版　　次	2014 年 8 月第 1 版
印　　次	2014 年 8 月第 1 次印刷

开　　本	710×1000　1/16
印　　张	23
插　　页	2
字　　数	365 千字
定　　价	66.00 元

"学术新视野"丛书出版说明

  "学术新视野"丛书由河北师范大学文学院策划、编辑。河北师范大学的前身是 1902 年创办的顺天府高等学堂和 1906 年创办的北洋女子师范学堂，至今已有 110 多年的历史；文学院的前身是 1929 年由李何林先生等创建的河北省国立女子师范学院国文系，至今已有 80 余年的历史。燕赵之士，人称悲歌慷慨；燕赵故地，自古文采焕然。燕赵的风土物理、文化品格、人文精神，以及长期作为畿辅重镇的地缘环境为其培育了独具气质的学风、学术和学派。近年来，河北师范大学中国语言文学博士一级学科秉承燕赵学术传统，遵循现代学术理路，锐意创新，取得了无愧于先贤，不逊于左右的成绩。丛书的出版是学科建设新成绩的展示，其所收书稿无不体现着作者在其专业领域学术视野的创新性和开拓性，也为学界同好关注现代燕赵学术提供了可资参照的新视野。

  丛书的出版得到了"河北师范大学学术著作出版基金"的资助，也得到了诸多友好人士与出版方的支持和帮助，在此一并致谢。

"学术新视野"丛书编委会

2013 年 6 月

目　录

序

金元浦

20世纪末，法国一批如日中天的哲学家如巴特、阿尔都塞、福柯、德里达、德勒兹、利奥塔等相继陨落，后结构主义、后殖民主义为代表的后现代主义思潮随之走向衰落，于是有学者提出了"理论之后"的"后理论"时代的来临。恰恰在这样一个"后学之后"的时代里，法国一位"不合时宜"的哲学新星跃然星空。他的"不合时宜"是因为他既非"二战"后法国哲学传统的后继者，也非后现代主义之后的承继者，他以一种"柏拉图姿态"创立"事件哲学"，以全新的哲学视域展开了诸如事件、真理、主体、普适性、数学本体论、无限、空、情势、情势状态、类属、类属真理程序等一系列哲学术语的独特诠释，并提出了"数学即本体论"、"科学、政治、艺术和爱是哲学的四个真理程序"等哲学命题。这位法国哲学新星阿兰·巴丢（Alain Badiou，1937—，或译巴迪欧），他的思想自成一派，是当代哲学界的"这一个"。最近十余年，他的思想成为世界学术界广泛关注的热点之一。

巴丢思想之所以在"后学之后"历史性出场，与其激进的哲学批判态度和立场及独特的"事件"哲学思想紧密相关，也与"后理论"时代学术界的理论焦虑不无关系。巴丢对分析哲学、解释学、后结构主义三大哲学主流持激进的批判态度。与后现代主义思潮的"反柏拉图主义"倾向相对立，巴丢持一种"柏拉图姿态"，提出了"回到柏拉图"的哲学主张。"柏拉图姿态"就是"承认诗人时代的结束；把数学的当代形式作为本体论的向量；从真理功能的角度思考爱；铭记政治开始的方向。"（巴丢，1992，

p. 97.）他重提真理及其普适性，并试图在非哲学家的人群中建立人们对于真理的信仰与忠诚。

对于"真理"的彻底放弃也许是当今时代的突出文化症候之一。然而，巴丢哲学最为一鸣惊人的举措，最富于挑战性的举措，就是试图证明真理的"严格的、毫不妥协的普遍性"。巴丢认为，"哲学要想存在，就必须顺应时代的需要在真理范畴的历史上再迈进一步。在今天的欧洲，真理就是新思想。"巴丢所说的真理既非"符合论"的真理，也非"存在论"的真理，更不是党派真理。他认为真理是一个过程，是事件之后不时发生的类似信仰的东西，是主体对事件的忠诚。因此，真理、事件、主体就是这同一过程的不同方面："一个真理通过主体的宣布而成为真理，这些主体在宣布真理的过程中，以其对事件的忠诚而成为主体。"（彼德·赫尔沃德，2003）巴丢的哲学思想在当今一个解构的时代、藐视真理的时代，显得格外"不合时宜"。然而，巴丢毫不畏惧由此带来的自身哲学的"边缘化"，他甚至藐视这种"边缘化"。

巴丢的数学本体论确切地说是数学集合论本体论。他从集合论本体论出发，展开了对存在问题的思考。巴丢认为，科学、艺术、政治和爱是哲学的四个真理程序，是哲学得以实现的四个条件。他还认为，哲学自柏拉图到黑格尔，在本质上是"系统性"（system）的，而这种"系统性"就是指"完整构造哲学四个类属条件的先决条件"。他的哲学思想就是试图阐明这四个条件的"可共存性质"。哲学并不产生真理，真理只能来自这四个真理程序。哲学的目的在于掌握真理，在于为这四个条件的"可共存性"提供一个思考的概念空间。由此看来，艺术是哲学的四个真理程序之一。巴丢正是在这样的哲学视域中，重新建构了哲学与艺术的"非美学"关系，并展开了对文艺作品的"非美学"式解读，形成了独特的"非美学"文艺思想。

"非美学"一方面可以理解为艺术与哲学关系的一种全新的构想。巴丢将历史上诗与哲学的关系归结为三种图式：启蒙式、浪漫式与古典式。而"非美学"是诗与哲学关系的第四种图式。这种图式认为，诗（艺术）不再是哲学的研究对象，而是哲学得以形成的条件，是哲学的四个真理程序之一。艺术本身就是真理的生产者。另一方面，"非美学"指"特定艺术作品独立存在的内在哲学效果"（intraphilosophical effects）。"特定艺术"指特定的艺术类型，如诗歌、戏剧、电影、舞蹈等，还指特定的作家作品，如马拉美、佩索亚、策兰、兰波等人的诗歌，贝克特等人的小说、戏剧等。

由此可见，"非美学"（inaesthetics）是把握巴丢文艺思想的核心命题。《阿兰·巴丢"非美学"文艺思想研究》一书作者毕日生博士，在把握巴丢哲学基本思想的基础上，以其"非美学"思想为核心，探索了巴丢"非美学"文艺思想、诗学思想及其当代视野，从中管窥巴丢整个哲学思想和文艺思想大厦及其当代意义。

作者首先通过哲学关键词的方式，梳理了巴丢的基本哲学思想。然后分析了巴丢文艺思想与哲学思想的内在关系。全书以其文艺思想最核心的术语"非美学"为切入点，分析了"非美学"概念提出的背景及其含义。在作者看来，"非美学"不仅是艺术与哲学的一种新的关系图式，还是巴丢分析解读文艺作品的一种新角度和新方法，更在此基础上形成了独特的"非美学"文艺思想。作者最后还分析了其哲学思想及文艺思想在最近几年表现出的强烈的"介入"当下的姿态，以及巴丢对当代艺术所作的分析批判。

因此，"非美学"不仅仅是一种新的关系，还是一种新的思想和新的方法。作为一种新的文艺思想，"非美学"包含了巴丢对艺术真理、艺术主体、艺术事件等问题的独特思考。作为一种新的方法，一种新的文艺解读方法，巴丢展开了他认为的特定艺术类型、艺术作品的"非美学"式解读。

巴丢"非美学"文艺思想认为，艺术真理是艺术事件之后的一系列艺术形构。艺术的主体就是艺术事件之后的一系列作品及作品的新形式。艺术事件是在艺术的情势中发生的、偶然的、断裂的、标志着新的真理和新的主体诞生的事件。巴丢独特的"非美学"文艺解读方式，则是一种参与式解读，一种强力解读，一种反传统式解读，一种哲学式解读，总之是一种"非美学"式的解读。

通过这种"非美学"的文艺思想及"非美学"式的解读，巴丢对贝克特小说、戏剧，对马拉美（还包括佩索亚、策兰、兰波等人）的诗歌进行了文本细读。然而这种文本细读绝不是"新批评"的语义式分析，也不是解释学的意义式细读，更不是传统美学的体验式品读，而是通过"非美学"式的解读，发掘出这些作品的"内在哲学效果"，即这些作品中内在包含的、独特的关于"存在"、"事件"、"真理"、"主体"等方面的哲学思想。哲学中提到的这些概念只是一种"概念空间"，而要真正理解这些哲学范畴，必须回到哲学的条件，回到艺术中（政治、科学、爱之中）去，用特定艺术类型中的特定作品来解释这些哲学范畴的思想内涵。贝克特小说、戏剧揭示了存在的"空"、存在的"阴暗"、主体的形象、爱的相遇、事件及命名等哲学思想。通过对马拉美诗歌句法、诗学思想等方面的解读分析，揭示了事件、命名、真理、忠诚等哲学思想。巴丢对电影艺术进行了独特的理解。他认为电影是一种"大众艺术"，一种"不纯"的艺术，是"第七种艺术"，是一种"加一"的艺术。电影是民主的象征。电影艺术有历史的、叙事的、精神分析的、文化的四重维度。电影需要哲学，哲学也应该成为一种"大众哲学"。

杨慧林教授也关注巴丢的"事件哲学"。他在一套诠释学丛书的前言中推重巴丢的一个公式：E——→d——→（ε）——→π。其中 E 代表事件（event），d 代表"决定"（decision），ε 被解释为"关于事件的陈述"（evental statement），π 则是"对一个事件的忠实"。按照公式中的第一个环节：人自身本来不能做出任何"决定"，只能"陈述"一个"事件"，结果是不可确定的东西通过与"事件"的关联而得到了"决定"。按照公式中的第二个环节，"关于事件的陈述"又带来"对一个事件的忠实"，于是"主体"被建构出来，"普遍性"得到了一种形式，一切意义也都成为可能了。最重要的是，"对事件的忠实"实际上只需要忠实于一个不确定的事件。简化以后我们是否可以这样理解，历史的和现实的无数事件决定着历史和现实的陈述，而这种陈述将成为忠实于事件的陈述。

发人深省的是：巴丢声称，这不是哲学，而是思想！

哲学难道不是思想吗？

思想中可以没有哲学？

巴丢想说什么？他在指什么？

回首来看，在为毕日生选定巴丢的选题后，我逐渐对巴丢的复杂思想和独立人格产生了兴趣。巴丢在后现代全球风行时，特立独行，不为风潮所动，成为那个时代乃至今天人类思想界的"孤独的守夜人"，他是我们时代"最后的知识分子"，"人类的良心"和批判学人。后学之后，实际上是那些后学大师的同龄人的巴丢，却作为"新人"被历史推到了前台。

因为历史需要。当历史需要另一种反思时，历史就会造就它的代言人。我创造了一个现在风行的词，叫"历史性出场"，就是说这种历史的必然性。

巴丢喜欢毛泽东的名言"丢掉幻想，准备斗争"。他在 2008 年出版的新书《袖珍万神殿》中，再一次重申了他的主张："无论在什么情况下，坚持真理，丢掉幻想，去战斗而不是投降。在我看来，这是唯一真实的哲学。"在这个精神委顿，生活奢靡，思想犬儒，信仰顿失的时代，他使我想起鲁迅，想起鲁迅的硬骨头——那是一棵独立支撑的大树，而不是向两边偏倒的小草。

巴丢还曾是个坚定的马克思主义实践者。20 世纪 50 年代末，它加入了法共的一个分支组织——联合社会主义党（PSU），积极参与了法国与阿尔及利亚的战争。他是著名的马克思主义理论家阿尔都塞的学生，参与了阿尔都塞主持的名著《读〈资本论〉》的写作。在 1968 年法国震惊世界的"五月风暴"中，他看到了学院式理论的空中楼阁与现实的超远距离。巴丢更向往直接的斗争：他曾带领学生罢课，带领学生冲进被他称为"修正主义的最后堡垒"的德勒兹和利奥塔的课堂。五月风暴中，他成了一位坚定的法国化的毛主义者。他认为大学里远离实际的思想很难指导现实斗争中的水枪和警棍。我欣赏他的坚定和勇气。

我还很佩服巴丢的数学天才。巴丢的父亲是个数学家，他把巴丢培养成了一个数学化的哲学家、思想家，与法国思想界的其他腕级学术明星截然不同。搞哲学人文学科的人，很多对数学心存畏惧，像福柯、德勒兹、巴塔耶、鲍德里亚等人都是放荡不羁，一派文人习气，在学术风格上也是追求文学性表述，诗性语言，而且总是要追求"惊艳"出场。巴丢不同，他将一种哲性的深刻和严谨投注于他的思考之中。他关注科学，崇尚严谨，理性，富于逻辑。思想不再是文人们思虑的"脱缰的野马"，无边的欲望，随意铺排的生命冲动，而是在激进的思想追求中抱持一种哲学的清醒。1968 年，他被阿尔都塞邀请在其主持的"科学家的哲学殿堂"中做报告，这令我感到十分钦佩。

通读《阿兰·巴丢"非美学"文艺思想研究》全书，我认为此书在以下几个方面是值得特别肯定的：

其一，该书的选题具有前沿性和开拓性。从目前国内外对阿兰·巴丢的研究现状来看，国外关于巴丢的研究如火如荼。从 2000 年前后至今的十余年间，巴丢的著作几乎全部被翻译成了英文，引起了学术界的广泛关注。并且，最近十余年，巴丢不断有新著问世，目前出版新著大约二三十部。而我国学术界对巴丢的译介、研究才刚刚起步。当年毕日生的博士论文就是国内第一本关于巴丢的博士论文，现在经过修订正式出版，此书成为国内第一部巴丢文艺思想的研究专著。

第二，凸显了巴丢思想在"后学之后"历史性出场的理论意义。众所周知，后现代主义思潮的主要特征是"否定性"：摧毁、解构、颠覆、否定、超越和批判既定的、传统的思想、价值、观念等。因而后现代主义又被称作"否定的后现代主义"。巴丢哲学思想的出现，给走向颓势的后现代哲学迎头一击，更使"后学之后"哲学的未来有了一丝希望。作者用"不合时宜"一词来概括巴丢哲学思想的独特性，这里所谓的"时宜"就是后现代主义思潮所形成的"时宜"。作者从以下几个方面归纳了巴丢思想的这种"不合时宜"：其一，"回到柏拉图"与"反柏拉图主义"的对抗；其二，"永恒的、普遍真理"对抗"差异"、"多元化"时代的"真理的终结"；其三，"真理—主体"对抗"主体终结"后的"身体—个体"；其四，"数学＝本体论"对抗"语言本体论"；其五，"系统化"哲学构想对抗当代的"碎片化"时代。作者的这些分析都是比较准确和精当的，以此凸显了巴丢思想历史性出场的理论意义。

第三，本书是国内首次对巴丢"非美学"文艺思想进行系统研究的理论成果。从国外的研究现状来看，西方学者的个别论文谈到了巴丢的诗学思想、非美学概念、电影理论及巴丢对贝克特、马拉美、佩索亚与策兰的分析等，但目前尚且没有对其"非美学"思想进行系统研究的理论成果。国内情况更是如此。作者是国内最早开始研究巴丢"非美学"思想的人。作者围绕巴丢文艺思想的核心范畴"非美学"展开研究，对"非美学"这一概念的内涵进行了梳理，对"非美学"与传统美学思想中的"反美学"，与哲学中的"反哲学"概念进行了辨析。以马拉美为例，梳理了巴丢"非美学"的诗学思想。以贝克特的小说与戏剧以及巴丢对电影艺术的研究为例，总结了巴丢"非美学"的艺术思想。

第四，分析了巴丢思想"介入"当下的理论立场及现实意义。巴丢哲学近年来表现出了强烈的"介入"立场。他对当代世界的逻辑进行了深刻分析与批判。认为世界的"民主唯物主义"逻辑中，"只有身体和语言"。而要打破这种逻辑，就必须加入"三"——"真理"。他主张的"唯物辩证法"认为，世界的逻辑应变成"除了真理，只有身体和语言"。从这种"介入的"哲学立场出发，巴丢展开了对当代艺术问题的批判。当前艺术的当务之急就是"避免做一个浪漫主义的形式主义者"。艺术应该找到一种新的普遍性——艺术真理。艺术的主要任务就是真正的"新形式"的创造，艺术的真正功能则是，创造新的可能性。这种可能性既包括艺术的可能性，同时指政治的可能性。巴丢对当代艺术的批判，对于我们思考当前中国文艺界的"身体写作"问题、当代文学的"新生"问题、"新媒体文学"与文学产业化问题、"后理论"时代文艺研究的出路问题等都具有一定的借鉴和参考作用。

第五，在这一专著的写作中，作者的学术能力、学术视野得到了一次重要提升。2009 年，当毕日生向我提及他的博士毕业论文选题时，我对他的选题是深表担心：一是巴丢的著作几乎全是英文、法文，当时的国内译著是空白的，突破语言关是摆在毕日生博士面前的第一道难关；二是巴丢哲学思想本身的独特、深奥，对于哲学基础相对薄弱的毕日生来说是又一个极大的挑战。然而，毕日生克服了这两道难关，知难而上，自学了法语，夜以继日的勤学苦读，经过努力终于完成了二十多万字的论文。在此过程中，他的学术能力得到了一次飞跃，学术视野也随之更为开阔。他在读博期间和毕业后这两年，在《文艺理论研究》、《江西社会科学》、《福建论坛》等国内核心期刊发表巴丢研究论文，并被人大复印报刊资料全文转载，成果喜人。希望他在学术的道路上，百尺竿头，更进一步。

当然，全书中有些方面尚嫌薄弱，例如巴丢哲学思想的理论渊源方面；"非美学"思想的深入分析归纳；巴丢哲学思想、文艺思想的局限性分析；巴丢艺术真理、艺术主体、艺术事件思想在当代中国文艺研究中的理论意义等方面，仍需作者在今后的学术研究中继续深入，继续探索。

《阿兰·巴丢"非美学"文艺思想研究》近日就要出版了，作者在全书结语中说"（巴丢）把包括自己在内的哲学家自嘲为'孤独的守夜人'，真理的曙光和他思想的光辉何时才能划破冰冷的夜空？我们只能拭目以待。"寄望毕日生博士的这部巴丢研究专著，也能在国内巴丢研究方面发挥其应有的开路先锋的作用！我衷心祝贺毕日生博士。我脑中浮现出韩愈《进学解》的文字："寻坠绪之茫茫，独旁搜而远绍。补苴罅漏，张皇幽眇"，"爬罗剔抉，刮垢磨光"。学术的道路曲折而又艰难，有志于学，看来只能"焚膏油以继晷，恒兀兀以穷年"了，待到"头童齿豁"时，自有甘甜可回味。

谨为序。

2014 年春节于北京

导　论

阿兰·巴丢（Alain Badiou）（1937—），是法国当代著名哲学家、左翼思想家。他是继柏格森、萨特、梅洛—庞蒂、列维纳斯、列维—斯特劳斯、阿尔都塞、拉康、福柯、德勒兹、利奥塔、鲍德里亚、德里达、利科等人之后的"当代法国最重要的哲学家"之一。他被当红的"学术新星"齐泽克评价为"一个奠基式人物"，"一个极具领袖气质的知识分子"。最近十余年，国外学术界出现了巴丢研究热潮。从 2003 年至今，巴丢出版著作 30 余部，20 多部著作被译为英文。他的"历史性"出场有深刻的内在根源。本书试图分析其中根源，梳理巴丢哲学的基本思想，在其独特的"事件哲学"视域内把握其"非美学"文艺思想及其当代意义。

一　阿兰·巴丢生平及著作

（一）家庭背景

阿兰·巴丢（Alain Badiou），1937 年出生在摩洛哥（Morocco）的拉巴特（Rabat）。① 阿兰·巴丢成长在一个极具左翼色彩的家庭之中。他出生后不久，"二战"爆发，1940 年在德国法西斯铁蹄的践踏下法国沦陷。法国左翼分子成立抵抗组织，反抗德国纳粹的入侵和法国贝当维希政府的投降政治。阿兰·巴丢的父亲雷蒙·巴丢（Raymond Badiou）就是积极的

---

① 摩洛哥是非洲北部的一个历史悠久的文明古国。从 15 世纪开始受到西方一些国家的入侵。1904 年 10 月，法国与西班牙签订了瓜分摩洛哥的协定。1912 年 3 月 30 日沦为法国的"保护国"，同年 11 月，法国与西班牙重新签订了瓜分摩洛哥的《马德里条约》。1956 年 3 月 2 日，摩洛哥获得独立，首都拉巴特。

左翼分子之一。当时的雷蒙·巴丢是巴黎高师的高才生，所学专业是数学。作为数学家的雷蒙·巴丢带给阿兰·巴丢的是数学思维方式及严谨的、逻辑性的行为方式。法国光复后，雷蒙·巴丢在法国南部城市图卢兹担任市长十三年之久。他的左翼活动和从政经历对年幼的阿兰·巴丢产生了重要影响。这种影响用阿兰·巴丢自己的话说："我们家本质上具有左翼传统。我父亲给我两个印象：'二战'期间参加的反纳粹抵抗运动，以及他也是当权的社会主义的斗士，因为他在法国一个大城市图卢兹当了十三年市长。我的故事就是与这种官方左翼决裂的故事。"① 阿兰·巴丢"与这种官方左翼决裂"是通过他参加的两次活动实现的：一次是1968年法国五月风暴，另一次是1969年比利时大罢工。这两次活动对阿兰·巴丢的政治观念、哲学观念都产生了极为重要的影响。尤其是作为记者的阿兰·巴丢被派去报道比利时工人罢工。在与矿工工人的接触中，深刻了解了他们的乡村社会生活。这段经历决定了巴丢的哲学始终"站在他们的立场上发言和演说，站在人类共通性的最模糊的部分上，站在平等那一边。""哲学的金科玉律绝对是平等。"② 真正的理论只能在革命的斗争实践中形成。

阿兰·巴丢的母亲也毕业于法国巴黎高师，所学专业是法国文学。如果说父亲给予巴丢的是数学的严谨、哲性思维和左翼立场的话，那么母亲给予他的则是文学的、诗性的熏陶，并赋予他充满诗意的人生。巴丢说：

> 我父亲是巴黎高师数学系的毕业生，我母亲则是巴黎高师法国文学专业的毕业生。我也是巴黎高师的毕业生，是什么专业呢？是哲学。也就是说，或许这是唯一能够在文学母性和数学父性之间建立双重亲子关系和自由流通关系的方式。这就是哲学本身的启示：哲学语言通常在数学和诗之间，母亲和父亲之间，建构自己的空间。③

---

① Alain Badiou, *Philosophy as Biography*，http：//www.lacan.com/symptom9 _ articles/badiou19. html.

② Ibid.

③ Ibid.

母亲亲身经历的一个真实的故事，促使巴丢对哲学产生了新的看法。母亲曾经给他讲述了一个充满温情的感人故事。母亲在认识父亲之前，在阿尔及利亚教书，当时她对一个哲学老师产生了热烈的爱情，但由于各种原因无法与他终成眷属，这种深刻的、刻骨铭心的爱一直支撑着母亲到 81 岁高龄。这个故事使巴丢得出的哲学结论是：哲学并未终结，"因为它仍在自身中游荡，因为对现存的问题仍有更进一步的必要。我相信这是其本质。哲学的本质正是一种我们薪火相传的永恒的东西"。①

在母亲的熏染下，巴丢的人生及其思想都充满了诗性特征。巴丢不仅本人创作戏剧、小说等文学作品。同时，对马拉美、佩索亚、策兰、兰波、贝克特等人的文学作品进行了独特的解读，他们的作品也成了巴丢阐述其哲学思想和文艺思想最主要的话语资源。此外，巴丢的著作也充满着诗性的魅力。因此，齐泽克这样评价阿兰·巴丢："巴丢是一个极具魅力的知识分子。它以一种独特的方式将严格的数学知识、真正的哲学情怀、艺术家的敏感以及激进的政治活动结合在一起。"②

（二）学习经历③

从巴丢的学习经历来看，可以说他是一个成长在学院里的哲学家。然而他却是一名反对学院派哲学思想的哲学家。

巴丢中学毕业于图卢兹（Toulouse）的贝尔维尤实验中学（Lycée de Bellevue）。于 1954—1955 年在图卢兹的古典费马学校（Lycée Fermat）读文科预科。1955 年之前，阿兰·巴丢成长于法国巴黎的外省，1955 年来到巴黎。并于 1955—1956 年在巴黎的路易大帝中学（Lycée LyceLouis - le - Grand）读高等师范学院文科预科。1956 年考入巴黎高师，直到 1961 年一直就读于巴黎高师。他对数学情有独钟，这为他后来提出的数学本体论的哲学思想奠定了基础。1960 年通过了从教资格考试。1962 年服义务兵

---

① Alain Badiou, *Philosophy as Biography*, http：//www.lacan. com/symptom9 _ articles/badiou19. html.

② 参见齐泽克为彼德·霍尔沃德 *Badiou：A Subject to Truth*（University of Minnesota Press，2003，pp. 4—8）一书写的序言。

③ 参考了 Alan D. Schrift, *Twentieth -Century French Philosophy：Key Themes and Think-ers*，（Blackwell Publishing，2006，p. 91）中的部分相关内容。

役一年。1963—1965 年在法国的兰斯中学教书。1965—1969 年在兰斯大学任助教（Assistant）和助理讲师（Maître-assistant）。1968 年，巴丢受福柯的邀请，成为万森纳（Vincennes）巴黎第八大学哲学系的一名教师，并于 1969—1983 年在该学院担任助理讲师，于 1983—1990 年担任讲师（Maître de Conférences）。随着他 1988 年《存在与事件》一书的问世，1989 年他被授予哲学教授资格并于 1990—1999 年间一直担任主席。1969 年直到 1999 年的三十年间中，他一直在巴黎第八大学教书。他与米歇尔·塞尔（Michel Serre）、吉尔·德勒兹（Gilles Deleuz）、弗朗西瓦·夏特勒（François Chatelet）、利奥塔（Jean-François Lyotard）、雅克·朗西埃（Jacques Rancière）、阿兰·米勒（Alain Miller）等人都是同事。在此期间，他与德勒兹、利奥塔展开了激烈的争论。二人的哲学著作被巴丢看作是阿尔都塞的科学马克思主义项目的不健康的变体。1999 年，他回到巴黎高师，并担任了哲学系主任。他还是国际哲学学院（The Collège International de Philosophie，简称 CIPh）的重要负责人，同时还在国际哲学学院开设一个很受欢迎的研讨班，讨论内容从"反哲学家"（圣保罗、尼采、维特根斯坦、拉康）到 20 世纪主要的概念变革。

就读于巴黎高师期间，阿兰·巴丢接触到了他哲学生涯中最重要的三位导师：萨特、拉康和阿尔都塞。他们三个人不同程度地影响了阿兰·巴丢哲学思想的形成。"萨特教给我的东西很简单，存在主义……概念通常也必须是存在……拉康教给我的是连接，即主体理论同形式理论之间的必然连接……阿尔都塞教给我两样东西：没有适合的哲学的主体……只有思想的方向；哲学必须进行区分和划界，即同那些不是哲学的东西区分开来……"[①]

在这三个人当中，对巴丢影响最大的还是阿尔都塞。在巴黎高师期间，巴丢是阿尔都塞的学生，聆听他所讲授的课程。阿尔都塞对《资本论》的解读深深吸引着巴丢。后来巴丢与巴里巴尔、朗西埃、马舍雷等人都是阿尔都塞名著《读〈资本论〉》一书的撰写者。1967 年巴丢加入了阿

---

① Alain Badiou, *Philosophy as Biography*, http://www.lacan.com/symptom9_articles/badiou19.html.

尔都塞开创的一个研究斯宾诺莎的小组。同年，他被阿尔都塞邀请参加了"科学家的哲学课堂"（"Philosophy Course for Scientists"）。巴丢在这个哲学课堂上进行了几次演讲，在这些讲稿的基础上最终形成了他的《模式的概念》（*Le concept de modèle*）一书。此书是巴丢早期最重要的著作，书中体现出他深受阿尔都塞思想的影响。但是从 1968 年以后，巴丢就开始反对阿尔都塞。

（三）政治实践

19 世纪末的德雷福斯事件后，整个 20 世纪的法国知识界形成了知识分子积极参与社会政治活动的传统。阿兰·巴丢与阿尔都塞、萨特等一代知识分子，都是当时法国极为活跃的政治活动家。巴丢受到来自父亲和导师阿尔都塞左翼思想的影响，他积极参加左翼政治活动，这一系列活动对巴丢哲学思想的形成都起着至关重要的作用。

1955 年，他刚刚来到巴黎时，即爆发了法国对阿尔及利亚的战争。1958 年，他协助建立了联合社会主义党（United Socialist Party，PSU），这是法共的一个分支，他们强烈谴责法国对阿尔及利亚的战争。联合社会主义党成立后，随即展开了反对法国向阿尔及利亚出兵的反战活动，巴丢是反战组织的积极成员之一。他走上街头，高喊"阿尔及利亚和平"的口号，参与反战示威游行，并与前来镇压的警察进行身体搏斗。1960 年 8 月，萨特联合了当时法国知识界的 120 位反战人士，发表了《121 人宣言》，公开支持阿尔及利亚的反法独立运动，支持法国青年和士兵的反战行为。通过参与此次反战运动，阿兰·巴丢认为，哲学只有介入社会才能存在，他反对学院派的哲学立场。他说："唯有哲学真正掌握了时代的节奏，它才能存在。这不是一个简单的运动，也不是与我们无关的政治，而是当代人经常发作的痛楚，哲学必须要验证这种痛楚，或者说，让哲学诞生在今天人们的伤口处，而知识分子们生产的哲学太过圆滑世故。"[①] 他还认为，革命思想并非来自书斋，不是几个哲学教授在书斋里发明出来的，而是在与统治者血与火的斗争实践中发展起来的。

---

① Alain Badiou, *Philosophy as Biography*, http://www.lacan.com/symptom9 _ articles/badiou19. html.

1968 年，受到"五月风暴"的影响，巴丢开始将自己的政治思考转向建立一个分离性的毛主义组织，即法国马列共产主义联合组织（Group for the Foundation of the Union of Marxist - Leninst Communists of France, UCFML）。巴丢在这一组织中长期担任领导人。他还是一个后政党组织——政治组织中心（The Center of L'Organisation Politique）的成员。这一组织关注最广泛的介入式话题，如劳工、移民、住房等话题。

（四）主要著作

自 25 岁发表第一篇文学作品，如今年逾古稀的阿兰·巴丢几乎已经著作等身。这些著作按其内容大致可以分为哲学、政治学、伦理学、论文集、评论集、文学作品等几大类（各类之间也有相互交叉，如哲学与政治学、伦理学著作之间就是如此）。

哲学著作包括：《模式的概念》（1969）、《主体理论》（1982）、《能否思考政治》（1985）、《存在与事件》（1988）、《哲学宣言》（1989）、《数与数字》（1990）、《条件》（1992）、《伦理学：论恶的理解》（1993）、《吉尔·德勒兹：存在的喧嚣》（1997）、《圣保罗：普世主义的奠基》（1997）、《过渡本体论简论》（1998）、《非美学手册》（1998）、《元政治学纲要》（1998）、《世界的逻辑：存在与事件 2》（2006）、《第二哲学宣言》（2009）、《哲学在当代》（与齐泽克合著，2009）、《维特根斯坦的反哲学》（2009）、《尼采的反哲学》（2009）、《爱的多重奏》（2009）、《海德格尔：纳粹，女人，哲学》（2010）、《性关系根本不存在：拉康二讲》（2010）、《哲学与事件》（2010）、《瓦格纳五讲》（2010）、《有限与无限》（2010）、《政治与哲学的隐秘关系》（2011，英译本《激进分子的哲学》，2012）、《柏拉图的理想国》（2012）、《法国哲学的冒险》（2012）、《超验数学：元本体论与实存》（2014），等等。

政治学著作包括：《矛盾理论》（1975）、《论意识形态》（1976）、《黑格尔辩证法的理性内核》（1977）、《阴暗的灾难》（1991）、《情势 1：科索沃，九一一，希拉克与勒庞》（2003）、《情势 2：伊拉克，围巾，德国与法国》（2004）、《情势 3：犹太一词的范围》（2005）、《情势 4：论萨科齐的意义》（2007）、《论毛泽东的实践论和矛盾论》（2008）、《情势 5：共产主义假设》(2009)、《历史的重生：造反和起义的时代》（2011）、《反犹太主义无处不在，今日法国》（2011，英译本《反犹太主义反思》，2013）等。

其他论文集、评论集如：《剧院狂想曲》（1990）、《贝克特：不竭的欲望》（1995）、《无限性思想》（2003）、《理论书写》（2004）、《世纪》（2005）、《边界》（2006）、《论辩术》（2006）、《小万神殿：战后哲学家》（2009）、《电影》（2010）等。

文学创作方面，巴丢创作了小说三部曲和戏剧三部曲。1959年他的第一部散文式小说《观星台：反向旅途1》（*Almageste. Trajectoire inverse* Ⅰ. [Prose]. Paris：Seuil, 1964.）于1964年出版。1967年他又出版了另一部长篇小说《罗盘：反向旅途2》（*Portulans. Trajectoire inverse* Ⅱ [Roman]. Paris：Seuil, 1967）。与原计划创作的第三部小说《角斗士》（*Bestiaires*）构成了他的小说三部曲，只是由于各种原因，第三部小说流产告终。1979年创作了他的第一部戏剧《红披肩》（*L'Écharpe rouge*. [Romanopéra]. Paris：Maspero, 1979.）。此后，又创作了他的戏剧三部曲。1994年创作了一部闹剧《细心的艾哈迈德》（*Ahmed le subtil*. [Farce]. Paris：Actes du Sud, 1994.），接着又于1995年创作了戏剧《哲人艾哈迈德》及其续集《烦恼的艾哈迈德》（*Ahmed le philosophe*, suivi de *Ahmed se fache*. [Théatre]. Paris：Actes du Sud, 1995.），从而形成了艾哈迈德戏剧三部曲。1996年还创作了喜剧《南瓜》（*Les Citrouilles*. [Comédie]. Paris：Actes du Sud, 1996.）。1997年发表了他的又一部长篇小说《世间净土》（*Calme Bloc ici - bas*. [Novel]. Paris：P.O.L. 1997.）。

二　国内外研究现状

阿兰·巴丢创立的"单一性真理"的哲学、"新的主体"哲学、"关于当代理性"的哲学、"事件"哲学，在当代世界学术界显得格外引人注目。欧美学术界正在掀起一场阿兰·巴丢的研究热潮。目前为止，巴丢本人已经出版著作50余部，论文160余篇，小说戏剧作品7部，而且最近几年巴丢不断有新著问世。巴丢的近40部法文原著被译为英语，有些著作还翻译成了德语、西班牙语、俄语、日语、韩语等多种语言。

（一）国外研究现状

目前，国外出版了许多重要的研究巴丢的专著或论文集。截至目前，研究巴丢的英语专著（包括论文集）20 余部，法语研究专著 10 余部，研究论文 260 余篇，[①] 仅英语研究论文就达 170 多篇。例如彼德·霍尔沃德（Peter Hallward）、詹森·巴克（Jason Barker）等人都撰写了巴丢研究专著或论文集。[②] 此外，Paul Ashton，A. J. Bartlett，Justin Clemes，Gabriel Riera 等人都有介绍研究巴丢思想的专著或论文。国外许多大学、研究机构开始关注、研究巴丢思想。许多学校还专门开设了研究巴丢的课程。一些国际学术杂志刊登了巴丢的文章以及大量对巴丢的访谈、研究、评介性文章。综合国外研究成果，从涉及内容来看，可以大致归纳为以下几个方面。

1. 哲学思想研究

巴丢最重要的哲学代表作《存在与事件》、《世界的逻辑——存在与事件 2》，分别于 2005 年和 2009 年被译为英文。[③] 同时，巴丢哲学思想极端复杂而独特——他提出了数学本体论；他试图要建立"一种单一真理哲学，一种当代理性哲学，一种事件哲学"；[④] 他的集合论原则、系统化倾向；他对当代三大哲学思潮（分析哲学、解释学哲学、后结构主义哲学）持严厉的批判态度；等等，这一切都使他与当代哲学似乎格格不入。

---

① 由于研究成果不断涌现，现在很难统计出准确数字。以上这一系列数字仅仅是笔者查阅若干重要外文数据库和相关研究资料所作的粗略的统计，实际数量要远大于这个数字，而且这里只是统计了巴丢的专论性文章，不包括主要涉及巴丢思想或一般性访谈等其他方面的文章。

② Peter Hallward，*Badiou：A Subject to Truth*，London：University of Minnesota Press，2003. Peter Hallward，*Think Again：Alain Badiou and the Future of Philosophy*，London：Continuum，2004. Jason Barker，*Alain Badiou：A Critical Introduction*，London：Pluto Press，2002.

③ 《存在与事件》法文原版 1988 年出版：*L'être et l'événment*，Paris：Seuil，1988. 英译本 2005 年出版：*Bing and Event*，trans. Oliver Feltham，London：Continuum，2005. 《世界的逻辑》法文原版 2006 年出版：*Logiques des mondes*，Paris：Seuil，2006. 英译本 2009 年出版：*Logics of Worlds：Bing and Event*，2，trans. Alberto Toscano，London：Continuum，2009. 其他比较重要的哲学专著还有《主体理论》、《哲学宣言》、《第二哲学宣言》、《模式的概念》等。

④ Alain Badiou，*Infinite Thought：Truth and the Return to Philosophy*，trans. and ed. Oliver Feltham and Justin Clemens，New York：Continuum，2004，p. 56.

巴丢著作在近些年陆续进入英语世界，由于其激进而独特的哲学思想，近年来欧美学术界对巴丢哲学思想的研究持续升温，尤其是最近几年研究成果大量涌现。综合这些研究成果来看，对巴丢哲学思想的研究论题主要涉及以下几个方面：一是巴丢哲学的数学本体论思想研究；二是新的主体学说研究；三是巴丢的真理观；四是巴丢关于事件的哲学思想；五是巴丢提出的哲学及其条件以及哲学的四个真理程序的相关问题；六是巴丢哲学关键词研究，如事件（event）、真理（truth）、主体（subject）、一与多（one and multiple）、真理程序（truth procedure）、类属（generic）、减除（substruction）等；七是巴丢与拉康、海德格尔、德勒兹等人的关系及相关问题研究；等等。

在这些研究者中值得一提的是彼德·霍尔沃德（Peter Hallward）和詹森·巴克（Jason Barker）。

彼德·霍尔沃德出版了巴丢哲学思想研究专著《巴丢：忠诚于真理》（*Badiou：A Subject to Truth*. University of Mimmesota Press，2003）。该书由齐泽克作序，共分为四部分：第一部分"原则问题"（Matters of Principle），第二部分"存在与真理"（Being and Truth），第三部分"类属程序"（The Generic Procedures），第四部分"复杂性"（complications）。第一部分原则问题，分析了巴丢哲学的定位，阐明了巴丢批判诡辩论和"反哲学"的主要哲学思想意图，追溯了巴丢哲学的政治动机及其数学转向。第二部分系统阐述了巴丢的数学本体论思想、主体理论及巴丢的真理观。第三部分探讨了真理在其四个维度（爱、艺术、科学和政治）中的具体运行，巴丢认为这四个维度是哲学的"类属程序"（generic procedures）或"条件"（conditions）。第四部分还阐述了巴丢关于"什么是哲学"的总结性看法，分析了巴丢如何处理与真理相关的伦理问题及巴丢哲学的现在与未来等。在全书结语部分，霍尔沃德对巴丢哲学思想进行了客观的评价，"不仅指出了巴丢的巨大成就，而且指出了局部的冲突，有待解决的僵局，需要进一步阐述的任务。"①

----

① 见齐泽克为本书写的序。*Foreword：Hallward's Fidelity to the Badiou Event*。

霍尔沃德还主编了一本巴丢研究论文集《再思考：阿兰·巴丢与哲学的未来》。① 全书收录了斯拉沃热·齐泽克（Slavoj Zizek）、让—吕克·南希（Jean-Luc Nancy）、埃蒂安·巴利巴尔（Etienne Balibar）、恩斯特·拉克劳（Ernesto Laclau）、雅克·朗西埃（Jacques Rancière）等人对巴丢的研究文章，共计 17 篇。内容涉及巴丢的哲学本体论、真理问题、伦理学、政治学和文艺几个方面。其中有近一半的文章围绕巴丢的哲学思想展开研究。齐泽克的文章分析了巴丢的纯化（purification）与减除（subtraction）的思想。巴利巴尔的文章分析了巴丢的真理观，并与德里达、福柯等人的真理观进行了对比分析。南希的文章则围绕巴丢提出的哲学的条件——四个真理程序展开讨论。史密斯（Daniel W. Smith）的文章和多德·梅（Todd May）的文章均是关于巴丢与德勒兹的思想比较研究，前者分析了二人的数学本体论思想，后者比较分析了二人关于一和多的问题的看法。②

詹森·巴克撰写了《阿兰·巴丢：批评性导论》③ 一书。全书共分为六章：第一章"毛主义者的开端"，追溯了巴丢的思想渊源（尤其是与阿尔都塞的关系），并重点围绕巴丢 20 世纪 60、70 年代的著作（《模式的概念》、《矛盾论》、《论意识形态》、《黑格尔辩证法的理性内核》等）对其早期思想进行分析研究，第二章"存在的科学"，重点围绕其《存在与事件》分析巴丢哲学的数学本体论思想，第三章"非存在的事件"，对巴丢的数学本体论进一步分析，并概括为四个阶段，第四章"真理的政治"，分析了巴丢的政治观，即巴丢把政治作为真理的四个哲学条件之一的观点，第五章分析了巴丢与德勒兹的关系，第六章阐述巴丢的哲学伦理学。本书基本按照阿兰·巴丢的思想发展线索展开论述，是阿兰·巴丢思想研究的重要著作之一。

除了霍尔沃德和巴克以外，还有一些重要成果值得一提。盖布瑞尔·里耶拉（Gabriel Riera）主编了巴丢的研究论文集《阿兰·巴丢：哲学及

---

① Peter Hallward, *Think Again*: *Alain Badiou and the Future of Philosophy*, London: Continuum, 2004.

② 这些文章均见: Peter Hallward, *Think Again*: *Alain Badiou and the Future of Philosophy*, London: Continuum, 2004。

③ Jason Barker, *Alain Badiou*: *A Critical Introduction*, London: Pluto Press, 2002.

其条件》[①]一书，全书分为四部分：第一部分是"数学＝本体论"，收录了诺曼·毛德拉斯（Norman Madarasz）和米格尔·德·贝斯特古（Miguel de Beistegui）两人的文章，前者论述了巴丢本体论中的类属理论问题，后者则对比分析了巴丢与海德格尔、德勒兹的本体论分歧；第二部分"诗歌"，收录了盖布瑞尔·里耶拉（Gabriel Riera）、让—米歇尔·拉巴特（Jean-Michel Rabate）、皮埃尔·马舍雷（Pierre Macherey）三人的文章；第三部分"爱（哲学与精神分析）"，收录了琼·考詹克（Joan Copjec）、朱丽叶·弗拉沃（Juliet Flower）、马克·康奈尔（Mac Cannellt）和特雷西·麦克纳尔蒂（Tracy McNluty）的文章；第四部分"政治与伦理"，收录了西蒙·克里奇利（Simon Critchley）和布鲁诺·博斯提尔斯（Bruno Bosteels）的文章。

由保罗·安什顿（Paul Ashton），A. J. 巴利特（A. J. Bartlett）与朱斯汀·克莱门斯（Justin Clemens）三人共同主编的巴丢研究论文集《阿兰·巴丢的实践》（*The Praxis of Alain Badiou*）与盖布瑞尔·里耶拉（Gabriel Riera）主编的《阿兰·巴丢：哲学及其条件》在结构上极为相似，除了导论部分外，全书也分为四大部分："科学"、"爱"、"艺术"、"政治"，共收录论文14篇，在导论部分还包括巴丢专著《条件》（*Conditons*）一书中的一篇文章《什么是哲学惯例》。其他四部分中收录的全部文章都曾发表在著名开放杂志 *Cosmos and History*：*The Journal of Natural and Social Philosophy* 上。

山姆·吉莱斯皮（Sam Gillespie）的巴丢研究专著，[②]专门围绕巴丢的哲学本体论—数学本体论展开了研究。克里斯托弗·诺瑞（Christopher Norri）的专著《巴丢的存在与事件：读者指南》[③]一书2009年出版。全书分为巴丢思想的知识背景、主题概述、文本细读及延伸阅读四部分，是普通读者了解巴丢哲学思想（主要是《存在与事件》的哲学思想）的一本及

---

① Gabriel Riera, *Alain Badiou*：*Philosophy and Its Conditions*, State University of New York Press，2005.

② Sam Gillespie, *The Mathematics of Novelty*：*Badiou's Minimalist Metaphysics*，Melbourne，Australia：re. press，2008.

③ Christopher Norri, *Badiou's Being and Event*：*A Reader's Guide*，London：Continuum，2009.

时的、通俗易懂的入门读物。

除以上英文的研究专著外，法国本土对巴丢的研究也开始起步。法比安·塔比（Fabien Tarby）出版了巴丢哲学研究专著《阿兰·巴丢的哲学》① 一书。该书是法国国内研究巴丢哲学思想的极有影响的著作。

此外，数百篇巴丢的研究论文内容涉及许多方面，其中涉及巴丢哲学思想的研究论文不在少数，这些论文作者既有巴丢研究专家如彼德·霍尔沃德等人，也有巴丢著作的译者如阿尔伯特·托斯卡诺（Alberto Toscano）、奥里弗·费尔萨姆（Oliver Feltham）、布鲁诺·博斯提尔斯（Bruno Bosteels）等人，还有当代一些著名哲学家，如齐泽克、南希、拉克劳、朗西埃等人。这些论文涉及巴丢哲学思想的各个方面，既有对其哲学思想的初步研究，也有对其哲学思想的数学本体论、真理观、主体论等方面的研究，还有围绕具体问题或其哲学关键词进行的研究，等等（限于篇幅不再展开评述）。

2. 政治、伦理思想研究

巴丢是一位激进的左翼思想家，是一位狂热的毛主义分子。他早年开始积极参加政治活动，曾经参加法共分支组织——联合社会主义党（PSU），积极参与反阿尔及利亚战争的活动。在文森尼大学期间参加了一个激进的毛主义性质的革命小组——法国马列主义共产主义联合组织（UCFML）。其间深受 1968 年法国五月风暴影响，使他开始与其"导师"阿尔都塞走向决裂。巴丢发表了一系列政治方面的著作和论文，如《矛盾论》（1970）、《论意识形态》（1976）、《黑格尔辩证法的理性内核》（1978）、《能思考政治吗?》（1985）、《元政治学纲要》（1998）、《论萨科齐的意义》（2008）、《共产主义设想》（2009）等。

由于巴丢激进而丰富的政治学思想，学术界对他的政治学思想十分关注，研究成果在数量上仅次于对其哲学思想的研究。研究巴丢政治思想的

---

① Fabien Tarby, *La Philosophie d'Alain Badiou*, Paris: éditions L'Harmattan, 2005. 此外，Fabien Tarby 还著有 " *Matérialismes d'aujourd'hui: de Deleuze à Badiou* "（Paris, éditions L'Harmattan, 2005）一书。另外，Charles Ramond 和 Bruno Besana（与 Oliver Feltham 一起）还主编了巴丢研究论文集，等等。

专著、论文正在陆续出版。

安东尼奥·卡尔卡诺（Antonio Calcagno）出版了《巴丢与德里达：政治、事件及其时间》① 一书，本书是对巴丢与德里达政治思想的比较研究。作者指出，这两位重要的思想家都认为政治问题是我们这个世纪的问题，二人之间的共同点是显而易见的：哲学是一种抵制行动，二人都认为政治是一种抵抗独裁的"一"而进行的战争。对于德里达而言，统治政治解构的核心是"一"产生的暴力及其自我保护的问题。而对于巴丢而言，在"一"作为对多的计算操作（"计数为一"counting‐as‐one）范围内，"一"拒绝了思考事件的任何可能性——事件就是瞬间到达存在的非个人化，事件超越了"作为存在的存在"（being qua being）于是要求一个减除和忠诚于事件的真理的过程。与德里达符号的解构与书写的极端重新概念化不同，巴丢的本体论是一种机械战争对抗"一"的形而上学，对于巴丢而言，对待政治的唯一方式就是把政治作为哲学的四个条件之一。对巴丢与德里达而言，政治绝非简单的舆论制造或经济管理。卡尔卡诺这部专著首次将两个重要的法国哲学家放在一起，从他们的作品出发，对比分析二人关于政治与时间问题的思考，试图建立一种关于政治与时间的既能说明政治的决定性（巴丢），又能说明政治的非决定性（德里达）的理论。

卡尔卡诺还在著名杂志《哲学与社会批评》（*Philosophy & Social Criticism*）上发表了 18 页的长篇文章《德里达与巴丢：政治与时间之间有何关系？》，② 进一步比较分析了德里达与巴丢关于政治与时间关系的观点，讨论了他们各自观点中决定性与非决定性之间的矛盾性。2008 年，他又在同一杂志上发表长文《阿兰·巴丢：成为政治主体的事件》，探讨了巴丢的关于政治主体的思想。

布鲁诺·博斯提尔斯（Bruno Bosteels）撰写的《巴丢与政治》③ 一

---

① Antonio Calcagno，*Badiou and Derrida：Politics，Events and their Time*，London：Continuum，2007.

② Antonio Calcagno，"Jacques Derrida and Alain Badiou：Is There a Relation between Politics and Time？" *Philosophy & Social Criticism*，Vol. 30，No. 7，2004，pp. 799—815.

③ Bruno Bosteels，*Badiou and Politics*，Durham：Duke University Press，2009.

书，已于 2009 年在杜克大学出版社出版。这是国外目前出现的研究巴丢政治思想的专著。他撰写的长篇论文《后毛主义：巴丢与政治》^① 发表在美国《立场》（*Positions*）杂志上，文章探讨了巴丢理论与法国毛主义、中国的毛泽东思想以及当代政治事件之间的关系，同时梳理了 20 世纪 60、70 年代以来法国毛主义的历史及理论问题。

此外，Nina Power，Alberto Toscano，J. D. Dewsbury，Jason Read，Nick Hewlett 等人都撰文专门研究了巴丢的政治哲学思想。

除此之外，在《激进哲学》（*Radical Philosophy*）、《文化、理论与批评》（*Cultrre，Theory，and Critique*）等许多国际知名杂志上，陆续刊登了研究巴丢伦理思想的论文。

3. 文艺思想研究

艺术在巴丢的哲学思想中是占有举足轻重的地位的。他的文艺思想、诗学思想在其文艺专著和专门性论文中体现得最为充分，同时，在他的一些其他著作中，也有专门的章节讨论艺术问题。其重要的文艺、诗学思想方面的代表性著作有《非美学手册》、《电影论集》、《论贝克特》、《理论书写》、《电影》等，论文包括《论艺术主体》、《语言、思想、诗歌》、《身体、语言、真理?》、《作为真理程序的艺术》、《当代艺术的十五个主题》、《艺术与哲学》、《政治与诗中的当代士兵形象》、《艺术的维度——评乌迪·阿隆尼的电影〈宽恕〉》、《艺术中的真理程序》、《绘画》、《真理艺术作为一个政治点》等，此外，在《存在与事件》、《世界的逻辑》、《条件》、《世纪》等著作中也有专论文艺问题的章节。

对于巴丢文艺思想的研究也出现了大量的专著和论文。例如，安德温·吉布森（Andrew Gibson）的《贝克特与巴丢》^② 2006 年出版。作者撰写该书的开篇序言长达 40 页，介绍了本书的写作思路及巴丢的思想。本书围绕作为哲学家的巴丢与作为小说家、诗人、剧作家的贝克特之间的复杂关

---

① Bruno Bosteels，"Post - Maoism: Badiou and Potitics"，*Positions: East Asia Cultures Critique*，Vol. 13，2005，pp. 575—634.

② Andrew Gibson，*Beckett and Badiou: The Pathos of Intermittency*，New York: Oxford University Press，2006.

系展开论述，既有对二人的理论性评论，也有对二人的解读，是一种对二人的"超批评"（transcritique）。该书还分析了巴丢对贝克特的解读，[①] 同时分析了巴丢在评论贝克特过程中存在的疏忽及由此产生的哲学思想中的问题。全书前两章是对巴丢主要哲学主题及伦理、美学思想的说明，尤其对其美学思想展开了精彩论述。第三章分析了巴丢对贝克特的哲学解读及其对当下贝克特批评产生的影响。以上三章为上半部分。下半部分（第4—7章），在摆脱巴丢对贝克特解读的影响的前提下，作者本人对贝克特的文本进行了细读，同时也比较分析了巴丢及贝克特对当代美学、伦理学及政治的影响。

对巴丢文艺思想进行研究的论文虽然为数不多，但涉及许多重要方面：有的从宏观上分析了巴丢的文艺思想；[②] 有的分析了哲学与诗歌的关系问题；[③] 有的专门分析了巴丢对贝克特、马拉美、佩索亚、策兰等人的解读；[④] 有的对巴丢的电影、戏剧、舞蹈、绘画等艺术理论思想进行了研究；[⑤] 还有的从"美学、非美学、反美学"三个概念的区别入手分析巴丢的哲学思想；[⑥] 等等。

4. 其他方面研究

许多研究者把巴丢归入"后马克思主义者"并展开研究。[⑦] 有的专门

---

① 巴丢著有评论贝克特的专著：Alain Badiou, *Beckett: L'increvable désir*, Paris: Hachette, 1995 (*On Beckett*, trans. A. Toscano, ed. Nina Power, London: Clinamen Press, 2003)。

② 如：Jean-Jacques Lecercle, "Badiou's Poetics", in Peter Hallward (ed.), *Think Again: Alain Badiou and the Future of Philosophy*, London, Continuum Books, 2004, pp. 208—217。

③ Gabriel Riera, "For an 'Ethics of Mystery': Philosophy and the Poem", in Gabriel Riera (ed.), *Alain Badiou: Philosophy and Its Condiotions*, New York: State University of New York Press, 2005, pp. 61—86.

④ Pierre Macherey, "The Mallarme of Alain Badiou", in Gabriel Riera (ed.), *Alain Badiou: Philosophy and Its Condiotions*, New York: State University of New York Press, 2005, pp. 109—116.

⑤ Alex Ling, "Can Cinema Be Thought: Alain Badiou and the Artistic Condition", *Cosmos and History*, Vol. 1, No. 1—2, 2006, pp. 263—276.

⑥ Jacques Ranciere, "Aesthetics, Inaesthetics, Anti-Aesthetics", in Peter Hallward (ed.), *Think Again: Alain Badiou and the Future of Philosophy*, London: Continuum Books, 2004, pp. 218—231.

⑦ 如齐泽克的文章："Psychoanalysis in Post-Marxism: The Case of Alain Badiou", *The South Atlantic Quarterly*, Vol. 97, No. 2, 1998, pp. 235—261。

对巴丢的著作进行评论，巴丢的重要著作，如《存在与事件》、《主体理论》、《哲学宣言》、《世界的逻辑》、《元政治学纲要》、《圣保罗：普世主义的奠基》等都有专门的介绍或研究评论文章。此外，对巴丢与柏拉图、拉康、弗洛伊德、齐泽克、海德格尔、德勒兹等人之间的关系及相关问题的研究成果也不在少数。

此外，许多大学、研究机构开始关注、研究巴丢思想。有的学校还专门开设了研究巴丢的课程，例如美国华盛顿大学开设了巴丢研究课程；[①]台湾交通大学由刘纪蕙教授主持开设了"拉冈（康）与巴丢：真理、他者、对象"课程，[②] 等等。一些国际学术杂志如 *Lacanian Ink*，*International Journal of Zizek Studies*，*The Symptom*，*Radical Philosophy*，*New Left Review*，*Warwick Journal of Philosophy*，*Acontecimiento* 等都刊登了巴丢的文章以及大量对巴丢的访谈、研究、评介性文章。

（二）国内研究现状

目前为止，国内刚刚出版了一本巴丢的读本，法语译著两部。巴丢译文共计 10 余篇，访谈 3 篇，国内学者的研究文章 20 余篇，国内期刊登载的国外学者研究巴丢的文章 7 篇。

与国外如火如荼的研究状况形成鲜明对比的是，国内学术界对于巴丢的研究似乎很是"冷漠"。其中的原因也是耐人寻味的。笔者看来，与以下几个方面有关。其一，从世界范围来看，20 世纪 90 年代以来哲学界的主流思潮是以后结构主义、后殖民主义为代表的后现代主义思潮的"垄断"，而巴丢的立场是对包括后现代主义在内的三大哲学主流思潮持批判的态度，致使其哲学思想被自然而然地"边缘化"；其二，从法国哲学界来看，20世纪末至世纪之交，福柯、德里达等人占据了法国哲学乃至世界哲学的"中心"，他们的思想光芒耀目，而巴丢自然显得"黯然失色"；其三，从国内情况来看，世纪之交中国学术界关注的重心是哲学的"文化的转向"，而巴丢哲学思想中的"数学本体论"、事件哲学、新理性哲学等理论主张，似乎是一种向现代性的"回归"，因此，其思想自然不被学界关注。综合

---

① http：//www. washington. edu/students/icd/S/chid/498hias. html.

② http：//www. srcs. nctu. edu. tw/joyceliu/mworks/mw－onlinecourse/LacanBadiou/index. html.

以上原因，国内学术界似乎对巴丢异常"冷漠"。然而，世纪之交以来，巴丢思想在世界范围内越来越受到广泛关注，与其思想的独特魅力有关，更是当代哲学发展的内在召唤。

目前，国内一些学者开始关注巴丢，对巴丢思想的介绍研究开始起步。综合国内学界对巴丢的翻译介绍和研究情况，可以概括为以下几点：

1. 《生产》辑刊首开国内翻译介绍巴丢思想的先河

国内最早翻译的一组巴丢的译文出现在广西师范大学出版社出版的《生产》辑刊中。这组译文均由陈永国教授翻译，皆由英文转译而来。这组文章无疑为国人了解巴丢思想打开了一扇窗户。

最早介绍巴丢思想的这组文章刊登在 2006 年 1 月《生产》第三辑①上。这组文章包括齐泽克为彼德·霍尔沃德所著的《巴丢：忠诚于真理》（*Badiou：A Subject to Truth*）② 一书写的序言《霍尔沃德：忠实于巴丢事件》，还有一篇是霍尔沃德为本书所写的导言《一种新的主体哲学》（*Introduction：A new philosophy of the subject*）。齐泽克的序言在介绍巴丢思想要义的基础上对霍尔沃德的书给予了很高的评价。霍尔沃德的导言更是详尽阐述了巴丢的哲学思想的主要内容及其核心概念，如真理、主体、事件等，并介绍了本书每章的主要内容。此外，还同时刊登了五篇巴丢的文章和一篇访谈录，分别是《哲学与欲望》、《哲学与数学：无限性与浪漫主义的终结》、《作为真理程序的政治》、《存在与表象》、《保罗：我们的同代人》和《本体论与政治：阿兰·巴丢访谈》。

2. 巴丢著作的介绍翻译刚刚起步

目前国内仅仅出现了一本从英文转译的阿兰·巴丢读本，两部巴丢法文原著的中译本。

巴丢的重要代表作：《存在与事件》（*L'être et l'evenment*，1988）、《世界的逻辑——存在与事件Ⅱ》（*Logique des Mondes（L'être et l'evenment* t. 2），2006）、《主体理论》（*Théorie du Sujet*，1982）、《哲学宣言》（*Manifeste pour*

① 汪民安主编：《生产》第三辑，广西师范大学出版社 2006 年版。

② Peter Hallward，*Badiou：A Subject to Truth*，London：University of Minnesota Press，2003.

la Philosophie，1989)、《模式的概念》(Le Concept de Modèle，1969)、《元政治学纲要》(Abrégé de Métapolitique，1998)、《非美学手册》(Petit Manuel d'Inesthétique，1998)、《圣保罗：普世主义的奠基》(Saint Paul，La Fondation de l'Universalisme，1997)，等等。这些著作目前已经全部被译为英文，有的还被译为多国文字，但尚没有一本完整的中文译本。

现有的一本巴丢读本是由清华大学陈永国教授翻译的《激进哲学：阿兰·巴丢读本》。[①] 该书选译了巴丢重要著作中的部分章节。全书分为五个部分：第一部分"存在与事件"。这部分选译了巴丢最著名的哲学代表作《存在与事件》的作者前言和十篇"沉思录"。《存在与事件》共分为三部分：纯粹概念沉思录、文本沉思录、元本体论沉思录。陈教授选译了"文本沉思录"部分，是就单一一点来阐释哲学史上的文本，包括十一位哲学家的思想。第二部分"哲学的再思考（1992年以后）"，这部分主要涉及巴丢《哲学宣言》的主要内容及《无限性思想》和《理论书写》中的数篇文章。第三部分"德勒兹批判（1997）"译自巴丢《德勒兹：存在的喧嚣》一书及《理论书写》中的一篇文章。第四部分"圣保罗：普世主义的奠基（1997）"译自《圣保罗：普世主义的奠基》一书。第五部分"恶的伦理学（1998）"选译了巴丢《伦理学：论恶的理解》一书。作为国内第一本关于巴丢的编译著作，《激进哲学：阿兰·巴丢读本》无疑是国人了解巴丢思想的首选入门读物。

国内巴丢的第一本中文译著，是蓝江博士翻译的《世纪》，译自巴丢的法文原著 Le Siècle，并于2011年5月由南京大学出版社出版。全书由13篇演讲稿构成，主题是对刚刚过去的20世纪的反思。巴丢试图寻找到一种全新的评判20世纪的"内在性"方式，而这种"内在性"方式就是一种"非美学"的文艺方式。

邓刚翻译的巴丢2009年新著《爱的多重奏》(éloge de L'amour)，于2012年9月由华东师范大学出版社出版。这本书是巴丢与《世界报》记者尼古拉·特吕翁以"爱"为主题的公开谈话录。巴丢批判了西方流行的

---

① 陈永国主编：《激进哲学：阿兰·巴丢读本》，北京大学出版社2010年版。

"爱"的观念，从其哲学观出发，以一个新的理想主义视角重新诠释了什么是爱，从中还表达了巴丢对于美好理想社会的设想。

3.《国外理论动态》是翻译介绍巴丢思想的又一重镇

将巴丢看作一位"后马克思主义者"并侧重对其政治思想方面的文章进行翻译介绍，《国外理论动态》是翻译介绍巴丢思想的又一重镇。

2006年6月《马克思主义研究》第6期刊登了由白新欢和丘晓丹编译的齐泽克的一篇文章，题为《后马克思主义中的精神分析——以阿兰·巴丢[①]为例》。文章中，齐泽克分析了巴丢哲学思想的基本要点，认为巴丢理论大厦的核心是"存在与事件之间的裂隙"。还分析了巴丢对圣保罗的独特"解读"、巴丢与拉康关于主体身份的观点分歧等。

2006年12月《国外理论动态》第12期发表了由杜小真翻译的巴丢的演讲稿《哲学与政治》一文。文章从独特的角度分析了哲学与政治的关系。巴丢认为，传统哲学对政治的关注集中在"公正"一词，而巴丢认为，应该对公正这一范畴进行改造。因为在他看来哲学是思想的，而政治是非思想的，真理只能取决于你自己。公正只是用来指示一个政治主体的同时状态。

《国外理论动态》于2008年、2009年陆续推出了一系列关于巴丢的文章。这些文章主要围绕巴丢的政治思想展开。这些文章中有三篇是对巴丢政治思想的研究性文章。2008年第8期刊登了两篇研究巴丢政治思想的文章，分别是詹姆斯·D. 英格拉姆的《普遍主义仍然是激进思想吗？——阿兰·巴丢的真理政治》及尼克·胡列特的《政治作为思想——阿兰·巴丢政治理论的矛盾性》。前者分析了巴丢对20世纪90年代以来国际政治的看法。巴丢认为人道主义与人权话语作为国际政治中普遍主义的话语和行动，背后掩盖了不平等的世界格局和大国利益，普遍主义已经成了权力工具，不再是一种激进思想。后者分析了巴丢政治主体思想中存在的矛盾性。认为巴丢虽然极重视政治变革主体，但又认为变革主体由于出现在事件之后，因此带有被动性。可见巴丢政治思想受到来自柏拉图

---

①　目前关于 Alain Badiou 名字的翻译最主要的有三种：巴丢、巴迪欧和巴迪乌，还有少数人译为巴迪尤、巴蒂乌、巴狄乌、巴迪厄等。本书一律使用"巴丢"这一译名。

的影响,从而其历史唯物主义中掺杂了唯心主义的痕迹。2009 年第 6、7 期刊登了布鲁诺·博斯提尔斯的长文《后毛主义:巴丢与政治》(上、下)。这篇研究性文章,分析了巴丢的政治思想与法国毛主义、中国毛泽东思想及当代政治事件之间的关系,认为毛泽东的理论和实践对巴丢的思想产生了重要的影响。文章同时梳理了 20 世纪 60、70 年代法国毛主义的历史和理论问题。

除了以上三篇对巴丢政治思想的研究性文章外,《国外理论动态》还刊登了一系列巴丢政治思想的译文、巴丢对当前金融危机的看法及两篇关于当下问题的访谈录,还有一篇巴丢著作的导言。2008 年第 10 期刊登了巴丢的文章《共产主义的构想》,第 11 期刊登巴丢的《一分为二》和《当代法国哲学思潮》两篇翻译文章及巴丢的一篇访谈录《革命与马克思主义》。2009 年第 8 期和第 10 期分别刊登了巴丢论当前金融危机的文章《巴丢论当前金融危机》和一篇访谈《巴丢论当前经济危机与法国当前形势》。巴丢著作的导言《〈萨科齐的意义〉英文版导言》发表在 2010 年第 6 期。

此外,巴丢其他方面的译文还有:李洋译:《电影作为哲学实验》(《文艺理论研究》2013 年第 4 期)、谭笑晗、肖熹译:《电影的虚假运动》(《电影艺术》2012 年第 5 期)、艾士薇译:《身体·语言·真理?》(《当代艺术与投资》2011 年第 5 期)、艾士薇译:《〈瓦格纳五讲〉前言》(《当代艺术与投资》2011 年第 4 期),等等。

4. 国内巴丢思想研究刚刚起步

国内学人对巴丢哲学思想的研究刚刚起步,现在已经正式发表的研究论文仅有 20 余篇。

蓝江博士致力于巴丢思想的研究,是国内最早发表巴丢思想研究文章的学者。截至目前,他发表了 9 篇研究论文:《回归柏拉图:事件、主体和真理——阿兰·巴丢哲学简论》(《南京大学学报》2009 年第 3 期)、《谁是阿兰·巴丢》(《南京社会科学》2009 年第 6 期)、《"马克思主义并不存在"——巴丢在何种意义上是一个"后马克思主义者"》(《山东社会科学》2010 年第 2 期)、《"类性溢出"的社会变革:论巴丢对阿尔都塞的社会变革理论的批判性继承》(《社会科学辑刊》2010 年第 6 期)、《从元结构走向类性真理：浅析巴丢的〈元政治学〉纲要》(《马克思主义与现实》2010 年第 6 期)、《政治性与政治：后原教旨主义的政治视野——以穆芙和巴丢为例》(《江苏社会科学》2011 年第 1 期)、《巴黎公社与共产主义观念：析巴丢的解放政治学逻辑》(《南京大学学报》2011 年第 3 期)、《德勒兹的本体论与永恒轮回：浅析巴丢对德勒兹的批判》(《现代哲学》2011 年第 5 期)、《在世之中的真理的身体：阿兰·巴丢的现象学转向》(《哲学动态》2011 年第 11 期)。此外，他的博客里发表了大量的对巴丢的介绍、翻译和研究文章，并且他还做了大量的有关巴丢的文献资料工作。蓝江博士的研究和资料工作，在国内具有开创之功。

此外，吕清平、蔡大平共同撰文《西方学界关于巴丢思想研究综述》一文发表在《国外理论动态》2010 年第 6 期。该文认为"巴丢事件哲学是当代西方左翼理论建设性转向的标志，又是当代西方哲学语言学转向终结、'（科学）思想'转向开始的标志"。论文分别从巴丢事件哲学的思想史定位、巴丢事件哲学的起源、巴丢事件哲学的内涵三个方面引述了西方学者的不同观点。王金林在《马克思主义与现实》2010 年第 3 期上发表了《论巴丢的"共产主义假设"》一文，论文从齐泽克的一些观点出发，分析了巴丢"共产主义假设"的意涵并分析了巴丢理论的局限性。美国学者王璞在《书城》2010 年第 8 期上发表了《七十年代：政治消逝的时刻——谈巴丢的〈主体理论〉》一文，文章分析了巴丢早期著作《主体理论》出现的四重语境，从该书中不但了解了巴丢早期政治主体理论，更能唤起人们 70 年代消逝的体验。

此外，张莉莉发表了《"创造真理"：从存在到逻辑——评阿兰·巴丢〈世界的逻辑〉》(《哲学分析》2010 年第 3 期)以及《从历史到主体性——资本主义是阿兰·巴丢意义上的空无吗?》(《当代国外马克思主义评论》〈年刊〉2012 年)，艾士薇两篇专门论述巴丢"非美学"思想的论文：《从"非美学"看巴丢的当代艺术观》(《文艺理论与批评》2013 年第 1 期)和《巴丢论传统美学的三种方案与"重述美学史"》(《东岳论丛》2013 年第 2 期)，阎小青发表了《后现代主义的挽歌——试论巴丢的〈小万神殿〉》

（《名作欣赏》2012年第3期），朵渔发表了《诗如何思——巴丢诗学札记（节选）》（《名作欣赏》2013年第10期），查鸣发表了《艺术内化与哲学之中的非美学思想——论巴丢的美学思想》（《西华师范大学学报》2012年第3期）。

综合国内对巴丢的研究现状，可以概括为以下几个特点：一是翻译工作刚刚起步，目前仅出版一本巴丢读本，因此，对巴丢原著的翻译是一项极为迫切的任务；二是现有翻译成果存在这样那样的问题，例如存在人名翻译混乱、术语翻译不规范不统一、甚至有翻译错误等问题，期待一批译自法文原文的巴丢代表著作出现；三是已有的翻译和研究文章主要侧重政治思想方面，远不能全面体现巴丢丰富、复杂而独特的思想全貌，因此，对巴丢哲学思想、诗学思想、艺术思想等其他方面思想的翻译、介绍和研究迫在眉睫；四是从国内目前研究现状来看，关于巴丢的研究性成果总量极少，更为全面深入或专门性的研究工作急需展开。

（三）国内外研究中存在的主要问题

1. 从国内外研究现状来看，巴丢研究才刚刚起步，许多问题有待深入

从国内外研究成果出版发表的时间来看，均为近年成果，对巴丢的研究似乎才刚刚起步，有一系列需要解决的问题目前尚未真正解决。仅仅从巴丢本人著作的出版和翻译情况来看，对巴丢思想的介绍研究是目前学术界刚刚出现的热点。近年来，巴丢新著不断面世，仅2010—2013年四年间，就出版新著12部。如2014年即将出版的英文版《超验数学：元本体论与实存》，2013年出版了英文版《反犹太主义反思》，2012年出版了法文著作《柏拉图的理想国》和英文版著作《法国哲学的冒险》，2011年出版《历史的重生：造反和起义的时代》、《政治与哲学的隐秘关系》两部法文著作，2010年的《哲学与事件》、《有限与无限》等8部法文著作。2009年出版了法文版《第二哲学宣言》、《维特根斯坦的反哲学》、《爱的多重奏》，2008年的《小万神殿》，2007年《萨科齐的意义》，2006年的《世界的逻辑——存在与事件2》，等等。

近年来巴丢著作纷纷被译为英文，这些译著主要集中在1999年至今的最近十余年中。近几年，巴丢法文著作的英译本翻译速度惊人，几乎是在

法语版本出版后的一两年内甚至是当年，就有英译本出版。如 2011 年的法语著作《政治与哲学的隐秘关系》，英译本《激进分子哲学》于 2012 年出版；2011 年的《历史的重生》英译本也于 2012 年由 Gregory Elliott 翻译出版。而 2010 年法语版《瓦格纳事件五讲》于同年被译为英文《瓦格纳五讲》，《柏拉图的理想国》的法语版本与英文译本也在 2012 年年内先后出版。2010—2013 年四年间出版的 12 部法语新著，截至目前均已经全部译为英文。2011 年到 2013 年 6 月两年半时间里就有 11 部巴丢著作的英译本出版。

由此可见，巴丢思想是最近十年世界学术界的新兴热点。巴丢思想是"正在进行时"，尤其是最近数年内新著纷纷出版，因此，对其思想的研究也才刚刚起步。诸如巴丢哲学基本思想的研究，巴丢及其思想在当代学术界的定位问题，巴丢独特思想和术语的阐释理解问题，巴丢文艺思想与其哲学思想的内在关系问题，巴丢"非美学"的文艺思想的阐释理解问题，巴丢思想的现实意义及其局限性的问题，等等，这些问题都需要进一步进行专门地、系统地研究。

2. 巴丢思想在"后学之后"的历史性出场问题缺乏关注

从世界学术界的现有研究成果来看，对巴丢为何在"后理论"时代（或"后现代主义思潮之后"）历史性出场这个问题还没有人进行研究。

他早期比较重要的著作《主体理论》（*Théorie du sujet*. Paris：Seuil.）早在 1982 年就已出版，最重要的哲学著作《存在与事件》（*L'Etre et l'Événement*. Paris：Seuil）也早在 1988 年就已经出版，然而，英语世界对巴丢著作的翻译、研究似乎才刚刚开始。1999—2002 年只有 3 部著作被翻译为英文，而自 2003 年至今，已有 32 部著作被译成英文。[①]

那么，为何巴丢的哲学思想早在 20 世纪 80 年代就已经达到成熟，而世界学术界对其关注研究却是最近的事？巴丢的思想有怎样的理论渊源和发展轨迹？巴丢研究热潮的出现背后究竟蕴含着怎样的文化背景和理论诉求？

---

① 参见论文最后的参考文献"英文部分"。

3. 巴丢文艺思想研究薄弱

从现有研究成果来看，对巴丢哲学思想、政治学思想的研究成果占大多数，而对其诗学思想、文艺思想的研究数量不多，更没有系统地对其"非美学"文艺思想进行系统研究的成果。

例如，让—雅克·勒塞尔克（Jean－Jacques Lecercle）虽然宏观上分析了巴丢的诗学思想，[①] 但文章旨在发掘出巴丢诗学思想的几大悖论，目的并非是就其诗学思想进行系统分析研究；加布里埃尔·里耶拉（Gabriel Riera）分析了哲学与诗歌的关系问题，[②] 文章较为全面地分析了巴丢提出的哲学与诗的关系的"非美学"思想，分析了《哲学宣言》及《非美学手册》中的一些观点，只是文章缺乏对其"非美学"思想进行系统研究；皮埃尔·马舍雷（Pierre Macherey）专门分析了巴丢对马拉美的解读，[③] 指出了马拉美的诗学对于巴丢哲学思想，尤其是其艺术真理思想的重要性；亚里克斯·灵（Alex Ling）对巴丢关于电影与哲学关系进行的独特理解进行了分析研究；[④] 雅克·朗西埃（Jacques Ranciere）则从"美学、非美学、反美学"三个概念入手，分析了巴丢的"非美学"思想；[⑤] 等等。这些研究成果分别从不同角度研究了巴丢的文艺思想、诗学思想，而缺乏从宏观上对其"非美学"思想进行系统梳理及专门性研究。

4. 从现有研究成果来看，缺乏巴丢研究的问题意识

巴丢研究最近形成热潮，有其深刻的根源。目前的研究只是就巴丢而

---

① 如：Jean－Jacques Lecercle, "Badiou's Poetics", in Peter Hallward（ed.）, *Think Again*: *Alain Badiou and the Future of Philosophy*, London, Continuum Books, 2004, pp. 208—217。

② Gabriel Riera, "For an 'Ethics of Mystery'：Philosophy and the Poem", in Gabriel Riera（ed.）, *Alain Badiou*: *Philosophy and Its Condiotions*, New York：State University of New York Press, 2005, pp. 61—86.

③ Pierre Macherey, "The Mallarme of Alain Badiou", in Gabriel Riera（ed.）*Alain Badiou*: *Philosophy and Its Condiotions*, New York：State University of New York Press, 2005, pp. 109—116.

④ Alex Ling, "Can Cinema Be Thought? Alain Badiou and the Artistic Condition", Cosmos and History, Vol. 1, No. 1—2, 2006, pp. 263—276.

⑤ Jacques Ranciere, "Aesthetics, Inaesthetics, Anti－Aesthetics", in Peter Hallward（ed.）, *Think Again*: *Alain Badiou and the Future of Philosophy*, London, Continuum Books, 2004, pp. 218—231.

研究巴丢，缺乏当代问题意识。更为合理的做法应该是，带着当下哲学研究和文艺研究中存在的问题，展开有针对性地研究，突出巴丢思想的当代意义和价值。

三　立论依据及全书基本框架

本书的主要研究思路就是在介绍巴丢哲学基本思想的基础上，以其"非美学"思想为核心，探索巴丢"非美学"文艺思想及其当代视野和当代意义，进而管窥巴丢的文艺思想大厦。

（一）选题意义

其一，本书旨在对巴丢文艺思想进行系统研究。从国内外研究现状来看，国外对巴丢的研究如火如荼，已经出现了几部研究巴丢哲学思想的专著，还出现了几部导读性专著和介绍性专著。但是尚且没有研究其文艺思想方面的专著，更没有对其"非美学"文艺思想进行系统研究的专著。从国内情况来看，目前只有几部译著，蓝江译《世纪》和邓刚译《爱的多重奏》，陈永国教授翻译的《激进哲学：阿兰·巴丢读本》和一些短篇的译文，国内学者对巴丢的研究论文只有二十余篇。希望本书能对国内阿兰·巴丢文艺思想研究起到一点抛砖引玉的作用。

其二，分析了巴丢哲学在后现代主义"哲学终结"之后历史性出场的原因及理论和现实意义。后现代主义的解构思潮宣告了"哲学的终结"、"理论的终结"、"人的终结"，巴丢哲学的出现，旨在终结"哲学的终结"，为哲学的未来指引一条可能的通道。这也是学术界热烈关注巴丢哲学思想的最重要原因之一。通过本课题的研究，本人试图对巴丢在"后学之后"的历史性出场的必然性及深层学理原因进行分析，以此突显巴丢哲学思想的独特性及其现实意义及理论价值。

其三，梳理了巴丢哲学思想的独特性及其理论意义。在哲学史上，巴丢首次提出了"数学即本体论"的哲学命题，具体而言，他将数学中的集合理论作为其哲学本体论，在哲学史上有开创性意义。他关于科学、政治、艺术、爱是哲学得以实现的四个真理程序的命题也具有理论开拓性。他对真理、存在、事件、主体等范畴进行了独特的解释，形成了巴丢特有的哲学范畴，这些术语的新解形成了其独特的事件哲学思想。本书试图运用关键词的方式，对巴丢哲学思想的基本内容及基本范畴进行初步把握，分析其哲学思想与其文艺思想之间形成的新的"非寄生性"关系，突显其文艺思想的独特性。

其四，首次对巴丢独特的"非美学"文艺思想进行了系统梳理与研究。国外个别论文谈到了巴丢的诗学思想、非美学概念、电影理论及巴丢对贝克特、马拉美等人的解读，但目前尚没有对其"非美学"文艺思想进行系统研究的成果。本书以巴丢的文艺思想的核心概念"非美学"一词作为切入点，分析"非美学"与传统美学及"反美学"的关系，梳理巴丢对贝克特、马拉美等人的"非美学"式解读的要点，归纳总结巴丢"非美学"文艺思想的核心内涵及具体内容。相信巴丢独特的"非美学"文艺思想，必将为当代文艺理论研究提供新的理论视角和理论话语资源。

其五，分析了巴丢"介入式"的哲学立场及其对当代艺术批判的现实意义及理论价值。巴丢近期的哲学思想一个明显的特征，就是对当下现实的"介入"立场，他将自己早期的"纯理论"建构的思想放在了"当代世界的逻辑"中，从"现象学"的角度展开了对"事件"、"真理"、"身体"、"真理—主体"等范畴的研究，并对当代艺术进行了深刻的批判，分析了当代艺术可能的出路问题。这些思想无疑对于我们思考当下文艺理论问题及文艺现实问题，都具有一定的现实意义和理论价值。

（二）研究内容

本书试图解决下面一些具体问题：

其一，阿兰·巴丢思想的历史性出场问题。国内外研究现状表明，学术界对巴丢的热烈关注主要集中在最近十年以来。这一现象背后存在怎样的历史必然性？他对当代三大哲学思潮的批判其合理性和矛盾性何在？其思想有何积极影响，又有哪些局限？

其二，阿兰·巴丢哲学思想的基本把握问题。巴丢关于"数学＝本体论"的命题，关于"回到柏拉图"的哲学姿态，是哲学的一种螺旋式上升呢，还是哲学的"倒退"？是保守，抑或是激进？巴丢哲学是回归了哲学的"现代性"？抑或标志着后现代之后哲学的"新生"？巴丢的事件哲学、真理哲学、主体思想的渊源何在？其哲学思想的独特性何在？

其三，巴丢文艺思想的系统梳理问题。巴丢的文艺思想、现代诗学思想与其哲学思想的内在关系如何？其"非美学"思想究竟应该如何理解？"非美学"是一种"美学"思想吗？抑或是一种"反美学"、"超美学"思想？为什么说"非美学"是诗与哲学关系的一种全新构想？巴丢如何分析解读贝克特、马拉美等人的文艺作品或诗学思想？从中体现了巴丢怎样的诗学思想？他们在巴丢哲学思想中占有怎样的地位？

其四，巴丢思想的当代视野问题。巴丢哲学思想如何介入当下？他对当代"世界逻辑"持怎样的观点？他如何评价当代艺术？他的思想对于中国当代文艺研究有何现实意义？

总之，这一系列问题都是巴丢已有研究中很少涉及或根本不涉及的，笔者的目标就是通过自己对巴丢原著的研读，参考已有的研究成果，试图对以上一系列问题，提出自己的一些看法。

这些问题中的核心是关于巴丢"非美学"文艺思想的问题。巴丢所谓的"非美学"是一个极具独创性而又内涵丰富的概念。概而言之，"非美学"可以包括以下几个方面的重要内涵：

其一，"非美学"是指艺术与哲学的关系的一种全新构想。

巴丢认为，"非美学"首先是指艺术与哲学的一种全新的关系：艺术并非哲学的研究对象，而是哲学的条件。艺术与科学、政治、爱共同构成了哲学得以存在的四个真理程序。关于艺术与哲学的关系问题，是自前苏格拉底时代以来历经了两千多年的古老话题。西方哲学思想史上对这一问题有过各种各样的观点。巴丢将历史上关于这一问题的看法高度概括为三种图式。20世纪关于这一问题的看法仍然延续了古典时代的三种图式，因此，巴丢试图找到关于艺术哲学关系的"第四种"关系。这种新的关系可以概括为一种"非美学"的关系图式。

其二，"非美学"还指特定艺术"内在哲学效果"。

这里巴丢所谓的"特定艺术"有明确的所指。从艺术类型来看，"特定艺术"指诗歌、戏剧、小说、散文、电影、舞蹈、音乐等。当然又并非指这些类型中的全部，而是在每种艺术类型中，巴丢都有他所推崇的代表艺术家和代表作品。例如诗歌中的"特定艺术"主要指马拉美、兰波、策兰、佩索亚等人的诗作；小说、戏剧主要指的是贝克特的作品；电影、舞蹈、音乐等艺术样式中，巴丢也经常引用一些艺术家的作品进行分析。而所谓的"内在哲学效果"主要指上面列举的这些"特定艺术"中包含了巴丢的某些哲学思想。在这里需要注意的是，巴丢并非将这些艺术家、艺术品作为他的哲学思想的研究对象和注脚，恰恰相反，他认为这些艺术作品本身存在这些"内在的"哲学效果，因为在巴丢看来，"非美学"的首要的含义就是：艺术并非哲学的研究对象，而是哲学得以存在和展开的条件。

其三，"非美学"既是巴丢解读诗歌、小说、电影、戏剧等艺术的新方法、新角度，也是一种独特的文艺思想。

正是由于"非美学"是哲学与艺术关系的一种新的构想，因此，巴丢对艺术作品的解读就不再是传统意义上的"美学"解读，而是一种"非美学"的解读。这种解读的方法就是将艺术作为哲学的条件而不是哲学研究的对象来进行解读，同时，通过"非美学"式的解读，试图发掘出这些特定的艺术类型和艺术作品中的"内在哲学效果"。所谓的"内在哲学效果"，在巴丢看来，就是指这些特定的艺术作品本身就是真理的生产者。通过对艺术作品的这种"非美学"式解读，形成了巴丢独特的"非美学"文艺思想。

（三）全书框架

本书在介绍巴丢哲学基本思想的基础上，以其"非美学"（inaesthetics）思想为核心，探索巴丢"非美学"文艺思想、诗学思想及其当代视野，管窥巴丢整个哲学思想和文艺思想大厦及其当代意义。

除了"导论"，全书共分为六章，具体内容概要如下：

第一章，"阿兰·巴丢思想的历史性出场"。介绍巴丢思想的理论渊源与发展线索，他的哲学思想之所以在最近十年成为世界学术界的焦点之一，有其历史性出场的必然性。他对当代"后"学持激进的批判态度。不仅如此，他的哲学思想别具特色，具有极强的原创性，他提出的"数学即本体论"哲学观点，他的"回到柏拉图"的哲学立场，他关于真理、主体、事件等哲学范畴的独特解释等，都使巴丢哲学独树一帜。其雄心就是要"开创哲学的未来"，要让哲学"站起来，走!"，"向前迈进一步"。而不是与"后"学研究者一起哀悼"哲学的终结"。

第二章，"艺术是哲学的四个真理程序之一"。要理解巴丢的这一观点，首先要对其哲学思想有基本的了解。为此本章前半部分对其哲学基本命题，如"数学即本体论"、"艺术是哲学的四个类属真理程序之一"等，进行介绍研究；然后对其哲学关键词，如事件、真理、主体、事件点、情势、情势状态、表现与再现、集合论、包含与属于等进行分析介绍，在此基础上，把握其哲学基本思想。在巴丢看来，艺术不再是哲学的研究对象，而是哲学得以实现的条件，是哲学的四个真理程序之一。因此，艺术与哲学的关系是一种全新的"非美学"的关系。

第三章，"文艺思想核心：'非美学'"。巴丢在《非美学手册》一书中，解释了"非美学"这一核心概念的两个基本内涵：其一，"非美学"是哲学与艺术的一种新的关系，即艺术不是哲学的对象，而是哲学得以实现的条件；其二，"非美学"是对特定艺术的"内在哲学效果"的研究。"非美学"与传统美学及"反美学"有区别也有联系。"非美学"既是一种"反美学"，又不是传统意义上的"反美学"，而是一种新的艺术与哲学关系的视角，是一种研究解读艺术的新的方法论，更是巴丢独创的文艺思想。

第四章，"'非美学'的文艺解读"。本章分析介绍了巴丢对贝克特小说、戏剧等作品的"非美学"解读，总结了巴丢对贝克特作品解读的"非美学"方法论内涵："非美学"解读方法是一种"反传统式"解读，一种介入式的"强力阅读"，一种"哲学式"解读。然后对巴丢的电影艺术思想进行了研究。巴丢在几篇文章中，提出了"电影是第七种艺术"，"电影是一种'加一'的艺术"，电影是一种"不纯"的艺术，"电影是一种'大众艺术'"等观点。电影作为一种特殊的艺术，与哲学的关系更加复杂。巴丢提出，不仅电影需要哲学地解读，更为重要的是，哲学也需要电影，哲学也要像电影这种"大众艺术"一样，成为一种"大众哲学"，哲学需要成为一种介入现实生活的"介入式""大众哲学"。

第五章，"'非美学'的诗学思想"。巴丢并没有从传统文学批评的角度，运用象征主义的理论对马拉美诗歌进行解读，而是从其独创的"非美学"的角度，对其进行解读，挖掘其中包含的"内在哲学效果"——"非美学"文艺思想。巴丢的哲学思想、"非美学"文艺思想，与马拉美的诗作及其诗学思想有许多契合点，马拉美主要诗学思想是一种"否定"的诗学理论，这与巴丢的"减法"数学本体论不谋而合。马拉美认为现实除了虚空什么也没有，与巴丢的"存在＝空"的思想一致；马拉美的"沉默的、纯化的"语言观，诗人应该在诗中消失隐退等观点，与巴丢的事件、真理、主体思想极为相近。这也是巴丢极其推崇马拉美的主要原因。本章最后分析了巴丢解读马拉美的独特方式，总结出巴丢独特的"非美学"的诗学思想。

第六章，"巴丢文艺思想的当代视野"。巴丢哲学新著《世界的逻辑》是其思想的又一次重大转折，他开始由《存在与事件》中的抽象"存在"、"事件"、"真理"的思考，转向"存在"在"世界"逻辑中的表象的"现象学"研究。因此，他的哲学思想由抽象转向具体，由理论建构走向现实"介入"。他主张用"唯物辩证法"的真理形式来反对当下世界"民主唯物主义"的逻辑——"语言"与"身体"的统治。由此，提出了一系列新的哲学范畴，如"大逻辑"、"新身体"、"主体—真理"、"真理—身体"等。巴丢从这种"介入的"哲学立场出发，展开对当代艺术的批判。他认为当代艺术处于"语言"与"身体"的世界逻辑的统治之下，主张艺术家不要做一个"浪漫主义的形式主义者"；当代艺术的主要任务是创造艺术主体的"第三种范式"，是创造一种新的艺术普遍性——艺术真理；当代艺术的真正功能是创造一种新的可能性；艺术不仅仅是一种新形式的创造，更是一种"艺术政治"、"艺术伦理"。

第一章　阿兰·巴丢思想的历史性出场

"巴丢关于事件的哲学无疑是近来法国哲学的重大事件之一。对
毫无意义但又不可避免的'当代最重要的法国哲学家'这个头衔来
说，巴丢也许是唯一能与德勒兹和德里达相竞争的对手。"

——霍尔沃德

"哲学一直就是哲学家的传记，或者说，哲学家自己的传记就是
他的一部哲学"。

——尼采

阿兰·巴丢这位法国当代重要哲学家，虽已年逾古稀，但却至今笔耕
不辍。[①] 一个有趣的现象是，他早期比较重要的著作《主体理论》(*Théorie
du sujet*. Paris：Seuil.) 早在 1982 年就已出版，最重要的哲学著作《存
在与事件》(*L'Etre et l'Événement*. Paris：Seuil.) 也于 1988 年问世，然
而，英语世界对巴丢著作的翻译、研究似乎才刚刚开始。2005 年，奥里
弗·费尔萨姆 (Oliver Feltham) 翻译了《存在与事件》[②] (*Being and E-*

---

① 最近十年来巴丢新著不断，继 1988 年出版的最重要的哲学著作《存在与事件》之后，于
2006 年又出版了一部重要的哲学著作《世界的逻辑：存在与事件 2》。最近几年还出版了《第二哲
学宣言》、《小万神殿》、《共产主义假设》、《论萨科齐的意义》、《哲学在当代》等重要著作。仅
2010 年至 2013 年四年间，就出版新著 12 部。

② Alain Badiou, *Being and Event*, trans. Oliver Feltham, New York：Continuum, 2005.

vent），而英译本《主体理论》[①]（*Theory of the Subject*）直到 2009 年才被布鲁诺·博斯提尔斯（Bruno Bosteels）翻译完成，两部著作均由 Continuum 出版社出版。巴丢著作的英文译本最早出现于 1999 年。其较早的三部著作分别于 1999 年[②]和 2000 年[③]才被翻译出版。此后，从 2003 年至今，巴丢共出版近 40 部著作，有 30 余部著作被译成了英文。[④]

从这个有趣的现象可以清楚地看到，最近十年，国际学术界（尤其是欧美英语学界）开始热烈关注、研究阿兰·巴丢思想，并掀起了一个巨大的热潮。那么，巴丢的哲学思想早在 80 年代就已经基本成熟，为何世界学术界对其关注、研究却是最近的事？巴丢的思想有怎样的理论渊源和发展轨迹？巴丢研究热潮的出现背后究竟蕴含着怎样的文化背景和理论诉求？巴丢哲学思想的核心内容如何？巴丢思想究竟可以归属于"后学之后"的哪个理论流派？本章试图对上述问题作出相应的探讨。

第一节　阿兰·巴丢思想的理论渊源

说起法国当代哲学家，我们可以马上列出一长串世界级人物：柏格森、萨特、梅洛—庞蒂、列维纳斯、列维—斯特劳斯、阿尔都塞、拉康、福柯、德勒兹、利奥塔、鲍德里亚、德里达、利科……这一长串名字如同哲学星空上一颗颗璀璨的行星，然而如今均已成了昨日"明星"。随着这些耀目行星的相继陨落，法国乃至世界哲学界似乎笼罩在一股忧伤的阴霾之中。

然而，在这阴郁的星空中，法国哲学天空中渐渐又升起了几颗"新星"——埃蒂安·巴利巴尔（Etienne Balibar）、让—吕克·南希（Jean-

---

① Alain Badiou, *Theory of the Subject*, trans. Bruno Bosteels, New York: Continuum, 2009.

② 分别是《哲学宣言》（*Manifesto for Philosophy*, trans. Norman Madarasz, Albany: SUNY Press, 1999）与《德勒兹：存在的喧嚣》（*Deleuze: The Clamor of Being*, trans. Louise Burchill, Minnesota University Press, 1999）。

③ 《伦理学：论恶的理解》（*Ethics: An Essay on the Understanding of Evil*, trans. Peter Hallward, New York: Verso, 2000）。

④ 参见本文最后的"参考文献"。

Luc Nancy)、雅克·朗西埃（Jacques Rancière）、菲利浦·拉库—拉巴特（Philippe Lacoue - Labarthe）、吕克·费里（Luc Ferry）等，而在这些"新星"中有一颗则显得格外耀眼，他就是阿兰·巴丢。

总体来看，巴丢思想受到了柏拉图、笛卡尔、阿尔都塞、拉康等人的深刻影响。此外，黑格尔、海德格尔、萨特、卢梭、马克思、毛泽东、列宁、马拉美、康托尔、哥德尔、帕斯卡尔（Blaise Pascal）、康吉莱姆（Ganguilhem）、伊波利特（Jean Hyppolite）、卡瓦耶斯（Jean Cavailles）、劳特曼（Albert Lautmann）等人的思想，也对巴丢产生了一定的影响。

当然，巴丢思想更是深深扎根于法国哲学的土壤之中。帕斯卡尔、卢梭、马拉美、萨特和阿尔都塞等人的思想，深深影响了巴丢。帕斯卡尔是17世纪法国著名数学家、物理学家和哲学家。他认为，人在宇宙面前是无比脆弱的，但人的尊严与高贵在于他的思想。他说："人只不过是一根苇草，但他是一根能思想的苇草。"（帕斯卡尔《思想录》）他认为人有两种思维方式：数理思维和直观思维。在帕斯卡尔身上恰好体现了这一点。他既是数论的先驱，加法器的发明者，物理学真空理论和帕斯卡定律的提出者，同时他又是一位散文家，一位忠实的基督徒。他说过，人没有上帝是可悲的。他认为，上帝是隐匿的存在者。上帝既不是感官观测的对象，也不像几何论证中的概念那样明晰，对于人类而言，上帝恰恰处于临在与缺席的悖论之中。帕斯卡尔对人的哲学思考及其身上特有的数学和文学气质，都对巴丢产生了潜在的影响。卢梭是法国18世纪杰出的资产阶级启蒙思想家，是在思想和文学领域"开始了一个时代的人物"。他的天赋人权、自由平等、主权在民的思想，对整个西方思想文明产生了深远的影响。他认为，一个理想的社会应建立在人与人之间的社会契约之上，而不是建立在人与政府之间。一个完美的社会是由人民的"公共意志"所控制的。因此，巴丢认为："卢梭的天才就是抽象地限定了作为类属程序的政治的性质。"（巴丢语）马拉美的诗学思想认为，诗与客观现实不存在模仿、语义或象征关系，而恰恰是在这种关系的空（the void）之中，建立自身的理想的整体。他认为现代诗之中真正生死攸关的是"思想的模式"，从解释中介中抽象出的一种思想模式。尤其在他的《骰子一掷》（coup de dés）一诗中，马拉美建构了一种关于事件的思想模式。至于巴丢的马克思主义思想，则主要是来自阿尔都塞与晚年的萨特。康吉莱姆、卡瓦耶斯、康托尔、哥德尔等人的科学哲学和数学哲学思想都深深铭刻在巴丢思想发展的轨迹之中。

巴丢的写作风格特征，也继承了法国哲学的传统。从笛卡尔经过伏尔泰、卢梭、孔德直到柏格森、萨特，甚至到福柯和德勒兹。他们每个人的写作既具有文学语言般的当代性，又具有充分反学院式的平易。他们的语言犀利、规范，富有魅力，像是在向边缘的妇女和工人阶级做演说。巴丢的写作也继承了这一传统。他以清晰的句法代替深奥的语义学，用逻辑秩序代替感性意见，用肯定代替怀疑，用信念代替幻想，用抽象代替混杂，用单一性代替多元性。他的写作既避免了德国哲学的抽象艰深，又吸收了英国哲学语言的精妙和细腻。他的写作犀利、精练、果断而且意义深远。他迫使你不得不对他的观点表示赞同。

1956—1961 年，阿兰·巴丢是巴黎高师的一名学生。在此期间，他接触到了自己哲学生涯中最重要的三位"导师"：萨特、拉康和阿尔都塞。他们三个人不同程度地影响了阿兰·巴丢的哲学思想。

巴丢在他的《作为传记的哲学》一文中这样描述他的三位"导师"：

> 在我受教育的最关键几年里，我遇到三位导师：萨特、拉康和阿尔都塞。他们是我的并非同等重要的三位导师。
>
> 萨特教给我的东西比较简单，是存在主义。但存在主义意味着什么呢？它意味着你必须一方面同概念，另一方面同生存性的选择中介建立起关系，这是生死攸关的决定中介。如果哲学概念不能通过复杂的中介而使选择（生命攸关的决定）被回应、澄清和注定的话，那么它根本就不值得花时间去思考。在这个意义上，哲学概念也必须是、并且必须总是一种存在事件。这就是萨特教给我的东西。拉康教给我的是连接，即主体理论同形式理论之间的必然连接。他教给我这种总是与形式理论相反的主体思想，如何以及为何只有在这种理论框架内才能实际上被理解。他告诉我主体根本不是一个心理特征的问题，而

是一个公理的和形式的问题。更不是任何其他的问题！阿尔都塞教给我两种东西：没有适合哲学的主体——这是他的重要主题之一——但那里只有思想的方向，分裂的界线。并且，正像康德所说的，这是一场在新的条件下不断重新开始的永恒的斗争。最终他教我去限定，即他所谓的划界。特别是使我相信哲学不是一种模糊的总体性话语，或者是对存在东西的一般性解释。哲学必须进行区分划界，即它必须同那些不是哲学的东西区分开来。政治和哲学是两种不同的东西，艺术和哲学也是两种不同的东西，科学和哲学亦是如此。

最终，我能跟随我的三个导师。我跟随萨特，尽管他被忽视了很长时间。我跟随拉康，尽管做他的弟子都以怪异著称。我尾随阿尔都塞，尽管从1968年的五月风暴我开始反对他，与他在政治上有根本分歧。当渡过了可能的淡忘，门徒的分散，以及政治冲突后，我已经成功地对三位迥异的导师保持了我的忠诚。[1]

我们分别对巴丢思想产生重要影响的这三位"导师"的相关思想以及对巴丢思想的影响进行分析介绍。

一　萨特对巴丢思想的影响

萨特的哪些思想和行为对巴丢产生了重要影响呢？虽然在《作为传记的哲学》一文中，巴丢只是"轻描淡写"地提到了他的这位导师，但事实上，不仅萨特的社会活动、政治活动影响了巴丢的思想，同时，萨特的存在主义哲学思想、历史人学思想、存在主义马克思主义思想对巴丢的哲学观念、主体思想、政治学思想等方面都产生了深刻影响。

（一）"行动哲学家"

萨特（1905—1980）是当代西方影响最大的存在主义哲学家，是法国第一位深入研究现象学的思想家和哲学家，也是第一位创造性地将现象学、黑格尔辩证法与马克思主义思想相结合的法国当代哲学家。1924—

---

　　[1]　Alain Badiou, *Philosophy as Biography*，http：//www. lacan. com/symptom9 _ articles/badiou19. html. 参考蓝江译文。

1929 年，萨特就读于巴黎高师，专攻哲学。他对当时流行于法国的认识论哲学极为不满，希望哲学"介入"、"干预"现实，而且身体力行，成了一位不折不扣的"行动的哲学家"。由于成为最伟大的文学家一直是萨特年少时的梦想，他一生创作了大量文学作品，因此，他以哲学与文学相结合的方式，描绘人生的际遇、生命的体验、哲学的思考，张扬个性，倡导自由。因此，套用尼采和巴丢的话来说，萨特的哲学就是他的传记，他的传记就是萨特的哲学。萨特的这一"哲学人生"和介入、干预的哲学精神，深深影响了巴丢。巴丢也主张一种介入的哲学。巴丢的社会活动、政治活动无不受到萨特的影响。

萨特这位"行动的哲学家"，1939 年应征入伍参加了英法对纳粹德国战斗。1940 年 35 周岁生日时，被德军俘虏。战争让萨特认识了什么是历史：这个历史事件是由集体共同决定的，每个人都在不自觉非自愿地实现它。被俘期间他趴在地上继续他的写作。正是在战俘集中营，萨特才真正找到世界历史的真理，并通过文学把它公之于众。1952 年到 1956 年间萨特加入法国共产党，在苏联 1956 年入侵匈牙利之后退出。后来，1954 年阿尔及利亚独立战争爆发，法国开始了长达 8 年的对阿战争，萨特公开指责法国民众尤其是法国左派知识分子的缄默和无所作为。他反对美国对越南的战争，他在 10 年间领导游行示威，发表演说和撰文给予抨击。1968 年五月风暴，他是青年学生的精神领袖，走上街头和学生并肩战斗。在 1970 年至 1974 年间他是法国毛派的支持者，担任毛派报纸《人民的事业》、《解放报》的社长，甚至在大街上贩卖左派政治报纸。他和朋友创办的《现代》杂志的宗旨就是试图通过社会政治和文学的研究，寻找医治患病社会的药方。

而巴丢在 1955 年来到巴黎，并于次年考入巴黎高师后，萨特从事的一系列社会政治活动，巴丢几乎都参与其中。某种意义上，巴丢既是萨特的学生，更是与他并肩战斗的战友。巴丢左翼思想的形成与这些社会政治活动关系密切，更与萨特对其的影响分不开。

（二）萨特的"存在主义马克思主义者"思想

然而，萨特对巴丢影响最深的在于哲学思想方面。

　　萨特的《存在与虚无》和《辩证理性批判》分别是其早期存在主义思想与后期存在主义马克思主义思想的标志性著作。萨特存在主义哲学思想的核心问题，是人的存在、人的自由的问题。围绕这一核心的三个原则是"存在先于本质"、"自由选择"、"世界是荒谬的"。《存在与虚无》是其存在主义思想最重要的代表作，阐述了他的现象学本体论思想，试图解决人的"自在存在"与"自为存在"的关系问题。萨特的存在主义思想的最终目的，旨在思考如何由单纯的人的本体论、人的形而上学进入到历史视野中，从而为人的存在、人的自由寻找一种新的、重生的可能性。

　　虽然萨特前期的存在主义思想对巴丢思考主体问题、事件问题等都提供了参考，但是，对巴丢产生深刻影响的还是萨特后期的思想，尤其是《辩证理性批判》中的相关思想。

　　《辩证理性批判》被看作是萨特前后期思想的分界，是其后期的存在主义马克思主义思想的代表著作。本书实现了其早期抽象的哲学人类学向历史人学、由本体论向历史理论、由一般生存论关系向具体历史实践的转折。萨特在他的《七十年自画像》中说："写作《辩证理性批判》对我来说是在共产党对思想施加的作用之外为我自己的思想结账的一种方式。"这种"思想结账"的方式，就是将存在主义思想与马克思主义思想相结合的一种努力，试图以存在主义人学思想来补充马克思主义中人学的空场，使个人重新成为当代马克思主义关注的中心，并进而使马克思主义得以"再生"。他认为，马克思主义不关注特殊的单个的人，而本书的中心就是借唯物主义之名、以个人的实践为基点，来阐释人类历史、解释社会历史现象。萨特要在他所设立的惰性事物与个体自由的结构基础上，解释马克思主义异化和革命的理论。他提出了与唯物辩证法相对立的人学辩证法。

　　萨特认为，人以实践的方式实现人的存在。实践是历史的起点，个人进入实践领域从而使历史得以发生。那么这种实践是如何开始的呢？萨特认为是从匮乏开始的，并从匮乏和实践—惰性来解释人与人之间的异化。实践是经济性的，是人与物的关系。实践中人与物形成被动关系，人被物所制约，人的实践变成反实践，从而具有反合目的性，这种反合目的性就是萨特所谓的"实践—惰性"。实践惰性使人具有了物性的同时，也使人与人关系对立、矛盾、冲突起来，从而使人异化。历史正是在这种匮乏—实践—异化的机制中展开。他试图建立一种人学辩证法和历史辩证法。而对人的关系的把握是辩证理性的重要内容。他通过逆溯法展开了对主体之间关系的中介和情态的研究揭示。

萨特通过集合性理论来分析人与人之间的关系。他将人际关系形态分为两大类：集合和群体。所谓集合，萨特将其称为"系列结构"，是由个体组成的惰性聚合。聚合中个体没有共同利益和共同行动，而是分散行动，萨特称为"反辩证法"阶段。他以排队等公交车为例子来说明这个阶段的人与人的关系状态——互不认识，都有要乘车的抽象共性，由于座位的匮乏而存在潜在的敌对关系。当一个"调节中介"的"第三者"基于个人的需要和共同需要，而向集合呼吁达成共同实践时，群体就得以形成。群体的形成克服了集合的"系列"个体的惰性，而具有了自由的特征，这就是共同实践的自由结构。然而群体的实践结构仍然无法摆脱惰性结构，从而导致自由的限度和匮乏—异化的结局。可见集合系列结构是个人性的，而群体是共同的实践。群体具有了自由主动性。所以群体是人际关系的高级形态。

群体又可以分为并合的群体、组织的群体和机构。并合群体是在某种外部压力下形成的，如1789年法国人民攻陷巴士底狱就是这种群体。它会在外部压力、条件消失时解散。组织群体又被萨特称为"幸存群体"、"誓言群体"或"博爱—恐惧群体"。就是为了保证群体的公共自由，而由誓言保证其持久性，并有权力结构形成组织。这就形成了对个人自由权利的剥夺。组织群体为了防止退回集合，于是要发展为制度性群体，即形成机构。在机构性群体中，确立了各种制度性规范，人们之间的关系明朗化、确定化、等级化，人们时刻地处于权威的强制性的支配和统治之下。官僚国家、极权国家就是这种机构群体。

（三）萨特思想对巴丢的影响

萨特的存在主义思想、历史人学思想、存在主义马克思主义思想，尤其是萨特《辩证理性批判》中的思想，对于巴丢政治学思想、伦理学思想、主体理论、实践真理观、事件理论等多个方面都产生了重大影响。巴丢在其 2008 年新作《小万神殿》中详细分析了萨特的这一集合性实践理论。认为，萨特的这一历史主体理论中主体就是大众—主体。他的政治学就是大众实践政治学，并将政治学与历史学融合起来。最后巴丢对萨特的这一理论进行了批评："在我看来，马克思主义试图在理论上进行更新的政治主体，从来就不是萨特所说的造反中的主体，即便在造反之前它就已经存在……在政治性主体中，在新型政治政党的过程中，存在一种连续性原则，这个原则既不是系列结构、群体组织或誓言，也不是制度。这是在萨特的总体化实践集合之外的不可还原为其他东西的原则。这个原则不再建基于个体实践。"[①] 事实上，这个原则用巴丢的概念来讲就是"集体"。在巴丢看来作为真理程序的政治是集体性的。正是这个集体性原则，使政治事件与情境的无限、国家权力的无限及政治功能的无限联系了起来，从而使政治事件成为一种真理的程序，从而也成为哲学得以继续的一个条件。

又如，萨特存在主义思想的核心命题之一是"存在先于本质"，这一命题赋予了作为主体的人的无限能动性，因此，萨特的主体是实体型主体，就是人的主观能动性，带有明显的人道主义印记。萨特的又一个核心命题就是"存在主义是一种人道主义"。然而，巴丢的主体理论完全不同，巴丢认为主体绝对不是单个的人，也不是集体的人，主体是在事件中以对事件的忠诚而产生，主体是"后事件"的，只有从事件、真理与主体的循环中，才能理解主体，主体是非社会的，非文化的，也是反心理学的。主体是"空洞的，分裂的，无实质，无思想的"。主体完全从后萨特时代的差异与他者的延宕中摆脱出来，完全存在于当下的外部之中了。

二　拉康对巴丢思想的影响

巴丢主要吸收了拉康的主体理论的思想，并结合其数学（集合论）本体论思想建立了自己的主体理论。存在主义、新黑格尔理论和语言学理论都对拉康有很大影响。拉康最主要的理论来源有三个方面：弗洛伊德精神

---

① Alain Badiou, *Petit panthéon portatif*, Paris：éd. La Fabrique éditions. 2008 (*Pocket Pantheon：Figures of Postwar Philosophy*, New York：Verso, 2009).

分析学、列维—斯特劳斯的结构人类学、索绪尔到雅各布逊的符号学。其后期的著作更加令人难懂，因为他将拓扑学和数学，置于他的理论的中心。拉康主体理论的最主要理论来源是弗洛伊德。拉康提出了"回到弗洛伊德"的口号，并非要退回到弗洛伊德的理论中去，而是回到弗洛伊德晚期的成熟理论中，尤其是回到他的无意识理论中。通过对弗洛伊德理论与索绪尔语言的嫁接，开创了结构主义的精神分析理论。拉康在 1956 年 5 月《世纪中的弗洛伊德》[①] 的演讲中，重申了"回到弗洛伊德"口号的意义，并同时指出了弗洛伊德思想的理性特征。1957 年则开始着手研究"使精神分析成为科学的形式化途径"。后来还提出了"精神分析学的数学要素"理论，试图为精神分析找到一个普遍的具有数理逻辑特征的形式基础。

（一）拉康的主体理论

上文巴丢提到一个概念——"连结"，而拉康主体理论的核心就是一种"连结"，即将弗洛伊德的无意识与结构主义语言学（包括索绪尔、列维—斯特劳斯、雅各布逊）"连结"，换言之，拉康的主体理论就是将无意识问题与语言问题结合而产生的结果："无意识是像语言一样结构的（The unconscious is sturctured like a language）。"通过对精神病患者的无意识主体的语言学分析，拉康得出的结论就是：主体并不是真正的主体，他只是言说的主体。"人是说话的主体，而非表达的主体。"[②] 这就是拉康主体理论的核心内容。

拉康的主体理论分为三个层次：镜像阶段想象的虚假自我；象征阶段无意识与语言的主体；实在界的空缺的主体。

拉康在对言语进行分析时，区分了三种精神领域：想象界、象征界、实在界。"我从区分像这样的言语的三个领域着手。你们记得，就在言语的现象中，我们可以把由能指所代表的象征、由含义代表的想象和实在（它是确实实实在在地处于其历时维度中的话语）这三个层面结合起来。"[③]

① 参见杜声锋《拉康结构主义精神分析学》，远流出版事业股份有限公司 1988 年版，第 178 页。

② 转引自万书辉《文化文本的互文性书写：齐泽克对拉康理论的阐释》，巴蜀书社 2007 年版，第 105 页。

③ Lacan, *Séminaire* Ⅲ, 1981, pp. 75—76. 转引自黄作《不思之说——拉康主体理论研究》，人民出版社 2005 年版，第 149—150 页。

"实在界"以一种话语的形式在场，它是一条被掏空的"链"，一架空架子；"象征界"是能指的集合，占据或填充了话语链中的各个节口；"想象界"则是含义和意义的汇总，它们总是在能指穿过话语链节口之时聚集到能指的周围。这个三维世界不是一个时间上的序列，而是一种逻辑上的发展，彼此之间的关系是包容、贯通的。"实在界"与"象征界"是先于人类主体而在场的两种秩序，"想象界"则是后来才形成的。拉康后期更是用拓扑理论的"三界结"来表示三者的关系。从拓扑学的角度看，它们其实是由一个圆圈扭曲而成，故它们是"三位一体"的。"三界"构成世界的三种秩序，支配主体的三种秩序。三界结就是主体的无意识。"象征界"占据着支配性地位，象征侵入到实在后才能生成实在界，在没有象征的介入时，实在等于什么也不是。此外，想象界必须被置于先前就已经在场的象征秩序之下，这样想象才会使主体不陷入迷惑。

主体又是如何在想象、象征与实在这"三界"中形成的呢？1953年的一次讲演中，拉康指出："想象、象征与实在是人类现实性的三大领域"。拉康看来，"想象"总是与相似的意象（image）相关。在"镜像阶段"产生了想象的主体。镜像理论是拉康理论的核心内容之一。儿童就是在这个阶段通过与他人发生想象（意象）关系，而确立建立在他者基础上的自我认同。婴儿（6—18个月）的镜像时期分为三个阶段：第一阶段婴儿不能与自我和他人相混淆；第二个阶段不能区分自己和自己的镜像，还不认识自己；第三个阶段是发现镜像就是自己，借助镜像产生了对自我的虚假认同。此后婴儿总是把他人的形象认同为自我，这不可避免地导致了幻象和异化，也决定了主体不可能正确认识自我。因此，在镜像阶段就形成了想象的虚假的主体。从主体内部来看，主体对自己的"自我"和"自恋关系"就是这种虚假想象关系。从主体间的关系来看，两个主体间相似关系也是建立在想象关系之上的，两个主体间之所以存在相似性，因为从心理起源的角度来看，自我就是他人，他人就是自我。正如兰波所言："自我是一个他者。"

（二）拉康理论对巴丢的影响

拉康的主体就是以一种结构性空缺而显示自己的存在，主体的本质是空的（empty）。主体是实体性内容全被拿走之后剩余的空无。所以，拉康主体是 MYM，是被拴住的、被排空的、被注销的主体。"主体"与"人"严格对立，主体是实体性的人的被"撤走"或被倒空。主体乃是非实体，它仅作为与内在世界的客体保持一定距离的非实体性自身相关物而在外部存在着。①拉康的"空"的主体的理论直接影响了巴丢的主体思想。

拉康的主体论可以称作一种"生成论"。他认为主体（人）是能指作用的产物，是具有优先性的"象征界"这一秩序的产物。拉康强调主体是一个发生的过程，是从对自我的求助的失败到最终投身语言游戏，讲的都是人如何成为主体或主体之实现的问题。巴丢的主体理论既具有福柯主体理论的"人之死"的内涵，同时，更受拉康的"生成论"主体理论的启发。但是巴丢的主体理论在对二人的"吸收"基础上，更走向了一种"超越"，建立了独具特色的主体理论。在巴丢看来，"主体是由艺术工作、科学定理、政治决策以及爱的证据构成的。除此之外，'主体'也不是一个抽象的操作者，通过事件之后的有规则的行动，所有的个体都成为这个主体的一部分。"②在这里，巴丢所说的主体是总体化的，没有他者，没有对立面。这就从根本上扬弃了后萨特时代复活主体的普遍存在的自我延宕和自我间离。也就是说，当一个真理—事件发生时，主体就会出现，并通过在一个情境中辨识出事件的踪迹而忠诚于它，这一情境的真理就是这个事件。

更为重要的是，巴丢认为哲学要终结当下的"终结思潮"——"哲学终结"、"理论终结"、"主体终结"等，必须使哲学建立在四个条件共存的基础之上，使哲学为四个真理程序提供概念的空间，使真理重新回到哲学的思考目标之中。而巴丢认为在这四个真理程序——科学、政治、艺术和爱——之中，拉康的理论尤其是关于爱的理论，就是一个真理事件。拉康的主体理论认为，一个主体的形成中，起关键作用的是两个象征维度的出现，即母亲的象征维度和父亲的象征维度，婴儿在对父母的爱与恨的菲勒

---

① 参见万书辉《文化文本的互文性书写：齐泽克对拉康理论的阐释》，巴蜀书社 2007 年版，第 103 页。

② 参见《存在与事件》英文版序言。

斯欲望能指的纠结中形成了镜像阶段"想象的主体"和象征阶段的"说话的主体"。巴丢认为，正是拉康的这一主体理论，从性别的"二"——女人的"一"份与男人的"一"份——推导出一种逻辑（这种逻辑是数理的逻辑而非语言形式逻辑），把否定与普遍和生存的数量相结合，从而实现了悖论的"二"的"爱"的出现，爱就是这种"二"的"接触"。爱就产生于相遇的事件，制造了性的真理。所以巴丢说：爱是生产，是对相遇事件的忠诚，是关于"二"的真理。

三　阿尔都塞对巴丢思想的影响

在这三个人当中，对巴丢影响最大的还是阿尔都塞。在巴黎高师期间，巴丢是阿尔都塞的学生，聆听他所讲授的课程。阿尔都塞对《资本论》的解读深深吸引着巴丢。后来巴丢与巴利巴尔、朗西埃、马舍雷等人都是阿尔都塞名著《读〈资本论〉》[①] 一书的撰写者。1967 年巴丢加入了阿尔都塞开创的一个研究斯宾诺莎的小组。同年，他被阿尔都塞邀请参加了"科学家的哲学课堂"（Philosophy Course for Scientists）。巴丢在这个哲学课堂上进行了几次演讲，在这些讲稿的基础上最终形成了他的《模式的概念》（Le concept de modèle）一书。此书是巴丢早期最重要的著作之一，此书深受阿尔都塞思想的影响。但是从 1968 年以后，巴丢就开始反对阿尔都塞。

（一）阿尔都塞思想背景

阿尔都塞的《读〈资本论〉》与《保卫马克思》两书被认为是他"结构主义马克思主义"的最重要代表著作。阿尔都塞重读《资本论》并提出"保卫马克思"的主张是与当时的哲学背景和政治背景分不开的，这些背景也是巴丢思想形成的主要语境。

从理论背景来看，20 世纪 50—60 年代，西方马克思主义思潮中的人本主义（人道主义）马克思主义达到顶峰。它强调人的主体性，竭力把马

---

① ［法］阿尔都塞对《读〈资本论〉》一书进行过多次修订，而且此书一版再版，重印了十几次。1965 年出版的是两卷本，与巴利巴尔、朗西埃、马舍雷、埃斯坦布莱等人合著出版。1967 年版本中，删除了其他人写作的部分，增加了巴利巴尔部分的意大利文的内容。1968 年修订版出版。1968 年开始，巴丢公开与阿尔都塞决裂。2001 年中文版的《读〈资本论〉》由中央编译出版社出版。

克思主义人道主义化、黑格尔化、存在主义化，法国出现了一批人本主义马克思主义理论家。人本主义马克思主义者认为马克思是人本主义者，认为青年马克思思想是马克思主义的最高成就，以此否定成熟马克思的思想成就，从而把马克思人道主义化。阿尔都塞为代表的一批学者，针对人道主义马克思主义提出了截然相反的主张，试图以实证科学的方法重新解读马克思主义哲学经典文献，从而形成一种与人本主义马克思主义相对立的科学主义马克思主义思潮。阿尔都塞为代表的科学主义马克思理论认为，人本主义马克思主义使马克思哲学患上了"弱化"病，用抽象的人性、总体性和异化之类的非科学理论，使马克思主义本身失去了强大的战斗力，使马克思主义陷入了深刻的理论危机，因此，必须起来保卫马克思，维护马克思主义哲学的科学本质。

此外，还有一个政治背景就是 1956 年苏联苏共二十大对斯大林的批判，及此后的匈牙利事件、国际共产主义运动分裂、中苏论战等，加上一些西方马克思主义者的推波助澜，一股人道主义思潮席卷欧洲，出现了打着"反斯大林主义"旗号的反共反社会主义思潮。在阿尔都塞看来，马克思主义到了生死存亡的关键时刻，因此，必须重读、重释马克思主义，必须保卫马克思主义。

阿尔都塞介入当时理论困境和现实政治困境，并提出重新解读马克思主义、倡导科学马克思主义的一系列做法，是巴丢十分欣赏的。

阿尔都塞重读《资本论》并提出"保卫马克思"是对人本主义马克思主义思潮的反动，也是针对苏共二十大之后的斯大林主义和"官方马克思主义"的正统理论动摇以及当时法国的左翼共产党的"软骨病"而进行的。他认为马克思的危机是其科学地位及科学理论本身的危机，由于历史的局限性，马克思主义思想也存在某种必然的"理论不在场"，他说："历史把我们推到了理论的死胡同中去，而为了从中脱身，我们就必须去探索马克思的哲学思想"，[①]"只有更严格、更充分地说明马克思主义哲学才能

---

① 参见 [法] 阿尔都塞《读〈资本论〉》，李其庆、冯文光译，中央编译出版社 2001 年版，第 1 页。

深刻理解《资本论》的理论结果。"① 因此，阿尔都塞重读《资本论》就是要在马克思的科学理论与非马克思的意识形态之间划清界限，其理论目的就是要重塑马克思主义哲学的科学形态。而这种哲学是以理论实践的形式存在于马克思的科学著作《资本论》之中的，只有把马克思的实践的哲学上升到理论，才能重建科学的马克思主义哲学。

（二）阿尔都塞思想的核心命题对巴丢思想的影响

为了完成他重建科学马克思主义的理论目的和任务，阿尔都塞在《读〈资本论〉》与《保卫马克思》等一系列著作中，提出了症候式阅读、认识论断裂、问题式、意识形态、历史是没有主体的过程等一系列概念命题。

首先，这种"重读"是一种历史性重读，也是一种哲学的重读。历史性重读，就是真正弄清马克思主义哲学发生的历史过程，在尊重历史的基础上实现对马克思主义哲学的理论重构。阿尔都塞指出："研究哲学，那就是从我们自己的立场去重新开始青年马克思的批判历程，超过我们认识现实的幻想浓雾，最后达到唯一的出生地：历史。"② 这种历史性重读就是"按马克思的思想而思想"。同时，这种重读不是一般的重读，不是政治学重读，不是历史学重读，也不是逻辑学的重读，而是哲学的重读。所谓哲学重读就是提出《资本论》同它的对象的关系问题，从而提出它的认识论和方法论的特殊性问题。哲学重读的目的就是要把尚未完全理论化的辩证唯物主义上升为科学理论，从而完成制定辩证唯物主义哲学的任务。

在这里涉及一个重要的问题就是关于哲学与科学的关系问题。而这一问题也是阿兰·巴丢哲学思考的一个核心问题。在阿尔都塞看来，马克思主义理论包括科学（历史唯物主义）和哲学（辩证唯物主义），马克思理论是人类认识史上的空前革命，他创立一门新的科学：历史科学。这一新发现必将在哲学中引发革命，因为哲学同科学是联系在一起的。马克思在创立历史唯物主义的同时，打破了从前的意识形态哲学，建立了新的哲学：辩证唯物主义。但总体看来，马克思理论中，哲学落后于科学。在阿

---

① 参见［法］阿尔都塞《读〈资本论〉》，李其庆、冯文光译，中央编译出版社 2001 年版，第 74 页。

② ［法］阿尔都塞：《保卫马克思》，顾良译，商务印书馆 1984 年版，第 10 页。

兰·巴丢看来，阿尔都塞所说的哲学仍然存在于知识理论的范围之内。同时，"阿尔都塞所说的马克思哲学不是对真理的承诺，而是知识生产的机制"。① 关于科学与哲学关系的论述表明，"他将哲学和科学放在了同一个平面之上。阿尔都塞说过知识的科学和理论实践的理论（the theory of theoritical practice）同样是实在的。"② 阿尔都塞的"实践理论"（theoritical practice）认为，理论实践或科学可以分成不同的分支，例如，可以分为科学、数学、哲学等。他的这种区分，在巴丢看来，仍然是将哲学与科学放在本质上的同质知识层面上的，然而在形式上看，哲学与纯粹数学一样，其真正的对象是不在场的。这一点对于巴丢思考数学与哲学的关系，尤其是他提出的数学本体论产生了重要的影响。

此外，阿尔都塞分析了马克思思想的断裂：一种新科学——历史科学与一种新哲学——辩证唯物主义之间的断裂。阿尔都塞在《读〈资本论〉》中说道："如果马克思没有发现历史理论，和一种在意识形态和科学之间做出历史性区分的哲学的话，马克思就不可能成为马克思。"③ 在阿尔都塞看来，哲学不是一种积极的理论实践的理论，而更像是一个区分或脱离，是在理论中进行划界区分，"是一种切割、分裂，与其说是一个理论原则，不如说是一个干预"。④ 因此，正如在本节开头所引述的那样，巴丢认为，他从阿尔都塞那里学到了这种区分和干预。"使我相信哲学不是一种模糊的总体性话语，或者是对存在东西的一般性解释。哲学必须进行区分划界，即它必须同那些不是哲学的东西区分开来。政治和哲学是两种不同的东西，艺术和哲学也是两种不同的东西，科学和哲学亦是如此。"⑤ 巴丢认为哲学本身并不产生思想，哲学产生于四个条件，即科学、政治、艺术和

---

① Alain Badiou, *Pocket Pantheon: Figures of Postwar Philosophy*, New York: Verso, 2009, p. 59.

② Ibid.

③ Louis Althusser and Etienne Balibar, *Reading Capital*, trans. Ben Brewster, London: New Left Books, 1970, p. 17.

④ Alain Badiou, *Pocket Pantheon: Figures of Postwar Philosophy*, New York: Verso, 2009, p. 63.

⑤ Alain Badiou, *Philosophy as Biography*, http://www.lacan.com/symptom9_articles/badiou19.html.

爱。正是在"回到柏拉图"的哲学主张指引下，柏拉图找到了拯救当前哲学危机的希望，"哲学的迫切任务是再次从一个全新的真理学说构造哲学的四个条件……数元、诗歌、关于爱的思考和发明性政治，它们规定了哲学的回归，有能力建立思想的栖身之所，并为这些事件收集从此可命名的东西。"①

除了从阿尔都塞那里学到这种区分、划界外，巴丢的"真理事件"也与阿尔都塞的"意识形态质询"概念异常接近。阿尔都塞创造性地将"意识形态"理解为人类对真实生存条件的想象关系。他分析了主体是意识形态的，主体建构的过程，是一个在给定意识形态氛围中不断进行想象和认同的过程。于是阿尔都塞分析了主体性的四种形态：意识形态主体、艺术主体、无意识主体和科学主体。而巴丢的四种类属程序与这四种主体性形态之间有某种明显的对应关系：科学、艺术、政治、爱。巴丢的真理与知识的对立，与阿尔都塞的意识形态和科学的对立，也有某种内在的对应关系。

其次，阿尔都塞的历史重读和哲学重读有一个方法论前置，即他提出了"症候式阅读"和"问题式"的命题。他借鉴了语义学精神分析学尤其是拉康的理论，没有说出来的东西和看见的东西同样重要，因此，所谓"症候式阅读"就是要寻找潜藏于文字背后的深层的结构，这种深层结构是任何理论任何意识形态都有的无意识的理论结构和框架。而这种隐性的理论结构和框架就是通过"问题式"（problematic）的理论（方法）前置来实现的。"问题式"是阿尔都塞从雅克·马丁那里借来的概念。"没有关于理论构形史的理论，就不能弄清和认识用以区分两种不同理论构形的特殊差异性。为此，我以为可以借用雅克·马丁关于问题式的概念，以指出理论构形的特殊统一性以及这种特殊差异性的位置。"② "阿尔都塞的所谓'问题式'可以理解为一种'理论框架'，在这个框架内的概念被赋予了特殊的意义，并使一种理论能够以特定的方式提出问题或解决问题，因此，它是一种'潜在建构性结构'"，③ 正如阿尔都塞所言："决定了理论总体和

①　陈永国主编：《激进哲学：阿兰·巴丢读本》，北京大学出版社2010年版，第110页。
②　［法］阿尔都塞：《保卫马克思》，顾良译，商务印书馆1984年版，第13页。
③　张一兵：《问题式：阿尔都塞的核心理论范式》，《哲学研究》2002年第7期。

理论对象的问题式不是一种显性的直观物，它在理论总体的存在状态是一种内在地起隐秘制约作用的功能结构。"①

阿尔都塞正是通过"症候式阅读"的方法，找到了马克思著作中隐藏着的"问题式"，从而分析了马克思青年时期与成熟时期的"认识论断裂"。这个断裂就是马克思思想的"意识形态"阶段和"科学"阶段，以1945年为分界点。从问题式出发，通过症候式阅读，阿尔都塞认为马克思主义哲学是一种理论实践的理论，是一种反经验主义；并且与黑格尔的历史主义不同，是反历史主义的。此外，还指出了马克思主义哲学的多元决定的反还原主义和"无主体"理论的反人道主义特征。

最后，阿尔都塞还从"问题式"的理论出发，认为问题的提出是"非主体的"，在结构主义语言学的观念中，个体和群体总是历史的处于一定的语言结构系统之中或话语结构系统之中，这样问题就是由这些系统发出，而非个人。因此，阿尔都塞提出了"历史是个无主体的过程"的观点。历史的真正主体是生产关系和社会关系的结构。

阿尔都塞晚期著作中对他以上的这些理论进行了反思，认为这些理论明显存在"理论主义"的倾向。这些思想都对巴丢产生了一定影响。尤其阿尔都塞关于历史主体的理解，对巴丢思考哲学及主体问题都产生了影响。晚期阿尔都塞认为，哲学不再是一种理论实践的理论，哲学不再是知识理论，哲学既不是科学理论，也不是科学史，它是一个实践，是一个反历史的实践，哲学没有历史，哲学没有真正的客体，根本不思考客体。哲学范畴是虚无或空的集合，是行动的空、操作的空，是一种思想—行动，是一种宣言。这些思想也恰恰是巴丢对于哲学的看法。

综上所述，巴丢哲学举起"回到柏拉图"的大旗，试图将笛卡尔开创的事业"向前迈进一步"，以对抗"后学"的"哲学终结"的断言，从而让哲学走向新生。因此，巴丢的哲学事业颇具某种"英雄主义"的气概。当然要完成这一宏伟的目标，除了吸收上文提到的萨特、拉康、阿尔都塞等导师的理论思想之外，还与这样一些哲学家、科学家、思想家的思想密不

---

① 张一兵：《问题式：阿尔都塞的核心理论范式》，《哲学研究》2002年第7期。

可分——阿兰·米勒、弗雷格、康托尔、哥德尔、科恩、卢梭、奎因以及康德、黑格尔、尼采、德勒兹、德里达、福柯、马克思、列宁、毛泽东等。

第二节 阿兰·巴丢思想的发展轨迹

纵观阿兰·巴丢的思想发展，我们大致可以将其分为以下几个阶段：第一阶段是阿尔都塞主义时期——唯物主义认识论阶段；第二阶段是毛主义者时期——历史辩证法阶段；第三阶段是数学集合论本体论时期——哲学及其条件阶段。第一阶段以《模式的概念》为代表，第二阶段以《矛盾理论》、《黑格尔辩证法的理性内核》为代表，第三阶段则以《主体理论》及《存在与事件》为代表。

一 早期阿尔都塞主义者时期

巴丢是 20 世纪 50 年代末就读于巴黎高师的一代哲学家。他和他的同学巴利巴尔、朗西埃、马舍雷等人都受到导师阿尔都塞思想的影响，曾经痴迷于马克思主义，并与阿尔都塞一同重读《资本论》，还参与了《读〈资本论〉》一书的撰写。但是，在 1968 年 5 月事件爆发后，由于政治上的分歧，更由于哲学思想上的分歧，最终与阿尔都塞决裂。

（一）哲学思想奠基礼

阿尔都塞于 1967 年 11 月开设了"科学家哲学课堂"，[①] 这门课程是他

---

① 课程计划共有五部分，除阿尔都塞的"导言"（五讲）之外，还包括：皮埃尔·马舍雷"关于'科学对象'的经验主义意识形态"（三讲）；埃蒂安·巴里巴尔"从'实验方法'到科学实验的实践"（三讲）；弗朗索瓦·勒尼奥（François Regnault）"什么是'认识论断裂'?"（一讲）；米歇尔·佩舒"意识形态和科学史"（二讲）；米歇尔·菲尚（Michel Fichant）"科学史的观念"（二讲）；阿兰·巴丢"模式的概念"（一讲）。一个名为《为科学工作者讲的哲学课程》（Cours de philosophie pour scietiques）的子系列在阿尔都塞主编的马斯佩罗版《理论》（Théorie）丛书中开设，并打算出版整个课程的内容。最初计划为六卷，实际出了三卷。1969 年只有巴丢和菲尚/佩舒的两卷按计划出版，阿尔都塞的导论最终在 1974 年秋由马斯佩罗出版，名为《哲学和科学家的自发哲学（1967）》（Philosophie et philosophie spontanée des savants［1967］）阿尔都塞这个导论的第五讲在出版时也被拿掉了。这一讲的内容，是剖析了科学和哲学之间的确切关系（诸如科学革命和哲学革命之间的关联等），剖析了哲学通过知识论（通过经验主义和形式主义的变形）又如何颠倒了这种关系。

专门为科学家在巴黎高师开设的一门哲学课程。阿兰·巴丢被邀请参加了这门课程。在这门课上的讲义基础上，巴丢写成了他早期的第一部重要哲学著作《模式的概念》①（*Le concept de modèle*）。全书共十章，第一至五章是其 1968 年 4 月 29 日在"科学家哲学课堂"上的讲义，第六到十章是他打算在 5 月 13 日要讲的内容，可是由于 1968 年五月事件的爆发，这次课被取消了。该书法文第二版于 2007 年出版，第二版加了副标题："数学的唯物主义认识论导论"（*Introduction à une épistémologie matérialiste des mathématiques*），该书标题提示了这部著作的核心内容就是：运用特殊的数学模式的概念和理论，分析当时唯物主义认识论讨论中关于科学与意识形态的关系问题。

关于本书的目的，首先要搞清楚巴丢的哲学构想到底是什么？巴丢在接受布鲁诺·博斯提尔斯（Bruno Bosteels）的一次访谈时讲过这样一段话：

> 事实上，最后我要解决一个问题：什么是情境中的新？我要说，我唯一的哲学问题是这样的：我们能思考情境中的新的东西，而不是处于情境之外也不是别处的新的东西，并且我们能真正通过新奇并在情境中论述它吗？我详尽的哲学回答无论体系多么复杂，对于那个问题而言都是次要的。但是，当然，为了思考情境中的新，我们也必须思考情境，于是我们必须思考什么是重复，什么是旧的，什么不是新，最后我们再必须思考新。②

在另外一次访谈时，巴丢还说过这样一段话：

> 我认为，如果一切创造性思想事实上是一种新形式的发明，那么那些思想就是一种新形式的发明，同时它还能带来提问方式的新的可

---

① Alain Badiou, *Le concept de modèle*: *Introduction à une épistémologie matérialiste des mathématiques*, Paris: François Maspero, 1969 (*The Concept of Model*, trans. Zachery Luke Fraser & Tzuchien Tho, Melbourne: re. press, 2007.).

② 这次访谈题目是"变化能被思考吗？"，参见"Can Change be Thought", in Gabriel Riera (ed.), *Alain Badiou*: *Philosophy and its Conditions*, Albany: SUNY, 2005, pp. 252—253.

能，最终思考"什么是形式？"如果这一点是正确的，那么人们就不得不考查它的根源。那么这种设想的根源何在？没有比数学更深刻的根源了。我持这样的观点，在思想的某个特定位置，有某种与数学密切相关的东西。数学拥有思想奥秘的某种东西。①

从以上两段话，我们可以得到两点结论：其一，巴丢哲学的核心思想是要思考"新如何在情境中产生"的问题，这个基本的问题是贯穿他全部哲学思考的核心命题；其二，对于上述问题的思考，巴丢选择了数学，他认为数学是与思想密切相关，最终他将数学由工具论上升为本体论。

从以上两点来看，《模式的概念》一书可以说是巴丢哲学思想的奠基之作，本书中对于数学的推崇一直贯穿巴丢哲学的始终，直到他的成熟时期的哲学著作《存在与事件》及哲学新作《世界的逻辑》，数学逐渐由工具论上升为本体论。而《模式的概念》一书就是巴丢运用数学的方法以及特殊的数学模式的概念分析，来试图解决"新"的理论问题。具体而言，就是解决当时的哲学认识论语境中，关于意识形态和科学的关系问题。

在此书写作的前后，巴丢在阿尔都塞思想影响下，撰写了一系列论文。例如：1966 年撰写的《辩证唯物主义的复兴》②（*Le（Re）commencement du materialisme dialectique*）一文，是巴丢对阿尔都塞的马克思主义及读《资本论》写的评论。1968 年的《无限小的颠覆》③（*La subversion infinitésimale*），1969 年的《标记和空白：关于"0"》④（*Marque et manque：à propos du zéro*）等。作为阿尔都塞的学生，巴丢当时思考的问题是围绕如何认识马克思主义意识形态（历史唯物主义）与马克思主义哲学

①　"An Interview with Alain Badiou", in Alain Badiou：*The Concept of Model*, trans. Zachery Luke Fraser & Tzuchien Tho, Melbourne：re. press, 2007, pp. 102—103.

②　Alain Badiou, "Le（Re）commencement du materialisme dialectique", in *Critique*, No. 240, 1967, pp. 438—467.

③　Alain Badiou, *La subversion infinitésimale*, in *Cahiers pour l'analyse* 9, 1968, pp. 118—173.

④　Alain Badiou, "Marque et manque：à propos du zéro", in *Cahiers pour l'analyse* 10, 1969, pp. 150—173.

（辩证唯物主义）的关系而展开，因此，在《模式的概念》中，巴丢用数学模式的概念方法试图解决唯物主义认识论中的科学与意识形态关系问题。所以，本书的写作几乎是在当时的理论背景下，尤其是在阿尔都塞的影响下完成的。可以说，当时写作《模式的概念》一书时，阿兰·巴丢还是一个完全意义上的阿尔都塞主义者。

（二）"毕达哥拉斯主义者"

从1966—1969年间，巴丢的早期作品都带有明显的阿尔都塞思想影响的痕迹。如果说，他们之间如果有所区别的话，那就是巴丢对数学的自觉运用，而这一点是阿尔都塞所不认同的。阿尔都塞经常批评巴丢在哲学论述中添加了过多的数学因素，并把他叫做"毕达哥拉斯主义者"。但是，巴丢哲学对数学的"独尊"有两方面的因素，一是他受到父亲的影响，他父亲是位数学家，而他本人也对数学情有独钟；二是他当时所受到的教育，他受到了20世纪以来法国两大哲学传统的双重影响：即意识哲学与概念哲学。巴丢在一次访谈中说过：

> 我受教育的时代是非常矛盾的时代。一方面，我们有萨特和存在主义，另一方面，我们有数学和认识论领域。同时，在我的学生年代，康吉莱姆和巴什拉与阿尔都塞一样，对我来说都是非常重要的……在那里，布尔巴基（Bourbaki）学派是异常重要的。因为在从这个学派我学会了集合理论和形式数学理论。[1]

20世纪的法国哲学就是在意识哲学与概念哲学两大阵营之间的张力中展开的。笛卡尔为思想对象确立了"我思"的本原之后，意识哲学就此开始，经胡塞尔、柏格森直到萨特。法国的概念哲学，从卡瓦耶斯、经巴什拉、康吉莱姆、塞尔、科伊雷到福柯、德勒兹等，都是要试图取消这个"我思"。

而在巴丢的教育背景里，意识哲学和概念哲学都对他产生了深刻影

---

[1] "An Interview with Alain Badiou" in Alain Badiou, *The Concept of Model*, trans. Zachery Luke Fraser & Tzuchien Tho, Melbourne: re. press, 2007, p. 82.

响，因此，巴丢哲学可以看作是法国两大哲学传统的融合。意识哲学对巴丢的影响，如萨特的影响，在上一节有所论述。这里重点分析概念哲学对巴丢的影响。概念哲学的开创者是卡瓦耶斯，他针对笛卡尔的"我思"，提出了建构一种无主体的或后主体的数理哲学的构想。在他看来，人类所有理性活动的模式都是数学式的，他认为数学既是自然科学的基础，也是精神认识的基础。数学经验不是意识产物而是概念的经验。数学理论的内容和形式都是概念，是概念的结构与生成变化的历史统一。科学的发展变化都是来自概念到概念的自主理性运动过程。康吉莱姆评论卡瓦耶斯："他是一位为逻辑理性而战斗的抵抗战士。"康吉莱姆是卡瓦耶斯的传人，他试图建立一种概念认识论，他认为人类知识的普遍性就来自于概念，科学认识只是概念的翻译、转移、概括的过程，认为只有概念能产生知识的普遍性。而塞尔在继承了卡瓦耶斯、康吉莱姆等人的思想精神，从数学结构出发，分析了人类知识的结构模型，认为不同时期的知识模型决定着这一时期的科学认识。塞尔曾经讲授关于莱布尼兹的课程，巴丢就是他的学生之一。因此，巴丢对塞尔也非常尊敬。

巴丢对这些概念哲学家是"情有独钟"的，他哲学思想的本体论的由来与这些人的思想不无关系。从《模式的概念》开始直到他后来的《存在与事件》以及《临时本体论简论》中，都关注一个重要的问题，就是数学与本体论及逻辑的关系问题。因此，在《模式的概念》中他曾说过：

> 我一直呼吁数学脱离于逻辑。这一最恰当的标准就是说，一种公理如果对于每个结构都是有效的话，那么它就是逻辑的。而对于数学而言却不是这样。一个数学的公理，只能在特殊的结构中才有效。数学公理的一般身份只能通过语义学的力量将他者排除掉才能确立。通过语义地反映出来的逻辑，就是这类结构的体系，而数学，正如布尔巴基所言，是结构范畴的理论。[1]

---

[1] Alain Badiou, *The Concept of Model*, trans. Zachery Luke Fraser & Tzuchien Tho, Melbourne: re. press, 2007. p. 35.

可见，从《模式的概念》开始，巴丢就致力于关于数学、本体论、逻辑三者关系问题的思考。巴丢后来曾解释说，逻辑就是结构的思想，而数学则是结构体系的思想。在巴丢后来的思想发展中，关于二者分裂的观点显得很不充足，只有到了后来的数学本体论阶段，他用哲学的解释来解决二者的关系问题。而且不仅采用的数学的模式，还采用了其他的可能的模式来解释。在数学的模式中所讲的公理或结构也比原来复杂许多。这时的逻辑描述了可能的世界，不再是纯粹的一般普遍性与特殊模式的存在间的问题，而是一种关于多的一般理论与特定的多的理论间的关系，从一般的纯粹理论转向了一个更为形而上学的关于存在的问题了。因此，在《存在与事件》中他得出了两个结论："数学即本体论"；"在事件的名义之下，新发生在存在中"。①

（三）对阿尔都塞"意识形态理论"批判

阿尔都塞在分析马克思主义思想时提出了"认识论断裂"的观点。"认识论断裂"这一概念是阿尔都塞从其老师巴什拉那里借鉴来的。巴什拉认为：所谓的"认识论断裂"并不是一个瞬间的动作，而是一个行进中的过程，他认为直观的知识论是不可靠的，科学与知识只有通过否定和新的辩证综合才能形成和发展，对世界作出新的解释，提示新的真理。阿尔都塞将这一理论运用到对马克思主义的分析中。他认为，"认识论断裂"是科学实践中的科学与意识形态的持续斗争，认为马克思主义青年时期的著作是意识形态的，而后期的著作则是科学的。他认为马克思思想发展中的"认识论断裂"发生在1845年的《关于费尔巴哈的提纲》和《德意志意识形态》。在此之前，属于意识形态阶段。马克思早期著作中的"人的本质"、"异化"、"异化劳动"等概念，都是意识形态"表象性"概念，是非科学的，不能对社会生活提供科学说明。1845年之后，马克思清算了自己从前的哲学信仰，同一切把历史和政治统统归结为人的本质及其异化的议论实行彻底决裂，提出了社会形态、生产力、生产关系、经济基础、上层建筑等科学概念，批判了人道主义，创立了历史唯物主义，确认人道主义

---

① 参见《存在与事件》英译本译者的序言。

是非科学的意识形态概念。这时的马克思与过去的意识形态彻底决裂，系统建立了自己的科学的理论。巴丢也吸收了阿尔都塞这一思想，把这种认识论的断裂理解为与意识形态相关的断裂，更准确地说，"巴什拉式"地理解为与科学自身相关的意识形态内的总的断裂。

阿尔都塞的"认识论断裂"思想和"意识形态"思想主要是在他与学生合著的《读〈资本论〉》以及他的《保卫马克思》中集中论述的。1966年巴丢撰写的《辩证唯物主义的复兴》一文，就是他对阿尔都塞的上述著作尤其是意识形态理论，以及《历史唯物主义和辩证唯物主义》一文所作的评论。

阿尔都塞这样解释意识形态："意识形态是具有独特逻辑和独特结构的表象（形象、神话、观念或概念）体系，它在特定的社会中历史地存在，并作为历史而起作用。"① "意识形态是个表象体系，但这些表象在大多数情况下和'意识'毫无关系；它们在多数情况下是形象，有时是概念。它们首先作为结构而强加于绝大多数人，因而不通过人们的'意识'。它们作为被感知、被接受和被忍受的文化客体，通过一个为人们所不知道的过程而作用于人。"②

巴丢在《辩证唯物主义的复兴》一文中，分析了阿尔都塞的意识形态思想。他将意识形态分解为三重功能——重复（repetition）、整体化（totalization）和定位（placement）。文章分析认为，"重复"的功能就是在表征系统中建立既定事物的重复；"整体化"就是认为这种重复的表征系统具有整体性意义；"定位"就是将个人的、科学的概念归入这种表征性的整体之中。巴丢指出意识形态的最终功能应该是"满足阶级的需要"，并提出意识形态与阶级斗争的关系问题。而这一点恰恰是阿尔都塞意识形态理论的最大局限性所在。他将科学与意识形态根本对立起来。关于这一点阿尔都塞在其后来写的《自我批评材料》中这样总结道："我不但没有提供这个历史事实在社会、政治、意识形态等各方面所具有的全部意义，却反面把它贬低为一个狭隘的理论事实，即在马克思1845年后的著作中可以

① ［法］阿尔都塞：《保卫马克思》，顾良译，商务印书馆1984年版，第201页。
② 同上书，第202—203页。

看到的认识论'断裂'。与此同时，我还陷入了对'断裂'的理性主义解释中去，把真理和谬误的对立、一般科学和一般意识形态的思辨对立看作是同一类对立，而马克思主义和资产阶级意识形态的对抗则是这种思辨对立的一个实例。由于这种贬低和这种解释，阶级斗争便在思辨理性主义的这个舞台上几乎影踪全无了。"① 几年后，巴丢与弗朗西斯·巴姆（Fran-cois Balmès）合作撰写了《论意识形态》②（De l'idèologie）一书，对阿尔都塞的意识形态理论进行了彻底地批判，集中批判了阿尔都塞赋予意识形态的幻象特征。书中巴丢分析了历史上意识形态与阶级剥削和阶级压迫的现象的关系，并分析了意识形态的斗争，意识形态范围内的分裂、冲突的历史特征。这种分析巴丢只是在《模式的概念》一书的最后一章提到，到《论意识形态》一书才加以详细讨论。

科学具有一种不可剥夺的表征性操作的需要，这一观点使巴丢最终架起了科学与意识形态间的桥梁。巴丢认为：科学创造一种客观的知识，它的存在被决定性的意识形态领域所标明。换言之，具体的科学最终是意识形态的。

在后来的《标记与空缺：关于"0"》一书中，巴丢重复了他早期著作中一贯的主题：他将"演绎的"（a priori）科学定义为：由于科学被意识形态所表征，所以在重新表征的地方（the re-presentational space），科学不断打破它自身的表征。③

而数学创造它自身活动表征的方法就是逻辑—数学的模型理论。通常构成模型理论的是一种对数学自身的"重新表征空间"的逻辑分析，在一般系统与各种数学结构之间详尽编织解释的系统。由于这一模型理论创造了数学分析的普遍性，这自然就引起了认识论者尤其是逻辑实证主义者的热切关注。因此形式语义学就与发端于20世纪初期的全球性逻辑实证主义观念产生了亲缘关系。例如卡尔纳普就是其中的突出代表。巴丢《模式的

---

① ［法］阿尔都塞：《保卫马克思》，顾良译，商务印书馆1984年版，第218—219页。

② Alain Badiou, *De l'idèologie*, Paris：Maspero, 1976.

③ Alain Badiou, "Marque et manque：à propos du zéro", in *Cahiers pour l'analyse* 10, 1969, p. 165.

概念》的开篇就是对这种亲缘关系的强烈批判。

在最近的一些著作中，巴丢逐渐缓和了对于实证主义的批评：他纠正了过去关于"逻辑实证主义本身就是一种意识形态"的看法，并将科学解释为"意识形态的复苏"，即将意识形态的观念（notions）与科学的概念（concepts）组合进了哲学的范畴（categories）之中，从而实现了意识形态与科学的分离和并置的可能性。

二 毛主义者时期

1968 年"五月风暴"的爆发，对于巴丢本人来讲是个"标志性事件"，因为这个事件标志着巴丢由早期的阿尔都塞主义者开始转向一个毛主义者，其思想由阿尔都塞思想影响下的静态地、"模式"地思考科学知识和意识形态问题，转向了"行动"的、"实践"的政治思考。

（一）"五月风暴"的标志意义

1968 年 5、6 月间，法国爆发了规模空间的群众运动，被叫做"五月风暴"或"五月事件"。巴丢不仅是这场运动的支持者，同时也是一名直接的参与者。这次事件对于巴丢的思想发展而言，是具有标志性意义的：巴丢由一名阿尔都塞主义者转变为一位毛主义者；他的思想也由唯物主义认识论转向了历史辩证法。

这次群众运动爆发的原因是多方面的，既有来自法国国内社会政治、经济局势的影响，又有国外政治局势的影响。1789 年的法国大革命以及 20 世纪 60 年代法国的激进主义精神成为此次学生运动的思想资源；国际政治舞台上托洛茨基、列宁、毛泽东、格瓦拉、卡斯特罗、胡志明等人的政治思想为学生所推崇；在文化上，萨特、加缪、马尔库塞、列斐弗尔等人的思想为这次运动作了必要的文化准备。

而此次运动的直接导火索是由左翼青年学生运动引发的。左翼青年学生首先对当时的法国教育现状极为不满，并于 3 月开始占领巴黎地区的大学。同时，激进的青年学生反对当时美国对越南发动的战争，并向美国在巴黎的企业扔掷炸弹。法国当局以学生"行为过激"为由，逮捕了这几名青年学生。于是巴黎大学农泰尔分校的大批学生，在巴黎大学文学院索邦集会表示抗议。法国当局封闭了农泰尔分校，并封闭了索邦文学院，这在索邦文学院七百年历史上是没有过的。当局的行为进一步激起了学生的强烈抗议。5月8日，学生与警察在拉丁区发生严重冲突。5月9日，作为巴丢老师的萨特成为学生运动的精神领袖，他联合波伏瓦、奥德里、莱里、盖兰等人发表声明，呼吁在道义上和物质上支持学生的斗争。从13日开始，学生联合一批民主教授占领了索邦，占领了拉巴丁。接下来工人罢工、学生罢课，巴黎完全陷入瘫痪。迫于压力，5月30日，戴高乐总统宣布解散国民议会，并进行大选。最后，戴高乐代表的法国右翼势力在国会获得了72%的席位，取得了法国政权。但第二年戴高乐下台，并于1970年去世。法国进入了另一个时代。

"五月风暴"是一场自发的群众运动，是资本主义社会民众反抗主流意识形态的尝试。作为"20世纪法国最后一场革命"，这次运动被看成是萨特思想的一次"试验场"，同时也是巴丢、拉康、福柯、德里达等新一代思想家的思想资源的出发点。正是从这次运动开始，巴丢通过自己的亲身参与和亲历感受，成为一名坚定的毛主义者，并开始对"政治"、"事件"进行哲学思考，同时反思自己此前阿尔都塞影响下的思想，反思阿尔都塞思想的局限性，并最终与这位导师决裂。

（二）与阿尔都塞决裂

巴丢与阿尔都塞的正式决裂开始于1968年的"五月事件"之后。这种决裂绝不是出于私人原因，而是来自政治立场和哲学思想两个方面的原因。

阿尔都塞思想的主旨是以科学的结构主义马克思主义，来对抗当时的以萨特等人为代表的"人道主义马克思主义"。阿尔都塞把他的"结构主义马克思主义"说成是科学的、理论上的反人道主义。他的《保卫马克思》和《读〈资本论〉》就是这方面思想的突出代表。1975年《世界报》引用了阿尔都塞这样一段话："要是没有二十大和赫鲁晓夫批评斯大林以及后来的自由化，我永远也不会写任何东西……因此，我的靶子是很清楚的，就是这些人道主义的胡言乱语，这些关于自由、劳动或异化的苍白论述，它们是上述一切在法国党员知识分子当中产生的结果。"① 然而，1968 年"五月事件"则使结构主义与人道主义之间的这场论争中断了。阿尔都塞在"五月事件"之中所表现出的"客观"、"冷静"、"旁观"的立场和做法是巴丢无法接受的。事实上，阿尔都塞在"五月事件"之中的这些表现，又与人道主义马克思主义代表人物萨特不无关系。

"五月事件"被许多人看作是人道主义马克思主义理论的具体表现，看作是人们反对资本主义社会"异化"能力的公开展示。因此，人们也把"五月事件"看作是萨特存在主义马克思主义思想的"实验场"，萨特成了青年学生的精神领袖。萨特走上街头发表演说、散发传单，用实际行动支持学生的斗争。5 月 10 日，他与列斐弗尔、高兹等人发表宣言，认为学生的抗议是努力避免社会的"异化制度"；5 月 12 日，他接受卢森堡电台访问时声援学生的行动；5 月 20 日，他在《新观察》上发表了同左翼学生领袖邦迪的会见，并在索邦学院发表讲话，赞许学生"建立在充分民主的基础上的新的社会观，社会主义和民主之间的联姻"；1969 年，萨特在回顾"五月风暴"的经验教训时说，五月运动虽然缺乏统一的组织领导，但并不妨碍其参与者的创造性自由，他说，五月事件是一场没有政治革命的文化革命，所以会失败。然而它第一次强有力地表达了对发达社会的否定，反对异化，争取自治，使发达社会面临各种危机。1960 年萨特发表的《辩证理性批判》中关于社会集团的形成和分解的论述，有许多观点在"五月风暴"中行到了证实。因此，列维—斯特劳斯悲叹他的结构主义思想由于"五月事件"而死亡时这样说道："在法国，你知道，结构主义不再时兴，从 1968 年 5 月以后，一切客观性都被抛弃了，青年的观点更符合萨特的观点。"②

正是由于阿尔都塞与萨特在马克思的"存在主义"立场和"结构主义"立场上的根本分歧，使阿尔都塞在"五月事件"之中对于青年学生的态度表现得异常"暧昧"，而巴丢则是"五月事件"的参与者和实践者，

---

① 美国《激进哲学》1975 年冬季号第 12 页。转引自《马列主义研究资料》1983 年第 5 辑，总第 29 辑，第 180 页。

② 转引自徐崇温《西方马克思主义》，天津人民出版社 1982 年版，第 11 页。

他对导师阿尔都塞的这种立场表示不满，并最终选择了与其决裂。

当然，如果说"五月事件"是巴丢与阿尔都塞正式决裂的开始的话，那么，在巴丢早期的思想发展中，事实上早已经埋藏了这种分裂的种子。巴丢在早期的《模式的概念》、《唯物主义辩证法的复兴》等一系列作品中已出现了这种分裂的端倪。在《唯物主义辩证法的复兴》一文中，巴丢评价了阿尔都塞的意识形态理论，分析了阿尔都塞所谓的"认识论断裂"含义及存在的问题，同时指出了阿尔都塞将科学与意识形态截然对立的弊端。巴丢指出："事实上，科学与意识形态的区别就是'转换过程'与'重复过程'之间的差别……"① 巴丢虽然也同意阿尔都塞所认为的科学与意识形态间的"认识论断裂"，但巴丢是从数学模式的科学结构分析入手，来理解唯物主义认识论的科学与意识形态的关系问题。

但阿尔都塞所认为的科学是真实的不变规律的领域，这些规律不取决于经验事实的检验。并且认为数学是马克思主义科学的模特儿，他说："世界上没有一个数学家认为自己的理论在应用之前先要经过事实的检验。数学定理的真理性完全是由数学实践的内部标准提供的。我们认为这适用于一切科学。"② 他认为马克思后期的《资本论》所开创的历史唯物主义才具有科学性。前期的著作是意识形态的。在阿尔都塞看来，意识形态是一种依赖于对社会世界的事实经验分析的一种思想体系。阿尔都塞这种将科学与意识形态的根本对立的观点，是传统共产党理论所不能接受的。

可见，巴丢和阿尔都塞虽然都重视数学在科学中的地位，但阿尔都塞只是把数学作为科学的"模特儿"，而巴丢则把数学作为一种认识论工具来分析科学与意识形态的关系，并在《存在与事件》中进一步把数学作为其哲学本体论。巴丢从早期的《模式的概念》中就表现出对于数学集合论的"情有独钟"，而这一点是阿尔都塞不能理解的，因此他对巴丢进行批评，说他太过"毕达哥拉斯主义"。在《模式的概念》中巴丢用集合论的

① Alain Badiou, *The Concept of Model：An Introduction to the Materialist Epistemology of Mathematics*, ed. and trans. Zachary Luke Fraser & Tzuchien Tho, Melbourne：re. press，2007，p. xxi.

② ［法］阿尔都塞：《读〈资本论〉》，李其庆、冯文光译，中央编译出版社 2001 年版，第 75 页。

数学模式理论来分析知识结构。因此，巴丢在本书第七章得出这样一个结论性命题："结构是一种形式理论的模型，如果那种理论的一切公理对于那个结构是有效的话。"① 巴丢区分了观念（notion）、概念（concept）和范畴（category）三个术语，他认为意识形态的话语单位是"观念"，而科学话语的单位为"概念"，哲学话语的单位是"范畴"。哲学在本质上是科学的意识形态的复活。哲学的范畴使概念和观念得以联系。而阿尔都塞则是将科学与意识形态对立，将哲学与政治对立起来。从而可见，巴丢早期思想，虽然受到阿尔都塞思想的影响，但其中也隐藏着与阿尔都塞决裂的种子。

1968 年"五月事件"则是巴丢与阿尔都塞走向决裂的标志。从此开始，巴丢从阿尔都塞的影响中走出来，转向了当时在欧洲产生重大影响的毛主义思想。巴丢放弃了阿尔都塞的"静态"的对马克思主义的"结构主义"解读，而走向了政治实践；放弃了哲学与政治的分离而走向干预的哲学；他批评了德勒兹式的无政府主义和阿尔都塞式的结构主义，而走向对于政治问题和哲学问题的重新思考；他反对阿尔都塞对于不变的社会"根本结构"的推崇，而转向对结构与历史、本体与存在相结合的思考。

总之，是毛主义使巴丢走上了与阿尔都塞决裂的道路，同时，也使巴丢哲学思想背后的三位导师阿尔都塞、萨特、拉康联系在一起。"从谱系学上来说，毛主义使得巴丢既是阿尔都塞式的又是萨特式的，而他通过毛泽东阅读黑格尔的方式又是拉康式的。"② 因此，20 世纪 70 年代，在毛主义思想的影响下，巴丢写作了《矛盾理论》、《论意识形态》、《主体理论》等著作。而其中的《主体理论》则是这一时期的代表作，这部著作被巴丢自称为"我的第一本哲学'大'作"。

（三）矛盾理论、意识形态理论与主体理论

巴丢在《主体理论》中曾说："马克思主义是无产阶级为主体而建构

---

① Alain Badiou, *The Concept of Model: An Introduction to the Materialist Epistemology of Mathematics*, ed. and trans. Zachary Luke Fraser & Tzuchien Tho, Melbourne: re. press, 2007, p. 34.

② Bruno Bosteels, "Post - Maoism: Badiou and Politics", in *Positions*, 13 (3), 2005. 参见《国外理论动态》2009 年第 7 期，陈橙的译文。

自身的话语。这一点不能忘记。"① 这句话可以看作是巴丢 20 世纪 70 年代转向毛主义的路标，是与阿尔都塞决裂的开始。阿尔都塞认为马克思历史唯物主义是"历史科学"，巴丢认为不存在"历史科学"，认为马克思主义是阶级斗争武装经验的系统化，马克思主义话语方向和特征是由它的实践决定的。这显然受到了毛主义思想的影响。这一时期巴丢的重要代表作品包括《矛盾理论》、《论意识形态》和《主体理论》，分别阐述了巴丢的"矛盾理论"、"意识形态理论"和"主体理论"。其中，《主体理论》是其由毛主义阶段转向后期的"数学本体论"（《存在与事件》）的标志。

巴丢在前一个阶段探讨了一种数学真理的唯物主义认识论，主体都被看作是属于意识形态范畴。在 20 世纪 70 年代中期的《矛盾理论》与《论意识形态》中真理再次复活。只是这时的真理是一种政治的真理，一种"造反"的真理。《矛盾理论》与《论意识形态》是对德勒兹式的无政府主义和阿尔都塞式的结构主义的集中分析和评论，巴丢把二者作为意识形态的两种偏向加以批评。

他认为阿尔都塞的《保卫马克思》和《读〈资本论〉》中，将马克思的逻辑简单化了，简单化为社会结构要素间的位置与趋势的机制。巴丢分析道："事物从一个地方转移到另一个地方并未破坏交换的根本结构，表面的灵活性指向一个封闭的系统。在这一点上，所有结构性思维在本质上的保守主义都把辩证法转化成了它的对立面：形而上学。"② 因此，在巴丢看来，阿尔都塞科学主义的结构思维方式，就使辩证法被限制在保守主义，甚至形而上学的等级结构之中了。巴丢试图将阿尔都塞静态的结构分析推向一种内部结构的损失和破坏的动态运动之中，试图将阿尔都塞的思想向前推进一步，试图将结构与历史、本体与存在结合起来："结构在等级组合层面有它自己的本体，而它的存在，即它的历史，是与它的破坏融合在一起的。除了自身的破坏运动以外，结构并无其他的存在。通过'为

---

① Alain Badiou, *Theory of the Subject*, trans. Bruno Bosteels, New York: Continuum, 2009. p. 44.

② Bruno Bosteels, "Post - Maoism: Badiou and Politics", in *Positions*, 13（3），2005. 参见《国外理论动态》2009 年第 7 期，陈橙的译文。

结构而存在'与'为结构的解散而存在'之间的区分，矛盾的双方反映了存在的这种转瞬即逝的模式。"① 巴丢在其后期著作中关注这种结构内在的"解散"与"分裂"，这种结构与不可能的元结构间的缺乏与过剩的辩证法，就形成了巴丢后期思想的核心范畴：事件。

巴丢在作品中还对德勒兹的反俄底浦斯进行了批评。针对德勒兹的观点，巴丢认为，意识形态不止一个，既有统治阶级的意识形态，也有被统治阶级的意识形态。巴丢认为，即使被统治阶级没有被愚弄并相信了统治阶级的意识形态，人们仍需要对被统治者的暴动予以解释。巴丢对意识形态的解释开始于社会冲突，如工人罢工、意识形态分歧等。巴丢坚持认为剥削者与被剥削者都有各自的利益，都明确意识到"剥削"的存在，因此他不同意有些理论家所认为的意识形态是被统治阶级进行愚弄的"虚假的意识"。冲突、敌对的双方由于这种敌对的必然性与持久性，也由于双方存在各种利益的根本对立，冲突"力量"（force）的出现是不可避免的。巴丢认为正是由于这种冲突、敌对的持续发展可能导致起义或暴动，这时就会出现"力量"的分离，产生对于公平、社会组织、政治等的新思考，并且会出现无产阶级意识形态的因素。而对这种"自发主义"的分散的、不同区域发生的冲突和敌对，要发展为一种统一的持续性的革命力量，就需要一种新的"历史主体"出现，这就是革命政党。

这里，巴丢复兴了主体的范畴，与阿尔都塞将主体仅仅理解为意识形态的效果不同，巴丢的主体就是革命行动的现实的组织——政党本身。②在此，巴丢的政党概念与列宁的集中制层级组织的政党概念是不同的。巴丢用他的"革命知识的辩证循环"与"知识—社会同构"理论来阐述他的政党—主体观念。

巴丢在这一时期的理论目标就是要实现实践理论与他提出的"矛盾理论"、"意识形态理论"和"主体理论"相结合。巴丢认为，在革命知识的

---

① Bruno Bosteels，"Post‐Maoism：Badiou and Politics"，in *Positions*，13（3），2005. 参见《国外理论动态》2009 年第 7 期，陈橙的译文。

② 巴丢的主体概念是发展变化的。在毛主义阶段，指的是政党—主体，并认为"所有主体都是政治的"。在思想成熟期（如《存在与事件》《哲学宣言》《条件》等）中，主体就成了真理—主体、艺术的主体、科学的主体、政治的主体和爱的主体。

实际发展过程中，理论出现于政治实践的辩证法之中。巴丢将这一过程分为五个阶段：第一阶段是"思想的力量"，即各种思想分散于大众的暴动中；第二阶段是新旧思想阶段，即由于暴动中的阶级斗争使思想分裂为新旧思想；第三阶段是政党系统化这些分裂的思想；第四阶段是政党将思想转化为行动的方向；第五阶段是这些方向实现后产生新的思想分裂，进入新的"思想力量循环"。按照这种"革命知识辩证循环"理论，他认为革命政党的出现是以革命知识的出现为标志的。无产阶级将自身组织为一个政党的能力，归根结底不过是将大众的正确思想进行系统化的知识能力。这就是所谓的"知识—社会同构"的理论。这一理论明显带有阿尔都塞认识论的影子。巴丢认为，无产阶级是一种逻辑力量，无产阶级组织就是一种新逻辑的身体。因此，他认为无产阶级是否采用组织的形式不是一个主观的问题，而是一个知识逻辑的问题。在此，巴丢赋予了逻辑发展一种组织的形式。

综上所述，巴丢在《矛盾理论》与《论意识形态》两书中在批判阿尔都塞与德勒兹的意识形态偏向时，阐述了他的矛盾理论、意识形态理论和主体理论、政党理论。从论述中可以看到巴丢明显受到毛主义思想的影响。今天看来，他的这些思想有许多方面是值得商榷的，甚至有些观点是明显"过时的"，而且是"非马克思主义"，甚至是"反马克思主义"的。

这一时期，巴丢的代表作是《主体理论》。从《主体理论》到80年代的《存在与事件》再到2008年的《世界的逻辑》可以看作是巴丢哲学的三部曲。换言之，写于70年代，出版于80年代初的《主体理论》奠定了巴丢哲学的基础，他的最新哲学巨作《世界的逻辑》，某种意义上是对《主体理论》的继承与坚持。

1968年"五月事件"之后，"六八青年"在挫败的阴影中感到共产党在政治上的感召力彻底破产，同时在思想上对阿尔都塞普遍感到失望。进入70年代，虽然仍然爆发了数次工人占领工厂的事件，这批青年还成立了一些不同于法共的社会组织，但是思想界，左翼思想逐渐让位于新自由主义话语，甚至一些左翼分子走向了右倾的道路。于是巴丢意识到要坚持"政治主体"，就必须思考"政治主体的消逝"。同时，巴丢保留了对哲学

的忠诚，保留了辩证法和革命政治的思想谱系。于是他继承了法国哲学的
"主体性"和"科学性"两大传统，用拉康的辩证法的"主体科学"，思考
毛主义革命实践中的"政治主体"。这就是《主体理论》一书的大致背景
和写作动机。

　　《主体理论》一书来源于 1975 年 1 月到 1979 年 6 月间，巴丢和其毛主
义的同伴们在主题报告研讨班上的讲稿。巴丢在本书的前言部分归纳了此
次长达四年之久的研讨班涉及的七个方面的话题："政治理论，逻辑与数
学，历史情境，严格意义上的精神分析，文学与戏剧，上帝和古典哲学。
当然这些话题均不涉及本书的核心主题，因为本书的核心主题不能用任何
标题来概括，它在书中是无处不在的。"① 《主体理论》一书的英译者在序
言中指出，巴丢的主体理论有三个理论来源：一是法国诗歌（马拉美）与
精神分析（拉康），二是德国哲学（黑格尔、荷尔德林），三是古希腊悲剧
（埃斯库洛斯和索福克勒斯）。正如巴丢在本书前言指出的那样，他将"两
位伟大的德国辩证思想家：黑格尔与荷尔德林（在书的开头论述了黑格
尔，在第三部分的末尾和第四部分论述了后者）"，"两位伟大的法国现代
辩证思想家：马拉美与拉康（第二部分论述了马拉美，第三和第五部分
论述了拉康）"，"两位伟大的法国古典辩证思想家：帕斯卡尔和卢梭（全
书的第六部分）"以及"四位伟大的马克思主义者：马克思、恩格斯、列
宁、毛泽东"的名字和他们的思想都"接合"进他的《主体理论》一书
中去了，但这些名字在目录里几乎没有出现（除了黑格尔出现在目录中
之外）。

　　巴丢的《主体理论》中首要的一个命题就是"一切主体都是政治的。"
但是在当时的社会政治背景下，社会空间的结构化，使这种政治主体变成
了"去政治化"，变成了一种"身份"而非"主体"。于是巴丢提出了用
"分期"（La Périodisation）和"历史化"来对抗社会的"结构化"（La
Structuration）。这里的"分期"和"历史化"实际上是指通过断裂来重新
激活和继承那稀少的"政治主体"。因此，"历史化"也不是历史编纂学或

---

① Alain Badiou, *Théorie de Sujet*, Paris：Seuil, 1982，p. 12. 英文版：*Theory of the Sub-ject*, trans. Bruno Bosteels, New York：Continuum, 2009, p. xxxix.

阐释学，而是重新确立政治主体的历史真理。在第一部分，他用"分裂的逻辑"（a logic of scission）这一术语重新定义了黑格尔的辩证法，不再将其解释为肯定、否定、否定之否定。具体而言，他通过阅读黑格尔的《逻辑学》，区分了黑格尔辩证法的两种模型，一种是理想的辩证法，一种是现实的辩证法。从黑格尔的辩证法到毛泽东的辩证法再到拉康的"象征"、"想象"、"实在"，巴丢将古典哲学范畴、毛主义政治范畴与精神分析的特定范畴杂糅在一起，从而形成了黑格尔—拉康—毛泽东的三位一体，甚至在文体风格上也留有这种三位一体的痕迹。

第二部分通过对马拉美诗歌的分析，来论述他的"例外"和"主体过程"。第三部分则通过对拉康"科学主体"理论的解读，来谈革命主体的可能性。接着通过对精神分析为何多关注希腊悲剧《俄底浦斯》而不是《安提戈涅》的分析，来颠覆弗洛伊德精神分析解读《俄底浦斯》的"个人欲望伦理学"，从而达到确立一种"革命伦理学"的目的。第四部分针对自称为"新哲学家"的人（如前毛主义者的"叛徒"的安德列·格卢克斯曼等人）所制造的"媒介事件"——用斯大林主义所犯的错误来归罪于正统马克思主义——进行了分析，巴丢用当时的唯物主义定义，而不是用被诽谤的辩证的"整体主义"的概念，来回答反马克思主义斗争的问题。第五、六部分完成了马克思主义伦理学的四个基本概念的分析概括："主体化"、"主体化过程"及两种综合模式或轨道："模式 ψ"（从"苦恼"［anxiety］ —→ "超我"［superego］）与"模式 α"（从"勇气"［courage］ —→ "正义"［justice］）。这里巴丢思考的是革命主体如何在政党中维持自身的问题。

今天的巴丢，已经不得不承认"政党政治"的终结，这也就意味着阶级政党的终结，"革命世纪"的终结。因此，主体问题必然进行转向，即由"政治主体"转向"真理—主体"的思考。

三 从"数学本体论"走向"世界的逻辑"

1988 年是巴丢哲学思想具有里程碑意义的一年，他的《存在与事件》出版，标志着他的哲学思想进入了成熟期，同时，也标志着他思想的一次重大转向——告别革命政治，转向数学本体论。《存在与事件》与前期的《主体理论》又是什么关系呢？事实上，《主体理论》已经初步奠定了他哲学成熟时期的思想"基因"，例如：集合论本体论（set – theory ontology）、类属集合（generic set）、事件与介入（the event and the intervention）、力迫（forcing），四种哲学的条件：诗（艺术）、精神分析（爱）、数学（科学）和政治等。那么，《存在与事件》仅仅是《主体理论》的进一步深入和系统化吗？显然不是。二者之间存在根本性鸿沟，即《存在与事件》已经完全放弃了《主体理论》中所使用的政治、历史的马克思主义理论构架，不再讲历史的辩证过程，不再讲政党的无产阶级意识或矛盾的辩证过程。

这种变化实际上开始于巴丢的《能思考政治吗?》一书。在本书中，巴丢已经提出了马克思主义已经死亡的观点。于是需要一种"危机的主体"来思考处于危机中的马克思主义处境。在本书中，原来的关于马克思主义的国家、革命、政党等词汇均已经不见踪影。在此，他一方面避免来自后现代的挑战，另一方面又与教条主义及后现代可能导致的虚无主义和相对主义保持距离。在书中，巴丢提示了马克思主义所面临的全面危机——不管是社会主义国家还是国家的独立斗争都陷入了困境。事实上，马克思主义危机是更大的危机——即"政治的回撤"（retreat）的巨大危机——的一部分。所谓"政治的回撤"是南希、拉库—拉巴特在合著的《政治的"回撤"》一文中提出来的。这篇文章共讲了三个问题，前两个问题是"哲学以及哲学与政治学的关系问题"和"极权主义的问题"，第三个问题就是"所谓'回撤'的问题"。这种回撤就是后退到所谓的"城邦"，是一种"先验的回撤"或"他性"的回撤。这种回撤的结果就是导致政治的虚构。马克思主义和议会民主制都进入这种虚构——马克思主义迷了路，民主变成了经济管理所统治的国家形式。于是，在这样的深刻危机背景下，巴丢在《能思考政治吗?》一书中完全放弃了此前的马克思主义革命知识辩证法，放弃了马克思主义的术语——政党、辩证法、革命、无产阶级等。因此，可以把《能思考政治吗?》看作是由《主体理论》向《存在与事件》的过渡。

　　然而，问题是《存在与事件》中又是如何保持以上提到的基本哲学"基因"的理论连续性呢？巴丢虽然放弃了毛主义思想影响下的党派政治、阶级政治。然而实践的首要性却被巴丢保留下来。在《存在与事件》中实践变成了情势结构中被揭示出来的"机能障碍"（dysfunction）以及在特殊的政治情势、艺术情势、科学情势、爱的情势中的"机能障碍"问题。因为，在巴丢看来，"新"就可能发生在这些"机能障碍"之中。要理解这里的情势状态和"机能障碍"，就必须回到《存在与事件》中提到的更为复杂、更为详尽的"数学即本体论"的命题中。除了集合论本体论之外，《存在与事件》与《主体理论》的理论连续性通过数学中的"逻辑减除"形式来实现，其他变化过程都有各自的独特的连续性形式。此外，这种连续形式的多样化问题，通过给哲学设置特别的任务来实现，使哲学思考如何建构一种概念空间的普遍可能性来保证每种变化过程的实现。在巴丢看来，哲学就是提供这种概念空间的平台，哲学本身不产生思想和真理，思想和真理来自哲学的诸条件中，即科学、政治、艺术、爱四个真理程序之中。

　　从《存在与事件》开始，巴丢的哲学思想进入了"数学本体论"阶段，开始思考"存在"、"事件"、"真理—主体"，思考"类属真理程序"，思考"哲学及其条件"等基本命题。这些命题共同指向巴丢自始至终思考的"终极"问题：全新的东西是如何进入世界的？齐泽克在一本书的序言中谈道："阿兰·巴丢的核心思想就是哲学取决于作为其外部条件的真理事件（truth event）。"[①]《存在与事件》的英译者在序言中也说："我们可以发现两个基本命题：其一是数学即本体论，其二是在事件的名义下，新发生在存在中。"[②] 可见，《存在与事件》的基本主题就是：巴丢提出的"数学即本体论"，新如何通过事件在存在中得以产生的问题。

　　作者在本书的前言中，详细分析了"数学即本体论"的背景及如何理

　　① Slavoj Zizek, "Foreword: Hallward's Fidelity to the Badiou Event" in Peter Hallward, *Badiou: A Subject to Truth*, University of Minnesota Press, 2003, p. ix.

　　② Alain Badiou, *Being and Event*, trans. Oliver Feltham; New York: Continuum, 2005, p. xvii.

解这一命题等重要问题，还指出全书结构上的"三位一体"特点，即三类沉思构成的统一体，分别是"纯粹概念沉思录"、"文本沉思录"、"元本体论沉思录"。第一种是对形成思想轨迹的概念的揭露和论述，第二种沉思是对11位哲学家思想断片的思考，第三种是对数理本体论的沉思。

在《存在与事件》出版的第二年（1989）他又出版了《哲学宣言》①一书，是对《存在与事件》形成的哲学思想的进一步阐发。《哲学宣言》可以看作是巴丢哲学思想的浓缩和高度概括。此书的目的就是要终结"哲学的终结"的命题，要使哲学"再向前迈进一步"，"单一的一步"，"现代构架内的一步"，即巴丢所说的："自笛卡尔以来就把存在、真理和主体这三个结节概念与哲学的条件捆束在一起的一步。"② 而哲学新的可能必须通过对哲学条件以及哲学与其条件的关系的思考才能实现。要使哲学向前迈进一步就必须使哲学与他的全部四个条件关联在一起，而不是将某个条件与哲学缝合（suture）。哲学必须"反缝合"（de - sutured）才能找到它的正确位置。而数学是"在者在（l'être - en - tant - qu'être，英译为 being qua being）的科学"，它不仅是本体论，而且还能将本体论从哲学中分离出来。哲学的任务就是创造一个概念的空间，以使真理的类属程序得以可能。"哲学概念编织一个普遍空间，在这个空间里思想加入时间，哲学的时间，只要这种时间中的真理程序能为它们的可能性找到哲学内部的寓所。"③ 哲学寄寓了四类特殊的事件，这些事件来自使哲学参与它的时间的四个条件之中：政治中的1965—1980年，数学中的康托尔到科恩，诗人时代到保罗·策兰，爱中的拉康理论。巴丢在本书的序言中认为：科学、艺术、政治和爱作为哲学的四个条件，本身也是四个真理的程序，并以各自独特的方式"生产"真理，哲学在四个真理程序的条件下得以运行。哲学如果离开全部的四个条件，就无法思考它们中的任何一个。哲学和这些条件保持着单性的联系，真理产生于四种真理程序本身。哲学只能对这些真

---

① Alain Badiou, *Manifeste por la philosophie*, Paris: Seuil, 1989.

② Ibid., p.12. 译文参考陈永国主编《激进哲学：阿兰·巴丢读本》，北京大学出版社 2010 年版，第 90 页。

③ Ibid., pp.18—19. 同上书，第 92 页。

理程序所产生的一般的真理概念进行评价，从而将自身建构成一种新的真理概念的实验。

1992 年出版了《条件》一书，对《存在与事件》及《哲学宣言》中提出的哲学的四个条件展开进一步论述。全书核心思想是分析哲学及其条件的关系问题。包括"哲学本身"、"哲学与诗"、"哲学与数学"、"哲学与政治"、"哲学与爱"、"哲学与精神分析"、"类属书写：贝克特"几个部分。每个部分都是若干单篇论文组成。1993 年又出版了《伦理学》[①] 一书。本书一方面是对当代政治伦理文化的批评，同时也是对"善与恶"不同看法的一种批评。另一方面是对《存在与事件》的哲学体系的实践和伦理结果的进一步发展，是对巴丢所谓的"真理的伦理"的阐发。他认为，没有一般的伦理与真理，只有特殊的伦理与真理。真理就是"对事件忠诚的真实的过程"。[②]

此后，巴丢又出版了一系列比较重要的著作，如：《德勒兹：存在的喧嚣》(1997)、《圣保罗：普世主义的奠基》(1997)、《元政治学纲要》(1998)、《临时性本体论简论》(1998)、《非美学手册》(1998)、《世纪》(2005)、《世界的逻辑：存在与事件 2》(2006)、《小万神殿》(2008)、《第二哲学宣言》(2009)，等等。这些著作几乎是对《存在与事件》、《主体理论》的进一步展开或延伸。其中《世界的逻辑：存在与事件 2》[③] 是巴丢继《存在与事件》之后的又一部最新力作，是《存在与事件》的"续集"。这部著作代表了巴丢哲学的最新思考。

那么，为什么是《存在与事件》的"续集"（副标题是"存在与事件2"）呢？巴丢在《世界的逻辑》的开篇序言中回答了这一问题。在"纯粹的存在"之外，引入"世界"的向度，继续探索上篇中所探讨的"真理"与"主体"的问题。巴丢指出，《存在与事件》是建立在数学集合论本体论基础上的纯粹存在，它决定了真理的本体论类型与使真理得以产生的

---

① Alain Badiou, *L'éthique*：*Essai sur la conscience du mal*，Paris：Hatier，1993.

② Alain Badiou, *Ethics*：*An Essay on the Understanding of Evil*，trans. Peter Hallward, New York Verso，Zool，2003，p. 42.

③ Alain Badiou, *Logiques des mondes*：*L'être et l'événement*，*tome* 2，Paris：Seuil，2006. *The Concept of Model*，trans. Zachery Luke Fraser & Tzuchien Tho，Melbourne；re. press，2007.

主体的抽象形式，而《世界的逻辑》则是建立在显现（appearing）或世界的层面之上，从而，由原来的存在—事件，变为《世界的逻辑》中的"存在—世界—事件"，即在"存在与事件"之间插入了"第三项"。当然，"存在—世界—事件"的三位一体，并非是同一层面上的，并没形成真正的"三位一体"，因为巴丢的中心是由"存在—事件"转向了"世界—事件"，他既反对存在和世界，又反对世界和事件。那么巴丢为什么要反对世界（表象）呢？这是因为巴丢为了在《世界的逻辑》中追求新的辩证法和永恒真理，不仅关注真理的产生，更要关注真理如何在当今世界呈现的问题。

在《世界的逻辑》开篇巴丢提出两个重要的对立概念："民主的唯物主义"和"唯物辩证法"。前者是对当代世界逻辑的概括。在巴丢看来，当今世界"人们的信仰浓缩为一句话就是：只有身体和语言"。① 例如当代的后现代主义艺术，贯以美学的名号，展示的是被肢解的、污浊的、肉欲的身体幻想和迷梦。而后现代也许就是当代"民主唯物主义"的可能名称之一。于是这样的等式出现了：存在＝个体＝身体。人类变成了动物性，人权变成了活着的权力，人类要保护一切活着的权力。这便成了当代民主唯物主义的唯一标准。而这个标准的名称就是一种"生物伦理学"（bio-ethics），是一种"生物唯物主义"（bio-materialism）。要保证这种身体的"平等"，就必须寻求一种"独裁"、"极权"的，具有"介入权力"（right of intervention）的语言，即一种"合法的"、"国际化的"，甚至会是"武力"的语言。这种"贵族式理想主义"的民主唯物主义"正在成为新世纪无所不在的意识形态"。

而对这种"民主唯物主义"的拒绝与反对就是巴丢所谓的"唯物辩证法"。唯物辩证法就是要打破当代民主唯物主义的"身体与语言"的统治，这就出现了打破"二"的"三"的出现——即第三个关键术语"真理"。"除了真理，只有身体和语言。"② 真理并不是民主唯物主义二元对立的语

---

① Alain Badiou, *Logics of World: Being and Event 2*, trans. Alberto Toscano, Cntinuum, 2009, preface, p. 1.

② Ibid. , p. 4.

言和身体的客体，而是像诗的意识一样，被悬置于空和纯事件之间，"真理是将自身嵌入'有'（there is）的连续性之中的东西的哲学命名。"① 即真理的本体论逻辑位置——真理是非物质性的存在。在巴丢眼中，真理的这种位置是受到笛卡尔思想启发的。巴丢最后得出结论："每个世界都能在其内部创造自身的真理。"② 因此，在当今的世界，我们从唯物辩证法出发，就要寻找并坚守这种永恒的真理。③

四　结语

以上梳理了巴丢思想发展轨迹的三个阶段。巴丢早年成长和求学的经历中，对数学的钟情，奠定了其数学本体论哲学的理论基础。虽然他的自述中提到求学生涯时的最重要的三位导师——萨特、阿尔都塞和拉康，但是从其整个思想发展历程来看，阿尔都塞的思想对他的影响最为深远。虽然在第二阶段，他开始与阿尔都塞决裂，但阿尔都塞的结构主义马克思主义的科学诉求、政治诉求都不同程度地影响着巴丢后来的思想。如果说阿尔都塞主义时期的巴丢思想处于唯物主义认识论阶段的话，那么他的毛主义时期，则是其历史辩证法思想阶段。这一阶段在毛主义思想影响下与前一阶段思想有连续也有断裂，核心思想是对革命政治、政治主体的问题的思考。如果说前两个阶段巴丢思想尚处于向成熟思想的奠基阶段的话，那么进入80年代后期，尤其是其《存在与事件》的发表，则标志着巴丢思想开始走向成熟期。他放弃了前一阶段的对革命政治的偏爱，而走向成熟的哲学思考，建立了数学本体论哲学思想，在此基础上展开了对存在、事件、主体、真理问题的哲学思考。又在最新力作《世界的逻辑》中引入世界的向度，继续主体、真理问题的哲学思考，同时由于世界向度的开启，也标

---

① Alain Badiou, *Logics of World : Being and Event 2*, trans. Alberto Toscano, Cntinuum, 2009, preface, pp. 4—5.

② Ibid. , p. 8.

③ 这里，巴丢所谓的"永恒的真理"并不是指我们当代理解的非历史主义的、本质主义的真理。巴丢的真理是一种多样化真理，在哲学的不同的真理程序中产生不同类的真理。巴丢所说的真理通过宣布真理的主体而得以存在，这些主体在宣布真理的过程中以其对事件的忠诚而成为主体。

志着其哲学思想逐渐走向一种"介入"当下的哲学。巴丢与齐泽克合著的最新作品《哲学在当代》是他的"介入"哲学思想的集中体现。《世界的逻辑》昭示出，哲学不仅要描绘"存在"之迹，亦应当积极介入"世界"的矛盾与冲突之中。引用巴丢在《哲学与欲望》[①] 一文的最后一句话作为本节结束语：

"世界正在对哲学说：'站起来，走!'"

第三节　一位"脱离同代人"的当代"后—后主义"哲学家

阿兰·巴丢这位法国当代哲学家，似乎在当代哲学主流中"没有一席之地"，也似乎成了一位"脱离同代人"的当代哲学家。

在 1996 年和 2001 年关于 20 世纪法国哲学最彻底的两次调查中，巴丢的名字根本没有人提到。1998 年的哲学家索引（Philosopher's Index）中，也根本没有收录巴丢的任何一篇文章（关于德勒兹的有 106 篇，关于福柯的有 656 篇）。但在拉丁美洲，如阿根廷，《巴丢与政治》即将出版，《再思想：阿兰·巴丢与哲学的未来》已经出版。阿根廷的《活动：思想政治杂志》近十年来，在巴丢思想的激发下，介入了阿根廷五月广场事件、墨西哥萨帕塔运动等事件。巴丢的绝大多数作品，甚至未在法国出版的一些著作，都可以找到西班牙语或葡萄牙语的版本。不仅如此，目前欧美学术界开始热烈地关注、研究巴丢的思想。他的重要代表性著作已经全部被翻译成了英文。尤其是 2003 年以来，他的重要著作已经有 20 多部被翻译，并进入了英语学界。还出现了一批重要的研究巴丢的著作。例如彼德·霍尔沃德（Peter Hallward）、詹森·巴克（Jason Barker）、A. J. 巴利特（A. J. Bartlett）、盖布瑞尔·里耶拉（Gabriel Riera）、朱斯汀·克莱门斯（Justin Clemes）、保罗·安什顿（Paul Ashton）等人都撰写或编辑了研究

---

① 　Alain Badiou, *Infinite Thought*：*Truth and the Return to Philosophy*，trans. and ed. Oliver Feltham and Justin Clemens，Continuum，1998. p. 63. 译文参考陈永国主编《激进哲学：阿兰·巴丢读本》，北京大学出版社 2010 年版，第 135 页。

巴丢思想的专著。一些国际学术杂志如 *Lacanian Ink*，*International Journal of Zizek Studies*，*The Symptom*，*Radical Philosophy*，*New Left Review*，*Warwick Journal of Philosophy*，*Acontecimiento* 等都刊登了巴丢的文章以及大量对巴丢的访谈、研究、评介性文章。此外，国外许多大学、研究机构开始关注、研究巴丢思想。许多学校还专门开设了研究巴丢的课程，例如美国华盛顿大学开设了巴丢研究课程；台湾交通大学由刘纪蕙老师主持开设了"拉冈（康）与巴丢：真理、他者、对象"课程。截至2010 年 9 月 29 日晚 20 时，通过 Yahoo 网站搜索"Badiou"的网页可以得到 2640000 条结果，与 2010 年 3 月 14 日晚 11 时，搜索"Alain Badiou"得到的 2380000 条结果相比，增加了 260000 条记录。从当前世界学术界对巴丢的研究热潮不难预测，巴丢研究将成为当今世界学术界一个新的热点。正如彼德·霍尔沃德一篇文章的标题一样："阿兰·巴丢与哲学的未来"，也许阿兰·巴丢的哲学思想将开启当今哲学的新的未来。

由此可见，阿兰·巴丢是继法国后结构主义哲学思潮之后而出现的一位哲学"新星"，与德里达、福柯、利奥塔等哲学家不同，这些人的思想在早年就已经被关注，而巴丢似乎"大器晚成"，直到他七十岁左右时，才开始被关注，目前正日益成为法国哲学界和世界学术界又一位炙手可热的人物，其中的原因是值得思索的。

为什么说他完全脱离了同代人？他的"不合流"和最近"走红"，不仅是因为他概念上的创新和独特的表达风格，同时也因为他思想本身的独特性、复杂性，再加上他对当代三大主流哲学的强烈批判态度和批判立场，使得他与当代哲学格格不入，似乎成了一位"不合流的"、"不属于当代哲学的法国当代哲学家"。

一 "反当代" 的哲学姿态

阿兰·巴丢成熟时期的哲学著作打起了"回到柏拉图"的大旗。巴丢认为柏拉图提出的许多哲学问题至今依然是正确的，应该重新对柏拉图以来的真理问题给予足够重视。巴丢坚信一句格言："告诉我你如何看待柏拉图，我就知道你是谁。"他以数学本体论的哲学立场，以复兴真理的哲学目标，以"介入"的哲学姿态，试图要终结当代"哲学的终结"。巴丢打起的柏拉图这面大旗表现出一种极富挑战的"反当代"（anticontemporary）姿态。因为当代西方哲学主流纷纷将矛头对准了柏拉图。不管是尼采哲学，还是海德格尔为代表的解释学哲学，不管是分析学派的维特根斯坦还是波普尔的科学哲学，不管是后结构主义的德里达、德勒兹，还是新康德学派的道德主义，甚至苏联的历史唯物主义等，无不反对柏拉图。因此，在巴丢看来，要真正有效的"反当代"，就必须反当代的"反柏拉图主义"，就是要"回到柏拉图"（巴丢语）来"反—反柏拉图主义"。那么巴丢对当代哲学主流又是如何进行分析批判的呢？

在巴丢看来，20世纪的三大主流哲学①：解释学、分析哲学、后结构主义有三种指向，分别是德国的解释学的指向，其历史可以追溯到德国浪漫主义，最重要代表人物就是海德格尔与伽达默尔；产生于维也纳学派、并成为英美学院派哲学主导的分析指向，其重要代表人物是维特根斯坦和卡尔纳普；以及活跃于法国的后现代指向，代表人物是德里达与利奥塔。这三种指向共同构成了当代哲学国际性的"地形图"。

巴丢分析了三种哲学指向各自的特点。他认为，解释学哲学的哲学任务就是"诠释存在的意义（meaning of Being），世界中的存在（Being - in - the - world）的意义，其核心概念就是阐释（interpretation）。"② 阐释的目的就是提示被遮蔽的事物，使其向意义敞开。因此，由此观点看，哲学的使命就是"献身于开放的使命"。分析指向的目的则是"严格标示出有意义话语和无意义话语之间的界限。"其工具是语法和逻辑分析、进而对整个语言的分析。其核心概念则是规则（the rule）。分析哲学的任务就是要找出保证使意义被一致接受的规则。最后，后结构主义哲学的目的是对公认的现代性事实的解构——尤其是消解19世纪以来"历史主体的理念，进步的理念，革命的理念，博爱的理念和科学的理想"等"伟大构建"。从根本

---

① 参见 Chapter One "Philosophy and Desire", in Alain Badiou, *Infinite Thought：Truth and Return to Philosophy*, trans. and ed. Oliver Feltham and Justin Clements, Continuum, 1998, pp. 39—57。

② Chapter One "Philosophy and Desire", in Alain Badiou, *Infinite Thought：Truth and Return to Philosophy*, trans. and ed. Oliver Feltham and Justin Clements, Continuum, 1998, p. 43.

上说就是要解构"总体化的理念"（the idea of totality），进而解构了哲学自身。

在巴丢看来，虽然这三种哲学指向有各自的特点，但它们的当代性是以两大共同特征为标志的。三大主流哲学的两大共同的主题：其一是"否定"的特征——"终结"。终结古典形而上哲学、终结古典的真理理想，终结艺术，最终都认为哲学已经走到了尽头，哲学正在宣布自身的终结。其二是"肯定"的特征，即给予语言以核心位置，"这个世纪的哲学主要是对语言的思考，对语言能力、语言规则，以及就思想而言，语言所能授予的权力的思考。""于是，语言就成了我们时代的伟大的历史超验物。"①

巴丢认为，三大哲学是患病的哲学。三大哲学共有的两大规律：一是不管是解释学的阐释、分析哲学的规则还是后结构主义的解构，它们都同时否定形而上学，终结古典哲学的真理，认为"真理的形而上学已经穷途末路"；二是它们同时都认为语言是思想的重要场所，意义问题代替了古典的真理问题。这两大规律使当代哲学面临真正的危险。

巴丢认为，哲学应该有四重欲望，即叛逆、逻辑、普遍性和冒险。叛逆，就是对当代"自由"的世界及"商品化"的世界采取不服从的叛逆行动。逻辑，就是世界已经"屈服于极不符合逻辑的交往的王国"，一种不连贯的多元并置消解了各种关系，尤其是时间逻辑。普遍性，当今世界已经特殊化和破碎化，而失去了普遍性的东西，即对一切思维行之有效的东西。冒险，我们当代的世界已经远离冒险，马拉美所讲的"骰子一掷"的偶然性的冒险已经逝去，因此，哲学应该有骰子一掷般的无限多冒险。但这四重哲学欲望在当代世界分别遭遇到了强烈的社会障碍，这四大社会障碍分别是：商品的统治、交往统治、技术专业化需要和现实精心安排的对安全的执迷。而且，这四大社会障碍不仅是哲学四重欲望的障碍，更是人类社会发展的四大障碍。

如何克服哲学的四大障碍呢？巴丢认为，由于当代世界的三大哲学存在的弊端，它们都指向"过于坚定地致力于多义性和语言的多元性。它们

---

① Chapter One "Philosophy and Desire", in Alain Badiou, *Infinite Thought: Truth and Return to Philosophy*, trans. and ed. Oliver Feltham and Justin Clements, Continuum, 1998, p. 46.

太过于反映世界本身的面相。它们与我们的世界太相容以至于不能维持哲学所要求的断裂或距离"，① 所以，它们都不能完成这一任务。

因此，巴丢认为，哲学要"新生"，首先要走向一种新的哲学风格，"不是阐释，不是逻辑语法分析，不是多义性和语言游戏的一种风格——就是说，重新发现一种基础风格，一个确定的风格，比如笛卡尔学派的一种风格。"② 其次更为重要的是必须走向一种新的哲学：

> 世界对我们提出的要求是一种关于单一性的哲学，一种关于当代理性的哲学，一种关于事件的哲学。我们需要一种更加确定的、更加迫切的哲学，但与此同时，它也是更加谦虚的，离世界更远的，更具描述性的（哲学）。一种把事件的单一性与真理的单一性理性地加以结合的哲学。一种向偶然性敞开，但却是屈从于理性法则的偶然性的哲学。一种保持无条件原则，无条件但却屈服于一种非神学的法则的哲学。③

综上所述，巴丢站在现代性哲学立场，以一种极端的批判精神和激进姿态对当代三大哲学进行了批判，试图要医治"当代患病的哲学"，要终结"哲学的终结"，要"开启哲学的未来"。因此，彼德·霍尔沃德对巴丢也给予了极高的评价："我认为巴丢的著作是他这一代人中最重要的，它的意义随着时代的发展越来越大而不是越来越小。这个特殊的时代所最急需的哲学家非巴丢莫属。"④ "巴丢哲学基本的和一鸣惊人的举措，使他完全脱离同代人的举措，就是证实真理的严格的、毫不妥协的普遍性，并最终把这种真理从判断和阐释的合法性中抽取出来。"⑤ 可见，巴丢对当代三

---

① Chapter One "Philosophy and Desire", in Alain Badiou, *Infinite Thought: Truth and Return to Philosophy*, trans. and ed. Oliver Feltham and Justin Clements, Continuum, 1998, p. 50.

② Ibid.

③ Ibid., p. 56.

④ Peter Hallward, *Badiou: A Subject to Truth*, University of Mimmesota Press, 2003, p. xxvi. 参考陈永国主编《激进哲学：阿兰·巴丢读本》，北京大学出版社 2010 年版，第 15—16 页。

⑤ Ibid., p. xxiii.

大哲学的激进批判立场，也是他之所以被"边缘化"，之所以成了"脱离同代人"的当代哲学家的原因之一。

二　巴丢哲学思想的独特性

巴丢开创的事件哲学思想具有思想史的意义，它对当代西方哲学的"语言转向"提出批判，并试图以自己独特的哲学新构想，开启事件—真理哲学思想的新时代，试图纠正后现代以来的"理论终结"、"哲学终结"、"艺术终结"等理论命题，在他看来解释学、分析哲学直到后结构主义哲学都存在对现实理论问题的误判，并指出我们仍然处于现代性的范围内，哲学不会终结而且永远不会终结。

（一）巴丢思想的开创意义

巴丢的思想涉及哲学、政治学、伦理学、美学、文学等方面。巴丢的思想受到柏拉图、阿尔都塞、拉康等人的影响，又与海德格尔、笛卡尔、德勒兹、康托尔、哥德尔、科恩等人的思想密切相关。他提出了"数学就是本体论"的命题，结合集合论原则将后马克思主义（如阿尔都塞）与拉康学派进行了拓扑学嫁接。他对马拉美、贝克特有精彩分析，本人还创作了许多精彩的小说和剧作。他提出了一种"新哲学"，即："一种单一性的哲学、一种当代理性的哲学、一种事件的哲学"[①]。他认为哲学并不产生思想，哲学思想产生于它的"条件"：真理—事件。哲学总是以外在于它的思想的事件为条件。他认为真理有四种模式："革命、激情、发明和创造"，它们和真理的四个领域相对应，即政治、爱、科学和艺术。真理的主体将这四个领域聚合为时代的永恒的真理。

因此，关于巴丢思想的独特性，齐泽克作出了这样的评价：

> 巴丢是一个奠基式人物，是一个极具领袖气质的知识分子……他以独特的方式把严格的数学知识、真正的哲学情怀、艺术家的感性（不仅对马拉美、贝克特进行了卓越的分析，本人还是一个著名的剧

---

① Chapter One "Philosophy and Desire", in Alain Badiou, *Infinite Thought：Truth and Return to Philosophy*, trans. and ed. Oliver Feltham and Justin Clements, Continuum, 1998, p. 56.

作家），和激进的政治活动结合起来。①

彼德·霍尔沃德对巴丢思想也给予了极高的评价：

> 巴丢自己的"普遍"单一性的哲学……是最具创造性的贡献。他以最严格的方式把一种关于事件的非凡的哲学与无法辨别的或没有特殊性的一种哲学关联起来；这是在柏拉图的同一性（the Same）符号下探讨非凡事物的一种哲学。这一关联使巴丢把理性从实证主义中拯救出来，把主体从解构主义中拯救出来，把存在从海德格尔手中拯救出来，把无限从神学中拯救出来，把事件从德勒兹手中拯救出来，把革命从斯大林手中拯救出来，把对国家的批判从福柯手中拯救出来，最后，但同样重要的，是把对爱的肯定从美国的大众文化中拯救出来。他宣布不依靠现象学的一种主体的哲学，不依靠充分性的一种真理的哲学，不依靠历史主义的一种事件的哲学。②

巴丢的事件哲学思想开启了西方左翼理论新的建设性转向的开始，积极寻找左翼政治理论的新的可能性。事件哲学最核心的贡献是将真理从哲学的"语言学转向"，从后现代的解构一切价值观念中拯救出来，重新肯定了真理的严格的普遍性。巴丢主张返回柏拉图哲学的数学渊源中，反对现代诡辩论。将事件哲学的核心理论坐架在数学本体论，坐架在康托尔的集合理论之上。以科学理论形式反对哲学的语言转向和相对主义，从而使哲学摆脱了"语言转向"，实现了向"思想"的转向。正如巴丢所说："在者在（l'être - en - tant - qu'être）的存在的科学自古希腊就已经存在了——这是从数学意义上而言的……哲学不再专注于本体论……相反，它在本体（数学）、现代主体理论及其自身的历史之间循环。"他认为当代哲

---

① Slavoj Zizek, "Foreword: Hallward's Fidelity to the Badiou Event" in Peter Hallward. *Badiou: A Subject to Truth*, University of Minnesota Press, 2003, pp. 4—8.

② Peter Hallward, *Introduction to Badiou: A Subject to Truth*, University of Mimmesota Press, 2003, pp. xxvii—xxix. 参考陈永国主编《激进哲学：阿兰·巴丢读本》，北京大学出版社2010年版，第10页。

学的前提是"西方"思想史、后康托尔数学，精神分析，当代艺术和政治。而哲学所要做的就是为这些前提提供一个概念的框架，使这些前提实现"兼容性"。只有这样才会使哲学从"各种基础性的雄心壮志中解放出来"，正是这些"雄心壮志"使哲学迷失了自身。只有将本体论放在纯数学的形式之中，就可能解放哲学，并让哲学关心真理。

（二）巴丢哲学的"数学父性"与"文学母性"

20世纪的西方哲学存在两大思潮的对立：科学主义哲学思潮与人文主义哲学思潮。与此相应，英美分析哲学自弗雷格和维特根斯坦以来，以数学作为哲学明确的根基。法国哲学也具有数学为基础的哲学传统。这一传统可以上溯到路易·库图拉特（Louis Couturat，1868—1914）、延伸到让·尼科德（Jean Nicod，1893—1924）、雅克·赫尔布朗德（Jacques Herbrand，1908—1931）和让·卡瓦耶斯（Jean Cavaillès，1908—1944）。但是法国数学为基础的哲学传统并未与国际性的分析哲学认真联系起来，从而表现出一定的法国特色。

与以上的科学主义传统相对，大陆派的现象学，海德格尔、萨特等人的存在主义，则将哲学建立在文学之上，法国的结构主义、后结构主义哲学也与文学联系密切。尤其是"二战"后的法国哲学始终与文学艺术保持着最为密切的关系。因此，巴丢认为，当代法国哲学最显著的特点就是哲学与文学建立起了特殊的联盟关系。正如法国哲学家恩斯特·库尔提乌斯（Ernst Curtius）所强调的，法国文化基本上是文学性的。他说："（法国哲学的）保守的人文主义既不能容忍一个使全世界陶醉的狂喜的泛神论，也不能容忍创造精神的先验的唯心主义，既不能容忍要求世界的拯救和世界价值的贬抑的对救赎的认识，也不能容忍一个英雄的意志对权力的道德的批评。一个黑格尔、一个叔本华、一个尼采在法国是不可想象的。"[①]

哲学与文学的联盟在法国源远流长。18世纪的伏尔泰、卢梭、狄德罗等人的著作既是法国文学的经典之作，又是哲学与文学联盟的始作俑者。此后的帕斯卡尔、阿兰（埃米尔·夏蒂埃［Emile Chartier］的笔名）等人

---

① ［德］恩斯特·库尔提乌斯：《法兰西文明导论》，第104页。转引自［美］加里·古廷（Gary Gutting）《20世纪法国哲学》，辛岩译，江苏人民出版社2005年版，第7页。

既是法国的文学巨匠，也是伟大的思想家。尤其是罗兰·巴特、福柯、德里达等人，主张哲学应该像文学一样，他们将思的感性特征发挥到了极致。哲学不再是思的事情，而成了符号的能指游戏、成了极限的生命体验、成了散文—诗—论文之间的奇特文体。哲学不再是概念的逻辑推演，而成了诗、史、文字的异质杂糅。德勒兹、福柯、拉康等人的写作风格可以说是极其"文学性"的，他们的哲学写作风格，消解了哲学与文学、哲学与戏剧之间的界限。德勒兹、福柯的著作中充满了史无前例的句式和独创的表达方式，散发出令人惊叹的创造力。德里达搭建起了语言间的复杂关系，仿佛语言在自己处理语言，思想则成了这个过程中的"文字"。拉康的文法更是像马拉美一样，让读者感到手忙脚乱、头晕目眩，简直就是诗一般的语言。

可见，数学、文学和哲学的缝合在当代法国哲学史上并不鲜见。将数学缝合于哲学的科学主义哲学，文学与哲学缝合的人文主义哲学，一个表现出严肃的数学父性，另一个则表现出调皮的文学母性。这两个传统各执一端，彼此攻讦，进一步加深了哲学领域的内在分裂，最后福柯、德里达等人宣布了哲学的终结。20世纪的法国哲学从一开始就表现出两大流派的分裂与辩证。一边是生命哲学，另一边则是概念哲学。"生命与概念的纷争在接下来的时间中一直占据着问题的核心，而这些争论的焦点则是生命与概念的交汇：人的主体问题……20世纪法国哲学围绕着人的主体问题，通过探讨肉体与思维、生命与概念的关系，一砖一瓦地发展起来。"①

巴丢哲学的独特之处与重大贡献就在于，他将数学的父性与文学的母性同时体现在自己的哲学中。他回到了柏拉图哲学的数学立场中，将数学重新导入哲学，像柏拉图、笛卡儿、莱布尼兹和康德一样，也认为数学是哲学的本质条件。巴丢《存在与事件》第三、四章，及《哲学与数学：无限性与浪漫主义的终结》② 一文，确立了哲学的数学本体论。他说：

---

① ［法］阿兰·巴丢：《当代法国哲学思潮》，陈杰、李谧译，《国外理论动态》2008年第11期。

② "Philosophy and Mathematics：Infinity and the End of Romanticism", in Alain Badiou, *Theoretical Writing*, ed. and trans. Ray Brassier and Alberto Toscano, Continuum，2004，Chapter 2，p. 21.

所有伟大的哲学家都从形式化的角度提出了一个全面的思辨的形式概念。我想这就是为什么我必须对数学情有独钟的原因。我小心翼翼地从数学上思考它：什么是思想的纯粹形式，以及形式的真确性？我慢慢得出一个结论，就是当其注定成为一种纯粹形式，它能够这样来思考存在，即以存在之名存在。这赋予我一个有震撼力的公式，按照这个公式，有效的本体论不过是由数学构建起来的。[1]

同时，巴丢的哲学自然地延续了法国哲学的"文学"传统，并认为文学、艺术、诗是哲学不可或缺的"条件"。他在《哲学宣言》中明确提出，艺术与爱、科学、政治共同构成了哲学的前提，四者是具有各自类属的真理程序。在巴丢看来，艺术是真理得以产生的四个"真理—程序"之一。

（三）巴丢激进的政治情怀

巴丢不仅是一位哲学家，更是一位左翼政治家，是一位激进的后毛主义者。他组织、参与了一系列重大的政治活动。例如，他积极参与了 1968 年法国五月风暴，和 1969 年比利时大罢工。1958 年，他协助建立了一个从法共独立出来的一个政治分支组织——联合社会主义党（PSU），强烈谴责法国的阿尔及利亚战争。1968 年，由于受到"五月风暴"的影响，他开始将自己的政治思考转向建立一个分离性的毛主义组织，并与自己的政治伙伴一起成立了"法国马列共产主义联合组织"（UCFML）。[2] 这是巴丢思想的主要转折点。后来这一组织还创办了两个期刊：《马列主义》（1974—1982）和《鹦鹉》（1981—1989）。在这一组织重组之后，他为首成立了一个后政党组织——政治组织中心（The Center of L'Organisation Politique，

---

① Alain Badiou, *Philosophy as Biography*, http: //www. lacan. com/symptom9 _ articles/badiou19. html.

② 法国马列共产主义联盟（UCFML）与法国马列共产主义青年联盟（UJCML）尽管名称非常相似，并且有许多共同的意识形态利益，但二者不能混为一谈。后者的成员也大多来自巴黎高师，如朗西埃、雅克—阿兰·米勒等，成立于 1966 年 2 月，由罗伯特·林哈特（Robert Linhart）领导，于 1968 年 5 月正式解散。而前者是巴丢与他的武装伙伴纳达查·米歇尔（Natacha Michel）和拉扎勒斯于 1969 年共同成立的。到 20 世纪 70 年代，法国马列共产主义联盟支持反思 1968 年五月风暴，探讨其无意识的后退以及对法国政治形势的迟来的影响，从而达到活动的顶峰。

简称 OP）。此外，巴丢还发表出版了一系列政治哲学著作和论文，如《矛盾理论》（1975）、《意识形态论》（1976）、《元政治学纲要》（1998）、《能思考政治吗》（1985）、《一场不明确的灾难（法律、国家、政治）》（1991）、《政治与现代》（1992）、《哲学与政治审判》（2007），论文《作为真理程序的政治》、《本体论与政治》、《一分为二》等。

1. 后毛主义者

巴丢哲学思想背后隐藏着三位重要"导师"——萨特、阿尔都塞和拉康。如果离开了毛主义这根线索，就不能将三位导师联系起来。

巴丢组织成立的毛主义政治组织——法国马列共产主义联盟出版的长达 600 多页近 25 个小册子的资料，内容基本包含了四大类："组织自身的历史以及对武装活动的评价；马克思、列宁、毛泽东的理论与哲学；马克思主义政治经济学的角度批判所谓的国家垄断资本主义；以及国际无产阶级运动的情况。"① 巴丢有关毛主义的两部著作《矛盾理论》与《论意识形态》中，集中地批评了德勒兹式的无政府主义与阿尔都塞式的结构主义，并且被他们看作是两种意识形态偏向（左倾与右倾）的代表。在这两部著作中，巴丢站在毛主义的观点立场上，对唯物主义辩证法进行了新的阐释，分析了意识形态的两种偏向问题。巴丢对阿尔都塞《保卫马克思》与《读〈资本论〉》中的观点进行了纠正和推进，试图将结构与历史、本体与存在结合起来。阿尔都塞对于结构主义位置逻辑的过度强调，最终使其表现出"右倾"的偏向。而德勒兹的"左倾"无政府主义在巴丢看来只是保守的结构主义的反面。"正如我通过两种意识形态偏向的逻辑试图说明的那样，毛主义在巴丢整个哲学思想中的作用，最终在于使他将位置与暴力、国家与趋势、结构与主体、存在与事件在不分裂和不混淆的情况下结合了起来。"②

综上所述，从作为一个毛主义者的角度来理解巴丢哲学，将是进入巴

---

① ［美］布鲁诺·博斯提尔斯：《后毛主义：巴丢与政治》（上），见《国外理论动态》2009年第 6 期。

② ［美］布鲁诺·博斯提尔斯：《后毛主义：巴丢与政治》（下），见《国外理论动态》2009年第 7 期。

丢哲学进而理解巴丢哲学的一把钥匙。

2. "共产主义假设"①

2009 年伦敦大学伯克贝克学院召开了"论共产主义观念"大会，大会由齐泽克主持，会议的核心议题就是讨论巴丢的"共产主义假设"的问题。齐泽克说："如何分析最新的经济、政治和军事形势，或如何组织新的政治运动这样的实践—政治问题"。② 因为今天更为迫切的不是行动，而是理解共产主义观念的哲学意义。他认为，"从柏拉图以降，共产主义是哲学家唯一值得思考的政治概念。"③ 会议在一个能容纳千人的报告厅召开。会议的发言者是法国的阿兰·巴丢、雅克·朗西埃，斯洛文尼亚的斯拉沃热·齐泽克，意大利的安东尼奥·奈格里、詹尼·瓦提莫、亚里桑德罗·鲁索，美国的麦克尔·哈特和布鲁诺·巴斯蒂，英国的特里·伊格尔顿和阿尔伯托·托斯卡诺，德国女哲学家朱迪斯·巴尔索等。与会者则来自世界各地，人数达千人。④

巴丢的《共产主义假设》一文，发表在英国《新左派评论》（*New Left Review*）2008 年第 49 期，后收入他的近作《论萨科齐的意义》（*The Meaning of Sarkozy*）一书中。该书集中分析了萨科齐上台的原因，以及法国当今的政治生态所代表的意义。"共产主义假设"这个词不是巴丢创造的，而是来自法国总统萨科齐。2008 年，西方左派对法国五月风暴 40 周年的纪念活动引起萨科齐的不满。他直言不讳地说："我们拒绝受任何东西困扰。经验上的共产主义已经消失，但仍然不够。我们务必杜绝它的一切可能形式，甚至'共产主义假设'，提也不要再提。"⑤ 巴丢接过这个概念，但反其道而行之，强调"共产主义假设"不仅是必要的，也是永恒的。

---

① ［法］阿兰·巴丢：《共产主义的构想》，赵文译，《国外理论动态》2008 年第 10 期。

② 汪行福：《共产主义的回归：伦敦"共产主义观念"大会的透视与反思》，《中国社会科学报》2010 年 3 月 22 日。

③ 同上。

④ 同上。

⑤ Alain Badiou, "The Communist Hypothesis", *New Left Review*, 49, Jan. – Feb., 2008, p. 35. 译文参见赵文译《共产主义的构想》，《国外理论动态》2008 年第 10 期。

关于"共产主义假设"如何理解，巴丢有一段重要的解释：

在其一般意义上，如在经典的《共产党宣言》中所表述的那样，"共产主义"首先意味着，自古以来便天经地义的那种安排，即劳动阶级隶属于统治阶级这一阶级逻辑，并非必然的；这种逻辑是能够被克服的。共产主义的假设还认为：一种切实可行的不同的集体组织方式，这种组织方式将消除财富不平等甚至劳动分工。大量财富的私人占有及其由遗产继承而转移的方式将被取消。同市民社会分离的强制性国家将不再存在：以生产者的自由联合为基础的漫长重组过程将注定使这样的国家逐渐消亡。[①]

在巴丢看来，共产主义假设不是一种纲领，而是一种康德理念式的观念模式，它是永恒的，而不是一种乌托邦。它是一种古已有之的平等观念，而非马克思的独创。

按照巴丢的事件哲学思想，它认为政治学是一种"事件—真理"政治学，事件是打破现存的情境和秩序，开启某种新的可能性。历史事实不是事件，而只是现存情境的一部分。而且这种可能性是一种全新的可能性和历史视域的开启，既不是历史的延续也不是现实中所蕴含的可能性。从这一观念出发，巴丢将共产主义运动分为两个序列，一个序列是从 1792—1871 年的法国大革命到巴黎公社，第二个序列是从 1917—1975 年从布尔什维克革命到文化大革命以及期间遍布全世界的武装运动。在这两个序列之间，有一个长达 40 多年的"间隔期"，即从 1871 的巴黎公社失败到 1917 年俄国十月革命爆发，在这一间隔期内，"共产主义假设"被认为根本行不通，帝国主义在全球获得绝对胜利。第二个间隔期是从 1976 年中国"文革"结束到当下。共产主义能否出现"第三个序列"，这取决于我们自身的行动。在巴丢看来，虽然我们不能明确"第三序列"的性质，但却可以分辨其"一般方向"："第三序列将涉及政治运动和意识形态之

---

① Alain Badiou, "The Communist Hypothesis", *New Left Review*, 49, Jan. -Feb., 2008, pp. 34—35. 译文参见赵文译《共产主义的构想》，《国外理论动态》2008 年第 10 期。

间的关系。"① 而且这种新的关系不可能采用原有的运动或政党的方式，而是在意识形态内部重新部署"共产主义假设"，"我们的任务就是以另一种模式让共产主义构想成为现实，帮助它在新形式的政治经验中实现。"因此，"我们必须关注共产主义假设的存在条件，而不是仅仅改善它的方法。我们需要在意识形态领域中重新建构共产主义——重新表述'劳动隶属于统治阶级并非必然的'这一命题。"总之，在巴丢看来，共产主义假设就是一个不承认阶级逻辑的永恒性的观念模式。

那么，如何实现这种共产主义假设呢？这就需要在现行秩序之外寻找到一个具有颠覆性的"点"。这个"点"在巴丢看来，就是"只有一个世界"。"只有一个世界"的观念就是要打破一切种族主义、民族主义和文化差异论，使人们相信"所有人都和我一样属于同一个世界"。而所谓的文化差异则是由身份同一性问题所支配的。"只有一个世界"这种观念的政治后果，就是将各种身份同一性中最普遍的东西联合起来。这种最普遍的东西就是实现勇敢的美德在长时期的难以忍受的境遇之中坚持并实现自身的建构，这就是对政治—事件的忠诚，这种忠诚就是所谓的政治的真理。

不难看出，巴丢把共产主义假设分为三个序列，并认为自己将成为第三序列的开创者，这种理论勇气是值得称赞的。但是，巴丢的共产主义假设，建立在一种抽象的平等的政治模型之上，并且使其彻底摆脱经济主义，在他看来，共产主义假设的实现不会来自革命运动和政治，不会来自客观物质世界，而只是建立在主体对真理—事件的忠诚的基础之上。这一观念根本上讲是康德式的，是一种超革命的意志主义。

3. 元政治学：政治是一种真理程序

巴丢认为，哲学本身并不产生真理，哲学的意义在于掌握真理。真理是由哲学的四个条件产生的。这四个条件就是科学、政治、艺术与爱。在此意义上，巴丢认为哲学不过是记录政治程序所生产真理的工具。哲学可能介入及改变现存社会、政治及思想层面所设定的范畴或限制，甚至可以产生新的介入范畴及知识。

---

① 此段引文均见 Alain Badiou，"The Communist Hypothesis"，*New Left Review*，49，Jan. - Feb.，2008. 译文参见赵文译《共产主义的构想》，《国外理论动态》2008 年第 10 期。

因此，巴丢的第一个任务就是将自己同政治哲学区分开来，他极度怀疑政治哲学，并用所谓的"元政治学"取而代之。元政治学就是要寻找一种政治化的哲学实践，以此打破政治理论的藩篱。于是，元政治学一一破解了政治表达的各种形式。元政治是一种介入的政治，是现实中的政治行为在思想领域中的表征，是在知识领域探索政治的有效方法。巴丢独树一帜的政治学概念，其新意就在于准确清除了代议制政治的幻象。他对民主、政治解放、公正、正义等概念都进行了别具特点的解释。

巴丢在《哲学与政治》①一文中，从独特的角度探讨了哲学与政治的关系。他认为，传统意义上的哲学对政治的关注被概括为"公正"。然而在巴丢看来，公正是模糊的，不公正是清晰的。因为遭受不公正的人恰恰是不公正最好的见证。但谁也无法证明公正。"人们会把哲学由之指示一种政治的可能真理的东西称作'公正'。"总之，这个词是哲学的，是有条件的，受政治制约的。国家与公正无关，对公正无动于衷。因为国家只是要完成某种政治功能，并得到公众的赞同。哲学是思想的，政治是非思想的，真理只取决于你自己。所以，公正不应该在一般政治哲学的意义上来理解，而应该对其进行改造，使它用来指示一个政治主体的同时状态，公正不是别的，只是哲学用以把握真正政治场景的平等公理的词语之一。所以，任何对公正的程序或国家的界定都让公正变成与公正相反的东西。公正永远意味着对一个暗含的平等公理的哲学把握。公正是所有平等政治国家和社会所包含的不稳定内容的哲学名字。

在《元政治学纲要》第十章"作为真理程序的政治"中，巴丢提出，事件是政治性的。那么在什么条件下事件能够被看作是政治事件呢？巴丢认为，这些条件与事件的物质性相关，与无限相关，与它的情势状态相关，与程序的数字性相关。首先，如果事件的物质性是共同的，如果事件只能归属于一种共同的多元性，那么事件就是政治的。这里的共同性不是数字概念，而是瞬间的普遍化。其次，政治事件的共同性的结果则是政治展现为情势的无限性。每种情势本质上都是无限。只有政治才能在瞬间召

---

① ［法］阿兰·巴丢：《哲学与政治》，杜小真译，《国外理论动态》2006 年第 12 期。

唤这种无限性。所谓政治情势的无限性就是指政治能够充分考虑过程本身建构的所有可能。最后，政治和情势状态（the state of situation）之间，特别是政治和国家之间，通过政治事件建立了政治与国家、政治与国家权力的情势状态。在政治事件之后建立起来的用于限制国家权力的尺度就叫做政治方案。这样，政治程序就可以用一种计数的形式进行表述。政治事件的特征决定了情势的第一无限性。政治需要召唤情势状态，这样就有了第二无限。第二无限就是国家权力。第二无限的权力更大，超越了第一无限。用符号可以表示为 $\varepsilon > \sigma$（这里 σ 表示情势的无限，ε 表示国家权力的无限）。如果 π 表示政治功能，亦即国家权力的效用性。在事件和共同性的条件下，政治方案修正了国家权力的尺度。$\pi(\varepsilon)$ 可以用来表示政治方案的无限。政治程序的特征就是将这三种无限变成"1"，即通过将政治方案运行于国家的无限性中，产生平等的 1。于是可以这样表示计数：$\sigma, \varepsilon, \pi(\varepsilon), \pi(\pi(\varepsilon)) \geqslant 1$。最后，巴丢总结道：

> 政治程序的单一性在于：它将无限变成 1。它使平等的 1 作为共同性的普遍真理而上升，对国家的无限性进行规定性的操作，根据这种操作，它建构自己的自治性或距离，并在这个距离内将其原则付诸实施。[①]

这就是巴丢建立在数学集体论本体论基础之上的元政治学思想。所以，元政治就是哲学在思考自己的效率时宣称的值得冠以"政治"之名的东西。换言之，"这是一个思想宣布为思想的东西，在这个条件下一个思想认为是思想的东西。"[②]

三　巴丢：一位"后—后主义"左翼思想家

巴丢哲学的当代意义将会随着时间推移而越来越凸显出来。那么他究

---

① Alain Badiou, *Theoretical Writing*, ed. and trans. Ray Brassier and Alberto Toscano, Continuum, 2004, Chapter 13. 译文参考陈永国主编《激进哲学：阿兰·巴丢读本》，北京大学出版社 2010 年版，第 169—170 页。

② 同上。

竟是谁？他是一位"后结构主义者"吗？一位"后马克思主义者"吗？抑或是一位激进的"后现代主义者"？还是一位古典主义者？现代主义者？我个人认为，这些都不完全准确。巴丢的成熟哲学思想是处于后结构主义、后现代主义、后马克思主义等思想交织的时代，然而他的思想不能简单地归入其中的任何一派。他对当代哲学主流的激进批判，他对柏拉图、笛卡尔、黑格尔、萨特、阿尔都塞等人思想的推崇，他明确的"回到柏拉图"的口号，似乎标明他的哲学要回到古典哲学，要回到现代主义。然而，这种印象不能完全理解巴丢思想的真意。那么他究竟是谁？

（一）终结"哲学的终结"

巴丢在《哲学宣言》开篇提出了哲学是否可能的问题。"我假定哲学不仅可能，而且，这种可能性不会采取最后阶段的形式。"[①] 他在这里所谓的"最后阶段的形式"指的就是后现代主义的各种关于"哲学终结"的版本，就是"德国解释学、英美分析哲学、革命的马克思主义和精神分析阐释学，都异口同声地宣布思想的千年统治已经'终结'了。"[②] 事实上，巴丢不仅针对后现代的"哲学终结"的各种版本，而且也针对历史上的各种关于"哲学终结"的命题，提出了哲学的可能性及哲学如何可能的问题。

20世纪50年代，自丹尼尔·贝尔提出"意识形态终结"后，80年代，罗蒂又提出"哲学终结"，福柯提出了"政治的终结"，此后，丹托提出了"艺术的终结"，福山提出了"历史的终结"，人文社科领域一时间刮起一股"终结潮流"。而"哲学终结"的话题是涌动在现代欧洲哲学界的一股"反哲学"的暗流。现代哲学家提出的"哲学终结"中的"哲学"指的就是古典哲学或传统哲学，具体而言就是自柏拉图、亚里士多德以来的直到黑格尔的以抽象的普遍的逻辑为最高哲学原则的"形而上学"哲学。黑格尔以极端理性的方式试图要解决笛卡尔以来的哲学认识论问题，建立了哲学史上最后一个完整的形而上学哲学体系。他认为哲学史（认识论哲学）

---

① 参见 Alain Badiou, *Manifeste pour la Philosophie*, Paris: Le Seuil, 1989, p. 12. *Manifesto for Philosophy*, trans. Norman Madarasz, Albany: SUNY Press, 1999, p. 32。

② Alain Badiou, *Manifesto for Philosophy*, trans. Norman Madarasz, Albany: SUNY Press, 1999, p. 27. 译文参考陈永国主编《激进哲学：阿兰·巴丢读本》，北京大学出版社2010年版，第87页。

将终结于自己的哲学。因此，恩格斯宣布了德国古典哲学终结于黑格尔，一是指黑格尔作为德国古典哲学集大成的终结，二是指黑格尔的形而上学是哲学史上的最后一个这样的体系。此后，海德格尔、维特根斯坦、德里达、罗蒂、利奥塔等人，不管是从认识论角度，还是从存在论角度，抑或是从语言论的角度，都纷纷宣布了柏拉图以来的形而上学的"哲学终结了"。

法国的著名哲学家更是提出了法国版本的"哲学终结论"。例如利奥塔断言："哲学的大厦已经坍塌了。"菲利普·拉库—拉巴特说："我们不再有哲学的欲望了。"拉康则自称自己是位"反哲学家"。德里达通过对在场形而上学和逻各斯中心主义的强力批判而宣布了"大写"哲学的终结。福柯用"权力"来诠释"存在"，宣布了"人之死"，从而宣告了哲学的终结。

在这些不同的"哲学终结"的版本中，巴丢主要批判了海德格尔的"哲学终结论"。因为，"海德格尔是最后一位被普遍承认的哲学家"①。海德格尔思想旨在挖掘柏拉图以来的哲学—形而上学的思维根源。海德格尔明确宣布："哲学在现时代正在走向终结。"②海德格尔所理解的"终结"就是一种"完成"。他在《哲学的终结和思的任务》中这样说道："关于哲学之终结的谈论意味着什么？我们太容易在消极意义上把某物的终结理解为单纯的中止，理解为没有继续发展，甚或理解为颓败和无能。相反地，关于哲学之终结的谈论却意味着形而上学的完成（Vollendung）。但所谓'完成'并不是指尽善尽美，并不是说哲学在终结处已经臻至完满之最高境界了。"③"哲学之终结是这样一个位置，在那里哲学历史之整体把自身聚集到它的最极端的可能性中去了。作为完成的终结意味着聚集。"④在海德格尔看来，传统的哲学—形而上学已经抵达了它的极端完成的状态，它已经完成了自己的一切逻辑可能性，因此，必然要走向"完成"。而这种哲学"完成"的具体表现就是各门曾经包含在哲学中的科学，纷纷从哲学

---

① Alain Badiou, *Being and Event*, trans. Oliver Feltham, New York: Continuum, 2005, p. 1. 法文原版 *L'être et l'événement*, Editions du Seuil, 1998。

② ［德］海德格尔：《面向思的事情》，陈小文、孙周兴译，商务印书馆1996年版，第60页。

③ 同上书，第59页。

④ 同上。

中摆脱出来并走向独立。同时，哲学本身也因此而发生了变化。这种变化指的就是哲学抵达了一个聚集了各种可能性的"位置"。这种"位置"就是哲学孕育和滋养的诸种科学已经获得决定性胜利，从而使哲学完成了其历史使命，而随诸神一同退位。随着科学技术对世界的统治时代的来临，哲学也宣告了它的终结。正如海德格尔所说："哲学之终结显示为一个科学技术世界以及相应于这个世界的社会秩序的可控制的设置的胜利。哲学之终结就是意味着植根于西方欧洲思维世界文明之开端。"① 在哲学终结之际，就为思留下了任务：放弃以往的思想，去规定思的事情。

在海德格尔看来，技术的全球统治导致了哲学的终结。在技术的统治之下，哲学—形而上学的各种可能性不可救药地被耗尽了。由于技术的统治，而使人成为主体，世界成为客体。在这样的现时代，形而上学终结的两个"必然结果"就是现代科学和集权国家。思想能够而且必须把这种终结看做是虚无主义。这个时代使思想脱离了其轨道，使"存在"被灭绝。而在这样的技术统治的虚无主义时代，只有少数诗人宣布着他们的存在，他们走向无蔽和去蔽的技术意志的主观规定，而宣布了思想转变的条件。只有诗歌才能接近存在的真理。这少数的诗人就是荷尔德林、里尔克、特拉克尔。思想掌握在诗人手中。

巴丢反对海德格尔的"技术的统治"和虚无主义的观点，认为二者与思想之间并没有必然的关系。在巴丢看来，就思想的关系而言，科学与技术属于同一个领域是完全不合适的。现代科学并非是技术统治的主要"效果"。因此，在巴丢看来，我们的时代既不是技术的，也不是虚无主义的。哲学无论如何没有完结。哲学没有完成"笛卡尔式沉思"便误入歧途，自尼采后，哲学就宣布了柏拉图开创的事业已经到了暮年，在巴丢看来，这个专横的宣告掩盖的是它无法继续这项事业的无能。作为思想内部构造的哲学，只有在其四个共存的类属条件（诗歌、数学、政治和爱）之下才能摆脱被终结的命运。哲学如果只与四个条件中的某个"缝合"（suture）在一起，它就无法摆脱被搁置起来的命运。海德格尔不但缝合了哲学与诗，

① ［德］海德格尔：《面向思的事情》，陈小文、孙周兴译，商务印书馆1996年版，第61页。

而且达到了几乎将哲学让位于诗歌的地步。由于海德格尔形成的无法消除的影响，当今哲学仍然只与诗歌缝合。巴丢则认为，诗人的时代已经结束，有必要把哲学从其与诗歌的缝合中剥离出来。海德格尔"建构"了数学与诗歌的二律背反，建立了一种"诗学本体论"。而巴丢则将诗歌仅仅看作哲学的四个条件之一。巴丢要建立哲学的数学本体论。而数学的本体论地位最突出地显示在古希腊哲学中，尤其是柏拉图哲学中，所以巴丢提出了"回到柏拉图"的口号。

（二）"回到柏拉图"

巴丢提出"回到柏拉图"的口号，并非是一种像海德格尔提出的"回到前苏格拉底"的哲学的思乡愁绪般的表达，而是回到柏拉图开创的哲学框架中，回到柏拉图开创的哲学的数学渊源之中，回到柏拉图对待诗与哲学关系的对立态度之中。巴丢在《哲学宣言》中如是说：

> 承认诗人时代的终结，把数元的当代形式作为本体论的向度，从真理功能的角度思考爱，在政治运动开始时把握方向：这是柏拉图主义的四种姿态。柏拉图也必须保留诗人，在奠定哲学基础的工作中无辜地使用诡辩论，把非理性的数的问题的演算过程与他的"逻各斯"视角结合起来，在追求美和理念的最高理想时公平对待突如其来的爱，并思考民主城邦的黄昏。
>
> 由数元（刚刚开始的）、诗歌（已经放弃的）、政治（再次建立的）和爱（作为思想的）构成的反诡辩论的组合——我所提议的哲学姿态是柏拉图的姿态。[①]

巴丢从柏拉图哲学中重点汲取了重要的三点：

首先认为哲学不思考自身，而是思考相关的东西。

只有当哲学被其之外的事物或事件所激发，被自身领域之外的概念性

---

① Alain Badiou, *Manifesto for Philosophy*, trans. Norman Madarasz, Albany：SUNY Press, 1999, pp. 97—98. 译文参考陈永国主编《激进哲学：阿兰·巴丢读本》，北京大学出版社2010年版，第119页。

同质所激发，哲学才得以开始。因此，在巴丢看来，哲学只是为其四个条件的类属真理程序提供一个概念的空间，而这种概念空间的哲学构架就是由柏拉图开创的。

　　"不懂几何学的人不得入内"，这规定了数学是哲学的条件。诗人被沮丧地打发掉了，由于模仿而被赶出了城邦——我们理解的是：由于对理念的过于敏感的捕捉——这既表明诗歌是错误的，又表明必须用难以逃避的叙事干扰来衡量诗歌。就爱而言，《会饮篇》和《斐多篇》都是表达真理的无以逾越的篇章。政治发明最后作为思想的内在肌理而出现：在《理想国》第 9 部的结尾，柏拉图清楚地表明他的理想城邦既不是计划，也不是现实，而是要知道它是否存在或能够存在的问题，因此不是政治的问题，而是政治作为思想条件的问题，是理性在哲学内部的构成问题，为此，任何哲学都不能没有可能真的是一项发明的政治。①

　　正是柏拉图以上的哲学构架，使巴丢坚持认为哲学有四个条件：数学、诗歌、政治和爱。这四个条件共同组合为类属真理程序。因此，哲学本身并不生产真理，而是这四个类属真理程序引发真理。哲学不确立真理，而只为真理提供确定的场所：哲学只是在思想内部处理作为哲学条件的真理程序的可共存性质。

　　其次，回到柏拉图哲学的数学渊源之中。

　　巴丢在《存在与事件》中明确提出了"数学就是本体论"的命题。这一观点是开创性的。他的这一思想是直接受到柏拉图哲学的数学渊源的影响的。许多当代哲学家，只是把数学作为逻辑，认为逻辑是数学的超—语言。而巴丢通过"数学即本体论"的命题，标明了他的基本的柏拉图主义立场。

　　本体论一般被认为是哲学领域中对存在的研究，被看作哲学的一个分支，承担着对存在本质这一问题的思考。存在到底是什么？其本质如何？

---

① Alain Badiou, *Manifesto for Philosophy*, trans. Norman Madarasz, Albany: SUNY Press, 1999, pp. 24—25. 译文参考陈永国主编《激进哲学：阿兰·巴丢读本》，北京大学出版社 2010 年版，第 91 页。

规律是什么？又是如何自我呈现的？有"作为存在本身"的东西或"在者在"（being que being）的东西吗？这些本体论思考的问题，在巴丢看来是一切哲学思考的基础和出发点。而思考这些问题的最重要手段就是通过数学，更确切讲是通过数学中的集合理论。因此，在巴丢看来，数学本体论或"数学＝本体论"是一种"元本体论"命题。

最后，由柏拉图对于诗与哲学关系的态度启发了巴丢对艺术与哲学关系的新思考。

柏拉图对于诗与哲学关系的观念，被巴丢在《非美学手册》中概括为一种"启蒙图式"。这种图式认为艺术并不产生真理，而只是"真理的虚假的光辉"。柏拉图理解的真理是一个常隐不显的、永恒存在的、现成的、自在的既定世界。他开启了"符合论"真理观的先河。而柏拉图认为艺术是模仿的模仿，影子的影子，因此与真理隔了三层，艺术和诗人自然要被驱逐出理想国。所以，柏拉图认为，艺术并不产生真理，而那种既定的自在的真理世界，只有哲学家才可能接近它。

巴丢提出了艺术与哲学关系的新的思考。他用"非美学"一词来指称一种全新的艺术与哲学的关系图式——生产性图式。这一图式是继历史上形成的艺术与哲学关系的"启蒙图式"、"浪漫图式"和"古典图式"之后的第四种图式。这种图式认为艺术是生产真理的四个真理程序之一。

综上所述，巴丢"回到柏拉图"的口号是明确站在"柏拉图主义"的立场，来反抗哲学史上形成的"反柏拉图主义"哲学潮流，从而用柏拉图主义来对抗"反柏拉图主义"，最终拯救濒临终结的哲学。所以，他从柏拉图主义出发，提出了他的哲学新构想："哲学必须向前再迈进一步"。

（三）"哲学必须向前再迈进一步"

巴丢在《哲学宣言》中提出："问题的关键是懂得下面这句话的意思：再迈进一步。单一的一步。现代构架内部的一步，自笛卡尔以来就把存在、真理和主体这三个结点概念与哲学的条件捆束在一起的一步。"[①] 在

————————

① Alain Badiou, *Manifesto for Philosophy*, trans. Norman Madarasz, Albany：SUNY Press, 1999，p. 32. 译文参考陈永国主编《激进哲学：阿兰·巴丢读本》，北京大学出版社 2010 年版，第 90 页。

《哲学与欲望》一文中，巴丢还说："因此，世界对我们所提出的要求是一种关于单一性的哲学，一种关于当代理性的哲学，一种关于事件的哲学。这本身就是纲领。……根据这个纲领，的确可以说，真理的形而上学已经变成了废墟，古典的理性主义已不足够了。但在某种意义上，形而上学的解构和理性主义的论争也不足够。世界要求哲学要建立在形而上学的废墟之上，使之与现代的形而上学批评结合起来。"[1]

作为一位激进的批判当代哲学的法国哲学家，巴丢哲学思想的全部目标就是开创一种新哲学，一种指向未来的哲学，一种事件的、当代理性哲学。当然，也有评论者指出，"巴丢的哲学思想并不新"，他的哲学思想是对柏拉图以来的许多哲学家思想的拓扑学嫁接。德勒兹甚至还批评了巴丢哲学思想的类比化特点。此外，巴丢哲学思想还存在不合时宜的"现代性"诉求及系统化倾向。这些批判和评论是否合理和公允，都有待进一步深入地分析和探讨。

（四）结语：他是一位特立独行的"后—后主义者"

那么这位对当代哲学潮流采取了激进的"不友好"的批判立场的当代哲学家，究竟是谁？他是一位后结构主义者？一位后马克思主义者？还是一位回归"现代"的、有"古典主义"倾向和情结的当代哲学家？我们认为，这些都是，又都不是。巴丢就是巴丢，是"这一个"，一个特立独行的"后—后主义者"。

巴丢曾经组织过拉康讨论班，他曾经是福柯的学生和同事，他对利奥塔、德里达思想进行过分析批判，他对德勒兹的思想进行过激烈批评，并著有《德勒兹：存在的喧嚣》（1997）一书，他还撰文专门分析德勒兹的"事件"概念……这些事例说明，巴丢与后结构主义思想家及其思想，以及与后现代主义哲学思想都有这样那样的联系，但又保持着足够的距离。因此，巴丢思想成熟于后结构、后现代主义哲学思想盛行的年代，仅从这个时间的维度来看，巴丢应该属于后结构、后现代主义思想家。但事实

---

① Alain Badiou, *Infinite Thought*: *Truth and the Return to Philosophy*, trans. and ed. Oliver Feltham and Justin Clemens, Continuum, 1998, Chapter One, p. 56. 译文参考陈永国主编《激进哲学：阿兰·巴丢读本》，北京大学出版社 2010 年版，第 134—135 页。

上，他的哲学思想不但没有后结构、后现代思想的特征，相反带有明确的现代性立场。他要"回到柏拉图"，要打起"柏拉图主义"的大旗，要将笛卡尔未完成的哲学构想再推进一步，因此，他自称为一位"古典主义哲学家"，当然他所谓的"古典主义"并非哲学史上的真正意义上的古典主义哲学，而只是一种哲学立场或哲学趣味的概括。

作为结构主义马克思主义者阿尔都塞的学生，巴丢的哲学思想深受这位导师的影响，尤其是在巴丢早期思想的"阿尔都塞主义者"时期，表现得尤其突出。在1968年"五月事件"之后，巴丢虽然开始正式与阿尔都塞决裂，但其后期思想中仍然留有阿尔都塞结构主义思想的痕迹。他在毛主义阶段，对列宁、毛泽东等马克思主义者思想的吸收和运用，是这一阶段的突出特征，在此意义上，巴丢似乎可以作为一位"后马克思主义者"。但巴丢又与真正意义上的"后马克思主义者"格格不入。巴丢在《元政治学纲要》中曾说："正如我已经指出，席尔瓦·拉扎鲁认为，在马克思与列宁之间与其说是连续和发展，不如说是断裂和更新。同样，在斯大林和列宁之间，在斯大林和毛泽东之间亦是如此。而阿尔都塞表达了另一种断裂。不过更为复杂的是，在所有这些断裂的马克思主义的形态中，没有一种是完全一样的，所有这些让'马克思主义'成为一个绝对不连续的集合的（空的）名字。"[①] 在巴丢看来，作为后马克思主义者的拉克劳和墨菲，从根本上拆解了马克思主义的命题，因此，巴丢对他们的思想给予了强烈的批判。他们的后马克思主义思想旨在解构经典马克思主义的一些命题，如工人阶级普遍主体、阶级分析、资本主义历史进程的观点及共产主义理想等，从理论内部根本上拒绝了经典马克思主义理论。巴丢则是站在他们的对立面，结合拉康的主体理论和毛主义思想，来重新思考主体问题和唯物主义理论，从而形成了自己的"革命主体"思想。可见，巴丢也非"纯正"意义上的"后马克思主义者"。正如齐泽克所言："就巴丢的'后马克思主义'与时髦的解构主义对所谓马克思主义的'本质主义'的抛弃没有任何关系而言，他应受到特殊的关注。相反，在彻底拒斥作为假思想的一种新形

---

① Alain Badiou, *Metapolitics*, trans. Jason Baker, London: Verso, 2005, p. 58. 转引自蓝江《马克思主义并不存在》，《山东社会科学》2010年第2期。

式，作为诡辩术的当代版本的解构主义的意见上，他是独一无二的。"①

综上所述，巴丢既不是一位后现代、后结构主义者，也不是一位严格意义上的后马克思主义者，而是一位"独一无二"特立独行的"后—后主义者"。他身上既有"后学"的强烈批判质疑精神，同时也有传统古典主义者的立场和气质，他的开创性的、极富原创性的哲学思想，将预示着"哲学的未来"，因此，他是一位"这一个"，是一位特立独行、与当代不合流的"后—后主义者"。

这位后—后主义者是一位后现代、后结构主义之后的现代主义者，一位"多的柏拉图主义者"（Platonist of Multiple）。柏拉图主义者是巴丢的哲学立场，是对"反柏拉图主义"哲学潮流的反驳和批判。"多"是建立在数学集合论本体论基础上的巴丢哲学对存在的规定和思考。

这位后—后主义者不是沉思者，不是教授，不是圣人，不是说教者，而是战士、艺术家、创造者和斗士——"一位以文字为武器的战士，一位以主体为题材的艺术家，一位发明创造者，一位哲学斗士"。②

---

① Slavoj Zizek, "Psychoanalysis in Post - Marxism: The Case of Alain Badiou", *TSShe South Atlantic Quarterly*, Vol. 97, No. 2, 1998, pp. 235—61. 参见［斯洛文尼亚］齐泽克《后马克思主义的精神分析》，《马克思主义研究》2006 年第 6 期。

② 参见［法］阿兰·巴丢《当代法国哲学思潮》，陈杰、李谧译，《国外理论动态》2008 年第 11 期。

第二章 艺术是哲学的真理程序之一

巴丢的哲学思想在今天之所以显得格外引人注目，是因为当前时代是一个解构的时代，是一个怀疑论和相对主义的时代，是一个"哲学终结"的时代，而巴丢却批判了哲学终结的所有思想形式，认为哲学通过"真理"、"事件"、"主体"等概念得以运行。巴丢开创了一种主体的哲学、一种真理的哲学、一种事件的哲学。巴丢哲学的核心思想是：哲学取决于作为外部条件的某一真理事件（truth event）。哲学总是以外在于它的思想的事件（events of thought）为条件。这些条件用巴丢的术语来讲，就是类属程序（generic procedures）或称真理程序。哲学思想是从类属真理程序中来。真理程序有四种模式，单独发生在四个领域、四个方面：即艺术、政治、科学、爱。这四种模式为哲学提供了"条件"。

本章重点介绍分析巴丢哲学本体论及关键词，以及关于四个真理程序的思想，进而分析其哲学思想与文艺思想的内在关系，揭示巴丢文艺思想在其哲学思想中的重要性。

第一节 "数学就是本体论"——巴丢哲学关键词

巴丢在《存在与事件》中明确提出了"数学＝本体论"[①] 的命题。这一命题是其哲学思想的基础与核心，也是巴丢思想在哲学发展历史中独树一帜的创造性命题。这一命题与欧洲哲学史中某些哲学家对数学的推崇不同，

---

① Alain Badiou, *L'Etre et l'événement*, Paris: Seuil, 1988. p. 12. (*Being and Event*, p. 6.)

与 20 世纪法国哲学史中卡瓦耶斯、巴什拉、康吉莱姆等人以数学为基础的概念哲学更不同。巴丢的"数学就是本体论"的命题是具有开创性意义的。

一　"减法本体论"——"数学＝本体论"

"本体论"，英文词 ontology，是根据德文 ontologie 一词转译而来的。哲学史上最早使用这一概念的是德国哲学家郭克兰纽（Rudolphus Goclenius，1547—1628），他在 1916 年编写的《哲学辞典》中最早使用了这一概念。不论是英文的 ontology，还是德文的 ontologie、法文的 ontologie，他们都来自拉丁文 ontologia。这个词是由"onto"和"logia"两部分组成，"onto"包含"有"、"存在"、"是"等意思，"logia"有"学问"、"学科"、"学说"等义。同样，英文词 ontology 是由"ont"加上词尾"logy"组成，"ont"相当于 being，"是"、"存在"之义。黑格尔在《哲学史讲演录》中引述了关于本体论的定义："本体论，论述各种关于'有'的抽象的、完全普遍的哲学范畴，认为'有'是唯一的，善的；其中出现了唯一者、偶性、实体、因果、现象等范畴；这是抽象的形而上学。"[①]"本体论"通常被理解为哲学中关于"是"、"存在"的学问，是对存在问题的思考，因此，也被叫做"存在论"。

对于本体问题的思考从古希腊哲学诞生时就已经开始。古希腊早期哲学家，把宇宙万物理解为某种物质实体，如水、火、气等，这时就出现了"本原论"的本体论。柏拉图、黑格尔则把世界本原理解为某种精神实体"理念"或"绝对理念"，形成了理念论本体论。黑格尔认为，西方哲学史上第一个使用"存在"范畴的哲学家是巴门尼德，所以，巴门尼德哲学被视为本体论哲学的开端。

（一）"减法本体论"[②]

巴丢的"数学本体论"就是从柏拉图的《巴门尼德篇》开始的。巴丢

---

① ［德］黑格尔：《哲学史讲演录》第四卷，贺麟、王太庆译，商务印书馆 1983 年版，第 189 页。

② 本部分内容主要参考 Ed Pluth, *Badiou: A Philosophy of the New*, London: Polity Press, 2010。

的"数学本体论"开启了对存在的"多"进行思考的可能性，开启了一个新的哲学思考的空间，在这种哲学空间中，哲学可以思考"非存在"，可以思考存在的"他者"，即事件、主体、真理。巴丢认为，把数学与存在问题联系起来，开始于柏拉图，（尤其是他的《巴门尼德篇》）直到康德。此后，除了卡瓦耶斯和劳特曼有过这样的思考（但极不充分且是被压抑的）外，整个现代哲学，把数学"堕落成了盎格鲁—萨克逊人的语言诡辩术"，直到拉康出现。

对柏拉图思想影响最大的是苏格拉底和巴门尼德。其中，巴门尼德对"存在"的追问，是早期哲学家探求纯粹形而上学问题的开始，他的思想深刻地启示了柏拉图。柏拉图的《巴门尼德篇》讨论了"一和多"或"单一"和"众多"的问题。涉及"一"和"全"，即"部分"与"整体"的关系问题。柏拉图提出了本篇对话的中心问题，即：极端相反的是否相互分离而不相互结合？巴丢正是从巴门尼德关于存在的"一和多"的观点，得出了自己对存在的理解。巴丢对存在的理解是建立在巴门尼德所讲的"一即无"的观点之上的。为什么说"一即是无"，因为在巴丢看来，"一"仅仅是在"操作（operation）"意义上存在的，"一"是一种"计数为一"（count-as-one）的结果，换言之，本无一，只有计数为一。因此，作为一种操作结果的"一"决不是显现（presentation）。多则是显现的方式。因此，巴丢得出结论认为，存在既不是一（one），也不是多①（multiple），而是一种多元的多（a multiple of multiples），是一种碎裂的多元性，它接近于空无。可见，巴丢所说的存在，一方面是多，绝对的多，另一方面它应该被称作"空"。存在是空，是无，因此，巴丢得出了"存在＝无＝空"的等式。在此基础上巴丢提出了他的"减法本体论"。在这种本体论中，存在是对显现（presentation）的减除。那么，如何理解"存在＝无＝空"及"减法本体论"呢？

在巴丢看来，存在是不能显现自身的。这一点与海德格尔不同，海德

---

① 注：在巴丢的重要术语中，多、多样、多元性是不同的概念，分别对应的英文词是 multiple，multiples，multiplicity。此外，"多样的一"（multiple-ones 指众多事物本身）、"明确的存在者"（distinct beings）总是在"情势"（situation）中"显现"（presentation）出来。

格尔区分了存在及存在者，并认为存在是能够通过存在者，并且在存在者之中显现自身。但巴丢认为，在本体论研究存在就必须通过对显现（presentation）的组织、结构进行研究才能接近存在。存在是"作为存在的存在"（being que being，有人译为"在者在"），或者说存在是"作为多的多"（multiple que multiple），是根本无法显现自身的，我们只能把握对"纯多"的操作的结果，这种操作结果就是"计数为一"，就是"非存在"。而本体论就是研究这种"计算"和"操作"的不同方式。可见，这种本体论研究的并非是存在本身（因为存在是多样的多，是纯粹的多，是断裂的多，是非连续的多），也不是"显现"本身，而是对显现的计算和操作的方式进行研究，这就是巴丢所谓的"减法本体论"，或叫"非—显现"（im‑presentation）的本体论。在这种本体论中存在被完全减除，不在任何显现的秩序中显现自身。

然而，存在又只能在所有显现中发生，虽然它不会自我呈现，那么本体论又如何把握这种存在？在此，巴丢提出了另一个重要的范畴："情势"（situation）。[①] 本体论对存在的研究和把握只能通过"本体情势"来实现。

（二）本体情势

显现的结构就是巴丢所谓的"情势"。显现的秩序是一种"连续的多元性"（consistent multiplicity），它与作为存在特征的"非连续性的多元性"（inconsistent multiplicity）完全不同。情势包含了两个多元性：一是断裂的多元性，一是连续的多元性。断裂在前，连续在后。连续是计数为一的结果。这种显现的结构一方面是一个断裂的多，另一方面通过人们的参与，可以将显现的各个阶段看作多的统一或连续。所以，没有任何东西可以离开情势。不存在没有显现的情势，也不存在不涉及显现的情势。巴丢说，小到一只猫，大到国家状态，抑或是军队或是一盘棋的游戏，都是一种情势。所以巴丢说：情势之外空无一物。因为，显现的多总是一些集体的一（ones），或更准确地说是多样的一（multiple‑ones）。多样的一存在于情势中，于是情势也存在多样性，出现多样的情势。我们就栖居于既

---

① 注：关于 situation 一词一般译为"形势"、"处境"、"情境"、"状况"、"位置"等。在这里译为"情势"。情势是巴丢的核心概念之一。

定时间的多样的情势中。

本体论是关于存在的学说，它也是一种情势，它是一种呈现多和存在规律主题的情势。因此，本体论就必须接受计数为一的模式，即接受计数为一的各种结构。作为一种情势的本体论与一般的情势不同，巴丢将本体论进一步称为"情势的情势"（the situation of situation），也就包含了"显现的显现"（presentation of presentation）的意思。本体论向我们呈现了作为存在的非连续和纯多之外的一切秩序中的多样性的形式规则。本体论研究的是纯多被计算的不同方式，而不是纯多的秩序。而这种纯多被计算的不同方式就是集合理论所关心的核心问题。

（三）集合论本体论

巴丢关于存在的理解，以及他关于存在与空、无关系的解读，只有通过集合论才能予以理论上的说明。因此，巴丢的"数学本体论"，更准确地说，是一种"集合论本体论"。

1. 集合理论

集合论最重要的创建者是德国数学家康托尔（Georg Cantor，1845—1918）。康托尔集合论的建立，不仅是数学发展史上一座高耸的里程碑，甚至还是人类思维发展史上的一座里程碑。它标志着人类经过几千年的努力，终于基本上弄清了无限的性质，找到了制服无限"妖怪"的法宝。正如莫里茨（R. E. Moritz）在1914年的《数学大事记》中所言："芝诺关心过三个问题……这就是无穷小、无穷和连续的问题……从他那个时代到我们自己的时代，每一代最优秀的智者都尝试过解决这些问题，但是广义地说，什么也没有得到……魏尔斯特拉斯、戴德金和康托尔彻底解决了它们。他们的解答清楚得不再留下丝毫怀疑。这个成就可能是这个时代能够夸耀的最伟大的成就……无穷小的问题是魏尔斯特拉斯解决的，其他两个问题的解决是由戴德金开始，最后由康托尔完成的。"[①]

关于无穷问题的出现，早在集合论创立前的两千多年前就出现了。公元前5世纪古希腊的芝诺提出了无穷的问题。此后，许多科学家、数学

---

① 转引自〔美〕E. T. 贝尔《数学大师：从芝诺到庞加莱》，徐源译，上海世纪出版集团2004年版，第667—668页。

家、哲学家都关注关于无穷的问题。直到 1873 年康托尔提出了集合论。此后的 1884、1887、1895 年康托尔曾多次给出集合论的定义，他的集合论概念的实质就是：我们直观或思想中明确的、可分辨的物体的总体。但康托尔集体论存在悖论，被叫作"罗素悖论"（罗素发现了康托尔集合论的悖论问题）。康托尔提出的"连续统假说"（一条直线上到底有多少个点的问题，简记为 CH）也没有任何进展。因此，康托尔的集合理论一度受到来自各方面的攻击。康托尔的集合理论讨论的是实数集合和点集，还没有上升为抽象集合论，又被称作朴素集合论或古典集合论。

集合论的公理化是由策梅罗或弗兰克尔完成的。1908 年策梅罗（Zermelo，1871—1953）提出第一个公理集合论系统，后经数学家弗兰克尔（Fraenkel，1891—1965），得到现在公认的策梅罗—弗兰克尔公理系统，简记为 ZF。加上数学史上著名的选择公理（AC），这个公理系统被简记为 ZFC。后来，哥德尔改进了 ZFC 公理系统，形成了 NBG 公理系统，即在公理集合论中只考虑相对无矛盾性问题。科恩（1934—）创立了著名的"力迫法"（Forcing），证明了 AC 和 CH 的相对独立性，得出 AC 和 CH 都是不可判定的。

2. 集合论本体论

综合以上集合论的发展历程和基本理论可知，集合理论是关于秩序结构的理论，集合中的构成元素可以是任何无序的东西，也可以是其他的集合。根据选择公理和连续统假说的相对独立性和不可判定性可知，一个集合中包含多少要素是不可预测、不可判定的，因此，从根本上说元素是非决定性的，元素所具有的性质并不重要。从策梅罗—弗兰克尔公理系统可知，一个集合就是各种元素的聚合，人、猫、数字、苹果……一切东西都可以成为一个集合的元素，集合中的元素也可以是另外的集合，被叫作所属集合的子集。元素和集合只有属于和不属于两种关系，没有其他关系。（如果元素是子集，那么这种关系就是包含关系。）根据策梅罗—弗兰克尔公理，一个集合的一切元素实际上都是这个集合的子集。如果集合中的每个元素被看作一个集合，这就是巴丢所说的"每个多都是一种多样的多"。

元素与集合的关系是属于关系，而子集与集合的关系则是包含关系，这两种关系的区分是至关重要的。巴丢在《数与数字》（*Number and Numbers*）一书中举了这样一个例子：例如 V 表示一个生物的集合，那么我的猫就属于这个集合。但猫又是由细胞组成，而这些细胞也是生物，所以我的猫就既是生物，又是生物的集合。它既属于集合 V（作为生物中的"一个"），又是集合 V 的一部分，即它包含于 V（作为活的细胞的一群）。可见，猫既属于生物集合，又包含于这一集合。根据策梅罗—弗兰克尔公理理论，如果一只猫既属于又包含于生物的集合，那是因为，猫作为一个多，这个多的构成要素同时属于生物集合。

当然，有的子集则只包含于这个集合，但却不属于这个集合。同样用上面的例子来说明，猫虽然属于生物的集合，细胞也属于生物的集合，但如果细胞的构成元素，如分子、原子等，作为细胞的子集，就不属于生物集合了，因为它们只是生物—化学物质了。所以，细胞就可以被看作是生物集合的最小元素。这种"最小界定元素"（minimal defining element）属于一个集合，但它的任何构成元素却都不属于这个集合了。

那么，这个最小的元素就成了这个集合的基本（fundamental）元素。而这个最小元素本身又由一些元素构成，但最小元素的构成元素却不会显现在最初的集合中了。正如上面例子所说，分子、原子构成的细胞属于生物这个集合，而由于细胞是最小元素，所以分子、原子就不再显现于生物集合。同理，如艺术品这个集合，形式、颜色、形状等属于它的元素，可能存在"笔法"这样的最小界定元素，笔法属于艺术品这个集合，但笔法的构成元素，如颜料、化学品等，就不再属于艺术品这个集合了。

这时，最小的基本元素就接近一个空集的边缘。空集（empty set）是集合理论的重要概念之一。空集中不包含任何元素，所以空集由无构成。所以空集在任何意义上都不能说可以被显现，但它却在集合中拥有一个位置，在显现的王国中至少作为一个符号、一个象征而存在。所以空集本身并非无，而是包含无。空集与无是有区别的。它像一个空袋子一样，里面装满了无。作为存在的存在（being que being）的名称就是空（void），存在构成的集合就是空集，所以存在诞生于空集，换言之，空集就是存在的绝对起点。集合是情势中最基本的东西，情势就是各种集合的汇聚，是连续的多样性，也是这种连续性的结构。情势的特征就是纯多显现的被计数、被辨识、被命名，情势是本体论意义上的无限。作为存在的存在的空实际上不会在任何情势中（任何集合中）被显现，而只是显现为一个命名，这个命名就是"空集"，空集就是空在任何情势之中的命名，而这种命名就如同是空的"位置持存"（place - holder）。空是一切集合的元素。所以空集是一切集合中的某个"位置"（place），在这个位置中，空被标记和被命名。

综上所述，从集合论出发来研究存在的学问，就是巴丢所谓的集合论本体论。从这一本体论出发，存在＝空＝无，它的合理命名就是空集，空集是存在的绝对起点。

但是，我们也能看到，巴丢的许多重要命题，如"一即是无"、拒绝形而上的一、集合论作为本体论等，这些命题似乎是"无需争论"的，是巴丢的理论预设，像是不证自明的"公理"一样，而且巴丢哲学的数学本体论也给予了"公理"以特殊重要的地位。巴丢对这些最重要的哲学基本理论预设缺乏充分的论证。当我们对这些最重要的基本命题的薄弱论证产生怀疑时，巴丢的哲学思想的根基就会受到威胁，因此，这些都是巴丢哲学存在的"致命"的局限性。

二　事件、真理、主体

巴丢从他的集合论本体论出发，展开了对一系列核心范畴的论证：存在（being）与事件（event）、情势（situation）与情势状态（situation state）、包含（inclusion）与属于（belonging）、显现（presentation）与再现（representation）、事件点（evental site）与事件（event）、真理（truth）与主体（subject）等。在这些范畴中，存在是巴丢的本体论的核心概念，而事件、真理、主体则是在其本体论基础上展开的三个核心概念，这三个概念是巴丢哲学思想（《存在与事件》）的关键。而巴丢独特的真理、主体的概念，是建立在事件概念基础之上的，事件概念的理解，又必须搞清情势与情势状态、包含与属于、显现与再现等概念。

　　大体来说，事件、真理、主体三个核心概念之间是怎样一种关系？彼德·霍尔沃德用这样一句话来概括三者的关系："真理、主体和事件，是单一过程的所有方面：一个真理是通过宣布真理的主体而形成，这些主体在宣布真理的过程中以其对事件的忠诚而自我建构为主体。"① 我们仅举一例来说明（这个例子也是巴丢在其著作中反复出现的）。如果把法国大革命作为一个事件，那么，这个事件就属于"18 世纪的法国"这一情势。这一事件使这个法国革命前的旧制度的残暴与无常、"谎言"等情势中的要素变得可见可辨。这就是这个旧制度情境的真理——存在局限性的，或依附于它的一切。因此，一个事件包含着其自身的一系列限定因素：事件本身，名称（"法国大革命"并不是一个客观的分类的名称，而是事件本身的一部分，是其参加者或支持者看待和象征他们的活动的方式），最终目标（实现了完全解放和自由—平等—博爱的社会），"运作者"（为革命而斗争的政治运动），最后但并非最不重要的主体（代表真理—事件，干预这一情境的历史之多并看出、认同这一事件中的标志—结果的施动者）。对这一主体的规定就是其对这一事件的忠诚，事件发生以后主体坚持在这个情境之内辨识它的踪迹。

　　下面分别对事件、真理、主体三个概念作一简要的介绍。

　　（一）事件

　　事件是对存在的破坏，他是一种"非存在"，并且，事件是违反集合公理理论的，事件是一种绝对的偶然性，"它们的发生没有可以归因的原因，也不会出现在其他情势之中，它们属于'作为存在的非存在'的范畴"。这些命题究竟如何理解？事件的概念到底如何理解？

　　要理解事件的概念，必须首先要明白什么是"事件点"（evental site），而事件点则是情势与情势状态的不同关系引出的概念。包含与属于、显现与再现则是理解情势与情势状态的关键。

　　包含与属于是集合理论中的重要范畴。集合中的元素与这个集合是属于的关系，而集合与集合之间的关系则是包含与被包含的关系。如果一个

---

① Peter Hallward，*Badiou：A Subject to Truth*，Minneapolis：University of Minnesota Press，2003，p. xxvi.

集合中的元素本身也是个集合，那么这种集合被叫作原集合的子集，子集就既属于原集合，又包含于这个集合。还以上文巴丢的例子为例，如果一件艺术品作为一个集合，它的元素可以有形式、颜色、形状、笔法等，这些元素都属于集合"艺术品"，而颜色本身也是一个集合，它又包含红、黄、蓝、绿等元素，那么颜色作为一个集合就是艺术品的子集，这样颜色就既包含于艺术品，又属于艺术品这个集合。或者说，颜色既是艺术品的元素，又是它的一个子集。

上面的例子中继续将艺术品中的元素依次分下去，就会出现子集中的元素只是包含于艺术品，但却不属于艺术品这个集合了。例如，巴丢认为笔法就是这样的子集。笔法子集中的元素，如颜料、化学制品等，就不再属于艺术品这个集合了。那么，笔法这种子集就被叫作原初集合（艺术品）的"最小界定元素"（minimal defining element），或叫基本元素（fundamental element）。因为这个子集里面已经没有属于艺术品这个集合的元素了。

这里我们就引出了显现和再现的概念。"属于"集合的那些元素（包括子集）都会显现（presentation）于集合（即情势）中，而有些子集虽然包含于原集合，但不必被显现于集合（情势）中，但这些子集会再现（representation）于情势中。这就是子集的独特地位。而这种再现与显现相比，是完全不同的独特的秩序方式或计算方式，而这种独特的再现的方式就是所谓的"情势的状态"（state of a situation），或叫情势的"元结构"（metastructure）。可见，情势就具有两种结构：一种是说明"显现"的结构，一种是说明"再现"的结构。"显现"是"属于"的本体功能，"再现"是"包含"的本体功能。

总之，从以上分析可以归纳出，与情势相关的术语是显现、结构、属于、元素；而与情势状态相关的术语则是再现、元结构、包含、子集。可见，在显现与再现、情势与其状态（或称元结构）之间，有一种明显的裂隙。

情势与情势状态之间的关系引出了"事件点"（evental site）的概念。情势能否引发事件，取决于情势中的显现与再现的关系。情势与情势状态的关系需要通过不同的情势类型来说明。在巴丢看来，情势有三类：一类是正常的多，就是既显现又再现的一类情势；一类是单一的多，即只显现不再现的一类情势；一类是剩余的多，只再现不显现的一类情势。例如资本主义国家—状态中的马克思的概念中，资产阶级是正常的多，在国家中即显现又再现；无产阶级属于单一的多，在国家中只显现但不再现。而国家就是剩余的多，它只再现，却不显现任何东西。所以它只是一个命名。而无产阶级是单一的多，则是国家—状态这一情势的空的象征，他像是偶发事件的提醒者一样，他标志着一种完全不同的组织社会方式的可能性。

如果把情势中那些既不是正常的，又不是单一的，更不是多余的全部的多组成一个集合（例如一只活猫的细胞中的化学物质组成的多，或一个家庭中存在的一个非法分子，他们就既不是单一的多，也不是剩余的多，更不是正常的多），那么这样的集合是否被显现呢？巴丢把这样的集合叫做非正常集合，也叫做"事件点"。这个非正常集合（事件点）本身在情势中显现，然而它的成员却不显现。换言之，事件点的元素不会在情势中显现，但它本身作为一个集合又会在情势中显现；同时他也不是情势的一部分，因此也不会在情势中被再现。那么事件点就是一种单一的多了，因为它本身作为集合在情势中显现，但不再现，它的元素也不会被显现。所以事件点就成了一种"整体的单一"。

事件点可以看作是一个集合中所有的最小构成元素组成的集合。例如，一只活猫的细胞就是一个事件点。事件点的特征就是：作为一个集合它会显现于情势中，但它的构成元素却不显现在情势中。

情势又分为自然情势（natural situation，如自然界的情势）、历史情势（historical situation，例如上面提到的艺术品、猫、家庭、国家—状态等）和中立情势（neutral situation，如任意元素组成的集合）。这三种情势中，只有历史情势中才有事件点。

事件点是一种非正常的多，它的一些元素不在情势中显现，然而它本身作为一个集合又在情势中显现。而事件点中那些不被显现的元素就构成了一种特殊类型的多，这就是"事件"。"事件"一方面是事件点本身的元素构成，另一方面它又是由它本身组成的。正如巴丢所说：事件是"一种多，它一方面是事件点的元素构成，另一方面又由它本身组成。"[1] 这样，事件作为一个集合，它本身又成了它的一个元素。

而正是"事件是由它本身构成"这一点恰恰违反了策梅罗—弗兰克尔集合公理理论，集合公理理论中的"分离公理"就认为，一个集合不包含它本身作为元素。但巴丢所说的"事件"就要违背这条公理。那么，为什么事件要包含自身？因为，在巴丢看来，事件在情势中是否被显现是不可判定的。所以，事件就把我们从本体论的王国中带了出来，事件不再属于"存在"，而是属于"非存在"的东西。事件同时把自己从空和情势中分裂出来，它位于空和自身之间，因此，事件是"作为存在的非存在"（that - which - is - not - being - que - being），是一种"超—存在"（trans - being）。

这样来看，事件点由于包含了"事件"这样一个特殊的多、一种额外的元素——事件是它的元素，却不显现在情势中。所以，事件点一条腿在情势中，一条腿又在情势之外。它一方面属于情势，另一方面又被既定情势所排斥。而事件就是处于情势之外的那条腿，是被情势所排斥的那个多。事件只能归属于自身，它又是尚未完成的集合。这样事件就是匿名的，是处于消逝中的东西，那么其消逝之后的唯一剩余物就是它的名字。而对它的命名则是由主体来完成的，主体对事件的忠诚就是真理。

（二）真理[2]

巴丢所说的"真理"（英文 truth，法文 vérité），法语中的 vérité 一词有"真理，真实（性）；真相，实情；事实，实话，道理，诚实，忠诚"等意思，在艺术中一般指真实性，忠实性；在逻辑学中指真。他所说的真理，与柏拉图以来的"符合论"真理不同，也与后来海德格尔的"存在论"真理不完全相同，巴丢的真理是一种"反人道主义"的真理观。他所谓的真理超越了人类的经验，并且是反直觉的。

真理是一个过程。真理只是偶然发生于历史情势（历史情势可以包括

---

① Alain Badiou, *Being and Event*, p. 179.

② "真理"与"主体"部分，将在后面的章节中具体展开，在此只是概要性介绍巴丢关于真理和主体的一些核心命题。

艺术的、爱的、科学的、政治的四类）中，它改变了人类所处的历史情势。每种历史情势中有一个且仅仅只有一个真理。真理总是在某种特定类型的力量促使下发生，所以，巴丢常常把真理称为"真理—程序"或"真理—过程"。巴丢认为，"人类思想是否达到客观真理的问题不是一个理论问题，而是一个实践问题"。所谓的"真理—程序"或"真理—过程"，就是真理在世界情势中的发展过程。这就表明了真理不是主观的、客观静止的某种东西，也不是灵光一现、稍纵即逝的东西，而是过程中的，并且是分裂的、极不稳定的、很难证实的东西。

真理的过程是与一个历史情境的知识完全异质的东西。用拉康的话来说，真理是在知识中打了个洞。情境中的知识被巴丢称为百科全书（ency-clopedias），巴丢在《关于普遍性的八个命题》一文中，这样解释"百科全书"一词："我称内在于一个情境的谓语性知识的一般系统为'百科全书'：即，每一个人关于政治、性差异、文化、艺术、技术所知道的东西。"① 就是指每一种情势都有一种特殊的语言，这种语言可以对情势进行分类或分辨。情境的知识都是客观具体的，属于情势的秩序内部的秩序。真理过程开始于"介入"（interventions）。所谓"介入"就是对事件的强制命名，这种强制命名，巴丢借用了科恩的术语，就是力迫（forcing）法。力迫法使不可判定和不可辨识的东西得以接合起来。这种命名来自情势中没有被显现的多，即来自"空"。换言之，介入的事件的命名是来自事件点的某个元素。所以，名字并不属于情势，它是一个全新的命名。力迫法使真理具有了真理程序的形式，使真理程序中的东西拥有了本体论的地位。当然这种对事件的命名，并不是使事件得以发生的原因，而只是为情势建构了事件，使事件获得了某种效用，某种表现的东西，某种情势中的存在。命名只是事件在情势中的踪迹。这样，介入就发挥了至关重要的一个作用：它为事件的"非存在"与有序显现的情势之间划出了界线。而这种对事件的命名，就是由主体来完成的。主体对事件的忠诚就是真理。

---

① Alain badiou, *Theoretical Writings*, ed. and trans. Ray Brassier and Alberto Toscano, London and New York: Continuum, 2004，pp. 152—153. 译文参考：http://www.douban.com/group/topic/2691172/。

独特的真理都根源于一次事件。

总之，巴丢的真理哲学是向柏拉图或笛卡尔真理程序的一次回归。在巴丢看来，真理产生于四种真理的程序中：艺术、科学、政治、爱。每一种真理程序中的事件都会相应产生不同的真理。四种真理程序，物质的发生在四种历史情势（艺术、科学、政治、爱）中。所以，哲学并不产生真理，而只是为真理的产生提供概念的空间。哲学的意义在于掌握真理。

（三）主体

哲学史上的主体常常被卷入两种完全不同的秩序之中：思想与存在、理想与现实、精神与物质、灵魂与肉体等。巴丢的主体理论是一种唯物主义的主体理论。而哲学史上的理想主义的主体理论则把主体当作优先于存在之上的某种思想的特性。无论是笛卡尔的"我思"的自由理性主体，康德的超验主体，黑格尔的绝对理念主体，海德格尔的存在主体，还是心理分析的无意识主体等，都是一种理想主义的主体理论。巴丢的主体理论是后笛卡尔的，主体不是既定的，而是被发现的，它不是来自我们的意识或经验。

概括地来看，巴丢所说的主体是一个"点"（site）或"位置"（place），即使两个完全不同的东西联系在一起，并相互作用，主体就是这个点的名称，它为二者的联系和相互作用提供空间。主体总是被发现的，总是在情势中被发现，所以它总是情势的，是在情势中的新奇变化的现实呈现。而它的特点总是藏于某处，且很难被辨识，并且不会总是显现。

同时，巴丢认为，主体并非单一的，而是多种多样，具有多种形式的。巴丢在《伦理学：论恶的理解》一书中说："事实上，不存在单一的主体，而是有多少真理就有多少主体，有多少真理程序就有多少主体类型。我识别出四种主体类型：政治、科学、艺术和爱。"[1] 巴丢认为主体是忠诚的承载者，他是一个真理过程的承载者。主体决不先于这个过程，

---

① Alain Badiou, *Ethics: An Essay on the Understanding of Evil*, trans. Peter Hallward, New York: Verso, 2000, p. 28. 译文参考陈永国《激进哲学：阿兰·巴丢读本》，北京大学出版社 2010 年版，第 300 页。

在事件之前，他绝对不会出现于情势中。可以说，真理过程诱发出主体。

主体不是想象中的某物，也不是意识，更不是单个的个体，他是"超个人"的，也不是群体的人。巴丢认为，这里的主体绝不是心理学的主体，也不是笛卡尔所说的反思的主体，更不是康德所说的超验的主体。他所说的主体是超越任何自然的事先的存在。他举例说，爱情中的两个人都不是主体，而是超越二人之上的东西；革命政治中的主体也不是战士，战士只是进入了主体的建构，主体是超越具体人的；艺术过程中的主体也不是艺术家，艺术的主体节点是艺术品，艺术家只是进入这个主体的建构过程。真理的过程就是忠诚。所以，对于某个人而言，主体的出现就是某个人对这一真理过程的忠诚而进入主体构成的。"主体就是真理过程的局部发生（真理的'点'），是特殊的、无法比拟的诱发。"① "主体是由艺术工作、科学定理、政治决策以及爱的证据构成的。除此之外，'主体'也不是一个抽象的操作者，通过事件之后的有规则的行动，所有的个体都成为这个主体的一部分。"②

主体的形式在巴丢的不同著作中，是发展变化的。大体来看，在《世界的逻辑》之前，它的主体具有某种单一的形式，而在《世界的逻辑》中主体具有了多种形式。

在《主体理论》中，主体是一个地点与结构的连续性之间的纽结或通道，主体是一个点，一个地点，使两个不同的东西连在一起，即将主体化与主体化过程两个部分进行联结、破坏和重构。

在《存在与事件》中，主体是真理程序的有限部分。主体不是真理、事件、忠诚的诱因，而是一种效果，是与变化、新奇密切相关的。

在《伦理学：论恶的理解》中，主体并非自由的、意识的天才，而是行动的结果，是比主体本身更伟大的创造的过程，他是思想、意识、活动、语言相关的东西，是这些东西的产物的一部分。

---

① Alain Badiou, *Ethics: An Essay on the Understanding of Evil*, trans. Peter Hallward, New York: Verso, 2000, p. 44. 译文参考陈永国《激进哲学：阿兰·巴丢读本》，北京大学出版社 2010 年版，第 307 页。

② 参见《存在与事件》英文版序言。

在《世界的逻辑》中，主体处于事件点与情势的联结处，处于真理程序与知识之间，处于世界居民与世界本身之间。主体具有了不同的形式：忠诚的主体、反抗的主体和模糊的主体。每种主体都是新的。

三　巴丢哲学的起点

巴丢在 2006 年一次讲座中，用一个图表概括了他的事件哲学、真理哲学、新的主体哲学思想。（图 1）

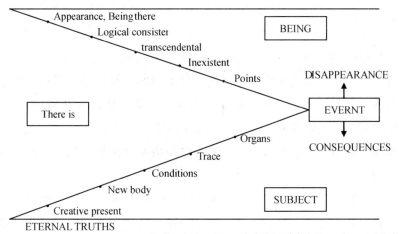

Badiou lecture. Nov. 18. 2006. Mighel Abreu Gauers. NYC.

图 1　巴丢哲学思想示意图

用简练的话来概括，就是：巴丢的哲学是在数学集合论本体论基础上，展开了对于传统的哲学命题——真理、主体、存在——等问题的思考，是将这一系列传统的概念与他对存在问题的思考结合起来，与他的本体论结合起来，与他的事件哲学结合起来。从图 1 可知，巴丢所谓的存在是非连续性的多，是对纯多的思考，存在不是一，也不是多，而是空。事件是清晰有序现状的断裂，是绝对的新，事件的名称是对事件消逝之后留下的踪迹的强制命名。主体是"后—事件"的，在事件之后对事件的忠诚才能成为主体。真理只能来自作为哲学条件的四种真理（类属/忠诚）程序中，真理是主体对四种程序中的事件的忠诚。所以，与主体—真理—事件相关的概念是"新身体"、"条件"、"踪迹"等，与存在—事件相关的概念是表象、情势、情势状态、不可辨别、不可命名、事件点、表现、再现、空等。如果用一根术语的线索将巴丢的哲学思想（如《存在与事件》）贯穿起来的话，可以是这样的：非连续的多（inconsistent multiplicity，非一非整体）→计数为一（count as one）→呈现（presentation，元素的计数为一的呈现）→情势（situation）→情势的结构（情势的子集）→再现（representation，子集的计数为一）→情势状态（state of the situation，语言、知识）→情势的空（void of the situation，空集）→空的边缘（edge of the void）→事件点（evental site）→事件（event）→类属程序（generic procedure，类属集合）→质询（enquiry）→力迫的真理（truth through forcing）→忠诚（fidelity）→主体（subject）。

综上所述，巴丢的新哲学，打通了存在与概念哲学的边界，打破了知识与行为的二元对立，建立了新的"实践"哲学，从真理角度定义哲学，从事件、真理、主体的概念循环中，重建哲学。

彼得·霍尔沃德分析认为，巴丢哲学的出发点是从一组本质问题的探讨开始的：

"全新的东西是怎样进入世界的？什么样的创新才要求和值得进行全面普遍的证实？面对世界明显的冷淡或抵抗，这种创新的结果如何才能持续下去？能够证实这些结果的人如何才能继续他们的证实？"[①]

齐泽克认为，巴丢哲学的核心思想是：哲学取决于作为外部条件的某一真理事件（Truth Event）。

在巴丢看来，哲学思想并非像笛卡尔认为的"我思故我在"，即并非产生于主体自身，而是产生于外部的"真理事件"。真理是一个过程，是一种实践，真理从主体来理解就是思想。思想是从真理的程序中来。真理的程序有四种模式，单独发生在四个领域、四个方面：即艺术、政治、科学、爱四个领域。在这四个领域，主体都是真理的主体，真理的主体既是单一的（就其时机和原创性而言）又是普遍的（就其规模而言）。这四种

① Peter Hallward, *Introduction to Badiou: A Subject to Truth*, University of Mimmesota Press, 2003.

模式为哲学提供了"条件"——哲学由此产生。

因此，一个真实的哲学思想并不"遵循一个内在的概念必然"，它恰是对某一外在真理事件（政治、科学、艺术或爱）的反应，努力要描述这个事件的状况，以及对它的忠实。

用一句话来概括巴丢的思想就是：哲学思想形成的条件就是忠实于真理事件。

第二节　艺术是哲学的四个类属真理程序之一

一　哲学是什么？

巴丢对于"哲学是什么"问题的回答，即是针对当代哲学存在的问题（如哲学终结）而提出来的。而他对这一问题的回答是建立在他的哲学本体论基础之上的。巴丢提出的数学（集合论）本体论的哲学思想，借助数学中的集合理论来思考"存在"（being）问题，这不仅是一种哲学创新，更是一次哲学冒险。因此《存在与事件》英文版本的译者在序言中这样评价巴丢的数学本体论命题："数学即本体论"这一命题，"是一种任命（nomination），一种哲学理念（a philosophical idea）；同时，它也是一个决断（decision），一个原则（principle），一个假说（hypothesis）。"[1] 这里所谓的"决断"是指，他为思想开启了新的领域，从多种不同的、互不相关的角度展开对"存在"问题的思考；所谓"原则"是指，建构了一系列新的范畴、命题，如"类属真理程序"、"情势"、"情势状态"、"事件/事件点"、"介入"、"减法"、"力迫"等，同时处理了一系列经典本体论哲学范畴，如一与多、基础与相异性（alterity）、显现（presentation）与再现（representation）等；所谓"假说"是指他的思想完全是一种独创性的思想构想。

因此，在这样的独创性哲学思想构想下，巴丢对于"哲学是什么"这一问

---

①　参见《存在与事件》英译本序言，p. xxii。

题的回答是具有"奠基性"意义的。这一定义与德勒兹的哲学定义根本不同。德勒兹在《什么是哲学》一书中对于"什么是哲学"问题的回答是：哲学一直有一个"一成不变"的定义："哲学是一门形成、发明和制造概念的艺术。"① "哲学是通过纯粹的概念获得的知识。"② "严格地说，哲学是一门创造概念的学科。哲学的目的就是不断创造新概念。"③ 可见，德勒兹关于哲学的定义是一种描述性的定义。

巴丢是从数学本体论基础上，从真理的角度对哲学进行定义的。《条件》第一章他提出在后现代"哲学终结"的背景下，哲学本身的回归是可能的。他从五个方面提出自己的观点：其一，今天的哲学由于它与自身历史的联系而变得羸弱无力。这个历史就是一个使哲学自我"终结"、迷失自己正确位置的历史。其二，因此，哲学必须从自身的历史主义之中摆脱出来。哲学必须在不提及自身历史的前提下展开对哲学自身的思考。其三，一种哲学的定义来自哲学自身，而非它的历史。因此哲学的定义是内在的，是历史的"恒量"（invariant）。需要把哲学与其胞兄——诡辩论（自柏拉图始直到现代）区分开来。其四，这就需要从真理的角度（通过真理概念）来定义哲学。因为古代、现代诡辩论都否定真理，而在巴丢看来任何可能哲学的核心范畴都是真理范畴。其五，哲学是可能的。可能的哲学不是哲学史中的问题，也不是意识形态的、美学的、认识论的、政治社会的、语言的问题，而是与哲学的限定（巴丢对哲学的定义）一致的、哲学本身的问题。

在以上原则基础上，巴丢给出了自己初步的哲学定义：

Philosophy is the evocation, under the category of Truth, of a void that is located in accordance with the inversion of a succession and the other–side of a limit. To do so, philosophy constructs the super-

---

① ［法］吉尔·德勒兹、［法］菲力克斯·迦塔利：《什么是哲学》，张祖建译，湖南文艺出版社 2007 年版，第 201 页。

② 同上书，第 209 页。

③ 同上书，第 205 页。

position of a fiction of knowledge and a fiction of art. It constructs an apparatus to seize truths, which is to say: to state that there are truths, and to let itself be seized by this "there are" - and thus to affirm the unity of thought. The seizing is driven by the intensity of a love without object, and draws up a persuasive strategy that has no stakes in power. The whole process is prescribed by the conditions that are art, science, love and politics in their evental figures. Last, this process is polarized by a specific adversary, namely, the sophist. [①]

　　在真理（Truth）范畴之下，哲学是空（void）的召唤，这种空所处的位置与连续性的倒转和限制的边界相一致。为此，哲学构建了哲学的知识虚构和艺术虚构的叠合。它构造了把握真理（truths）的装置，这就是：宣称真理（truths）的存在，并让真理本身被这个"存在"（there are）所把握，以此来证实思想的统一。这种把握被一种没有对象的爱的强力所驱使，并拟定了一个有说服力的强有力的战略。整个过程由其条件所规定，这些条件就是处于事件状态的艺术、科学、爱和政治。最后，这个过程被一个特定的叫作智者的对手推向极端化。

　　这一哲学定义，预设了一个特殊的哲学范畴"真理"（大写的 the Truth）的位置，哲学宣布了"真理（truths）的存在"就决定了哲学必须思考存在问题。这样巴丢所认为的"哲学的真理（Truth）范畴是空的"的命题就与他的哲学本体论联系在一起，与他认为的存在的空联系在一起。

　　但是本体论的空与真理的空既紧密联系，又根本不同。巴丢认为存在既不是一，也不是多，而是多样的多（multiple of multiples），存在既不自我显现，也不通过现实存在物来显示，因此存在就是空。而真理恰恰阐明了哲学与本体论、哲学与数学之间的一般联系和二者间模糊的辩证法。存

---

① Alain Badiou, *Conditions*, trans. Steven Corcoran, New York: Continuum, 2008, p. 14.

在的空就是数学集合论里所谓的空集，所以真理（Truth）的空，并非是存在意义上的空，而是一种操作意义上的空（operational void）。真理（Truth）的空是一种简单的间隔（interval），通过这种间隔哲学对外在于它的诸真理（truths，即四个真理程序艺术、科学、爱、政治中的真理）进行操作。因此，真理的空并非本体论意义的，而是逻辑性的。

哲学真理的逻辑操作在结构上来看，与论辩和诗人密切相关，是通过两种途径来完成的。一种方式依赖于带有辩论风格的定义、驳斥、证明、联结等。这种方式与智者（诡辩家）的方式非常相似。另一种方式依赖于隐喻、想象的力量、有说服力的修辞。这一点又与艺术非常接近。因此，从这个意义上来说，哲学主要借助它的两种真理程序来进行：数学和艺术。哲学就是通过建构一个范畴的操作来建立它自身的空间。

二 "类属"（generic）

巴丢在《存在与事件》前言中说："如果非要用一个范畴来标记我的思想的话，那既不是康托尔的纯粹的多，也不是哥德尔的可构造性（constructible），更不是空（通过空存在得以命名），甚至不是事件（在事件中，什么是非在者在［what－is－not－being－qua－being］的补充得以发生）。这个范畴应该是类属（generic）。"[①] 巴丢的"类属"概念是借自数学家科恩集合理论中的概念。这一概念与同样来自科恩的另一个重要概念"力迫"（forcing）一起，解决了巴丢关于存在中的"什么是非在者在"（what－is－not－being－qua－being）的基本问题，同时解决了情势中的"不可判定的"（undecidable）"不可辨识的"（indiscernible）类属的多，如何变得可决定并合法化，从而使真理程序中的东西拥有了本体论的地位，使真理具有了真理程序的形式等核心问题。巴丢认为，这两个概念（类属和力迫）构成了一个知识传统，其影响均超越了集合论专家们的专业技术领域。由于借助集合理论，尤其是科恩的两个概念解决了存在中的不可辨识之物，从而使思想转向了真理和主体的被减除的东西。这就赋予了哲学

---

① Alain Badiou, *Being and Event*, trans. Oliver Feltham, New York: Continuum, 2005, p. 15.

一个全新的任务，即：终结"哲学的终结"，建立一种类属真理的哲学，一种不依靠现象学的主体哲学，一种不依靠历史主义的事件哲学。

而类属思想彻底贯穿于存在的各个范畴与事件的各种范畴之中。存在的诸范畴如：多、空、自然、无限等，事件的诸范畴如太一、非决定性、介入、忠诚等。类属思想使哲学从四种真理程序中获得了集体性的存在真理，超验地超越了它们各自的真理（革命的希望、情人的结合、诗人的狂想等）。同时，在类属的范畴中，这四种程序既是"非决定性的"，同时也是完整的，正是通过这些程序的当代思考来展现它们共同存在的本质和存在的多的本质，在此过程中也填补了这些不同学科间的鸿沟。主体通过四个类属程序来进行。

三　为何是四个类属真理程序

巴丢认为，哲学以四种类属程序（generic procedure）为条件，这四种真理程序的类型包括：科学（更准确地说数学）、艺术（更准确地说是诗）、政治（更准确地说是内在的政治或解放政治）和爱（更准确地说是制造了固定性别位置的分裂的真理的程序）。

那么，哲学为什么会有四个类属条件？可以从两个方面来说明其中的原因。其一就是巴丢"柏拉图主义"的哲学立场；其二是他关于哲学是什么的理解。

首先，从第一个方面来看，巴丢提出的数学本体论的事件哲学、真理哲学，是用集合理论来"挽救"柏拉图，实现其"回到柏拉图"、用"柏拉图主义"来"颠倒被颠倒的柏拉图主义"的哲学意图。巴丢认为哲学不但是可能，而且是必需的，他批判了关于"哲学终结"的一切思想形式。而巴丢提出的"回到柏拉图"的口号，有助于重新从哲学内部找到其"内在性"的本体论，即柏拉图哲学的数学渊源；同时有助于重新让哲学和诗分离，持哲学与诗关系的"反缝合"立场，因为，在巴丢看来，海德格尔是现代哲学公认的"最后一位"普遍认可的哲学家，他将哲学缝合（suture）于诗，从而使哲学陷入了思想的僵局。"回到柏拉图"的口号还有助于重建哲学及其条件——数学、诗、政治和爱之间的自由循环。

那么，为什么要"回到柏拉图"呢？这是因为，巴丢从他对哲学的理解出发，认为哲学是以他的四个真理程序为条件的。哲学的真理（Truth）并非来自自身，哲学本身并不生产真理，哲学的真理来自它的四个真理程序的条件之中，四个真理程序通过一种特殊的"操作"产生真理（truths）。哲学只是为真理的产生提供了四个程序的集的空间，一个独特的概念空间，在这个空间中，实现了四个真理程序在思想中的共存性。而这样的哲学构架，是由柏拉图开创的。

在柏拉图哲学中规定了"不懂几何学的人不得入内"，他在哲学中为几何学和算术保留了地盘，说明在柏拉图看来，数学是哲学的条件之一。而柏拉图的《理想国》则表达了政治作为哲学思想的条件的观点，是理性在哲学内部的构成问题，而不是要真正建立一个政治城邦的王国。在《会饮篇》和《斐多篇》都表达了爱的真理的思想。虽然诗由于模仿的本质，由于与理式的真理隔了三层而被打发掉了，但诗与哲学因此而形成了一种被巴丢称作"柏拉图式的关系"（见《条件》第四章），或叫做启蒙图式（见《非美学手册》第一章）。

通过集合理论中的"类属"的思想，实现四个真理程序的"共存性"，哲学在思想内部处理这些类属真理程序，在这种特殊的思想操作中构造数学、诗歌、政治和爱的时代属性，真理问题就成了哲学的唯一问题。真理就产生于真理程序中，起源于事件的秩序。一个事件通过对其命名而出现，而这种命名是通过"力迫法"实现的，是一种增补式命名，当事件与其额外的命名相遇的时刻，真理就可能降临。这样，类属思想、四个真理程序的思想就共同实现了事件、真理、主体的自由循环，哲学由此展开。

其次，第二个方面的原因，可以从巴丢对哲学的定义来说明。从上文巴丢对哲学的定义可知，哲学是一种思想的场所，在这个场所中，一个大写的真理（Truth）通过独特的操作而实现了不同真理的共存性，这些不同的真理就来自四个真理程序，因此，四个真理程序就成了哲学思想空间中大写真理的操作得以开始的条件。而这种特殊的操作方式，就是将真理与空联系起来，真理开始于空。空就是一种"间隔"，通过间隔的实现对四个真理程序操作。因此，巴丢认为，哲学作为一种话语，就是一种行动，这种行动建构起了知识的虚构与艺术的虚构的叠合形式。正是在这两种虚构的缝隙和间隔之间，哲学"抓住"了真理。把握真理的操作就是它的行动。哲学对真理的操作就发生在四种真理程序中。因此，这四种真理程序就成了哲学得以实现的条件。这是因为，哲学操作的对象是"真理"，而真理并非来自哲学自身，而只能外在于它，只能来自于四种真理程序中。所以一切哲学家必须实践哲学的条件，必须了解和学习现代诗歌，开拓新近的数学，研究两性相遇的爱，参与政治的发明，这些是被称作哲学家的人至少需要做的事，这就是为什么哲学家少之又少的原因。

此外，巴丢在《存在与事件》中，从主体的角度分析了为什么是四种真理程序。大体来说，因为四种不同的真理程序创造了四种不同的主体类型。爱的程序创造了"个人主体"（individual subject），艺术和科学创造了一种"混合主体"（mixed subject），政治则创造了一种"集体主体"（collective subject）。在巴丢看来，除了这四种真理程序之外，人类社会的其他领域，如宗教、经济等领域，是不能成为哲学的条件的，这是因为，其他领域不能从知识的操作与"再现"的操作中抽象出来，他们无法脱离"情势状态"，主体只能是艺术的、科学的、政治的或爱之中的，在这些领域之外，只有实存或个人性，没有主体。不会有运动的主体，农业的主体，教育的主体等。同时，科学、艺术、爱、政治类属程序作为哲学的条件，并不是指哲学本身应该是科学的、艺术的、政治的或浪漫的，巴丢对数学哲学、政治哲学、美学等并不感兴趣，他指的特殊的哲学是以特殊的艺术、政治、爱、科学为条件的，并非所有的艺术、政治、爱和科学。所以，巴丢哲学中的政治事件主要包括法国大革命、1968 年"五月事件"、中国的"文革"等，艺术中主要是马拉美、策兰、佩索亚、兰波的诗，贝克特的小说、戏剧等，数学中主要是康托尔集合论，爱主要指拉康的精神分析等。

四　艺术真理程序

在《条件》[①]（*Conditions*）、《无限思想》（*Infinite Thought*：*Truth*

---

　　①　Alain Badiou，*Conditions*，trans. Steven Corcoran，New York：Continuum，2008；first published in France as *Conditions*，Paris：Seuil，1992.

and the Return to Philosophy)、《非美学手册》(*Handbook of Inaesthetics*) 等著作中，巴丢曾就艺术与哲学的关系问题做过专门的分析和论述。

在《条件》一书中，他首先解释了"什么是哲学"的问题，从真理角度定义了哲学。然后分别从"哲学与诗"、"哲学与数学"、"哲学与政治"、"哲学与爱"四个方面来论述哲学及其四种类属条件的关系。最后两个部分分析了"哲学与精神分析"以及贝克特的"类属写作"。

巴丢在《条件》第四章分析了诗（艺术）对于哲学的重要性。诗和哲学的关系问题，是巴丢对当代哲学问题思考的切入点，他对当代哲学的"语言论转向"的思考，对当代哲学的"终结论"问题的批判，对三大主流哲学解释学、分析哲学、后结构主义的批判，都与他对艺术问题的思考直接相关，与他对海德格尔哲学/艺术思想的分析批判分不开。而巴丢对"什么是哲学"问题的思考与回答，他对哲学的定义和独特理解，是哲学走出当代困境，走向新生的希望和基础。巴丢对哲学是什么的回答，既不是法国20世纪概念哲学的传统思路，也不是意识哲学的角度，而是从"真理"的角度来理解的。他从真理的角度来定义和理解哲学。

在巴丢看来，真理角度的哲学定义是一种"内在的"定义，是历史的"恒量"，这种定义不但能使我们区别哲学是什么与哲学不是什么，同时还能使我们区分自柏拉图以来的哲学曾经不是什么。而这种区分中，一个突出的难点就是将哲学与古代诡辩论和现代语言诡辩论区分开来。在古希腊，哲学与诡辩术曾经是敌对的兄弟，是势不两立的双胞胎。似乎古代哲学家不是柏拉图和亚里士多德而是高尔吉尔和普罗塔哥拉。现代哲学的维特根斯坦学派，在巴丢看来就是现代诡辩家。古代哲学家将真理换成了武力和习俗，而现代诡辩家则把真理换成了权威的语言规则。他们都放弃了真理，认为真理不可靠，后现代主义更是在语言的游戏中解构了哲学和真理。而巴丢则反其道而行之，认为一切可能哲学的中心范畴就是真理。尼采所认为的欧洲思想界正在患上"柏拉图病"，这一宣称也成了当代哲学终结与形而上学终结的核心内容。而巴丢通过真理的哲学，通过"回到柏拉图"的口号，对各种终结思潮说"不"，他宣称要"终结这种终结"。

哲学的真理必须依靠外部的四个条件，而这四个条件中，数学（科学）与诗（艺术）则是极为重要的。在巴丢看来，自数学在古希腊诞生以来，数学就一直是哲学的条件。直到康德（包括康德）一直如此。但是从浪漫主义哲学——最关键的人物黑格尔——开始，哲学与数学就彻底分离了。从浪漫主义开始，诗歌和数学作为哲学条件的位置就发生了交换，今天位于哲学核心的是诗歌。而这种关系的典型代表就是海德格尔，他将哲学与诗歌进行了缝合。所以，巴丢的哲学就是致力于将数学重新与哲学结合，并将其放回到哲学本体论的位置。而对于海德格尔的哲学与诗歌的缝合，巴丢则主张柏拉图的姿态，即将二者重新对立起来，实现二者的"反缝合"，而艺术与哲学的这种新的关系，就是巴丢"非美学"思想的核心命题。

在《哲学宣言》中，巴丢进一步论述了哲学的四个真理程序的思想。宣言开篇题目为"可能性"，巴丢针对当代哲学的"终结论"，提出了新的哲学如何可能的问题。在他看来，20世纪的主要哲学传统都一致认为，"作为一个学科的哲学已经不是过去的哲学了"。"德国解释学、英美分析哲学、革命的马克思主义和精神分析阐释学，都异口同声地宣布思想的千年统治已经'终结'了。没有更深入的问题以供想象一种永久存在的哲学了。"① 经过分析，巴丢认为，虽然并非哲学在任何时候都是可能，但"我建议根据哲学的目的就其可能的条件进行一次普遍检验"。所以，巴丢提出："我假定哲学不仅是可能，而且，这种可能性并不采纳最后阶段的形式。相反，问题的关键是懂得下面这句话的意思：再迈进一步。单一的一步。现代构架内部的一步，这是自笛卡尔以来就把存在、真理和主体这三个结点（nodal）概念与哲学的条件捆束在一起的一步。"②

那么，哲学的条件又是什么呢？巴丢在接下来"条件"一章中，分析了哲学条件及其形成。巴丢认为，哲学的条件是"横向的"，这些"横向的"条件是从柏拉图以来就形成了的"恒久不变"的程序，这些程序与思

---

① Alain Badiou, *Manifesto for Philosophy*, trans. and ed. Norman Madarasz, New York: State University of New York Press, 1992, p. 27. 译文参考陈永国编译《激进哲学：阿兰·巴丢读本》，北京大学出版社2010年版，第87页。

② Ibid., p. 32. 同上书，第90页。

想的关系是不可改变的,而这种"不变性"的名称就是"真理"。这些真理的程序就是哲学得以存在的条件。而哲学四个真理程序的理论框架的建构是由柏拉图完成的。所以,作为哲学条件的四个真理程序就是数学、艺术、政治和爱。可见,哲学并不产生真理,真理来自四个真理程序(艺术的真理就来自艺术事件)。四个真理程序中的每个真理都源自一个事件。事件的发生是对情势的增补,这种增补又是通过额外的命名才能被再现出来。当额外的命名与事件相遇的时刻,就可能产生真理。因此,没有事件就没有真理。事件的命名就是真理程序的起点。哲学的作用就是提供这样一个概念的空间,把所有这些额外名称集合起来,在思想内部来处理这些真理程序的共存性。所以,哲学确定真理产生的场所。

综上所述,艺术是哲学的真理程序之一,是哲学的条件之一。哲学为艺术真理的操作提供了概念的空间。这样,艺术就既是哲学的条件,同时又是对哲学的"冒犯"。因此,巴丢的艺术思想既不是从感受体验的角度来解读艺术——传统的美学的方式;也不是从哲学的角度理解艺术——艺术的哲学的方式;更不是把艺术作为哲学的研究对象而分析,而是一种独特的"非美学"的方式。可以说"非美学"是贯穿巴丢整个文艺思想的核心范畴。

第三章 文艺思想核心:"非美学"

如果用一个核心概念来概括巴丢的文艺思想,这个概念应该是"非美学"。

巴丢在《非美学手册》的"题辞"部分,用了高度浓缩的两句话概括了"非美学"概念的内涵。这个浓缩性的概括也可以看作是对《非美学手册》一书核心思想的概括。事实上,在我看来,"非美学"不仅仅是这本书的核心概念,更是巴丢全部文艺思想的核心,是巴丢全部文艺思想的"浓缩"。

那么,"非美学"究竟包含怎样的内涵?它提出的背景是什么?"非美学"与"反美学"以及"反哲学"究竟有怎样的关系?"非美学"如何由一个核心概念成为一种思想?"非美学"文艺思想有何重要意义?本章试图对以上问题进行初步的探索。

第一节 "非美学"思想提出的背景

"非美学"文艺思想的提出,是巴丢在其哲学思想的理论框架内,以其独特的理论视角提出的,对于文艺问题的基本看法。

在《非美学手册》开篇"题辞"中,巴丢解释了"非美学"一词的意涵:

> 所谓"非美学",我理解为哲学与艺术之间的一种关系,如果艺术本身作为一种真理的生产者的话,那么这种关系并非要将艺术变为哲学的对象。与美学的思辨相反,非美学描述由一些艺

作品的独立存在所产生的严格的内在哲学效果（intraphilosophical effects）。

（By "inaesthetics" I understand a relation of philosophy to art that, maintaining that art is itself a producer of truths, makes no claim to turn art into an object for philosophy. Against aesthetic speculation, inaesthetics describes the strictly intraphilosophical affects produced by the independent existence of some works of art.）

从这段话来看，"非美学"思想的提出，涉及哲学与艺术的关系问题。因此，对"非美学"思想提出背景的分析，就要侧重从哲学与艺术的关系谈起。下面分别从巴丢本人的文学情怀、法国哲学与文学的奇妙关系及哲学史上哲学与艺术的关系三个方面来谈谈"非美学"思想提出的背景。

一　巴丢的文艺情怀

巴丢不仅是法国当代的著名哲学家，而且也是一位小说家和戏剧家。巴丢不仅血液中渗透着母亲的文学基因，"浪漫的"、"充满诗意"的法国思想界也孕育了巴丢的文学情怀。

巴丢共创作了七部文学作品。1959 年他创作的第一部散文式小说《宏篇》（Almageste），于 1964 年出版。1967 年他又创作出版了另一部长篇小说《航海图》（Portulans）。《宏篇》与《航海图》与他原计划创作的第三部小说《角斗士》（Bestiaires）构成了他的小说三部曲，只是由于各种原因，第三部小说以流产告终。在戏剧创作方面，1979 年创作了第一部戏剧《红披巾》（L'écharpe rouge）。此后，他又创作了自己的戏剧三部曲：1994 年的闹剧《敏锐的艾哈迈德》（Ahmed le subtil），1995 年的《艾哈迈德的哲学》及其续集《艾哈迈德的烦恼》（Ahmed le philosophe suivi de Ahmed se fache，合集出版）。1996 年又创作了喜剧《南瓜》（Les Citrouilles）。1997 年发表了他的又一部长篇小说《世间净土》（Calme Bloc ici - bas）

当然，一个爱好文学或有文学创作经验的哲学家，并不代表他必然会形成自己独特的文艺思想，但是，至少可以说是形成其文艺思想的前提之一。我们认为，巴丢文艺思想的另一个重要前提是他丰富的哲学思想，文艺思想是其哲学思想“内在的”组成部分。这一点不同于哲学史上的许多哲学家。例如，康德的文艺思想是其哲学思想的“中介”和“桥梁”，并非“内在的”；黑格尔大量的对文学艺术作品的论述，只是他美学和哲学的材料和佐证；萨特的文学创作可以看作是其存在主义哲学思想的“文学化”表达，等等。而巴丢的文艺思想与其哲学思想的关系，是一种“内在的”关系。或用巴丢提出的概念，是一种“非美学”的关系。

所以，我们说，巴丢的文艺思想来自他哲学思想的内部。巴丢的哲学著作中，有许多章节用大量篇幅分析文学艺术作品，阐述他的哲学思想或文艺思想。从引述的情况来看，在各种文艺样式中，巴丢尤其钟情于诗歌，特别是马拉美、策兰、佩索亚、兰波、曼德尔施塔姆等人的诗歌，同时，还对贝克特的作品进行过详细解读，并著有《论贝克特》一书。此外，他在《非美学手册》及其他著作、论文中，对其他作家、作品都有过精彩的分析解读，他还对戏剧、舞蹈、电影等其他艺术类型有过独特的分析。从巴丢著作的语言风格上来看，他的语言既有数学般的严谨、精练、清晰，又有文学与诗般的修辞风格，同时，也带有像政治宣言一样的犀利、干练、尖锐、激进。他的著作既有哲学家的严谨，又有文学家的热情。

例如最新出版的《世纪》一书的风格，既可以看作是对“世纪”的哲学思考，也可以看作是对 20 世纪的审判和对未来的预言，更有对 20 世纪的悲情与热情的表达。在巴丢看来，20 世纪既是充满血腥、杀戮、恐怖、暴力、残忍的世纪，又是充满集体的希望和发明创造的惊喜的世纪；既是一个值得沉思、怀疑的世纪，又是一个有着美好未来、建构新的人类社会希望的世纪；既是一个众多群众热情投身、争取美好未来的世纪，又是一个充满盲目的个人主义并对人们造成心灵创伤的世纪；既是一个充满金钱、肉欲、暴力的世纪，又是一个战争与屠杀基本结束的世纪。可见，巴丢对 20 世纪持这样的态度和观点，是充满了文学性的。而且他认为，对这个世纪的思考，首先要从思考这个世纪的文学开始。所以，在《世纪》一书中，巴丢对众多文学文本进行了细读式分析，如曼德尔施塔姆、佩索亚、布莱希特等人，因为在巴丢看来，文学是这个世纪真实的（Real）声音和呼吸。他认为真实只能由文学来实现，因为真实只能被呈现（be presented），而不能再现（represented），而文学（尤其是诗）就是一种呈现，而不是再现。在巴丢看来，20世纪的先锋派艺术就最能反映这个世纪的真实。因为它用一种近似"暴力"的矛盾方式呈现了这个世纪的真实，用它们的艺术和带有政治色彩的宣言，用它们对激进、新奇事件的强调，用它们把艺术当作斗争的概念，创造了世纪的真实呈现，而非再现。总之，在巴丢看来，艺术是哲学的条件，是事件得以被捕捉的地点之一，是真理程序得以出现的地方之一。所以，艺术与哲学有一种"内在的"关系。而我们认为，这种"内在的"关系，同时也包含了巴丢的文学情怀的成分。

二 法国"诗人哲学家"的传统

当人们提起"诗人哲学家"的时候，尼采的名字马上跃入脑际。如今，"诗人哲学家"似乎早已不再专属于对于尼采的评价了。按照现在的理解，"诗人哲学家"用来指具有诗人精神气质的哲学家，或具有哲人品性的诗人。周国平在《诗人哲学家》一书的前言中开列了一个长长的名单，①并认为要成为"诗人哲学家"，必须具备三个条件：其一是本体诗化或诗的本体化；其二是以诗的途径与本体沟通；其三是作品的个性色彩和诗意风格。在此，笔者无意于这个长长的名单和其开列的"条件"，而是想借用"诗人哲学家"这一概念，来对法国哲学的精神气质做出自

---

① 古典时期：柏拉图，柏罗丁，奥古斯丁，但丁，蒙田，帕斯卡尔，莎士比亚，艾卡特，卢梭，伏尔泰，歌德，席勒，赫尔德，费希特，谢林，荷尔德林，诺瓦利斯，威·施莱格尔，拜伦，雪莱，柯勒律支，海涅，爱默生。现当代时期：叔本华，施蒂纳，易卜生，克尔凯郭尔，尼采，陀思妥耶夫斯基，托尔斯泰，狄尔泰，齐美尔，柏格森，别尔嘉耶夫，舍斯托夫，海德格尔，雅斯贝尔斯，里尔克，盖奥尔格，瓦雷里，萨特，加缪，马塞尔，布洛赫，马丁·布伯，蒂利希，马尔库塞，弗罗姆，马利旦，伽达默尔，阿多尔诺，乌纳穆诺，扬凯列维奇。参见周国平编《诗人哲学家》一书的前言（上海人民出版社2005年版）。

己的概括。

这里所说的法国"诗人哲学家"的传统,并非单纯从"哲性诗人"或"诗化哲学家"的角度来理解,笔者想对这一概念的内涵进一步"泛化",用来概括法国哲学(尤其是近代以来哲学)的整体风格和精神气质——法国近代以来的哲学具有"诗人哲学家"般的精神气质。

如果说欧洲浪漫主义传统源起于17世纪末18世纪初的德国,继而蔓延到英、法乃至整个欧洲的话,那么,德国是否就是浪漫主义的起源地呢?实际上,这股跨越上百年影响至今的思潮的真正源头是在法国——开始于伟大的法国思想家卢梭(Jean - Jacques Rousseau,1712—1778)。他的不朽名著主要包括《论科学与艺术》、《论人类不平等的起源和基础》、《爱弥儿》、《社会契约论》、《新爱洛伊斯》、《忏悔录》等。他崇尚自然、自由、平等和爱,提出"天赋人权"的思想。强调人的同情心、友善、情感和伦理道德。人的本性和人的完善要靠感性而非理性。他的启蒙思想直接成为兴起于德国的浪漫主义思潮的源头。而作为启蒙思想家和哲学家的卢梭,在法国文学史上,则是法国大革命前的启蒙运动时期的"感伤主义文学"的代表人物。更有学者认为,[①] 德国的浪漫思潮的源头可以追溯到17世纪法国的帕斯卡尔(Blaise Pascal,1623—1662)。帕斯卡尔是法国著名数学家、物理学家、哲学家和散文家。他认为,人的安身立命之所不在理性,而在感性、情感和爱之中。更为重要的是他提出了浪漫哲学的核心命题无限与有限的关系问题。帕斯卡尔作为数学家,而且身处理性主义盛行的年代,然而对这一问题的思考,帕斯卡尔并没有用数学的思维和理性的方式来思考,而是遵循着一条"心灵的逻辑"。他看到了人的生命的虚无及对无限的无奈与恐惧,在对无限的恐惧中,只有爱是人的安身立命之所。

卢梭与同时代的孟德斯鸠、伏尔泰、狄德罗等人,都可以看作是法国早期的"诗人哲学家",他们的著作和思想充满了哲性、诗性的精神气质。此后的整个19世纪法国思想界几乎笼罩在浪漫主义气氛之中,直到

---

　　① 　如刘小枫的《诗化哲学》绪论中的观点(参见刘小枫《诗化哲学》,华东师大出版社2007年版)。

20世纪的法国现代主义、后现代主义哲学阶段，文学流派、文学思潮、文学创作无不受到来自哲学的浸染，从而出现了存在主义文学、新小说派、荒诞派戏剧等文学流派。20世纪的一批哲学家，如萨特、加缪等人，既是存在主义哲学家，更是存在主义文学的突出代表人物。罗兰·巴特不仅仅是结构主义、解构主义哲学家，更是一位文艺批评家、文学家、符号学家。他的著作，如《写作的零度》（1953）、《神话》（1957）、《符号学基础》（1965）、《批评与真理》（1966）、《S/Z》（1970）、《文本的快乐》（1973）等，既可以看作是其哲学思想的著作，也是其文艺思想、符号学、美学思想的重要作品。同时，20世纪法国的其他哲学流派的哲学家，不管是柏格森、梅洛—庞蒂、列维纳斯，还是阿尔都塞、拉康、福柯、德勒兹、利奥塔、德里达等哲学家，他们身上都程度不同地体现了文学家、诗人的气质：柏格森思想对文学、绘画、音乐、电影等艺术理论的深刻影响；梅洛—庞蒂对文艺与视觉艺术的深入研究；福柯对绘画、文学的精彩分析和哲学解读；德里达在哲学与文学的边缘地带耕耘，试图通过最终弥合文学与哲学的对立来实现自己的哲学目的……自20世纪60年代以来，法国哲学界的诗性气质，比历史上任何一个时期都要浓厚得多，艺术与哲学的关系比以往任何一个时期都要紧密。现象学哲学与现代主义绘画、精神分析、结构主义哲学与现代主义艺术、解构主义哲学与后现代主义艺术，根本无法把它们彻底分开。缺乏哲学气质的艺术家，几乎不是法国真正的艺术家，没有艺术气质而要成为著名哲学家也几乎是不可想象的。而法国的解构哲学思潮，主要目的之一就是要解构哲学与不同学科，尤其是与文学艺术之间的界限。

综合以上现象，我们不禁要问，20世纪以来法国哲学的"诗化"、哲学家的"诗人化"（并非真正成为诗人，而是指一种文学的、诗意的精神气质）的原因是什么呢？究竟如何认识把握法国20世纪以来的当代哲学？巴丢的哲学及其"非美学"思想是法国哲学"艺术化"的继续，抑或是一次彻底颠覆？

让我们带着这些问题，回到巴丢的论著中，看看他究竟如何看待这些问题？关于这些问题，巴丢在近期的一些论著或访谈中，都有谈及。① 我们仅仅以其中两篇代表性论文来看看他的看法。

首先一篇是《法国哲学的探险》，② 发表在《新左翼评论》2005 年第 35 卷，提出了他对当代法国哲学的基本看法。他认为，法国哲学是最具普遍性，然而又最具独特性的。所谓的普遍性是指，哲学作为思想的典范，它探讨一切，具有绝对的普遍性。同时，从鲜明的文化和民族性来看，法国哲学又是最具民族独特性的。巴丢认为，法国当代哲学，是继古希腊哲学、德国古典哲学之后的第三个由时空限定的"哲学时刻"。这个时刻的影响是世界性的，而且至今如此。在巴丢看来，这个时刻是哲学史上极具创造力的新时刻，它既是独特的，又是普遍的。这个时刻是从柏格森始，到 90 年代的德勒兹终。期间经历了巴什拉、梅洛—庞蒂、萨特、阿尔都塞、列维—斯特劳斯、福柯、德里达、拉康、利奥塔等人。而巴丢自认为是这个"哲学时刻"的"最后一位代表"。

巴丢接下来分析了这个处于特别时刻的法国哲学的思想源头、主要内容和主要举措，以及文学与哲学的关系问题。从源头上来看，20 世纪法国哲学开始于"两大源头"，一个是柏格森开创的"内在生命哲学"，另一个是布伦茨威格开创的基于数学的"概念哲学"。而这两大"源头"的更早渊源可以追溯到笛卡尔。战后法国哲学，可以被看作是一场关于笛卡尔思想及其意义的大讨论。"生命哲学"与"概念哲学"之间争论的核心问题就是人的主体问题。从这两大哲学流派的哲学家的共同学术活动来看，可以总结出"四大运动"，即德国哲学的法国化；科学超越知识哲学领域；政治活动；哲学的现代化。尤其是最后一个方面，指的就是哲学家表现出的对现代性的强烈兴趣。他们对当代法国艺术表现出热烈的哲学兴趣，并

---

① 著作如《哲学宣言》、《第二哲学宣言》、《条件》、《世界的逻辑》、《无限性思想》等著作中，论文如《法国哲学的冒险》（"The Adventure of French philosophy", *New Left Review*, No. 35, 2005, pp. 67—77.）、《哲学作为创造性重复》（"Philosophy as Creative Repetition", The Symptom 8, Winter 2007)、《哲学的欲望与当今世界》（*The Desire for Philosophy and the Contemporary World*, http://www.lacan.com/badesire.html）等。

② 译文参考 [法] 阿兰·巴丢《当代法国哲学思潮》，陈杰、李谧译，《国外理论动态》2008 年第 11 期。

希望哲学参与其中，如对非具象画、新音乐与戏剧、侦探小说、爵士乐和电影艺术的密切关注、参与或研究。而这四大运动的共同努力目标就是为法国哲学找到"新位置"："即通过构建概念与存在、概念与思想、概念与行为、概念与表现形式之间的新关系，以取代概念与其外部环境之间的旧有关系。"① 而如果哲学没有表现形式的创新，就不可能达到这样的目标。所以法国当代哲学的这种新的表现形式，就是建立起哲学与文学的"联盟关系"。巴丢认为，这种哲学与文学的联盟关系可以追溯到伏尔泰、卢梭、狄德罗、帕斯卡尔等人。阿兰虽然是位文学家，但无疑也是位"古典派哲学家"。艺术上的超现实主义为五六十年代的法国哲学打下了铺垫。在巴丢看来，作为哲学家的德勒兹、福柯、拉康、德里达，从他们的哲学写作风格来看，无一不是作家，"他们想要成为'作家'"。巴丢还特别提到既是哲学家，又是小说家、戏剧家的萨特。这样，法国哲学建构出一个"新的写作空间"，在此空间中，"文学与哲学完全融为一体"，"一块文学与哲学共有的领域"，"这种写作形式的出现最终赋予概念一个新的生命：这就是文学生命"。②

于是，在这样的新的写作形式之下，一个新的主体诞生了，即不同于笛卡尔的"反思主体"（理性和意识的主体），而是一个"产生概念的主体"。这样的主体就是在法国当代哲学"生命哲学"与"概念哲学"的交汇处诞生的。而法国的主体理论又是在弗洛伊德理论的影响下形成的。突出代表人物就是拉康与德勒兹。

最后，巴丢从法国当代哲学的共同研究课题中总结了法国哲学的"伟大之路"：其一，结束概念与存在的分离和对立，"将概念表述为一个鲜活之物、一种创造、一个过程、一个事件，从而不再与存在分离"；其二，哲学走向现代性，从书斋走向日常生活；其三，抛弃知识哲学与行为哲学的二元对立；其四，把哲学置于政治舞台，使"哲学斗士"走向真正干预；其五，重提主体问题；其六，哲学与文学融合而相互争奇斗艳。在这

---

① 译文参考［法］阿兰·巴丢《当代法国哲学思潮》，陈杰、李谧译，《国外理论动态》2008 年第 11 期。

② 同上。

样的独特研究背景之下,法国哲学走出了书斋,走向现实。"哲学家想要变成一个以文字为武器的战士,一个以主体为题材的艺术家,一个发明创造者,一个哲学斗士。"法国哲学正在走向一条未知的探险之路。

那么,巴丢的哲学则是这条探险之路中最富有挑战性、最激进的一条。巴丢在《哲学作为创造性重复》一文中认为,"哲学的未来就是它的过去"。这种近乎不可思议的宣言式论断背后,则是巴丢开创的一条极具原创性、极具魅力、极具挑战性的全新哲学之路。巴丢哲学的全部思想致力于对"新"的思考与发掘,新的思路、新的概念、新的框架、新的观点,开创哲学的新的未来。

所谓"哲学的未来就是它的过去",在巴丢,就是要"回到柏拉图",回到黑格尔,进行"创造性重复",他相信"哲学的未来就是一种创造性重复"。创造性重复就是对过去哲学的重新"复活",是哲学的"同一"(same)的"永恒轮回",所以哲学是"永恒哲学"①　(philosophia perennis)。这里的"同一"的"同一性"何在呢?这涉及一个古老的问题,即哲学的真正本质特征究竟是什么?对这一问题曾有过两种主要的潮流,一种是认为哲学本质上是一种反思性知识;第二种则认为,哲学不是知识,既不是理论知识,也不是实践知识。巴丢认为,哲学就是行动。哲学是每个人向任何人的自由言说。巴丢举例说明这一点,就如同苏格拉底在大街上向青年讲述的那样,像笛卡尔写信给伊丽莎白女王一样,像卢俊写他的《忏悔录》一样,像尼采的小说、像萨特的戏剧,像我(巴丢本人)的小说和戏剧一样。哲学作为行动,像阿尔都塞所言的一样,哲学就像理论领域内部的政治斗争。所以哲学行动就是一种决定的形式、一种分裂、一种明确的区分;哲学行动总是具有一种规范的维度,行动结果就是对既定秩

---

① [拉丁语,永恒哲学]一个形而上学论题,其主张是:存在着一个单一的神圣实在,作为非人格的绝对,它对西方和东方的一切大的宗教都是共同的。灵魂是我们体内的神圣火花,依靠它的沉思实践,我们能够神秘地达到这个神圣的实在。这个术语及其基本观念可以追溯到莱布尼茨,但是,该论题的充分阐释,却是由 A. 赫胥黎在其《永恒哲学》一书中完成的。按照赫胥黎的观点,永恒哲学统一所有的宗教,因此,只存在着一种神秘主义或根本形而上学。但是,反对者们认为这个论题错误地混淆了神秘主义的不同标准。(见 http://www.qiji.cn/baike/Detailed/17573.html)巴丢本文所讲的"永恒哲学"是借用这个概念来表达哲学的"创造性重复"中获得未来和永生的思想。

序的逆反，对旧等级的颠倒。虽然有所谓的"理性转向"、"批评的转向"、"语言的转向"，但在巴丢看来，实际上根本没有"绝对的转向"，所谓新的哲学，仍然在过去走来，是对过去哲学的创造性重复，如德勒兹是对莱布尼兹、斯宾诺莎的创造性重复，萨特是对笛卡尔与黑格尔、齐泽克是对康德与谢林的创造性重复，等等。然而，哲学的创造性重复，就是哲学的主题和变形在新的语境中，在政治、艺术、科学和爱的领域的事件之后，出现相同主题的新的变体。所以，哲学的未来就是一种创造性重复，哲学家就是新的哲学的黎明到来之前的黑暗中的那个"孤独的守夜人"。

那么，巴丢对于诗（艺术/文学）与哲学间的关系，究竟持什么观点和态度呢？在我看来，他要创立一种二者关系的"创造性重复"。"重复"表现在"回到柏拉图"，重新建立起艺术与哲学的对立关系，但这种对立绝不是柏拉图主义式的重复，而是一种"创造性"、创新性"重复"，是朗西埃所谓的"扭曲的柏拉图主义"，用巴丢自己的话讲，是一种"多的柏拉图主义"，即创立二者新的对立关系：历史上形成的三种对立关系之外的一种全新的关系——第四种关系，即"非美学"的关系。那么，从历史上来看，诗与哲学形成了哪三种对立的关系呢？这就是诗与哲学关系的第三个方面的背景：诗与哲学的千古之争。

三　诗与哲学的千古之争

关于诗（艺术）与哲学关系的争论"古已有之"（柏拉图语）。二者关系的争论已经有两千多年的历史，自柏拉图始，一直到20世纪末的德里达才真正实现了诗与哲学的"融合"。可以说整个西方思想界自始至终贯穿着诗与哲学对立、争论的话题。

关于诗与哲学的千年之争的课题，国外已有许多研究成果。[①] 国内有一位学者对此问题也做过系统性研究。[②] 该文以时间发展为线，梳理了自

---

① 例如：Stanley Rosen, *The Quarrel Between Philosophy and Poetry*, Routledge, Chapman & Hall Inc., 1988. Edmundson, M., *Literature Against Philosophical*, Cambridge: Cambridge University Press, 1995. Danto, Arthur C., *The Philosophical Disenfranchisement of Art*, New York: Columbia University Press, 1986. 等等。

② 参见张奎志《西方思想史中诗与哲学的论争与融合》，黑龙江大学，博士论文，2007年。

苏格拉底时代到当前的后现代哲学两千余年时间里,重要思想家、哲学家关于这一问题的代表性观点。论文导言部分有这样一段概括:"围绕着诗与哲学的优劣西方学界也论争了两千余年,这其中柏拉图对诗及诗人的谴责、亚里士多德对诗的辩护、奥古斯丁和波依修斯对诗的摒弃、中世纪的'销毁偶像运动'、锡德尼和雪莱的'为诗辩护'、维柯的'诗性智慧'、黑格尔让哲学取代诗的'艺术消亡论'、尼采的'诗性哲学'、狄尔泰对精神科学与自然科学的区分、海德格尔关于'诗'与'思'关系的思考、维特根斯坦的'哲学的疾病'理论、德里达的'反逻各斯中心主义'、罗蒂提倡的'教化哲学'等,这些背后都直接或间接地隐含着诗与哲学之间优劣的论争。"

从历时的角度来看,诗与哲学关系的争论大体可以分为三大阶段,古希腊到中世纪,是高举哲学(神学),哲学排斥诗的时期;文艺复兴和启蒙时期,是"为诗辩护"的时期;20世纪以来的现代时期,是标举诗歌而对抗传统哲学的"诗人时代"。这种粗略的时期划分及特点归纳,便于总体把握对这一问题的看法,但显然是以牺牲各个时期诗与哲学关系的复杂性、多样性为代价的。事实上,二者的关系在任何一个时代都是极为丰富和复杂的。古希腊时期,虽然有柏拉图对诗(及诗人)的猛烈的抨击,但是,也有亚里士多德等人"微弱"的为诗的辩护。然而,实际的情况更为复杂。即使是驱逐诗人、完全拒斥诗歌的柏拉图,对诗的态度也是矛盾和复杂的,柏拉图在驱逐诗人的同时,也表达了为诗辩护的思想。[①] 亚里士多德虽然在为诗辩护,但他的前提仍然是哲学(哲学家)比诗歌(诗人)更高明,表现了作为哲学家居高临下的姿态,骨子里渗透着前辈哲学家蔑视文学的基因。

古希腊是诗与哲学对立关系的奠基阶段。在前苏格拉底时期(即柏拉图所谓的"古已有之"),就有色诺芬尼和赫拉克里特指责诗人的言论。他们认为,只有神才拥有智慧,而诗人荷马、赫西俄德却把人世间的偷盗、淫乱等罪责归咎于神,所以色诺芬尼和赫拉克里特站在哲学家的立场来指

---

① 例如,Julius A. Elias, *Plato's Defence of Poetry*,London:Macmillan Press,1984。

责诗人。一二百年后的苏格拉底时期，是古希腊哲学的鼎盛时期。柏拉图从其哲学理念出发，展开了空前的对诗的攻击，成为诗与哲学对立的开山鼻祖。亚里士多德则肯定了诗歌与诗人。整个中世纪，欧洲哲学被神学取代，文学艺术遭到毁灭性打击。诗与哲学的对立转移为神学与文学、诗与宗教的对立。

文艺复兴时期，在自由精神和回到古希腊口号的激发下，沉睡千年的艺术审美意识被唤醒，文艺活动得到空前发展。诗与诗学理论成果空前，开始了公开为诗的辩护。其中最突出的代表就是锡尼德和薄伽丘。薄伽丘认为，实在真理隐藏在诗的虚构的面纱后面，隐藏在表面上与真理相反的事物之下，并认为，诗就是神学，神学也就是诗。锡尼德更认为，诗是人类文化的源头，并从希腊文化、意大利写作和英文的写作中寻找证据。后来的学术活动也是采取诗的形式的。并认为，诗人与历史学家、道德学家相比，诗人应该享有君王的权利。

17 到 18 世纪启蒙运动时期，西方哲学由本体论阶段进入认识论阶段，笛卡尔提出心与物、物质与精神的二元论。从笛卡尔到康德，大陆哲学许多概念来自数学，推崇数学演绎法，因而贬低知觉、感性、经验，坚持唯理论，轻视文学。因此，这一时期，在关于诗与哲学关系问题上，一方面高扬理性，把感性当作低级的认知方式，所以贬低诗；另一方面又由于浪漫主义的高涨，标举诗歌而对抗理性的哲学。因此，启蒙运动时期的诗与哲学之争表现得最为复杂。

康德对于美学的研究，并非他对艺术本身感兴趣，也并非他对美学理论感兴趣，而是出于其哲学体系完整性的考虑。《判断力批判》成为沟通他的理性哲学与实践哲学之间的桥梁。他将艺术的价值与它的形式特征等同起来，认为艺术与真理无关，艺术的审美价值只是来自艺术的纯形式。黑格尔将文学艺术作为一种精神现象，纳入到他的思辨哲学体系中，在他的哲学体系中，文学、艺术甚至美学都没有自己的独立性，而仅仅是哲学认识过程中的一个低级的、不完善的阶段。这种认识与莱布尼兹并无二致。黑格尔认为，"绝对精神"的发展可以分为三个阶段：艺术、宗教和哲学，对应的三个逻辑结构顺序分别是直观、表象与概念。文学艺术是

“绝对精神”发展的直观阶段，是最不完善的自我揭示的初级阶段，只能发挥低水平、预备性的哲学认识功能。在《精神现象学》中，他将文学与哲学的关系推向了极端，提出了艺术终结的思想。在《哲学全书》中他将艺术发展分为“象征型”、“古典型”和“浪漫型”三个阶段，分别指古代东方各民族艺术、古希腊罗马艺术和中世纪至德国浪漫艺术。古典型艺术阶段的古希腊、罗马艺术是艺术发展史上空前绝后的艺术发展顶峰，而到了“浪漫”艺术阶段，则是艺术的“穷途末路”了。他在《美学》中指出：“从这一切方面来看，就艺术的最高职能来说，它对于我们现代人已经是过去的事了。”“希腊艺术的辉煌以及中世纪晚期的黄金时代都已一去不复返了。”“对我们来说，艺术不再是真理获得自我存在的最高样式了。”“艺术形式已不再是精神的最高需要了。”①

谢林“绝对同一性”理论体系中，认为诗所代表的感性直观优于哲学的理性直观，处于直观的最高层次。他高度评价诗，通过艺术哲学完成了他的“同一哲学”的体系建构。维科在《新科学》中区分了诗性智慧和哲学智慧两种不同的认知方式和思维方式。席勒虽然主张用游戏冲动弥合感性冲动与形式（理性）冲动的分裂，但他表现出对艺术的偏爱，对现代性的审美批判，导致了后来法兰克福学派的审美乌托邦艺术理想的出现。雪莱的《诗的辩护》提出了“诗是生活的真正肖像：它表现了生活的永恒真理”的观点。认为诗人是最伟大的人，可以与哲学家相比拟，认为莎士比亚、但丁等诗人“是拥有伟大力量的哲学家”。

19世纪的浪漫主义思潮，艺术取得了前所未有的地位，几乎取代了哲学的优先地位。进入现代哲学阶段，诗与哲学关系的问题进入到一个新的历史阶段，艺术取代哲学的主导地位，诗人取代哲学家成了人类文化生活的导师。因此，20世纪是诗歌对抗哲学甚至取代哲学的世纪。狄尔泰从人类的不同认知方式来区分艺术与哲学。尼采对理性和传统形而上学发起攻击，用诗的方式颠覆传统哲学。用文学、戏剧、音乐等艺术形式取代哲学的理性思辨。海德格尔宣告传统哲学的终结，即古希腊开始的至高无上的

---

① ［德］黑格尔：《美学》第一卷，朱光潜译，商务印书馆1996年版，第15、14、131、132页。

形而上学哲学的终结，强调诗取代哲学，哲学并不比诗更优越，诗人和哲学家只能在语言的存在之家中相遇，诗意的语言是真理的言说，是真正思想的言说。维特根斯坦像海德格尔一样宣布了传统哲学的终结，用语言问题来取代传统的哲学问题，传统哲学问题不过是概念、范畴、命题的语言游戏，根本上颠覆了哲学与文学的对立。德里达追求诗与哲学的融合来颠覆传统形而上学的逻各斯中心主义。认为传统哲学与文学的对立正是植根于理性与感性、主观与客观、本质与现象等的二元对立之中，因此，他宣布哲学也是一种文学，以此来彻底颠覆整个西方哲学的形而上学大厦和逻各斯中心主义。德里达对哲学与文学界限的打破，是对二者千年对立关系的颠覆，是一次决裂和越界。

综上所述，文学与哲学的对立从柏拉图开始，直到德里达时代才真正走向"融合"，期间不管是从哲学本体论、认识论角度，从人类认识方式、思维方式的角度，抑或是从二者与真理的关系等角度，来讨论诗与哲学关系，追根溯源，二者的对立的实质是西方二元对立思维方式和逻各斯中心主义的哲学观念造成的。逻各斯代表着理性、智慧，意味着本质、真理、理念、本体，是一切知识的现象的根据和基础。哲学就是"爱智"，文学属于感性现象，当然要以逻各斯为根据。这样哲学高于文学似乎是顺理成章的事。从柏拉图到尼采的哲学史来看，在感性与理性、本质与现象、物质与精神等二元对立的思维框架内，理性总是高于感性，因此，在哲学与文学的关系上，重视哲学，轻视文学，认为哲学高于文学，并最终以彻底否定文学为其极端形式。尼采之后，哲学发生了非理性转向，开始对传统逻各斯进行颠覆，文学和诗逐渐走向"前台"，并渐渐取代哲学的高位，到海德格尔，诗几乎已经取代了哲学的地位。

巴丢对诗与哲学的千年之争有自己的观点，他并没有按通常的历时性的观点对这一问题进行梳理，而是采用了"图式"法，将这个千年之争的古老问题进行了归纳，将二者关系概括为三种图式。而他的哲学意图就是要提出不同于这三种图式的"第四种图式"——"非美学"图式。

第二节　"非美学":诗与哲学关系的第四种图式

在《非美学手册》第一章"艺术与哲学"中,巴丢分析了柏拉图以来关于艺术与哲学关系的三种图式,并提出了自己关于二者关系的新构想:不同于三种图式的第四种图式:"非美学"图式。

一　三种图式

巴丢分析认为,从形式上看,从柏拉图到现在,关于艺术与哲学的关系,可以概括为三种图式:启蒙式、浪漫式与古典式。

（一）启蒙图式

这种图式是以柏拉图为代表,是一种对艺术彻底的抨击与批判的态度,在这种关系图式中,艺术被认为与真理无缘,艺术不能产生真理。"第一种图式我称之为启蒙图式。这种图式的主题是:艺术不能成为真理,或说,所有真理都外在于艺术。"①

柏拉图的文艺思想围绕艺术的本质及其社会作用两方面展开。他在《理想国》中列举了艺术的两大罪状:其一是文艺不能认识真理,其二是艺术有伤风化。他从其理式论哲学出发,提出了"摹仿说"的艺术本质观。他认为有三重世界,世界的本原是理式,现实世界的一切都是对理式的摹仿,而艺术世界又是对现实世界的摹仿,因此,艺术是理式的摹仿的摹仿,是影子的影子,与真理隔了三层。艺术所表现的,只是事物的表象而已,而不是事物的真实,是幻象而不是实在,是理式不完全的摹本。所以,柏拉图认为一切艺术家,只不过是摹仿者,他们的地位在哲学家、君王、政治家、兵士、体育家、医生、预言家或宗教职业者之下,是第六等的。哲学家显然是第一等的,只有真正的哲学家才拥有真知识,所以才配做真正的诗人。由于艺术家不懂哲学,无专门知识,所以他们还不及医生、渔夫、工匠的知识,从诗中学不到这些专门的知识。于是,柏拉图说

① Alain Badiou, *Handbook of Inaesthetics*, trans. Alberto Toscano, Stanford:Stanford University Press, 2005, p. 2.

道："从荷马起，一切诗人都只是摹仿者，无论是摹仿德行，或是摹仿他们所写的一切题材，都只得到影像，并不会抓住真理。"①

在巴丢看来，柏拉图建立在理式论基础上的艺术摹仿说，决定了他理解的艺术与我们的艺术观念完全不同。如果我们因此而感到悲伤或不可理解，那是完全没有意义的。柏拉图所理解的艺术其真正的意义在于其社会教化作用，在于为理想国教育"合格"的公民或士兵。为了服务于这样的目的，文艺要进行改造，所以对于那些只有快感而无效用的抒情诗和史诗要坚决拒之门外，如果诗对国家和人生有效用，那就可以允许诗人留下。

在巴丢看来，柏拉图的艺术摹仿论的核心，与其说是对事物的摹仿，不如说是对真理效果的摹仿。所以"艺术是真理的虚拟的光辉"，"是一种隶属于真理的效果的伪装"。所以，艺术必须被置于严密的监视之下，可以被接受的艺术必须服从真理的哲学监视之下。可见"艺术的标准是教化，而教化的标准是哲学"，② 艺术的"善"的本质在其公共效果中体现出来，艺术的真理最终被这种公共效果所控制，这种效果反过来又受到外在真理的控制。

（二）浪漫图式

其主题是指"艺术本身能够成为真理"。在这种意义上，艺术完成了只有哲学本身才能指出的东西。在这种图式中，艺术就是真理的真正体现，是真理的化身。艺术将我们从这一概念的主观的羁绊中解放出来。

在这种图式中，艺术本身，被认为具有真理的能力，是真理的化身。在巴丢看来，这种图式，正是德国浪漫主义与海德格尔哲学所持的观点。巴丢认为，这种图式对待艺术与哲学关系的方式，就是一种将诗"缝合"（suture）于哲学的方式。这种方式把哲学贬低到一个不起眼的位置，哲学沦落为被艺术的短暂的、自发的真理重新讲述的一种话语。巴丢借用了拉康的歇斯底里（Hysteric）与其主人（Master）的关系，来形容艺术与哲学的浪漫图式关系。歇斯底里自认为拥有真理，于是她向她的主人问道：

---

① ［古希腊］柏拉图：《理想国》，朱光潜译，人民文学出版社1963年版，第76页。
② Alain Badiou, *Handbook of Inaesthetics*, trans. Alberto Toscano, Stanford：Stanford University Press，2005, pp. 2—3.

你拥有知识，你告诉我，我是谁。当主人予以回答时，歇斯底里总会说，你说得比较接近了，但还不完全是！这样主人就被歇斯底里所控制，其主性（mastery）也被歇斯底里所阻止，歇斯底里就成了主人的情妇。巴丢看来，艺术就像哲学的“情妇”，她控制着哲学。艺术自认为握有真理，于是要求哲学说出这个真理。当哲学辛辛苦苦说出真理后，艺术总是摇头说，你说得比较接近了，但还不是。于是哲学反倒被“情妇”所控制，由她摆布。

（三）古典图式

这种图式以亚里士多德为代表，是哲学与艺术对立关系的“休战”、“和平相处”的状态。亚里士多德在《诗学》中认为：“写诗这种活动比写历史更富于哲学意味，更被严肃对待；因为诗描写的事带有普遍性，历史则叙述个别的事。所谓‘有普遍性的事，指某一种人，按照可然律或必然律，会说的话，会行的事……”① 亚里士多德认为艺术具有“治疗作用”，从而对艺术进行了“解歇斯底里化”（dehystericize）。在亚里士多德看来，艺术不能成为真理，艺术的本质是摹仿，但他说的“摹仿”的对象与他的老师柏拉图是截然不同的，亚里士多德认为艺术摹仿现实世界，现实世界是真实的，因此，艺术也是真实的。虽然如此，艺术不能成为真理并不会给艺术带来灾难（这与柏拉图又相反），这是因为艺术的目的并不在于真理，艺术并没有因此而获罪。艺术有一种治疗功能，而不是认识功能或启示功能。艺术不属于理论性的，而属于伦理术语。可见，在亚里士多德看来，艺术的唯一标准是实用性的治疗作用。这种治疗作用就是艺术的移情与净化功能。这样看来，艺术就根本不是一种思想的形式，而完全被它的行为或公共操作所排挤，因为“艺术是一种公共服务”。希里斯·米勒曾这样评价亚里士多德诗学观：“在《诗学》的这两种解读中（还有其他解释），对亚里士多德来说，悲剧的权威性不是来自作者，而是因其嵌在社会中。文学是一种利用已知神话、为人人所拥有的复杂制度，具有具体的、集体的社会用途。”②

---

① ［古希腊］亚里士多德：《诗学》，罗念生等译，人民文学出版社 1962 年版，第 29 页。
② ［美］希里斯·米勒：《文学死了吗》，秦立彦译，广西师范大学出版社 2007 年版，第 147 页。

朗西埃这样评价巴丢所说的古典图式："可见，古典的图式保证了艺术的被限定的真理价值，将它的真理效果转向一种伦理学任务。严格说来，在这种情况下，艺术不是真理的，而是像真实的。这意味着艺术并不产生真理，而只是用情境、行动和事件的真实呈现，而看上去像是真的。换言之，艺术的摹仿与那真实的东西相比，好像是真实的。哲学坚持主张这种区别，将艺术的相似去从事抑制人的情感工作，从而陶冶人的灵魂，并解放灵魂，从而能导向真理。但巴丢不认为这样，而主张艺术本身可以生产真理，并思考自身的真理。于是古典图式的问题是最终建立在什么是真实的，与什么像真实的之间的区分之上，同时，拒绝艺术有真理的能力，而把艺术变成了一种公共服务。"①

（四）三种图式的联结点：教化

巴丢认为，以上的三种图式有一种相互关联和结合点，这就是艺术与哲学两个术语之外的第三个术语的出现：教化。具体而言就是对青年的教化。

> 启蒙主义、浪漫主义和古典主义是艺术与哲学之间相互关联的三种可能图式，将这三者联系在一起的第三个术语就是主体教化，尤其是对青年人的教化。在启蒙主义图式中，哲学与艺术通过一种艺术目标的教化监督的方式联系在一起。这种方式把艺术看成是外在于真理的。在浪漫主义图式中，艺术能在一切有限的主体的教育中，实现无限的哲学思想。在古典主义图式中，艺术通过呈现其客体的假象而满足了欲望并形成自己的替代物。②

巴丢认为，正是通过艺术的审美教育作用，哲学才被唤起。在启蒙图式中，通过艺术的教化，使青年接近理想国的哲学王的统治的要求，最终

---

① Jacques Ranciere, "Aesthetics, Inaesthetics, Anti - Aesthetics", in Peter Hallward (ed.), *Think Again: Alain Badiou and the Future of Philosophy*, London: Continuum Books, 2004, p. 219.

② Alain Badiou, *Handbook of Inaesthetics*, trans. Alberto Toscano, Stanford: Stanford University Press, 2005, p. 5.

接近哲学的真理。浪漫图式中，对主体的教育是有限的，但可以实现无限的哲学思想的教育目的。在古典图式中，艺术的首要标准就是"相似性"，艺术能将人们的情绪转移到艺术假象上去，从而实现激情的平息，即对人的净化作用。艺术与真实的相似程度决定了真理的"虚构化"（imaginarization），也就是古典思想家们所谓的"逼真"（verisimilitude）或"相似性"（likelihood）。这样，艺术与哲学之间的和平就完全取决于真理与相似性之间的界限。于是哲学的古典定义就是：哲学是不像的真理。

二　20 世纪的图式

（一）图式的饱和

巴丢认为，20 世纪并没有产生新的图式，而只是过去的三种图式的"饱和"状态。巴丢认为 20 世纪的最大思潮有三个：马克思主义、精神分析和德国解释学。在巴丢看来，马克思主义属于启蒙的图式，精神分析属于古典图式，而德国解释学则属于浪漫图式。

巴丢以布莱希特及其戏剧为例来说明为什么马克思主义属于启蒙图式。对于布莱希特而言存在一种"科学性的"、"普遍的"、"非本质的"真理，即辩证唯物主义。哲学家通过对这种真理的想象实现对艺术的监视。从这个意义上看，布莱希特是位斯大林主义者，即在辩证唯物主义管辖范围内，政治实现了与辩证唯物主义的融合。同时，布莱希特还是一位斯大林化的柏拉图主义者，他的最高目标是建立一个"辩证法的友好社会"，而他的戏剧就是这种社会的实现手段。"就戏剧的教育目的而言，离间效果（alienation effect）实际上就是哲学监视的一种体面的形式。"[①]

精神分析是古典式的。巴丢通过弗洛伊德和拉康对艺术的观点来分析这一图式。"精神分析是亚里士多德式的，是绝对的古典的。为了说明这一点，只要读读弗洛伊德关于绘画的言论和拉康关于戏剧与诗歌的观点就足够了……如此一来，艺术不可避免地吸引了艺术接受者的视觉与听觉。艺术作品与某种转移结合在一起，因为艺术以一种简单而歪曲的布局展示

---

① Alain Badiou, *Handbook of Inaesthetics*, trans. Alberto Toscano, Stanford: Stanford University Press, 2005, p. 6.

了被真理堵塞的象征物，展示了欲望的诱因到'他者'（象征的财富）。这就是为什么艺术的最终效果依然是想象。"①

德国的解释学是浪漫式的。巴丢在此主要针对海德格尔哲学而言。他认为，海德格尔是一位像尼采一样的"诗人—思想家"。他暴露了诗人言论与思想家思想之间的一种看不见的纠缠。这种图式"真正使我们感兴趣的、并能表征浪漫主义图式特点的，恰恰是在哲学与艺术之间传播着相同的真理。"②

通过以上分析，巴丢得出结论认为，20世纪经历了三种图式的"饱和"状态："启蒙主义在服务于人民中，国家决定论和历史的艺术实践使其饱和。浪漫主义由于纯粹承诺的因素而饱和——这种纯粹承诺总是被带回到回归上帝的假想中，这一点在海德格尔华而不实的学说中十分明显。古典主义的饱和是由于通过采用欲望理论加于艺术的自我意识。"③

（二）合成图式：启蒙—浪漫图式

巴丢认为，20世纪出现了一种人工合成的图式：启蒙—浪漫图式。这种图式的突出代表就是先锋派艺术。

先锋派艺术是对20世纪20年代出现的"达达主义"、"未来主义"、"超现实主义"、"俄德左翼先锋派"等现代主义艺术的总称。先锋派不过是当代艺术实验的守卫者，先锋派艺术也不过是艺术操作的某种充分的设计。在巴丢看来，先锋艺术既是启蒙的，又是浪漫的。因为先锋派渴望终结传统艺术，并谴责传统艺术的不可信的特征，从这一点上看，它是启蒙的。但另一方面看，先锋派艺术坚信艺术必须获得绝对的重生，这种绝对化的艺术操作，使它获得了合法性真理，从这一点上看，它又是浪漫的。可见，先锋派艺术充当了预言者与创造性破坏者的双重角色，因而是反古典的启蒙—浪漫图式。

综上所述，20世纪被两类图式所标示，一方面是三种图式的饱和状

---

① Alain Badiou, *Handbook of Inaesthetics*, trans. Alberto Toscano, Stanford: Stanford University Press, 2005, p. 7.

② Ibid.

③ Ibid.

态，另一方面是以先锋派艺术为代表的人工合成图式：启蒙—浪漫图式的出现。巴丢《非美学手册》一书就是要致力于创造一种全新图式：第四种图式——"非美学"图式。

三 第四种图式："非美学"

巴丢在《非美学手册》"题辞"部分，开宗明义地解释了"非美学"一词的两点含义："所谓'非美学'，我理解为哲学与艺术之间的一种关系，如果艺术本身是真理的生产者的话，那么这种关系并非要将艺术变为哲学的对象。与美学的思辨相反，非美学描述由一些艺术作品的独立存在所产生的严格的内在哲学效果（intraphilosophical effects）。"

巴丢这段话既可以看作是他对"非美学"这一概念的理解，也是"非美学"的工作性定义，同时，这段话也是巴丢"非美学"文艺思想的高度浓缩。我们可以从以下几个方面来理解他的"非美学"概念及文艺思想。

（一）诗与哲学关系的"第四种图式"

"非美学"绝不是定义了一个特定的学科，也不是定义一个哲学反思的领域，而是哲学与艺术之间的某种特定关系。巴丢总结了自柏拉图以来形成的诗与哲学关系的三种图式，并分析了20世纪的三种图式的饱和状况，分析了人工合成的"启蒙—浪漫图式"。巴丢致力于提出一种区别于以上几种图式的全新关系图式，我们可以称之为"非美学的关系图式"。这种关系图式中，哲学与艺术是一种全新的关系模式：既非"缝合"（suture）方式，也非"艺术哲学"的方式。"缝合"的方式以海德格尔为突出代表，诗歌取代哲学具有了本体论的地位。而巴丢对待二者关系的态度是"反缝合"的。而"艺术哲学"的方式是将艺术作为哲学的对象，也是传统美学的方式。传统美学往往被理解为"艺术哲学"，美学成了哲学的一个分支，将艺术作为它的主要研究对象。总之，巴丢既反对将诗歌"缝合"于哲学，也反对将艺术仅仅作为哲学的研究对象。

巴丢主张二者的关系应该是一种"非关系"（unrelation）的关系，即一种"分离的纽结"的关系。这种"非关系"中的两个事物都只与自身相关。具体来说，二者彼此独立又彼此分离，然而却又存在某种关系。在巴丢看来，艺术是哲学的四个条件之一，是哲学的四个类属真理程序之一。艺术并不是哲学的本体和基础，而是哲学的条件。而且这种关系是双向的：哲学以艺术为条件，艺术作为哲学的条件存在并被思考。这就是巴丢所谓的哲学与非哲学领域（科学、政治、爱和诗歌）的"共存性"（compossibility）问题。

这就决定了巴丢研究文艺的独特视角，他从自己的整个哲学构架的需要出发来研究文艺。他的诗学思想、文艺思想是一种区别于传统诗学、传统美学的"非美学"的文艺思想。

（二）诗是哲学的真理程序之一

巴丢在总结了诗与哲学的三种关系图式之后，认为二者全新的第四种关系图式——"非美学"的关系图式，必须从前三种关系中摆脱出来。为此，首先要分析前三种关系图式的共同点何在，只有突破这种共同点，才能创造出全新的关系模式。巴丢认为，前三种关系图式的共同点就是：这三种图式都"涉及艺术与真理的关系"。

巴丢提出了怎样的艺术真理观呢？

巴丢哲学极具挑战性和批判性的特点之一，就是他对真理的强烈呼吁。在当今后现代解构思潮之中，对真理持否定态度。真理似乎已经随着传统形而上学哲学的"终结"而被彻底解构和抛弃了。

传统哲学的真理观，往往被认为是一种"符合论"的真理观，即认识与对象的符合，知识与事物的符合。海德格尔认为这种"符合论"真理观是从亚里士多德开始的。他还总结了亚里士多德以来的符合论真理观的三个主要命题："1. 真理的'处所'是命题（判断）；2. 真理的本质在于判断同它的对象相'符合'；3. 亚里士多德这位逻辑之父既把判断认作是真理的源始处所，又率先把真理定义为'符合'"。[①] 符合论真理观基本上是在认识论的框架内思考问题。这种真理观是认识性的、工具性的和功利性的。海德格尔通过对真理一词的词源学考察，认为真理的原意是"无蔽"，真理的本质就是"无蔽"与"敞亮"，因此，海德格尔从存在论的角度解

---

① ［德］海德格尔：《存在与时间》，陈嘉应、王庆节译，上海三联书店 1986 年版，第 247 页。

释了他的新的真理观："真理就是揭示着的存在"，真理的本质就是使"存在者如其所是的那样显现出来"。而非真理就是"晦蔽"。非真理与真理就是此在在世的存在方式。伽达默尔十分赞同海德格尔的真理观。确信真理就是对存在的敞亮，就是去蔽，是对人生意义的本真阐明。伽达默尔强调了解释学不是一种"获得真理的方法"。

海德格尔的真理观还有一个重要方面，即认为从词源学来看，"无蔽"（aletheia）的词根是"晦蔽"或"忘却"（lethe），这就是真理的根源是"晦蔽"或"忘却"，即非真理。真理内在包含着非真理。真理是以对晦蔽的预设为前提的，因此，先有晦蔽之后才有解蔽，即先有非真理，才有真理，非真理优于真理。只要人生存在就有非真理统治。因此，对存在的追问不可能有终极答案，不可能有终极真理、绝对真理。德里达摧毁了"在场形而上学"，认为传统真理的追求就是一种在场形而上学的追求，而德里达则认为"不在场"恰恰是"在场"的前提和基础，因此，真理依赖非真理、同一依赖差异、中心依赖非中心。主张用真理的差异性、误差性、多元性、模糊性、不确定性来代替同一性、正确性、统一性、明晰性。罗蒂也强调了真理的多元性，他认为"真理是有多重意味的"。①

后现代解释学真理的突出特征就是多元性、开放性。而这种多元性、开放性，在巴丢看来，则是一种现代语言的诡辩论。与后现代真理观针锋相对，巴丢提出了"永恒真理"，主张"内在的"（immanence）、"独一的"（singularity）真理。而巴丢所谓的"真理"，即不同于传统的"符合论"真理，也不同于海德格尔的"存在论"真理，更不同于后现代解释学的"多元的"、"相对的"、"开放的"真理，巴丢的真理是一种"实践的"真理，一种"信仰"的真理。

巴丢的真理观与柏拉图对于真理的理解很接近。柏拉图认为人的认识可以分为知识（science）、推理（understanding）、信念（belief）和想象（perception of shadows）。前两个阶段被叫做理智（intellect），后两个阶段叫做意见（opinion）。知识直接通向真理，不会有错，理念的知识才是真

---

① 王治河主编：《后现代主义辞典》，中央编译出版社 2004 年版，第 278 页。

理。而信念和想象来自现实生活，会有对有错。在柏拉图看来，真理来源于信念，而知识来源于真理。柏拉图认为，想象是意见中最低的一种认识，来自于现实中实在的影像，不同的人有各自的想象就形成信念。信念因人而异。当信念取得一致，达成共识时，就成为公理或知识。信念的正确与否需要一个确认、辩论的甚至斗争的过程，确认为正确的信念就是真理。

巴丢的真理就是一种信念，一种过程，一种实践。他认为真理就是主体对于事件的"忠诚"。真理像是一个"信仰问题"，每个主体都表明了"此时、此地、永远的信仰"。

但是巴丢的真理又不同于柏拉图，他认为真理绝不是知识，"真理总是在知识中所穿的洞"，[①] 真理与知识的关系，用巴丢的术语来说，是一种"非关系"（non‐relation），这种关系是"真理"与"知识"（巴丢的术语是"情势的百科全书"）之间的关系，"情势的百科全书"指的就是既定知识的固定状态。真理的忠诚（就是"后事件的忠诚"，post‐evental fideli-ty）绝不是知识中的事。而是穿越了既定的知识，瞄准了事件名称这个额外之点（因为事件名称是后事件的强制命名的结果）。

所以巴丢讲的真理是偶然的、特殊的，是不时发生的东西。真理是主体对事件的忠诚，事件是一种绝对偶然发生的"新"的东西，这样真理就把主体推到一个未经尝试过的领域，总是"在不知道原因的情况下相信某事"（巴丢），独特的真理都根源于一次事件。

巴丢认为，哲学本身并不产生真理，哲学只是说明真理范畴，抓住真理，展示真理，并宣布真理的存在。所以巴丢区分了两个真理概念，一个是大写的真理（Truth），一个是小写的复数的真理（truths）。哲学的大写的真理（Truth）是个空的概念空间，在这个空间中，哲学要解决其四个真理程序产生的真理（truths）的共存性，这就要用到"类属"的概念，用类属来解释这种共存性。而艺术作为哲学的条件之一，四个真理程序（类属程序、忠诚程序）之一，艺术本身产生真理，艺术是真理的生产者。

---

① Alain Badiou, *Being and Event*, p. 327.

那么，在巴丢看来，艺术与真理究竟是一种什么关系呢？巴丢区别于过去的三种图式，提出了艺术与真理关系的“内在性”与“独一性”关系。

（三）“内在性”与“独一性”

巴丢认为，艺术与真理的关系是“内在性”（immanence）的，并且是“独一性”（singularity）的。

所谓的“内在性”就是指艺术与其所产生的真理是以准确而严格的方式共存的。所谓“独一性”就是指这些真理只在艺术中才会发生。内在性的范畴使真理绝对的内在于艺术，就是说“艺术与它所产生的真理拥有严格的共同空间。”用这条原则，我们于是可以否认，真理是外在于作品的东西，作品仅仅是一种服务的工具。独一性原则，在另一方面，把那些真理限定在艺术，且仅限定在艺术中。这条原则坚持艺术真理的排他性；同时也拒绝了其他领域可以分享艺术中发现的真理，或者认为艺术是别的地方宣布的真理的传达。

巴丢分析认为，传统的三种图式从来没有实现艺术与真理关系的“共时性”（simultaneity）。在浪漫图式中，真理与艺术的关系完全是内在的，但不是独一的。因为浪漫图式认为艺术能产生真理，也就是真理是内在于艺术的。这一点就是巴丢所说的“内在性”。不是独一的，是因为，在巴丢看来，浪漫图式中，真理是思与诗的结合，哲学家的真理就是诗的真理，而巴丢则认为哲学本身根本不产生真理。启蒙图式中，艺术与真理的关系是独一的，即认为只有艺术才能以相似的形式展现真理，但却不是内在的，因为真理并不位于诗之中（如柏拉图，认为真理是理念知识）。古典图式中，真理实践以“逼真”或“相似”的外观，仅仅发生在想象的领域内。总之，这三种图式都没有实现艺术与真理的“内在性”与“独一性”的共时存在。

而巴丢所谓的“非美学”图式就要实现“内在性”与“独一性”的同时存在。在巴丢看来，艺术本身是一种真理的程序。换句话说，艺术的哲学身份应属于真理的范畴。同时强调内在性和独一性原则，是非常必要的，这意味着：

艺术是一种思想，在这种思想中，艺术作品是真实的（Real）（并非效果）。这种思想，或说它激活的这些真理，是其他真理无法化约的——不管是科学的、政治的，还是爱的真理。这同时意味着，艺术，作为一种思想的独一王国，对哲学来说也是不可化约的。①

如果说，真理既内在于艺术，又是独一于艺术中的。那么一个关键问题出现了，这里所说的艺术是指什么？是指艺术作品？还是艺术家？艺术究竟指什么？巴丢的结论是：艺术形构（an artistic configuration）。

（四）艺术的真理源于艺术形构

在巴丢看来，艺术真理的内在性与独一性不在于艺术作品，也不在作家，而在艺术形构（an artistic configuration）："归根结底，认为艺术作为一个内在而独一的真理的最准确的表达因而既不是作品，也不是作者，而源于事件的断裂的艺术的形构。"②

那么如何理解这种"艺术形构"呢？巴丢解释道："这种艺术'形构'既不是一种艺术形式，不是体裁（风格、类型），也不是一种艺术史上的'客观的'时期；更不是一种'技术的'部署，不如说，它是一种身份结果，始于一个事件，组成一个几乎无限的作品混合，谈及它时，就好像是说它产生了（在严格的所谈及的艺术的内在性角度上）这个艺术的一种真理，一种艺术的真理。"③

由此可见，艺术形构是无限的，是一种类属的多。它开始于一个艺术事件的断裂（这种断裂通常导致对先前艺术形构的废弃）。所以，这种艺术形构既不拥有一个恰当的名字，也没有恰当的轮廓，甚至没有可能的、借助单一谓词的总体性。它是不能被穷尽的，只能被部分地描述。所以，艺术形构往往以抽象概念的方式被命名。

巴丢举了三个例子来说明艺术形构。一个是古希腊悲剧的例子，"古

---

① Alain Badiou, *Handbook of Inaesthetics*, trans. Alberto Toscano, Stanford: Stanford University Press, 2005, p. 9.

② Ibid., p. 12.

③ Ibid., p. 13.

希腊悲剧"就可以看作一个艺术形构的抽象命名，这种艺术形构开始于"埃斯库勒斯"事件，直到欧里庇德斯，期间的无数作品都是艺术形构。第二个例子是音乐的例子。从海顿到贝多芬通常被认为是维也纳古典风格音乐的杰出代表，而巴丢把他们看作"调性系统"的形构，而不是看作一种风格变化或结构部署。第三个例子是散文式小说形构的例子。巴丢写道：

> 例如，有人会认为，从柏拉图或亚里士多德到尼采，古希腊悲剧就常常被认为是一种形构。悲剧源起的事件产生了"埃斯库勒斯"，但这个名字，像每一个其他的事件名字一样，事实上是在先前的混乱的诗歌的情境中的一个中心的空的导引。我们知道，到了欧里庇德斯，这种形构达到了饱和。再如，在音乐中，一个人宁可谈到"调性系统"（它绝不仅仅是一种结构部署），但也不会像查尔斯·罗斯（Charles Rosen）认为的那样"古典风格"（classical style）是作为一种延伸于海顿（Haydn）和贝多芬（Beethoren）之间的可辨认的事件序列。同样地，有人会毫不犹豫地说：从塞万提斯（Cervantes）到乔伊斯（Joyce）是一种"散文式小说"形构的命名。[①]

那么，为什么说艺术真理就是艺术形构呢？

在巴丢看来，哲学自身并不产生任何有效的真理。哲学只能"把握真理，展现真理，揭示真理，宣布真理的存在"。艺术的真理与艺术形构，都是无限的。

哲学有义务保证真理的存在，通过并与意见保持距离。为了暴露真理与意见的本质区别，哲学通过事件真理与意见之间的斗争，而保证事件的真理在当代的知识领域进行操作。因此，在巴丢的体系中，艺术就是这样的真理程序。例如，海顿就是一个音乐事件的名字，是对巴洛克风格的增补，这样做就保证了一种著名的古典音乐的新的形构的出现。一种形构不

---

① Alain Badiou, *Handbook of Inaesthetics*, trans. Alberto Toscano, Stanford: Stanford University Press, 2005, p. 13.

是一种风格、流派，或时期，而是由一个事件而开始的序列，由一些重要的无限复杂的作品构成。在这个例子中，古典音乐的形构就是那个命名为海顿的事件的觉醒所引发的东西。再如，希腊悲剧，就是开始于命名为"埃斯库勒斯"的事件的形构。作为一个事件，准确说来是因为它是从情势中分裂出来的，希腊合唱命名了它的空。从这一事件引发的一系列作品，就是对这一事件开启的形构的有限的思考。

作品本身是有限的，然而形构在理论上是无限的，因为它总是被重释和重构，于是就形成了一个事实上无限的复杂的作品。因此，作品就被巴丢称为真理程序的"主体之点"，就是说，作品是对事件引发的领域的本地的、居间的、片断的调查。艺术事件引发了艺术的形构，艺术事件通常是一组艺术作品，是一个独一的多。在艺术形构的约束之下，"作品在'后事件'的维度上组成真理"。可见，"一件艺术作品不是一个事件，它是一个艺术的实事，是艺术程序的编织而成的织物。"一件艺术作品也不是一个真理，因为真理源于事件的艺术程序。作品只是真理的部分的例证，是真理的不同节点。

总之，艺术的真理不在作品中，也不是由作家创造，而是源于艺术形构。艺术所思考的东西只能是自己，而不是其他："艺术教给我们的东西就是，什么东西也不能从它自身的存在中分离出来。"由于这点，对巴丢而言，一件作品不是一个事件，而不过是一个"艺术的事实"，而且一件作品本身也不是一个真理。艺术中发生的思考就是对艺术形构的思考。艺术形构决定了艺术真理的内在性与独一性。

第三节　"非美学"：反美学？反哲学？

上一节介绍了哲学与诗形成的三种关系，并分析了巴丢提出的第四种关系——"非美学"关系——的具体意涵。从以上论述可知，"非美学"绝不单单指哲学与艺术的某种新的关系，更是巴丢文艺思想的核心内容，也是巴丢思考文艺问题的独特视角。"非美学"的文艺思想包含了巴丢独特的艺术真理思想（也包括艺术主体思想），包含了"非美学"与传统思辨美学的关系问题，包含了某些特定的艺术作品所产生的"内在哲学效果"的思想，等等。这些问题将在下面陆续展开论述。

在此，我们思考的问题是，"非美学"（inaesthetics）究竟与传统美学有怎样的联系和区别？"非美学"思想是一种"反美学"（anti‐aesthetics）思想吗？将"非美学"思想放在后现代"反哲学"的语境背景中，它究竟有怎样的意义和局限？

一　反美学：一种美学策略

一部美学史，就是一部"反美学"的历史。

这样的断语似乎有些耸人听闻，但仔细推究起来又有很大的合理性。

首先，美学作为一个学科为什么在 18 世纪才被提出？如果用巴丢的理论来理解，那就是因为"鲍姆嘉通事件"。1750 年，鲍姆嘉通《美学》一书的出版，成为一个标志性"事件"，标志着美学学科的正式成立。美学史、文艺理论都承认了"美学就是感性学、感觉学"这一命题。用巴丢术语来说，"美学"这一命名就是鲍姆嘉通事件的"踪迹"，这个命名就是一个"空集"。为什么仅仅是一个命名，一个空集呢？试想 1750 年之前，无论西方还是东方，有几千年的"美学思想"的发展史，这几千年的"美学思想"无不被纳入了"美学史"或美学的学科体系中，事实上整个古希腊以来的美学思想往往是哲学家、思想家们思想的一部分，没有任何一个哲学家、思想家为了建构一个所谓的美学学科而提出自己的"美学思想"。从这个意义上看，美学与文学理论一样，只是一个命名和空集，它的真正构成内容在"别处"，在思想史的"褶子"中，在哲学史的缝隙里。美学是一个"寄生性"的学科。可见，美学在成立之初，就包含着"反美学"的成分。

其次，从美学学科建立后的"成长史"来看，从鲍姆嘉通建立美学学科，到康德美学的哥白尼革命，美学第一次经历了从客体美学向主体美学的转向。黑格尔美学则对美学进行"减除"，美学就是"美的艺术的哲学"。德国两位伟大思想家完成了古典美学的集大成，完成了完备的美学体系的建构。现代美学阶段是挑战古典美学的历史，无论是叔本华、尼采，还是阿多诺代表的法兰克福学派，都对所谓的"传统美学"提出了严峻挑战。20 世纪 50 年代开始，由于分析哲学和现代主义艺术的冲击，否定美学的呼声一浪高过一浪。终于在 20 世纪末的后现代主义一片"终结"声中，美学也走向了"终结"：进入了所谓的"后现代美学阶段"。可见，美学从学科成立到美学终结的后现代美学，美学史难道不是"自我否定"的"反美学"的历史吗？

以上只是从历时性的角度来分析。从共时角度来看，在美学成立之时，就有所谓大陆理性派美学与英国经验派美学之争，美学发展至今，什么是美学的定义至今还是个问题，美学的研究对象有：研究美的本质及其规律；研究审美经验；研究艺术的审美；研究审美关系，等等，研究对象仍然没有一致的说法。美学的学科体系、美学范畴、审美形态更是众说纷纭。事实上，在我看来，这些问题根本上也不可能有一个"终极答案"，一个学科的对象、范畴、体系一经固定，也是它僵化、终结的开始。所以，从共时角度看，美学学科体系也是一个"反美学"（或反体系）的历史。

这里可以借用一下布鲁姆的"影响的焦虑"的命题。他用这一命题来指一种诗歌的理论，形成了他的"误读"理论，来说明诗歌的发展史就是"新人"对"强者诗人"的有意"误读"，从而摆脱"影响的焦虑"，来求得自身诗歌的存在价值。一部诗歌史就是否定前驱诗人的历史，一部有意"误读"的历史，一部诗人"家庭的乱伦"的历史，一部否定传统和权威的历史。

这里可以借用布鲁姆"影响的焦虑"的命题，推而广之，整个人文科学的历史也是"影响的焦虑"的历史。可以不无夸张地认为，一部哲学史就是反柏拉图的历史；文学史就是反文学传统的历史；一部美学史也是一部"反美学"的历史，反康德、黑格尔美学的历史。正如海德格尔所言，美学其实就是伴随着 aisthēsis（希腊语）的衰落而出现的。

综上所述，我们认为，"反美学"与其理解为是对传统美学的体系、规范、观念的反叛、反动，倒不如说，"反美学"是从美学内部产生出的一个自我的对立面，一个自我—他者，它既在美学内部，又在冲破美学的束缚；它既是美学的自我否定，同时也是美学的自我建构的力量。因此，在束缚与冲破、否定与建构之间，"反美学"也是一种美学，一种广义的美学，"反美学"是美学发展、美学研究的一种"策略"。这种策略就是在传统美学中"滋生"一个内在的"他者"，在挑战、否定传统美学的同时，推进美学的发展和美学研究。因此，从狭义的角度来看，"反美学"就是反对"传统美学"、"古典美学"，其走向极端的方式就是"终结"，终结传统美学。

二　"非美学"：反美学？

巴丢的"非美学"是一种"反美学"吗？它与"反美学"又是怎样的关系？

从上节巴丢关于"非美学"的工作性定义可以看出，"非美学"与传统美学相去甚远。传统美学是以康德和黑格尔为代表。康德认为美学是沟通纯粹理性与实践理性的桥梁，审美是不涉利害的先验合目的活动。康德在审美自律理论下还提出了艺术自律论与天才论。黑格尔认为美学是研究美的艺术的哲学，美的本质是理念的感性显现。虽然他将美学研究对象进行了"减除"，但艺术作为美学的主要研究对象似乎成了美学界普遍的"定律"。巴丢赞同黑格尔"美学就是研究美的艺术的哲学"的看法，但巴丢的"非美学"恰恰反对把艺术作为哲学的研究对象，也反对艺术的自律论和他律论，而认为艺术本身就是真理的生产者，艺术的真理程序是哲学得以开始的四个条件之一。巴丢反对从传统美学的角度来研究艺术，而是从他的事件哲学、真理哲学出发，发掘艺术的"内在哲学效果"。同时，巴丢所谈论的艺术不是一般的艺术，而是"某些""特定"的艺术，例如巴丢只提到诗歌、戏剧、舞蹈、电影，只提到马拉美、策兰、佩索亚、兰波、贝克特等作家的某些作品。可见，"非美学"绝不是一种"美学"，不是传统诗学，不是传统艺术学，更不是传统艺术哲学，我把"非美学"叫做"巴丢哲学美学"。毋庸说，巴丢的"非美学"是他的哲学研究的一种"策略"。

虽然巴丢的"非美学"在反传统美学的姿态上与反美学并无二致，巴丢的"非美学"在此意义上可以被看作是一种"反美学"。但巴丢的"反美学"与现代美学、后现代美学的"反美学"又有根本的区别。借用埃西埃对巴丢的"非美学"的评价，巴丢的"非美学"是一种柏拉图式的现代主义的扭曲形式。

反美学反对真理与意义的永恒性、统一性，而主张真理的终结，意义的差异性、多元性，而巴丢"非美学"则要呼唤真理，艺术真理，永恒真理（虽然与传统"真理"不尽相同）；反美学虽然反传统美学观念，但无不认为艺术是美学的重要研究对象，而巴丢"非美学"并不认为艺术是哲学的研究对象，而是把艺术作为哲学开始的条件；反美学和传统美学都研究一般的艺术，而巴丢则将艺术进行"纯化"，只研究部分的特定艺术家的艺术（诗歌、戏剧、舞蹈、电影，马拉美、策兰、佩索亚、兰波、贝克特等）；反美学是在批判地继承传统美学思想，而巴丢的"非美学"却是"回到柏拉图"，让艺术与哲学恢复柏拉图式的对立，却又成为哲学的四个条件之一……

巴丢"非美学"是其哲学思想的内在部分和合理延伸。巴丢哲学的根本目的是反对哲学的终结，是要终结"哲学的终结"，要将哲学"向前迈进一步"。他认为哲学与思想存在不变的关系，这就是真理。巴丢认为，哲学不产生真理，真理只能来自哲学的四个条件，即四个真理程序之中（科学、政治、爱和艺术）。这样艺术作为哲学的条件，作为哲学的真理程序之一就成为巴丢思想一切艺术问题的出发点和立足点。所以，"非美学"提出的根本目的是建立艺术与哲学的一种全新关系。这种关系可以表述为一种"反缝合"关系。而"反缝合"直接针对海德格尔为代表的浪漫图式——将诗歌缝合在哲学之中。

缝合就是将哲学指派给一个或另一个条件，把思想交给一个类属程序。巴丢则主张四个条件的共存性。巴丢认为，哲学的"灾难"就来自于这种"缝合"。当哲学与其四个条件之一缝合的时候，哲学就被搁置起来了，从而造成哲学的灾难。他举例说，整个19世纪实证主义或科学主义的缝合，希望科学独自承担构造时代真理的任务。这就造成了政治成了实用的政权辩护，诗歌成了语言学条件和语料库，爱没人理会，哲学同时被悬置了。再如马克思主义是哲学与政治的缝合。取消了其他条件，未能思考艺术的独特性或艺术创造力。性差异变成了清教主义和对精神分析的蔑视。马克思同时缝合了科学，结果哲学以奇怪的"规律"形式出现。19世纪之后哲学承受了政治条件和科学条件的双重缝合。尼采之后，尤其是海德格尔实现了诗与哲学的缝合。在巴丢看来，当前的哲学"扮演的是一仆三主的滑稽角色"。所以，巴丢就是要解除这种"缝合"，尤其是海德格尔的诗与哲学的缝合（因为巴丢认为其他两个缝合是纯粹制度性或学术性的）。所以他提议"采取纯粹的、单纯的哲学姿态，消解缝合的姿态"。①

所以，巴丢认为，海德格尔所说的那个"诗人的时代"已经结束了。诗歌正在摆脱哲学的缝合。巴丢提到了"最好"的七位诗人：荷尔德林、马拉美、兰波、特拉克尔、佩索亚、曼德尔斯坦和策兰。巴丢认为，马拉美、兰波、特拉克尔、佩索亚、曼德尔斯坦和策兰的诗歌正好实现了反缝合。他们的诗歌是"抑制客体化"或是"非客体化"的，他们的诗利用"缺乏"和"过剩"实现了这种"非客体化"，用这种非客体化诗歌表达了时代的"无方向感"。所以，他们的诗实现了"反缝合"，并界定了哲学的思想空间，成为哲学的四个条件之一。巴丢哲学的任务"就是要重溯现代理性的线索，在'笛卡尔式沉思'的谱系中再迈进一步：如果其意义的基础不是建立在四个条件的每一个语域中已经发生的重要事件之上，这就等于是武断的任性，尽管与仍然停止的或危险的命名相一致。这些事件就是数元，诗歌，关于爱的思考和发明性政治，它们规定了哲学的回归，有能力建立思想的栖身之所，并为这些事件收集从此可命名的东西。"② 哲学就是从这些条件中的事件开始重建之路。这些事件，巴丢举例来看，包括数学中的康托尔到科恩的集合论；爱的条件中的拉康事件——爱的理论；政治中的1968年"五月事件"、伊朗革命、波兰民族运动等；诗歌领域中的保罗·策兰事件等。以策兰事件为例，巴丢认为这一事件是一"准神话事

---

① 此处引文均见巴丢的《哲学宣言》（Alain Badiou, *Manifesto for Philosophy*, trans. Norman Madarasz, New York: State University of New York Press, 1992.）。译文参考陈永国《激进哲学：阿兰·巴丢读本》，北京大学出版社2010年版，第87—104页。

② Ibid. 同上书，第110页。

件",策兰就是要使诗歌从"哲学拜物教"中独立出来。所以巴丢总结说:策兰诗歌"最深刻的意义就是把我们从这种拜物教中拯救出来,把诗歌从思辨的寄生场所中解救出来,将其回归给时代的友爱,在那里,它将与数学、爱和政治发明并肩栖居于思想之中。"①

巴丢《非美学手册》从第二章开始,就是通过对马拉美、佩索亚、策兰、贝克特等人的作品的分析解读,来阐释他的"非美学"思想及其哲学思想。

三 "非美学"与非哲学:一种哲学策略

巴丢的"非美学"思想也是一种哲学策略,是他反对"反哲学"的一种哲学策略。那么,这就需要先谈谈"反哲学"(anti‐philosophy)与"非哲学"(non‐philosophy)。

《后现代主义辞典》中这样解释"反哲学":"反哲学"又称对立哲学,指与传统哲学理论发生激烈冲突的非统一的哲学。传统哲学主要指传统形而上学哲学、理性哲学。反哲学开始指的是实证主义、逻辑实证主义、语言哲学、法兰克福学派等,后来,反哲学成为后现代哲学的同义语。"后现代哲学中,反哲学是指非哲学、新哲学、老年哲学,也指反中心论、反基础主义、反理性主义、反人道主义、反结构主义、反一元视角主义、反现代解释学、反一元论、反现代哲学史编纂学、反现代美学。""后现代反哲学的产生是西方哲学史上又一次哥白尼革命。后现代思潮中的反哲学,对以往哲学进行着多维度多层次多角度的批判,对现代哲学起着挑战作用,是背离现代哲学的观点、方法和文化现象或文化模式,是发展哲学的思维方式或新途径。没有反哲学就没有哲学的进步。反哲学既是旧哲学的摧毁,又是新哲学的创立;既具有破坏性,又具有建构性。"②

---

① Alain Badiou, *Manifesto for Philosophy*, trans. Norman Madarasz, New York: State U‐niversity of New York Press, 1992. 译文参考陈永国《激进哲学:阿兰·巴丢读本》,北京大学出版社 2010 年版,第 114 页。

② 王治河主编:《后现代主义辞典》,中央编译出版社 2004 年版,第 118—119 页。

从反哲学的解释中可见，"非哲学"① 包含在反哲学思潮中。梅洛—庞蒂在《黑格尔以来的哲学与非哲学》中说过这样一句话："真正的哲学嘲弄哲学，因为它是非哲学。"② "非哲学"一般用来指"哲学的终结"思潮，属于广义的反哲学中的一个侧面。王治河先生把"非哲学"解释为："'非哲学'也并非是一种哲学流派，它是一种思潮，一种思维取向，一种态度，一种对传统'哲学'观念进行非难的态度。"③ 不管是海德格尔对形而上学的摧毁，还是罗蒂的"哲学的终结"，还是德里达对在场形而上学的解构等都是对传统哲学的"非难"。我们把这种作为"思潮"、"思维取向"、"非难态度"的'非哲学'叫做这些哲学家的一种哲学策略。他们的哲学策略就是否定、摧毁、解构传统，从而达到自我建构的目的。没有一个后现代哲学家只是一味地摧毁和破坏，后现代哲学解构的另一面是建构。这就是后现代"非哲学"的哲学策略。

巴丢的"非美学"，法文"inesthetique"一词意思是"非美学观点的"，译为英文"ineasthetics"，而没有加"anti -"或"non -"，英语前缀"in -"一般解释为"非"、"反"。巴丢"非美学"也可以看作是一种"哲学策略"。如果"反哲学"是后现代哲学的"同义语"的话，那么，巴丢的哲学对后现代哲学持批判的态度和立场。巴丢在 1999 年悉尼的一次讲演题目是"哲学的欲望与当代世界"④，分析了当代三大哲学（解释学、分

---

① 有学者把"非哲学"解释为："是相对于传统意义上的理性主义哲学而言的，指的是以美学的态度思考哲学问题的'感性哲学'或'诗性哲学'。它并非表明哲学之外的诸如文学、艺术一类的其他思想形式，而是指哲学形式之一种。换言之，广义上的哲学，本身就可分为理性意义上的哲学和非理性意义上的'非哲学'。哲学与'非哲学'的区分，表明了哲学在传统的理性主义形式和内容之外，还有其非理性的形式和内容。"（参见程党根《游牧思想与游牧政治试验——德勒兹后现代哲学思想研究》，中国社会科学出版社 2009 年版，第 2 页"引言"部分）德里达在《哲学的边缘》一书中，谈到哲学与非哲学关系时认为，二者之间只有倾斜的而非笔直的界线。非哲学就指文学、艺术一类的东西。笔者认为，德里达这里讲的非哲学并非作为一种哲学思潮的"非哲学"，而指的是哲学之外的并非哲学的东西，如文学、艺术之类。德里达致力于将哲学"文学化"，以抹平哲学与文学的学科界限，从而颠覆传统形而上学的理性哲学。

② Maurece Merleau - Ponty, *Notes de cours*：1959—1961，Paris，Gallimard，1996，p. 275.

③ 王治河：《后现代哲学思潮研究》，北京大学出版社 2006 年版，第 33 页。

④ 此文后以《哲学与欲望》为题被收录在巴丢《无限思想》一书作为第一章（Alain Badiou, *Infinite Thought*：*Truth and the Return to Philosophy*，trans. and ed. Oliver Feltham and Justin Clemens，Continuum，1998.）。

析哲学、后现代）现状、共同主题，以及当代哲学存在的弊端，最后在世界对哲学的追问中，提出了"走向一种新哲学"，一种新的主体学说。从巴丢对后现代哲学的批判立场来看，他对反哲学持同样的立场。而对于哲学终结的"非哲学"，巴丢更是在《哲学宣言》等著作论文中反复提出，要终结"哲学的终结"，要将哲学"向前迈进一步"。

巴丢在《存在与事件》中创造性地提出了"数学＝本体论"的命题，用数学中的集合理论来思考"存在"的问题。在当前哲学陷入危机的困境下，巴丢多次谈到，哲学并非日薄西山，艺术、科学、政治和爱四个不同领域使哲学充满活力，并成为哲学得以展开的四个类属条件。《存在与事件》从题目上来看，不仅关注存在问题，还要解释世界上的变化如何发生、新如何被创造，有一种程序叫做事件。一个"事件"是一个清晰的现状的断裂。断裂创造了巴丢所谓的"真理"。断裂创造真理的同时，创造了"主体"，它使自身的定义从哲学家所谓主体的"忠诚"变为卓越的真理。真理的创造自我就发生在四个真理程序之中，也是哲学的四个条件之中：艺术、科学、政治和爱。巴丢作为小说家和剧作家，对艺术和哲学的关系有特殊的敏感。但他对艺术的分析、解读、研究，并非采用传统的美学的方式，也非传统艺术哲学的方式，更不像传统的哲学把艺术作为自己的研究对象，而是从他的事件哲学出发的，对艺术与哲学关系进行了"纯化"，以"回到柏拉图"的姿态，重新确定了艺术与哲学的关系，既非柏拉图式的"启蒙式"，也非海德格尔式的"浪漫式"的缝合，更不是亚里士多德的"古典式"，而是他创立的第四种方式："非美学"式。艺术的真理具有"内在性"和"独一性"，它与其他领域的真理同时共在，而哲学中大写的真理（Truth）就是对四个领域中小写的复数真理（truths）的处置，哲学为四个领域的真理提供概念的空间。艺术的真理不在作品，不在作家诗人，而在于艺术的"形构"，只有哲学才能对艺术的真理进行解读。巴丢在一篇题为《身体，语言，真理》的报告结尾有这样一段发人深省的话：

　　　哲学的真理概念与真理本身的多样性的融合，就是小写的 truth

变成大写的 Truth。这是我们整夜的梦。清晨我们会看到寒风中蠢立的 Truth 之光。然而,这并没有发生。相反,有某事在真理的白天中发生时,我们不得不再次继续艰难的哲学工作:世界的新逻辑,真理—身体的新理论,新的观点……因为我们不得不保护那易碎的"什么是真理"的新思想,必须保护新真理本身。所以当夜幕降临,我们不能入睡。因为,又一次地,"我们整夜进行我们的思想"。哲学家在知识领域,不是别的,而是一个孤独的守夜人。①

综上所述,巴丢对"反哲学"和"非哲学"均持否定批判的立场。那么,他的"非美学"思想的提出,是他的哲学新构想框架内的延伸,是他对哲学与艺术关系的新思考,对艺术真理问题的新呼吁,对文艺问题的新探索。在此意义上,我们认为,巴丢的"非美学"也是他的哲学新策略。

四 "非美学":从概念到思想

巴丢的《非美学手册》题辞中提出了"非美学"这一概念,在第一章进一步解释了"非美学"作为艺术与哲学全新的第四种关系图式所蕴含的思想内容。第二章至第八章则分别从诗歌、戏剧、舞蹈、电影等方面来进一步阐述"非美学"思想的具体内涵。第九章和第十章是全书的总结,也是他"非美学"思想的总结。《非美学手册》可以看作是他对"非美学"思想的集中阐发。"非美学"作为他思考艺术与哲学问题的集中表达,同时,也成为他哲学思想的一部分。他在《世界的逻辑》、《哲学宣言》、《无限思想》、《条件》、《世纪》等其他著作中,也有专门章节论述"非美学"思想。

"非美学"思想可以从以下几个方面来理解和把握:

(一)"非美学"是某种意义上的"反美学"

虽然我们上文分析了"非美学"与传统美学思想中的"反美学"有本质的区别,但我们也看到,他们的共同点就是对传统美学的反叛态度和立

---

① 巴丢于 2006 年 9 月 9 日在澳大利亚墨尔本大学维多利亚艺术学院所做的报告(Alain Badiou, *Body*, *Languages*, *Truths*, http: //www. lacan. com/badbodies. htm.)。

场。因此，"非美学"可以看作是某种意义上的"反美学"。

"非美学"是一种分离性的"操作"，从艺术的传统美学思想体系中分离出来。在浪漫图式中，艺术被缝合于哲学中，并被赋予了哲学本体论的重任。而巴丢将艺术从这种缝合中分离出来，将本体论的任务归还给数学，使艺术与哲学重新"对立"起来——艺术成为哲学的条件，哲学思考艺术如何成为哲学的一个真理程序。传统美学思想将艺术形式、生命的形式以及艺术的美学形式结合起来，巴丢从中分离出艺术的真理，特别是诗的真理。这种真理并非传统美学思想中的艺术真理，而是其数学本体论基础上的事件哲学中的真理——一种对艺术事件的忠诚，具体而言就是艺术主体对艺术事件导致的艺术形构的忠诚，艺术的内在的、独一的真理就体现在艺术的形构中。通过"非美学"，巴丢将自己的"多的柏拉图主义"的思想建构为一种艺术思想。

（二）"非美学"还是一种"准美学"（para-aesthetics）

因为"非美学"思想是被双重限定的：它只关注艺术的"内在哲学效果"，而且只适用于某些特定的艺术作品。所以这种被限定的、被选择的美学可以叫做一种"准美学"。在这种准美学的视角下，艺术本身是哲学的一个问题，而非哲学的一个研究对象。艺术有艺术自身需要思考的问题，哲学以艺术为条件，又为艺术问题的思考提供保障。因此，二者是一种彼此独立、又有特定关系的双向关系。诗本身是真理的生产者，诗与真理共在，然而诗的真理是它的"内在哲学效果"，是内在于艺术的，所以诗的真理仍然包含在哲学中，诗的真理的内在性必须屈服于哲学的内在包含中，这样就可以保证诗的操作与哲学的说明之间的自由循环。

但是也可以看到，这里艺术的所谓"内在哲学效果"保证了巴丢对哲学与艺术新关系的思考，又存在很大的挑战性和矛盾性。"内在的"哲学效果，能否合理对待诗歌真理的内在性和独一性，同时，艺术的哲学效果又存在于哲学中，会不会因此留下哲学美学的传统痕迹，这些都是值得进一步思考的。

（三）"非美学"用来指哲学对真理的揭露

关于真理与哲学关系问题，巴丢有过专门的论述。他在1999年悉尼的一次讲座中发表了题为"真理的伦理：结构与力量"的演讲，后作为一章被收录在《无限思想》一书中。在这次讲话的开篇，巴丢提出了关于真理问题的四个基本观点：[①]

1. 关于真理问题，海德格尔理论大厦只留下了诗的解决方案。

2. 为了打破这一大厦寻找其他解决途径，我们不能倒转海德格尔本人描绘的历史进程。相反，我们必须反对分析传统，假定如果真理的问题被狭隘判断或呈现的方式所围绕的话，那么真理的本质仍然不可接近。然而，同时，我们也不能允许海德格尔的无法揭开面纱的忧郁眼神。

3. 我们必须构想一种真理，它既可以作为对于事件忠诚的结构，同时也作为知识领域传播的普遍力量。

4. 使真理的本质服从于思想的所有范畴都是否定性的：不可判定性，不可辨别性，普遍的非一全部，不可命名。真理的伦理学完全存在于这种否定性带来的方式中，换言之，存在于它结构的危险造成的真理力量的局限中。

这四点也是巴丢对待真理问题的出发点。他要反对海德格尔关于诗的存在真理，反对分析哲学的传统，构想一种新的真理，"既可以作为对于事件忠诚的结构，同时作为知识领域传播的普遍力量"，并且思想领域中的真理的本质都是"否定性"的："不可判定性"，"不可辨别性"，"普遍的非一全部"，"不可命名"——真理是在知识中打的洞。巴丢认为知识是某种固定的可以传承的东西，而真理首先是某种新的东西。这样真理的根本性的哲学问题就是真理的"出现"和"形成"问题。真理必须屈服于思想，它不是一个判断，而是一种现实中的过程。真理开始于事件。

这样，艺术的真理问题也必须从事件哲学的角度加以理解，艺术真理问题是哲学需要思考的问题。艺术真理同样开始于艺术事件。例如，索福

---

① Alain Badiou, *Infinite Thought*：*Truth and the Return to Philosophy*, trans. and ed. Oliver Feltham & Justin Clemens, London：Continuum, 2003, p. 58.

克勒斯的作品是为了（for）希腊悲剧的艺术真理（或艺术程序）的主体，这一真理开始于埃斯库勒斯事件。作品是创造；此前其中的纯粹选择是不可辨别的。它是一个有限的作品。然而，作为一种艺术真理的悲剧本身，却继续是无限的。索福克勒斯的作品是这种无限真理的有限主体。

巴丢在《当代艺术的十五个命题》①的演讲中，进一步阐述了他的艺术真理的思想。他认为，今天的艺术应该为我们每个人创造一种新的普遍性，这就是真理，"真理就是一种新的普遍性的哲学名字"。艺术是一个真理过程。艺术的真理往往是知觉或感性的真理。因此，"我的定义是，艺术真理是理念自身在感性世界中的事件。"艺术的主体不是艺术家，"艺术家是艺术中被牺牲的那一部分，也是最终在艺术中消失的那部分。""艺术真理的主体是由艺术作品构成的那个集合。"今天艺术创造的功能就是创造某种"新的可能性"，这种"新的可能性"在巴丢看来就是艺术的新形式的创造，而这种新形式的创造就是一种艺术的自由，一种不同于民主自由的自由。艺术的自由"是思想的，也是物质的……就像一个新的开端，一个新的可能性，新的决裂，最终类似于一个新的世界，一道新的光亮，一座新的星系"。②

（四）"非美学"是思考当代艺术问题的新思路、新方法

"非美学"是一种划界的活动，尝试对艺术领地进行划界，对尚不是艺术的东西划界，区分艺术与非艺术。"非美学"使艺术与非艺术、艺术与关于艺术的讲述重新联结了起来。因此，"非美学"一词绝不是现代主义所憎恨的"反美学"走向极端后的命名，而是对"什么是真正的艺术"及混乱的艺术等问题的回应，是对现代主义的"反美学"的憎恨及后现代主义"无意义"艺术潮流的反抗。"非美学"思想要对当代艺术的混乱的多元化进行纠正和引导。

巴丢从独特的艺术真理的角度，对当代艺术做出了批判性的分析。巴丢在《世界的逻辑》开篇，在《当代艺术的十五个命题》、《身体，语言，

---

① Alain Badiou, *Fifteen Theses on Contemporary Art*, http：//www. lacan. com//frameXXIII7. htm.

② Ibid.

真理》、《哲学与欲望》等演讲中，在《世纪》、《论辩术》等著作的有关章节中，都对当代艺术进行过分析、批判。巴丢认为，今天统治我们世界的主导意识形态可以概括为一句话："我们只有身体和语言"。他将这种情形命名为"民主唯物主义"。艺术在当今世界中更是问题重重：

> 我能发现所有艺术创造中的病症。今天，绝大多数的艺术家、舞蹈设计者、画家、摄影师都在努力暴露身体的秘密，暴露身体的欲望和生理机制。这一全球的艺术潮流向我们呈现了一种身体艺术。性行为，裸露，暴力，病态，荒废……通过身体的这些特征，艺术家把我们有限的生活转化为奇幻、梦想和记忆。他们硬是把可见的和生硬的身体关系强加于大量的、无关紧要的宇宙噪音。[1]

后现代就是这种"民主唯物主义"的命名之一。存在＝个人＝身体。人权与生存权成了同一回事。这是一种"生物伦理学"。因为当代身体生产艺术，身体已经成为一架机器，"产品和艺术把自身铭刻在这种机器中"。而这种身体的绝对平等必须寻找一种相应的语言来保证，这就是一切规范化的语言。能包含一切身体的语言，一种独裁、极权的语言。巴丢宣称，"除了真理之外，我们只有身体、语言"。[2] 所以巴丢呼吁新的艺术的真理，艺术主体的第三种范式，艺术创造的新的可能性。（将在后文展开）

巴丢的"非美学"建立了一种完全不同于传统美学的诗学思想。他对"什么是诗"作出了自己独特的解释。例如他说诗是一种操作；诗是真理的过程；诗是沉默的行动，等等。他的文学解读是"非美学"的，艺术是哲学的条件，特定艺术能导致严格的内在哲学效果。他对马拉美、佩索亚、策兰、贝克特等人的作品作出了自己独特的解释。巴丢的诗学是一种"否定

---

① 巴丢于 2006 年 9 月 9 日在澳大利亚墨尔本大学维多利亚艺术学院所做的报告（Alain Badiou, *Body, Languages, Truths*, http://www.lacan.com/badbodies.htm.）。

② Alain Badiou, *Logics of World：Being and Event 2*, trans. Alberto Toscano, Cntinuum, 2009, preface, p.4.

性"诗学。巴丢从"非美学"的角度解释了舞蹈、戏剧、电影等艺术。（关于巴丢的诗学思想和艺术思想，将专门在下面的章节中展开论述。）

（五）结语

虽然巴丢的"非美学"意义不容低估，但其中的局限性、矛盾性也是非常明显的。

其一，他一方面反复强调艺术是哲学的条件，艺术是哲学的真理程序，另一方面又说只有某些特定的艺术才具有这种内在哲学效果，其中的矛盾性是显而易见的；

其二，巴丢多处谈艺术真理、艺术主体问题，始终无法离开他的哲学概念和术语，无法脱离他的哲学框架来谈艺术问题，巴丢反对把艺术作为哲学的对象，那么，巴丢对马拉美、贝克特等人的解读是否是将他们的作品当作了自己哲学的研究对象了呢？

其三，从巴丢文艺思想涉及的作家、作品、艺术门类来看，基本局限在传统经典艺术，特别是现代诗、舞蹈、戏剧和电影等，对当下艺术门类几乎没有涉及，他的理论带有明显的"复古""回头看"的现代主义倾向，在当前强劲的后现代思潮的背景下，难免有些"唐吉诃德式"的英雄主义情结，其现实针对性也是大打折扣的。

其四，他反对语言论转向，但他本人也是小说家、戏剧家，对马拉美、贝克特等人的某些作品作了精彩解读，明确诗的哲学身份。文学作品是一种语言艺术，对语言艺术的分析与他对语言的批判形成了不可克服的矛盾。

其五，他的真理理论很独特，他对艺术真理的呼唤，对真理问题的强调，在当代后现代解构一切真理的语境中，究竟有多少说服力和号召力，只能期待对其理论的进一步深入研究。

其六，他阅读马拉美等人的诗歌作品往往把它们作为思想来解读，不关心诗的修辞和意义，而且只关心否定的方面，只关心句法，而另一方面忽视了对其他艺术作品的分析。

最后，引用一位学者对巴丢诗学思想的评价作为本章的结尾：

巴丢关心的是存在与事件，而不是语言和游戏。这一立场的好处是，它是抵制后现代浸淫的关键点。但这样做的代价就是，回到了本质上是现代性的诗学，回到了一种艺术的后果中，而这种后果的全盛期早已过去，其潜力可能在现在已经被耗尽了。[①]

这段话也许能引发我们对巴丢诗学思想当代意义的深入思考。

---

① Jean – Jacques Lecercle, "Badiou's Poetics", in Peter Hallward, *Think Again*: *Alain Badiou and the Future of Philosophy*, New York: Continuum, 2004, p. 217.

第四章 巴丢"非美学"文艺解读

巴丢文艺思想在其专门性的文艺理论著作及论文中体现得最为充分。其重要的文艺思想方面的代表性著作有《非美学手册》（*Handbook of Inaesthetics*）、《电影论集》（*Articles on Cinima*）、《论贝克特》（*On Beckett*）等。此方面的重要论文包括：《语言、思想、诗歌》（*Languages，Thought，Poetry*）、《身体，语言，真理》（*Bodies，Languages，Truths*）、《作为真理程序的艺术》（*Art as the Procedure of the Truth*）、《当代艺术的十五个主题》（*Fifteen Theses on Contemporary Art*）、《艺术的主体》（*The Subject of Art*）、《艺术与哲学》（*Art and Philosophy*）、《当代政治与诗中的士兵形象》（*The Contemporary Figure of the Soldier in Politics and Poetry*）、《艺术的维度——评乌迪·阿隆迪的电影〈宽恕〉》（*The Dimensions of Art - on Udi Aloni's Film Forgiveness*）、《艺术中的真理程序》（*Truth Procedure in Art*）、《绘画》（*Drawing*）、《真理艺术作为一个政治点》（*Truth Art as a Place for Politics*）、《精神分析与哲学》（*Psychoanalysis and Philosophy*）、《犹太一词的用法》（*The Uses of the Word "Jew"*）等。同时，在《存在与事件》、《世界的逻辑》、《无限性思想》、《理论书写》、《世纪》等著作中，也有专门章节讨论艺术、诗学问题。

在巴丢的各种著作中，都能看到他对"特定的文学艺术文本"和"特定的艺术门类"的独特解读。从"特定文艺文本"的解读来看，在巴丢著作中出现最为频繁的作家包括：马拉美、佩索亚、兰波、策兰、贝克特等。在这些作家当中，马拉美、策兰是最重要的两位诗人，巴丢大篇幅地引用了他们的诗进行解读。贝克特作为小说家和戏剧家，在巴丢文艺思想中举足轻重,他撰写了研究贝克特的专著《论贝克特》,并在许多著作中有专门章节论述贝克特。从"特定艺术门类"的角度来看,巴丢对电影情有独钟,著有《电影论集》,同时还专门分析过戏剧、舞蹈等。此外,巴丢还有一些文章专门对现代派艺术、先锋艺术进行分析,他对达达主义的重要代表人物杜尚有过精彩论述。总之,巴丢对于这些"特定"作家、作品及艺术门类的分析解读,是从独特的"非美学"的角度进行的。而"非美学"不仅仅是一种新的文艺解读的角度和方法,更是一种艺术与哲学关系的全新构想,最终形成了巴丢独特的"非美学"文艺思想。

巴丢"非美学"思想是在其哲学理论框架内展开的。"非美学"指艺术与哲学之间的一种全新的关系,一种区别于启蒙、浪漫、古典关系的"第四种关系"。这种关系可以被称为新的"生产性关系"。因为在这种关系中,艺术本身是真理的生产者,是真理出现的场所之一,艺术的真理具有内在性和独一性。因此,"非美学"与传统美学的重大分歧就是艺术并非哲学的研究对象,而是哲学得以展开的四个类属真理条件之一。从这种全新关系出发,巴丢展开了对"特定"艺术作品及类型的"非美学"式解读,旨在从中发掘特定艺术作品的"内在哲学效果",最终形成了他独特的"非美学"文艺思想。

因此,巴丢的"非美学"的文艺思想紧紧围绕两个方面展开:一方面是艺术—真理—哲学的全新关系,另一方面是分析解读特定艺术及其作品的"内在哲学效果"。这样,巴丢全部的"非美学"的文艺思想涉及的作家、作品、艺术门类是"特定"的,而对这些作品的分析解读更是在艺术—哲学关系框架内展开的。

评论家 Jean - Jacques Lecercle 认为,巴丢的艺术思想、诗学思想本质上属于现代性的范围内,因此,今天看来,似乎已经过时。他这样评论道:

> 巴丢作为诗歌的思想家的重要性的一个方面是,他并没有厌恶于一个表现上不可能的工作:如何建构一种诗学的同时,还要降低语言的作用(语言的独立性、现实性及非明晰性)。巴丢的伟大在于他超

凡的连贯性和他哲学立场的独创性：他关心的是存在和事件，而不是语言及其游戏。①

那么，事实真的如此吗？笔者认为，这种结论明显带有以偏概全的嫌疑。这样的结论主要认为巴丢诗学思想仅仅围绕马拉美、佩索亚、兰波、策兰等人的诗歌展开的，而对这些诗人的关注和评论的热烈高潮早已过去了。实事上，巴丢的诗学思想是其哲学思想的一部分，是将诗、艺术作为哲学四个条件之一来进行研究评论的，因此，巴丢对他们的"非美学"解读绝非是"向回看""向后走"，而恰恰相反，他是通过对特定艺术作品、特定艺术家、特定艺术形式的分析解读，最终实现其"介入"的哲学主张，实现哲学在终结之后的"再向前迈进一步"的哲学构想。因此，把他的诗学思想笼统地认为是"本质上是现代性的"，这样的观点是值得商榷的。

此外，从最近出版的巴丢的著作与发表的一些论文中，我们看到，巴丢关注的艺术作品、艺术门类是不断"更新"的，他既评论了马拉美等人的现代主义诗歌，更对后现代主义艺术进行了深刻地批判；他既分析解读了马拉美等人的诗作，也评论解读了贝克特的小说戏剧；他既分析解读了传统的舞蹈、戏剧等传统艺术样式，又关注了电影等当代大众艺术；他解读了文学经典，也批判了当下艺术。因此，巴丢的艺术思想是具有介入性、当代性和批判性的。

本章主要就巴丢对小说、戏剧和电影等特定艺术作品的分析解读进行研究讨论。

第一节　巴丢"非美学"的文学解读

我从孩提时代起就一直希望有朝一日等我老的时候，我可以从纷

---

① Jean‑Jacques Lecercle, "Badiou's Poetics", in Peter Hallarwd, *Think Again：Badiou and the Future of the Philosophy*, New York：Continuum, 2004, p. 217.

繁复杂的存在中找到事物的本质。

——塞缪尔·贝克特

巴丢在《论贝克特》论文集中，在《非美学手册》一书中，对贝克特的小说及戏剧作品进行了文本细读，从中体现了他独特的"非美学"的文学解读方法。同时，他对贝克特作品的解读也是在他关于艺术与哲学"非美学"关系的构架中来解读的。因此，"非美学"在这里具有了方法论的意义。而巴丢对贝克特作品的解读，并非是按传统的文学的、美学的批评方法那样，从中发掘贝克特的存在主义思想，或把贝克特作为一个虚无主义者来看待，而是从贝克特作品中发掘对哲学本体论问题——存在问题的思考，发掘贝克特作品的"内在哲学效果"，在此意义上，巴丢的"非美学"同时具有了本体论的意义，这体现了他对文学的独特理解。

一　"思考的耶稣"：贝克特

有人认为乔伊斯是"忧郁的耶稣"，而他的同乡——贝克特则可以比作"思考的耶稣"。①

塞缪尔·贝克特（Samuel Beckett，1906—1989），1906 年 4 月 13 日出生于爱尔兰的都柏林，是世界著名的小说家，更是尤奈斯库开创的荒诞派戏剧的集大成者。贝克特长期居住于法国，早期主要用英语写作，后期则主要用法语写作。贝克特的文学生涯始于两部小说作品（《徒劳无益》和《平庸女人的梦》）和几首诗歌，而最终则以小说和戏剧创作著称。50年代之前，主要成就在小说创作，之后则主要致力于戏剧创作。贝克特最重要的是小说三部曲《莫洛依》、《马龙之死》和《难以命名者》（原作为法文）。贝克特一生共创作了 30 多个舞台剧本，有 20 多个被拍成电视剧或电影。其中最重要的、奠定其艺术地位的是三大剧作《等待戈多》、《终局》（原作为法文）和《快乐时光》（原作为法文）。由于他在文学创作方面的伟大成就，1969 年获诺贝尔文学奖，瑞典学院常务理事卡尔·拉格

---

① 参见欧阳谦《贝克特的存在感悟：一种形而上的寓言剧》，《文景》2007 年第 3 期。

纳·吉罗给贝克特的授奖词中说"3年之内出版的5部杰作立刻使他一跃成为文学界泰斗。这5部作品分别是1951年出版的小说《莫洛依》及其续集《马龙之死》，1952年出版的剧本《等待戈多》，1953年出版的《莫洛依》的第二部续集《难以命名者》及另一部小说《瓦特》。这一系列作品的问世，使作者在现代文学中大放异彩。""他那具有新奇形式的小说和戏剧作品使现代人从精神贫困中得到振奋。"①

贝克特的小说创作受意识流和象征主义思潮的影响。在艺术手法上大胆创新，在小说的结构和语言方面进行了极端的实验性创作。结构上，往往采用一种环形的封闭结构，情节不断繁衍，又不断自我消解，被不断打结或者打碎。语言上也进行了大胆实验，他曾声称："为了美的缘故，向词语发起进攻"，认为传统的语言、句法、语法都是些无意义的形式，像是维多利亚时代的绅士风度一样过时了。于是追求一种独白式语言的"无风格"的风格；一种标新立异的无形式的反形式。他提出了"形式即内容、内容即形式"的主张。他的小说语言含义模糊、模棱两可，充满不确定性的特征。在创作风格上深受乔伊斯、普鲁斯特和卡夫卡等人的影响，洗净铅华，剥去华饰，形成一种短小、精炼的"极少主义"写作风格。他对现实主义艺术手法深恶痛绝。因此，他的小说很少描绘真实的现实生活场景，而是致力于人类精神的困惑、焦虑、孤独、无聊。小说的主人公往往被限定在极小的空间内，甚至小说主人公在形体上和精神上都被"弱化"处理，形成"非人化"、"无形体"的主人公，只剩下了难以理解的声音符号。用一些毫无现实逻辑的生活碎片、甚至某些情节幻相，来表现人生的荒诞、无意义和难以捉摸，充分展示了现实的无序性和经验的荒谬性，以此体现他对人类命运和精神状态的哲性思考。这样的创造风格特质早已远远超出了现代主义的范畴，而具有某些后现代主义的气质了。因此，"人们读贝克特的小说，得到的不是思想上的启发、道德上的感化和人生经验的滋养，而是一种像在浓云密雾中穿行和在荒凉世界中受困的体验。"②

尽管贝克特的小说创造成就很高，然而真正奠定他在艺术上的卓越地

---

① 参见：http：//baike.baidu.com/view/79884.htm，2010.11.12。
② 卢永茂等：《贝克特的小说研究》，河南大学出版社1995年版，第16页。

位的，是他的荒诞派戏剧。他被看作是尤奈斯库开创的荒诞派戏剧的集大成者。他一生创作了几十种剧本，其中《等待戈多》、《终局》、《啊，美好的日子》成为他最重要的代表作。贝克特的剧作使荒诞派戏剧成为独立的后现代主义文学流派。英国学者沁费尔这样评价他："就贝克特而言，他的剧作对人生所做的阴暗描绘，我们尽可以不必接受。然而他对于戏剧艺术所做出的贡献却足以赢得我们的感激和尊敬。他描写了人类山穷水尽的苦境，却把戏剧艺术引入了柳暗花明的新村。"①

　　英国著名荒诞派戏剧研究专家马丁·艾斯林在其《荒诞派戏剧》中对"荒诞"进行了解释，他认为，"荒诞"原来在音乐语境中指"失去和谐"，因此，它的词典定义是"与理智或者适宜不和；不一致、不合理、不合逻辑"。他引用了尤奈斯库在论卡夫卡一篇文章中对该词下的定义："荒诞是缺乏目的……切断了他的宗教的、形而上的、超验的根基，人迷失了，他的一切行为都变得无意义、荒诞、没有用处。"接着艾斯林分析认为，人的状态的荒诞性带来的痛苦以及生活没有意义，理想、纯洁目标的不可挽回的贬值，是荒诞派戏剧与萨特、加缪等人为代表的存在主义文学的共同主题，然而二者的不同也是明显的："他们（萨特等人）以高度明晰和合乎逻辑地进行说理的形式表现他们对人的状态的无理性之感，而荒诞派戏剧则力图通过公开抛弃合理的方法和推理的思维，来表达它对人的状态的无意义和理性方法的不适用之感。"他认为"萨特与加缪以传统形式表现新的内容，荒诞派戏剧则前进一步，力求做到它的基本思想和表现形式的统一。"②

　　总之，荒诞派戏剧的思想基础虽然是存在主义哲学，但它采用离奇、荒诞的形式去表现荒诞主题，从而与存在主义文学相分离。荒诞派戏剧的表现手法，是反传统戏剧手法的，因此可以称之为"反戏剧"。其"反戏剧"的主要手法表现在：人物是无个性的、抽象性的病态、可笑、无助的小人物；缺乏情节的、毫无逻辑的、不断重复的环形封闭结构；直喻的、

---

　　①　参见贝克特介绍：http：//people．mtime．com/902076/details．html。

　　②　以上均参见［英］马丁·艾斯林《荒诞派戏剧》，华明译，河北教育出版社2003年版，第8页。

破碎的舞台道具、布景和人物动作；以及语无伦次、混乱不堪、莫名其妙的人物语言。

贝克特最喜欢古希腊哲学家德谟克利特说过的一句话："没有什么比虚无更加真实的东西了"。贝克特的荒诞剧创作深受萨特等存在主义哲学家和作家的影响，致力于表现人类生存的虚无、幻灭之感，表现对"混沌的存在"的抽象思考。于是用一种近乎荒诞的艺术手法，来表达人类存在的荒诞感。

二　巴丢对贝克特的解读

巴丢对贝克特的解读根本不是从"荒诞派"，从"存在主义"、"意识流"等传统美学、传统文学批评的角度进行的，巴丢在一系列著作和论文中，对贝克特进行了独具特色的"非美学"式解读。

巴丢的《论贝克特》① 一书，由巴丢发表在不同时期的四篇论文组成：分别是"塞缪尔·贝克特：类属性写作"② （*Samuel Beckett：the Writing of the Generic*）；1995 年的一个长篇专题论文"贝克特：不竭的欲望"③ （*Beckett：Tirerless Desire*）；1998 年《非美学手册》中的第九章"存在、生存、思想：散文与概念"（*Being，Existence，Thought：Prose and Concept*）；以及 1998 年一篇简短的会议论文"何事发生"④ （*What Happens*）。本书还收录了 Andrew Gibson 的一篇论文，作为全书的跋："巴丢，贝克特与当代批评"（*Badiou，Beckett and Contemporary Criticism*）。

下面我们从几个主要方面来概括介绍巴丢对贝克特的"非美学"式解读。

（一）"灰黑就是存在之所"

巴丢认为，纵观贝克特的全部作品，可以发现存在相互交织、看似对

---

① Alain Badiou, *On Beckett*, ed. Alberto Toscano & Nina Power, Manchester：Clinamen Press, 2003.

② 这篇文章是巴丢所著的《条件》（1992）一书的最后一章：Alain Badiou, *Conditons*, trans. Steven Corcoran, New York：Continuum, 2008。

③ 这篇长文的法文单行本 1995 年出版：Alain Badiou, *Beckett：L'increvable désir*, Hachette Livre, 1995。

④ Originally published as *Ce Qui Arrive*, in Régis Salgado and évelyne Grossman, ed. *Samuel Beckett, l'évriture et la scène* (Paris：SEDES, 1998), pp. 9—12.

立的两种存在的场所。一种是封闭的，一种是开放的。

封闭的场所，可以使存在之地的特征被列举出来，可以得到准确的命名。这样做的目的就是要使所见与所说，能在封闭的空间内同时呈现。例如《终局》中的那间封闭的房间；《马龙之死》中马龙去世时所在的那间卧室；《瓦特》中的诺特先生的家；当然也包括《迷失的人》的那个圆形的舞台。这些都是小说、戏剧在思考存在之所的问题时所做出的处理。这种处理就是一种视觉的可逆性和既定知识中的措辞的不断重复。这就要求一种特殊的禁欲般的场所类型。

而另一种完全不同的处理就是开放的、开阔的场所，一个包括各种轨迹的可穿行的空间。例如在《莫洛伊》中乡下的原野、山上、森林里，在这些地方莫洛伊寻找着他的母亲，莫兰寻找着莫洛伊；《被逐者》中的城市与大街上；《是如何》中的漫延的黑泥；《够了》中的那对老夫妻幸福地漫步在苏格兰和爱尔兰开满鲜花的山丘。

不管是开放的还是封闭的场所，贝克特倾向于超越一切装饰。他笔下的一切场所全部是灰黑的，这种经过纯化处理的场所，可以被称为存在之所的灰黑之地。这灰黑之地最终使存在的存在作为"空"而被言说。

在《马龙之死》中，马龙躺在床上等着死亡来临，虽然一动不动，但意识在不断地流动。他清醒地意识到死亡将要来临。然而，他不知自己身在何处。他说："没有比无更真实的东西了。"他不知自己身处的这间小得可怜的小屋究竟在哪里。这间小屋可以在任何国家、任何地方，所以它无处不在；然而，我们又不知它到底所处何方，它又无处可在。这是间没有光线、无所不在又无处可在的小屋。"我觉得，我有责任说，在这块地方，从来未曾有过光线，从来未曾有过真正的光。""这儿真的是从无任何色彩，除了这种极亮、极耀眼的灰色，也许可以把此称为色彩。""我，我自己就是灰色的。有时我简直觉得，是我自己发灰色的光。""是的，黑暗是漆黑的一团。我什么都看不见。"[①]

在《非美学手册》第九章，巴丢分析了贝克特的《噢！最糟糕》

---

① ［爱尔兰］塞缪尔·贝克特：《马龙之死》，阮蓓、余中先译，湖南文艺出版社 2006 年版，第 269—472 页。

（Worstard Ho）这一"实验性文本"。这部作品是贝克特少数几部没有译为法语的英语作品，因为贝克特认为它是"不可译的"。巴丢认为这个文本，不能借助通常的"文学的诗性来思考它"。而是把它"作为一个简短的哲学论著，作为一个存在问题的短论来看待"。因此，巴丢从四个方面对这一文本进行了分析：言说、存在、书写和思想。这一文本在巴丢看来，是一种思想韵律的文本，是关于存在问题的"速记"或"思想之网"。贝克特在这个"最小主义"的艺术处置中展示了纯粹的"存在"，以及与"存在"相伴的它的名字——空。下面，先对所谓的"最小主义"的艺术处置原则作一简单介绍：

可以先引用贝克特《噢！最糟糕》一文中的一节：

Say a body. Where none. No mind. Where none. That at least. A place. Where none. For the body. To be in. Move in. Out of. Back into. No. No out. No back. Only in. Stay in. On in. Still.

从上面这段引文可以感受到贝克特这一作品的语言特色，即巴丢所谓的"最小主义"原则——不可再简约的语言形式。语言充满了韵律，然而最小主义原则使语言很抽象，很不好理解，如果把上面这段话用"正常的"英语来表达，可以"翻译"成下面这样：

I'll say there's a body (where there isn't one). I won't say there's a mind (where there isn't one). That at least is true. I'll say there's a place (where there isn't one) for the body：for it to be in and move in，and to move out of and move back into again. No：the body doesn't move out or move back. It stays in，it stays on in - unmoving.

《噢！最糟糕》就是这样的语言方式。"句子结构破碎；语法经过了重组；词汇经过了更新，新词比比皆是，就在我们眼前直接杜撰，被赋予了陌生的形式——'unwornsenable'、'unmoreable'、'unlesssenable'、'meremost'、'dimmost'、'unnullable least'等'那个小小的而又辽阔的地方在哪儿呢？似乎只是隔了一片辽阔。在那小小的虚无的辽阔之地，只是隔着虚无。''与其说是少，不如说是至少，或者说是最少'。"① 巴丢认为，在这个文本中不仅有空的存在——即"在者在"（或"作为存在的存在"，being que being）——的展示，同时还包括这种存在的显现为"关于存在问题"的可能性，而这种存在的显现就是"阴暗"（dim）。所以，这个文本中的存在就有两个名字：空与阴暗。

（二）主体形象

巴丢在《主体命运的形象：论贝克特》（*Figures of Subjective Destiny: On Samuel Beckett*）一文中指出："为什么诗与哲学之间（或更一般的文学与哲学之间）存在密切的关系？因为哲学在文学中找到了人类主体命运的全新形式的一些范例。"② 而巴丢在贝克特的作品中就找到了这样的"范例"。

巴丢分别分析了贝克特《迷失的人》（*The Lost Ones*）和《是如何》（*How It Is*，又译《怎么回事》）中的主体的"形象"（figure）。巴丢将"主体的真理形式的文本化呈现"为"形象"，并认为主体的哲学理论对"形象"极其感兴趣。小说展示了一种完全抽象的场所（place），这种场所是同质的、被规定的、有严格的组成要素：《迷失的人》的场所是一个巨大的橡胶圆筒，在这个圆柱中光线、声音、温度都被严格的规则所规定，然而这些规则根本无法在概念上加以认识，而仅仅是经验地存在。在这个圆筒中，许多人被命令寻找他们自身的"他者"。小说开头这样写道："在这个住处，那些走失的身体漫无目的地在寻找迷失的自身。"

而在巴丢看来，这些"寻找迷失的自身"的形象类型的建立大体有两个标准：一是寻找者与放弃者之间的区分。这些人生活的唯一的欲望就是

---

① ［英］詹姆斯·诺尔森（文）、［英］约翰·海恩斯（图）：《贝克特肖像》，王绍祥译，上海人民出版社 2006 年版，第 96—97 页。

② Alain Badiou, *Figures of Subjective Destiny: On Samuel Beckett*, http://www.lacan. com/article/? page_id=21.

寻找丢失的自己，有的人生活在这个唯一的"命令"之下，而有些人放弃了这一"命令"。二是一种柏拉图式的"行动与停止"的标准。一些寻找者不停地走动，而另一些则有的偶尔停下来，有的常常停下来。

根据上面的标准的分析，巴丢认为贝克特小说《迷失的人》中展示了四种主体的类型[1]：

一类是流浪者。例如那些小孩，不停地走动，从不停止。

一类是休息者。那些有时休息的人。

一类是静止者。那些很少行动，往往长久驻足不前的人，但他们的眼睛却不停地动，四处继续寻找那个丢失的自我。

一类是不寻找者。被征服者，身体、眼睛都放弃了寻找。

四种类型中，那些偶尔停下来或长时间静止的人都被称作"久坐者"（sedentary）。"久坐者"两端是两个极端：不停地寻找的"流浪者"和完全放弃寻找的"被征服者"。"放弃是不可逆转的，但是在'久坐者'之中存在一切可能，即使他什么也没得到"，这就是主体的箴言。主体的形象就是处在这两个极端及其中间。

巴丢还具体分析了《是如何》中的四种主体的类型：[2]

一类是黑暗中拿着袋子的流浪者；

一类是相遇者；

一类是被相遇者所抛弃而不动者；

一类是"受害人"，在消极情况下被某人遇上的人。

通过这四种类型主体的分析，可以大体归为两大类：一类是孤独者，一类是"二"的形象。这两大类可以概括一切人。这些主体都是平等主义

---

① Alain Badiou, *On Beckett*, ed. by Alberto Toscano & Nina Power, Manchester: Clinamen Press, 2003, p. 24.

② Ibid., p. 26.

的主体。而《是如何》则证明了两大主题：第一个主题是：只有一个女人在行动；第二个主题是：那个黑暗中不动的人是个男人。这里性别的主题就是关于"爱"的主题，"爱"就是"二"的真理。

（三）爱的相遇：一（One），二（Two），无限（Infinity）

巴丢通过对贝克特作品《墨菲》、《马龙之死》、《是如何》、《克拉普最后一盘录音带》、《够了》等作品相关片断的解读，论述了作为哲学条件之一的"爱"的真理程序。

爱作为一种真理依赖于一个纯粹的事件：二（Two）的相遇。爱开始于一次纯粹的相遇，这种相遇绝非预知的也非命中注定的，而仅仅是两条轨迹的偶然交叉。相遇之前只有单个的"一"（One），相遇之前"二"根本不存在，尤其是不存在性别的二元性。性别的差异只有在相遇之刻，只有在爱的展开的过程中，才是可以被思考的。根本不存在原初的、先在的作为这种相遇的条件或导引的性别差异。相遇是"二"的普遍力量，也是爱本身的普遍力量。这种力量绝不能与感觉的力量以及身体的性的欲望相提并论。相遇的力量超越了性别和一般感情，这种相遇是"二"的基本例证。爱的形象中，"二"出现了。爱的形象包含了性别的"二"或性别化的形象。爱无论如何也不能把一种"先在"（pre-existing）的"二"变成"一"，这种爱的浪漫主义的版本（即认为爱是先在二变成了一）是贝克特一直都加以嘲笑的。爱既不是一种"融合"也不是一种"情感流露"，而是"二"能作为"二"存在的先决条件。

巴丢在《条件》第十一章"什么是爱"中，从九个方面对"什么是爱"这一问题进行了系统的总结，分别涉及性别与哲学、人类存在的条件、爱作为一个矛盾的处理、爱是"二"的情景形成了分离的真理并保证了人类的"一"、爱与欲望、女性立场与人类等方面。由于这章内容带有总结性，并且在论证中没有涉及贝克特作品，在此不再详述。

（四）事件及命名

巴丢认为，贝克特的《瓦特》以及《等待戈多》、《莫洛伊》、《马龙之死》、《难以命名者》等作品，都有对事件的思考。这些作品的结局可以看到，除了等待事件发生之外，什么也没有发生。戈多不会出现，戈多不是别的，仅仅是它到来的承诺。《瓦特》是在等待"诺特"先生，"揭示了明晰和稳定不过是较大范围内的前后不一和任意偶合的临时结果"，"说明了语言与现实之间关系的未决因素"。[①]《难以命名者》更是一部"反小说"的代表作，它极端反对传统小说的人物、情节、结构，甚至没有段落划分、没有标点符号、没有人物。表面看似怪诞离奇、晦涩难懂，但实质上则成为一个比哲学著作更好的思想载体。

巴丢还分析了贝克特的《看不清道不明》（*Ill Seen and Ill Said*）一文。他分析了什么是"Ill Seen"，什么是"Ill Said"。前者是指发生的必然是处于存在的场所的可见性原则之外的事情，真正发生的事情不能被准确地看到，是因为"准确看到"总是被灰暗的存在所制约。后者是指"准确地说"就是既定意义的秩序。但是当我们试图准确命名所发生的事情（发生的事件就是"看不清"的名字）时，而这种命名不再是意义的囚徒。*Ill Seen and Ill Said* 就是指从看到中扣除的东西与从意义中扣除东西之间的可能的一致。也就是说，我们一方面要处理事件，另一方面要处理与它的诗化的名称之间的一致。

巴丢认为，在这个文本中，"噪音—事件"的名称是一种诗意的发明。这一命名浮现在语言的空之中。这一噪音—事件的命名使一种微弱的希望出现了，这就是真理的希望。这种真理是被插入灰暗存在之中的真理，是依赖于事件命名的真理。真理只能开始于这种诗意的命名——一种无意义的命名。于是真理的领域就被打开了。

巴丢在《非美学手册》第九章"存在、实在、思想：散文与概念"一章中，从十七个方面详细分析了贝克特的《噢，最糟糕》这一文本。巴丢分析了这一文本的四大主题：第一是祈使话语；第二是纯粹的存在；第三是"存在中的题写"，即作为阴暗的阴暗在表象秩序中部署的东西；第四是思想，在思想中并且通过思想，人类的形构与祈使话语同时存在。巴丢分析认为，第四个主题"思想"是第一个主题与第三个主题的回忆：祈使话语与存在中的题写，这些都是"为了思想"和"在思想之中"的。思想

---

① 卢永茂等：《贝克特小说研究》，河南大学出版社 1995 年版，第 136 页。

又能对纯粹的存在（第二个主题）说些什么呢？这样整个文本的哲学结构就是：从有利于思想的角度，对纯粹存在的问题能讲些什么，在这一过程中，祈使话语与存在中的题写可以同时出现。总之，这一文本就是关于思想、存在、话语等哲学核心命题进行的思考。

三　巴丢"非美学"文学解读方法

以上通过巴丢对贝克特的独特解读可以看出，巴丢以一种完全不同于当代文学批评的方法和标准，对贝克特进行了别具特色的"非美学"式解读。

在巴丢看来，康德思想的三大批判要解决三大问题："我能知道什么？"、"我应该做什么？"、"我可以希望什么？"，而贝克特全部作品要解决三大问题:① 我要去哪里？我能成为谁？我能说什么？这三个问题分别与"行动"、"存在"和"言说"有关。在这三者之中有一个"我"横跨三个问题，在这三种情境中有一个"主体"被这三者所把握。这也就是巴丢所谓的贝克特的"类属写作"。这种"类属写作"的三个最基本的类属功能就是"行动"、"存在"与"言说"。在贝克特小说中，人物的衣服、身体、语言片断等非本质特征都被省去，以使写作的类属功能得以呈现。

巴丢对贝克特的解读，主要围绕四个方面的问题展开：

第一，存在的场所（place of being）的问题。或更准确地说，小说及其真理的问题。存在的真理如何在小说中找到其合适位置的问题。

第二，主体的问题。对贝克特而言，主体问题本质上是身份的问题。

第三，"什么发生"和"发生了什么"的问题。作为静止存在的增补的"事件"如何被思考的问题。对贝克特而言，这一问题与语言的能力问题密切相关。

第四，二的生存的问题，或他者的虚拟性问题。这一问题最终与贝克特的全部作品相关。有效的"二"可能吗？"二"可以超越自我

---

① 这三个问题巴丢在他的《无意义的文本》中明确提了出来。

中心论（solipsism）吗？也可以说这是关系爱的问题。[1]

从上面这四个问题可以看出，巴丢对贝克特的解读是一种"强力阅读"，一种"理论预构"的阅读——即通过阅读，从贝克特的作品中发掘出巴丢哲学的基本内容：存在、事件、主体、真理、类属、表现、爱，等等。或者如《论贝克特》一书的编者阿尔伯托·托斯卡诺（Alberto Toscano）和尼娜·帕尔（Nina Power）在本书序言中所言，巴丢对贝克特的解读，同时也是贝克特对巴丢的解读：通过贝克特的作品，巴丢阐述他的哲学理论，贝克特的作品中所包含的"内在哲学效果"也证实并修订了巴丢的理论。

具体而言，可以从以下几个方面来理解巴丢对贝克特作品独特的"非美学"解读。

（一）"非美学"解读是一种"反传统"式的解读

对贝克特作品传统的文学批评方式，是把贝克特作为存在主义者来看待，从存在主义哲学的角度来理解、解读其作品。这种传统批评方式认为贝克特是一位虚无主义者，是一位表现世界"绝望、荒谬、空虚、孤寂"的作家，是一位将萨特的自由理论和思想转化成了晦涩的语言能指的存在主义者。巴丢则一反这样的批评姿态，而是将贝克特作为"无尽欲望"的作家来看待，将贝克特看作一位乐观主义者而非虚无主义者；认为贝克特的作品令人充满希望而非令人失望；认为贝克特是一位富有勇气的作家，是一位积极乐观而又直率的喜剧式作家。

国内外学术界对于贝克特的作品的研究，大致存在两种对立观点：一种认为贝克特是一位彻底的痛苦主义者和悲观主义者，他的生活和作品都是如此；而另一种观点则认为，贝克特并非消极的悲观主义者，因为他在面对苦难和逆境时，表现出了旺盛的生命力，表现了他不屈不挠的反抗精神。这两种观点的前提都是将贝克特看作是一位存在主义者，他的作品是对存在主义哲学思想的艺术化表达。这样的"前理解"的结果就是得出贝

---

① Alain Badiou, *On Beckett*, ed. Alberto Toscano & Nina Power, Manchester: Clinamen Press, 2003, pp. 4—5.

克特是一位"虚无主义者"："结果，我们得到的是身心分裂、主体坍塌、意识解体、形式消解以及死亡的主题和美学虚无的境界。"[①] 持第二种观点的学者则认为，由于贝克特的不怕逆境、勇往直前的精神，使他的作品中的虚无主义色彩大大减少。"在他的作品中，甚至是在那些最黑暗的、最萧索的句子中，我们也不难发现一种形态、一种能量和一种活力，它们抵消了作品中的虚无主义。"[②] 如此来看，以上两种看似对立的观点表明，对贝克特及其作品的传统的批评往往是局限在一种"前理解"，这种"前理解"认为贝克特是"荒诞派"戏剧的杰出代表人物之一，他的"作品是以一种新的小说与戏剧的形式，以崇高的艺术表现人类的苦恼"。[③] 并认为荒诞派作品是继承了"存在主义"的"荒诞"观念，艺术上吸收了超现实主义的手法，"以荒诞的戏剧形式表现世界和人生的荒诞性：人生的无意义、人的异化、人与世界的隔膜、人与人之间的疏远等。"[④]

巴丢完全放弃了这种"贴标签"似的分门立派式的传统批评方式，认为贝克特提供了一种肯定性"诗学"，而非绝望的虚无主义写作。巴丢在《论贝克特》第二章"无尽的欲望"的开头两节中，交代了他对贝克特产生兴趣的渊源，并奠定了他解读贝克特作品的基础。巴丢指出，在 50 年代，他还是一个彻头彻尾的萨特主义者，因此，他对贝克特的评价与当时的其他批评者没什么两样，都认为贝克特是一个表现荒诞、绝望、孤独的"存在主义者"。然而，当他读了贝克特的《难以命名者》之后，他产生了对贝克特长达四十年的持续的兴趣，同时一改传统的认为贝克特是一个"存在主义者"的观点，认为贝克特通过他的小说、戏剧、散文、诗歌、电影、广播、电视和批评让我们确信，他绝非一个消极的、虚无的存在主义者，他用他的作品教给我们一种"尺度、准确性和勇气"。[⑤] 并认为贝克

---

① 张士民：《对贝克特文学风格的文体学研究》，《国外文学》2010 年第 1 期。

② ［英］詹姆斯·诺尔森、［英］约翰·海恩斯：《贝克特肖像》，王绍祥译，上海人民出版社 2006 年版，第 21 页。

③ 卢永茂等：《贝克特的小说研究》，河南大学出版社 1995 年版，第 13 页。

④ 钟尹：《论荒诞派戏剧中的喜剧策略》，《南方文坛》2009 年第 2 期。

⑤ Alain Badiou, *On Beckett*, ed. Alberto Toscano & Nina Power, Manchester: Clinamen Press，2003，p. 40.

特的作品提供给我们的也不是像大多数人认为"一种整体的、线性的路向"——一种内容上的虚无主义和形式上的极少主义——而是一种复杂而多变的文学艺术方式。

（二）"非美学"解读是一种"强力阅读"

巴丢对贝克特的阅读也是一种"强力阅读"，一种"介入式阅读"。这种"强力阅读"主要体现在两个方面。

一方面，这种"强力阅读"是建立在巴丢对贝克特全部作品的介入式把握的基础之上。如同阿尔都塞所认为的那样，在马克思思想进程中有一个从意识形态向科学马克思主义过渡和转换的"认识论断裂"，并认为这种断裂是以1945年为分界，以《关于费尔巴哈的提纲》及《德意志意识形态》为标志。巴丢认为贝克特的作品也存在一个"断裂"和"摇摆"，这个"断裂"是以1950年的《无所谓的文本》（*Textes pour rien*，1950）为分界，以著作《是如何》①（*Comment c'est*，1960）为标志的。巴丢认为这部散文作品不仅在写法上而且在命题上都产生了断裂。

从写法上来看，如果早期的《莫洛伊》（*Molloy*，1947）是明显的小说形式，情节安排、段落配置都错落有致，而到了《难以命名者》（*L'In-nommable*，1950）之后，这种明显的小说形式就已经被"潜在的诗"的形式所取代了。"《难以命名者》，表面看似怪诞离奇、晦涩难懂，但实质上它是一个比哲学著作更好的思想载体。"②贝克特曾说："《莫洛依》及其他作品都涌入了我的脑海。那一天，我意识到了自己的愚蠢。从那一刻起，我才开始创作一些真正有感而发的作品。"还说道："我意识到，乔伊斯的所作所为表现了一个人在追求知识的过程中可能达到的极限，他懂得如何控制自己的素材。他在不断地增加素材。你只要看看他自己提供的证据，就会明白这一点。我觉得我自己的写作方式则会使素材越来越贫乏，知识越来越少，不断在施予，所以我的素材非但没有增加，反而减少了。"③因

---

① 又译为《怎么回事》（见《贝克特肖像》）或《何以如是》、《依然如此》等。

② 王雅华：《难以命名、异延、意义之谜团》，《外国文学评论》2006年第3期。

③ 塞缪尔·贝克特：与詹姆斯·诺尔森的访谈，1989年10月27日，转引自［英］詹姆斯·诺尔森、［英］约翰·海恩斯《贝克特肖像》，王绍祥译，上海人民出版社2006年版，第39页。

此，《贝克特肖像》一书作者这样评论贝克特写作方式的转变："他之所以拒绝接受乔伊斯的原则，不把追求更多的知识作为创造性地了解世界并控制世界的一种手段，因为世界对他来说混乱不堪，难以控制，而且人类缺乏理性，自我缺乏内在的一致性，这与该原则并无一致性。所以，他反对按直接由这一原则产生的写作技巧进行写作，比如，他的作品中不再充斥着名人名言和隐晦的典故，不再故弄玄虚，故作讳深莫测。他告诉我，未来他写作的重心将集中于失败、贫穷、流放和失落。"①

从命题上来看，在"二战"之后，贝克特的创作出现了一个转折点，巴丢认为这种"断裂"和"摇摆""在效果上意味着，任何一种文学文类都无法达到对贝克特事业的理解。"② "正如《那时》的主角在自我批评时所说的一句话：'转折点对你来说是一个关键词'——从而贝克特又将一个围绕着他的人生与事业的重要误解带入了自己的生活。二战之后，他的主题确实沿着他所描述的方向发生了巨大的变化。他战后的法文作品与其说谈了许多已知因素，不如说谈了更多未知因素，谈了更多感受。"③ 巴丢分析认为，贝克特在《无所谓的文本》中所要集中讨论的三个问题："我要去哪里？我能成为谁？我能说什么？"到了1960年之后，又加入了第四个问题："我是谁，如果他者存在？"

巴丢过分强调了贝克特创作上的这种"断裂"，却没有看到这种"断裂"背后的内在关联。如果把贝克特创作分为"断裂前"与"断裂后"的话，这样很可能对贝克特作为一个作家的成长经历形成一种误解。事实上，其后期作品中的主题大多早已深深扎根于他早期的作品中。比如，德谟克利特曾经表达过这样一种思想："没有什么比'没有什么'更真实。"④ 贝克特对这一思想怀着浓厚的兴趣，然而，其实这种寂静主义的观点早已

---

① ［英］詹姆斯·诺尔森、［英］约翰·海恩斯：《贝克特肖像》，王绍祥译，上海人民出版社2006年版，第39页。

· ② Alain Badiou, *On Beckett*, ed. Alberto Toscano & Nina Power, Manchester：Clinamen Press，2003，p. 41. 译文参照《贝克特：不竭的欲望》，王璞译，《字花》2009年第22期。

③ ［英］詹姆斯·诺尔森、［英］约翰·海恩斯：《贝克特肖像》，王绍祥译，上海人民出版社2006年版，第40页。

④ 同上。

存在于《普通女人的梦》这一部作品中。

另一方面，巴丢的"强力阅读"还体现在对"美"这一术语的"技术性"理解上。与浪漫派所理解的"美"不同，巴丢对"美"这一术语的理解是"技术上"的。例如，浪漫派诗人的杰出代表人物之一济慈（John Keats，1795—1821），其诗歌的显著特征是空灵、如诗如画的唯美意境，因此他主张"美即是真，真即是美"。而巴丢则一反传统的对"美"的理解，他从三个方面来理解"美"的技术性意义。其一，认为文学的独特特征是一种语言艺术，它是对普通语言与自然语言的加工与变形。其二，"美"可以通过一系列文体的操作来把握。其三，"美"带给我们超越语言的方式。

贝克特作为一位来自爱尔兰的作家，从 1938 年开始，开始尝试用法语创作诗歌，之后就一直使用法语创作了。1937 年，他用德语给阿克塞尔·考恩写了一封信，信中说："我现在越来越难用正式的英语进行写作了，我写出的英语甚至不知所云了。"[①] 他在写给阿克塞尔·考恩的信中称，"我的语言在我看来越来越像一个面纱，只有把面纱扯开，才能够看见背后的东西，或者看见背后其实什么东西都没有。"[②] 在贝克特看来，这种"越来越混沌的面纱"的语言的追求，就是对"存在"与"混沌"表达形式的一种追求。用法语写作就更加通俗易懂，不必过分的修饰。因此，在此后的写作过程中，他把大量精力放在了语言的形式、节奏和音乐上。贝克特经常说，对他来说重要的是语言的音乐性，他是语言的韵律和断句发明的高手。贝克特用这种"远离自身"的"外"语——法语进行写作，法语给予了他"一种前所未闻"的美妙音色。在巴丢看来，"美是一种弥漫于词语之中的光芒，这种光芒照亮了我所谓的散文的'潜在的诗'。节奏、音色是形象中受约束的必需品，通过这种一孔之真理使我们勇气倍增。""贝克特使诗歌进行无尽欲望的思考来完成

---

① Samuel Beckett, *Disjecta: Miscellaneous Writings and a Dramatic Fragment*（《杂集：文选及戏剧片段》），London: John Calder, 1983, p. 171. 转引自 [英] 詹姆斯·诺尔森、[英] 约翰·海恩斯《贝克特肖像》，王绍祥译，上海人民出版社 2006 年版，第 38 页。

② Ibid. 同上书，第 39 页。

这一任务。"① 因此，在巴丢看来，美是与贝克特作品的文体操作相关的因素，是一种超越语言本身的"真理之光"。"以一种近乎激进的方式，贝克特全部的天才都倾向于一种肯定。"② 贝克特持久关注这种的"美"。巴丢举例解释了这点。贝克特为了短语中词语的准确性而断裂词语，并在其中添加附加词或一些忏悔，例如在《看不清道不明》（*Mal vu mal dit*）中；通过突然抒情时的韵律，缓解思绪和精神的紧张，例如在《伙伴》中；通过一种宣言式的语调，创造一种宇宙的辉煌和静止表象的奇观，而这样的奇观是以散文拉开它的序幕的，例如《看不清道不明》的开头：

De sa couche elle voit se lever Vénus. Encore. De sa couche par temps clair elle viot se lever Vénus suivie du soleil. Elle en veut alors au principe de toute vie. Encore. Le soir par temps clair elle jouit de sa revanche. A Vénus. Devant l'autre f enêtre. Assise raide sur sa vieille chaise elle guette la radieuse. ③

从她躺着的地方看去她看到金星升起来。还有。从她躺着的地方看去天气好的时候她看到金星升起来后紧接着太阳升起。这时候她就抱怨整个生命的法则。还有。晚上天气好的时候她享受着她的报复。对金星。在另外那扇窗户前。她僵僵地坐在她的旧椅子上注视着那颗灿烂的星星。④

（三）"非美学"解读是一种"哲学式"阅读

巴丢对贝克特的解读是一种"事件"哲学的阅读。在贝克特作品中巴丢读到的是一种面对思想的苦行，一种面对"事件思想"的苦行。在巴丢看来，贝克特是一位事件的柏拉图主义者。巴丢在《论贝克特》中有这样

---

① Alain Badiou, *On Beckett*, ed. Alberto Toscano & Nina Power, Manchester: Clinamen Press, 2003, p. 76.

② Ibid. , p. 41.

③ Sumuel Beckett, *Mal vu mal dit*, Editions de Minuit, 1981, p. 7.

④ ［爱尔兰］贝克特：《贝克特选集：看不清道不明》，谢强、袁晓光等译，湖南文艺出版社2006年版，第197页。

一段话：

We can see that the ascesis – metaphorically enacted as loss, destitution, poverty, a relentlessness based on almost nothing – leads to a conceptual economy of an ancient or Platonic type. If we disregard (and Beckett's prose is the movement of this disregard, of this abandon) what is inessential, what distracts us (in Pascal's sence), we see that generic humanity can be reduced to the complex of movement, of rest (of dying), of language (as imperative without respite) and of the paradoxes of the Same and thd Other. We are very close to what Plato, in *The Sophist*, names as the five supreme genera：Being, Sameness, Movement, Rest, and Other. If Plato the philosopher uses these to determine the general conditions for all thingking, then Beckett the writer intends, through the ascetic movement of prose, to present in fiction the atemporal determinants of humanity. [1]

我们可以看到，作为基于几乎一无所有基础上的对遗失、匮乏、贫困和残酷的隐喻表达，"ascesis"一词引出了一个古老的或柏拉图式的概念性省略。如果我们忽视（贝克特的散文就是这种忽视、这种放弃的运动）那些无关紧要的东西，忽视那些使我们分心的东西（在帕斯卡尔的意义上），那么，我们看到，一般的人类可以简约为运动、休息（死亡）、语言（不容喘息的命令）和同一与他者悖论的综合。这样，我们就非常接近柏拉图《智者篇》中的五个至高的种属：存有，同一，运动，静止，和他者。如果作为哲学家的柏拉图，用这五个概念作为所有思考的一般条件的话，那么，作为作家的贝克特则打算通过散文的苦行运动，在小说中呈现人类永恒的决定因素。

由此看来，贝克特作品的思想与巴丢的哲学思想有极大程度的契合。因

---

① Alain Badiou, *On Beckett*, ed. Alberto Toscano & Nina Power, Manchester：Clinamen Press, 2003, p. 47.

此，巴丢在《论贝克特》一书中的若干篇论文中，展示了他对贝克特的独特解读，这种解读中使用的长长的术语名单，几乎是巴丢本人哲学核心术语的重列。我们可以列出这些核心术语的一个长长的名单：减除（subtraction），事件（event），主体化（subjectification），表象逻辑（the logic of appearance），命名（naming），忠诚（fidelity），等待的主体（the waiting subject），非实在（inexistents），不可判定（undecidables），不可辨识（indiscernible），不可命名（unnameables），事件的事件（the event of the event），等等。

巴丢认为贝克特的许多作品是对"存在"问题的某种感悟。贝克特的小说《噢！最糟糕》，既不能被看作是散文也不能被当作是诗来读，应该把它作为哲学论文来读，是关于"存在"问题的哲学论文。《等待戈多》几乎可以看作是萨特与海德格尔存在哲学思想的艺术表达，小说浓缩了贝克特对存在问题的哲学式感悟。如果套用笛卡尔的哲学名言"我思故我在"的话，贝克特对存在的理解则是"我等故我在"。"他所有的作品都与追问混沌的存在有关联，看似具体生动的戏剧角色，其实是非常抽象的。弗拉季米尔和爱斯特拉冈，波卓和幸运儿，哈姆和克洛弗，纳格和耐尔，克拉普和温妮，他（她）们都不是身份明确的人物，而只是人类基本状况的体现和象征。"[①]《莫洛伊》是作者对人的本质问题的思考。主人公说过一句话："没有事物，只有无名的事物，没有名字，只有无物的名字。"《难以命名者》展示的就是这样一个世界，一个意义永远缺失的虚空的文本世界。小说开头便提出了"现在是哪里？谁在讲话？现在是什么时候？"等哲学本体论命题。这些问题是对人类存在的哲学本质问题的艺术追问。《故事与无意义的文本》[②]一书中有一句话："谁在说话有何关系，某人说谁在说话有何关系。"[③]福柯在《作者是什么》一文中引用了这句话，展开了对"作者之死"问题的思考。贝克特在作品《难以命名者》中展开了对

---

① 欧阳谦：《贝克特的存在感悟：一种形而上的寓言剧》，《文景》2007年第3期。
② 1955年法文原文出版，内收录了《被驱逐者》、《镇静剂》、《结局》三个短篇和13个文本片断。
③ Samuel Beekett, *Stories and Texts for Nothing*, NewYork：Grove Press, 1967, p. 85.

"空无的主体"、"缺失的主体"等哲学问题的艺术化思考。这些问题也恰恰是巴丢哲学思考的核心问题之一。《莫菲》展开了贝克特对二元对立问题的思考。小说《瓦特》是对神化语言"意义"问题的深刻反思。《马龙之死》展开了对作者的存在问题的思考。①

巴丢在分析《看不清道不明》中标题为"事件及其名称"一节的内容时认为,这段话是对"存在现象学"过程的描述。这一过程大致分为:一是通过一般的观看行为,开始对情势的考察;二是在情势中事件得以发生,事件的呈现是以"突然的声音"为标志;三是在事件的效果中"头脑清醒",思想复活;四是头脑对事件的反应并不是理解,而是命名;五是命名的两个词(名词"collapsion"和形容词"slumberous")在语言中刺穿一个洞;六是事件的命名产生了"希望之光"。在巴丢看来,这"希望之光"恰恰预示着真理到来的希望。在巴丢看来,贝克特就是事件的诗人,因为在他的文本中可以把事件、命名、真理等一系列概念贯穿起来。

正如吉布森对巴丢的批评一样,我们也认为,巴丢对贝克特的"哲学式"解读,虽然可以体现出他的事件哲学思想的某些方面,然而这样的解读依然是一种"非美学"的"强力阅读",某种程度上存在"以偏概全"的嫌疑,例如,巴丢在解读分析贝克特作品时,往往仅仅抽取其作品中的某个极小的片断加以分析解读,他在分析过程中所使用的术语和得出的结论,似乎早已存在于他的哲学思想中,因此,这样的解读似乎是一种"结论先行"的理论预设。如果说他在对贝克特的"哲学式"解读中读出了"事件诗人"的结论的话,而这里的"事件"究竟有何特征?究竟如何理解?在他所有的解读中,似乎只有一种"事件",那就是巴丢哲学中的

---

① 可以参见王雅华的相关研究论文。如:《理性与非理性的对话——塞缪尔·贝克特的〈莫洛伊〉之双重文本解读》(《外国文学评论》2003年第1期)、《大世界与小世界的对立——评塞缪尔·贝克特的长篇小说〈莫菲〉》(《外国文学评论》2001年第3期)、《作者之死与游戏的终结——塞缪尔·贝克特小说〈马洛纳之死〉之后结构主义解读》(《国外文学》2004年第2期)、《从认知危机到语言表征危机——评塞缪尔·贝克特的长篇小说〈瓦特〉》(《外国文学》2002年第4期)、《难以命名、异延、意义之谜团——塞缪尔·贝克特小说〈难以命名者〉之解构主义阐释》(《外国文学评论》2006年第3期)等。

"事件"概念，这一点被吉布森称为"事件的事件"，朗西埃也撰文批评了巴丢对马拉美和贝克特解读中存在的某些缺陷。

第二节 巴丢"非美学"当代电影艺术思想

巴丢并没有对电影做全面的分析解读，而是从"非美学"的角度，分析了电影艺术之于哲学的重要性。他在《无限思想——真理与回到哲学》一书中的"哲学与电影"① 一章中，分析了电影与哲学的关系；在《非美学手册》中开辟专章分析了"电影的虚拟动作"；② 还撰写了《电影作为民主的象征》③ 一文。此外，巴丢在《艺术的维度》④ 一文中以乌迪·阿隆尼的电影《宽恕》为例，分析了电影艺术的四重维度。Alex Ling 最近出版了研究巴丢电影思想的专著《巴丢与电影》。⑤ 本节拟就巴丢关于电影艺术的思想进行介绍分析。

一 电影艺术的四重维度

巴丢在《艺术的维度》一文中开篇提出了不同于一般理解的观点，认为电影不是由三个维度构成，而是由四个维度构成。

巴丢指出，一般认为电影作为一种可被欣赏的艺术样式，作为一种可看可听的"事物"，自然是由视觉和听觉两个方面构成，具体而言就是由两个视觉的维度和一个听觉的维度构成。而巴丢提出，由于艺术家和观众的存在，电影应该包含四个维度。这是因为电影包含了艺术家要传达给观

---

① This article originally appeared as："Considérations su l'état actuel du cinéma"，*L'Art du Cinéma* 24（March 1999）. In Alain Badiou，*Infinite Thought：Truth and the Return to Philosophy*，Trans. and Ed. Oliver Feltham and Justin Clemens，New York：Continuum，2004，pp. 109—125.

② "The False Movements of Cinema"，in Alain Badiou，*Handbook of Inaesthetics*，trans. Alberto Toscano，Stanford University Press，2005.

③ Alain Badiou，"Du cinéma comme emblème démocratique"，*Critique*，692—693（Jan. 2005）：4—13.

④ Alain Badiou，The Dimensions of Art：On Udi Aloni's Film Forgiveness，*The Symptom*，June 13，2008.

⑤ Alex Ling，*Badiou and Cinema*，Edinburgh University Press，2010.

众的某些观念，这种观念不仅可以传达给他的观众，而且还可以影响观众的思想和观念。所以他认为电影应该包含四个维度，分别是：历史的维度、叙述的维度、精神分析的维度和文化的维度。

正如这篇文章的副标题"以乌迪·阿隆尼的电影《宽恕》为例"所指，巴丢在分析电影艺术的这四个维度时，是以这部电影为例来论述的。

乌迪·阿隆尼（Udi Aloni）是美国籍以色列人，当代著名电影制作人、作家和视觉艺术家。他的新书《犹太人想要什么》（*What Does a Jew Want*，由齐泽克编辑）即将于 2011 年春由哥伦比亚大学出版社（Columbia University Press）出版。最近出版的 *Gilgul Mechilot*（*Forgiveness, Or Rolling In the Underworld's Tunnels*）一书涉及理论、精神分析、文学和哲学等内容，包含了对当代著名思想家齐泽克、阿兰·巴丢、朱狄斯·巴特勒等人的回应。然而，他成就最突出的还是电影。1996 年，阿隆尼在纽约开始从事电影创作，2002 年创作了他的第一部电影纪录片 *Local Angel*（2002），2006 年由他自编自导的电影《宽恕》上映发行。

电影《宽恕》围绕巴勒斯坦—以色列冲突为背景，讲述了一个惊悚的悬疑故事：1947 年，一队以色列军人将一个巴勒斯坦人的 Deir Yassin 村庄的村民全部杀害了，并在掩埋村民尸体的废墟上建立了一所以色列的疗养院。故事的主人公是来自美国的年仅 20 岁的大卫·阿德勒（David Adler），他曾经是一位以色列士兵，由于深爱自己的祖国，他从美国回到以色列，来到这个疗养院治疗他的精神疾患。然而在这个疗养院里有一个 10 岁的巴勒斯坦的少女幽灵时时困扰着这里的病人，大卫自然也受到这位少女幽灵的骚扰。而在青年恢复健康回到纽约后，这个少女幽灵再次出现在他的面前。

巴丢以这部电影为例，论述了他关于电影艺术的四重维度。

（一）历史的维度

在巴丢看来，历史的维度是对以色列和巴勒斯坦进行沉思的维度。编剧、导演乌迪·阿隆尼的基本思想是："巴勒斯坦"这一命名是以抵抗以色列而存在的，这一名字就是要防止在世人眼中以色列成为犹太人的化身。但同样，"以色列"这一名字是痛恨分裂的词汇，是一种盲目的暴力，"以色列"就是要防止巴勒斯坦在世人眼中成为阿拉伯世界的化身。然而，乌迪·阿隆尼的目的根本不在于在电影中要展示或描述巴—以冲突和分裂，战争或领土划分。因为在阿隆尼看来，巴勒斯坦及巴勒斯坦人已经被铭记在以色列的本质中了。这一思想最有力的证据就是，死去的巴勒斯坦人的遗骸早已变成了以色列建立疗养院的土壤。换言之，影响困扰以色列人思想、精神的恰恰是埋藏在地下的错误，即以色列人对巴勒斯坦村民的杀戮。而在电影的最后，导演揭示了，要想医治好以色列人的精神疾病，就要正视巴勒斯坦与以色列在历史上的同血缘关系，[1] 放弃分裂、战争和杀戮，必须共享他们的土地，共享和平。

因此，在巴丢看来，这部电影的主题绝不是一个政治主题。这里真理刻写在艺术之中。真理是艺术的效果。电影展示了发生了什么，什么应该发生，什么可能发生。发生了什么：分裂、战争和暴力；什么应该发生：分享土地之爱，异质因素的融合；什么可能发生：新的宣言——宽恕、重新开始。

(二) 叙事的维度

这部电影毕竟讲述了一个故事：20 岁的大卫·阿德勒不满其父亲亨利·阿德勒（Henry Adler，一位德国犹太人）的枯燥乏味的沉默。父亲亨利·阿德勒曾经在以色列呆过短暂的一段时间，后来到美国成为一名音乐家。他坚信理性的行为可以医治任何伤痛，所以他对儿子所犯的精神疾病无法理解，他通过对过去的否定而获得生活的"安宁"，这种否定自然也是对过去的遗忘，而他的儿子恰恰不能从过去的阴影中摆脱出来。因为，大卫为了面对真正的"敌人"，他参加了以色列军队，并杀死了自己心爱女人的孩子（他们都是巴勒斯坦人）。他不能原谅自己所犯下的"罪行"，所以最后精神痛苦、崩溃，甚至想到自杀。因此，他试图回到以色列的疗养院，回到自己罪行的起点，试图得到灵魂的救赎和解脱。于是电影就描述

---

① 巴勒斯坦与以色列有共同的祖先，那就是生活在这个地方的"闪米特人"。闪米特人迁徙到迦南地，被当地人称为"希伯来人"，意即"渡河而来的人"。公元前 11 世纪建立以色列国，后公元前 926 年分裂为北部的以色列国和南部的犹太国。公元前 722 年和公元前 586 年两个王国分别被亚述帝国和巴比伦帝国所灭。公元 641 年，阿拉伯帝国占领巴勒斯坦，当地迦南人与迁来的阿拉伯人融合形成了现在的巴勒斯坦人。

了这样一个过程：反抗，暴力和战争，爱，犯罪和疯癫，自杀的冲动与最终的救赎。这些就是一个典型的情节电影的要素。然而，这样的情节与第一维度——历史维度——是不能分离的，因为在那样的历史问题之中，电影的主人公的这些过程的经历，恰恰是以这一历史问题为背景，而主人公的行为也正在改变着这一历史问题的未来方向。可见，电影中主人公的个人的选择同时成为历史和政治选择的象征。电影结尾预示着两种故事的结局：象征以色列人的主人公大卫要么接受他曾是个杀人犯的记忆，使和平与和解成为可能；或者使自己保持沉默、遗忘过去，重复过去的罪行继续战争和杀戮，最后自我毁灭。这种结局都在告诉我们，如果继续以色列当前的政治方向，最终的结局只能是以色列人的真正历史性自杀。

（三）精神分析的维度

精神分析通过隐喻，使其成为前两个维度的联结点。在以色列和犹太人的历史背景下，故事描述的儿子的精神错乱，其实是由于其父辈造成的。毫无疑问，电影的主题之一就是当前的问题就存在于儿子对父亲的认识中，同时，更强有力地存在于父亲对儿子的认识上。电影中最明显的镜头就是父子俩身上的刺青，昭示了他们是同时被驱逐的幸存者。这个父亲既是真实的父亲，是居住在美国的德国（犹太人）音乐家，他想忘记过去，忘记犹太人的历史命运。同时，这个父亲是避难的疯狂的老人，他明白，否认地下埋葬的巴勒斯坦人的死，也就同时拒绝了任何积极的、能带来和平的希望。摆在儿子面前的选择就是父亲的这两种做法，而这种选择就意味着：继续分裂、战争，继续对巴勒斯坦人民的暴力和杀戮，同时就意味着同样无法计数的犹太人的死亡，并且这种死亡毫无意义，不管他们的死有多少纪念碑，而事实上，真正能告慰死者的纪念碑则应该是座活的纪念碑，即与巴勒斯坦人的握手言和。

这里，导演阿隆尼并没有回避问题的复杂性。其电影作品的真正魅力也在于此。我们马上会想到"俄底浦斯"，弗洛伊德将他描述为一位杀死自己的亲生父亲从而最终完成自己命运的希腊英雄。而电影中那个少女幽灵就是"安提戈涅"的化身，她既困扰着自知有罪的儿子，又引导着儿子走向灵魂的净化。但是，电影同时是对精神分析的主体操作的积极呼求，以反对化学药品的客观教条和记忆遗忘。电影中，为了治愈大卫的精神疾患，疗养院的医生 Itzhik Shemesh 想通过药品来治愈大卫的创伤，而 Shemesh 医生所用的药物曾经给大卫·阿德勒的父亲亨利·阿德勒服用过，其作用就是让他忘记过去；而双目失明的病人 Muselmann 相信真理恰是根本无法得到救赎，所以他从来不重新开始他的新生活，于是失明的 Muselmann 就成了一个可以生活在活人和死人两个世界的人物，他成了死去的少女幽灵与活着的大卫之间的纽结人物。于是电影通过大卫的故事以及疗养院的"前世"、"今生"，揭示了一个创伤永远无法抹去、命运无法避免的故事。因此，不管是父亲对儿子的照顾，还是医生的同情，都不能治愈儿子的创伤，而只有个人和历史的无意识中的声音，这疯狂的病人明白这声音来自医院的深深的地下，它在呼吁，儿子必须中断那分裂的命运，重新恢复爱的力量。

（四）文化的维度

巴丢认为，文化维度就是指电影就像多声部的合奏，电影叙事的维度中，还浸入了历史的、艺术的、文化的维度，至少来自四个世界。世界的拯救之途来自这种多样性，而不是仅仅文化的方面，不是仅仅靠容忍和尊重差异就能解决的。因此，当代的世界并不属于某种单一的传统，而是某种像网结的东西。很明显的是，以色列和巴勒斯坦就是这种结的典型例证，这种结中有不同的传统在发生作用，在此，一个全新的世界能够并且必须重新开始。

电影中，这四个文化的世界，在巴丢看来包括：古老的欧洲艺术创作；阿拉伯世界的微妙而无尽的对生命的热爱；美国的现代性；犹太人的不可替代的精神。电影用镜头记录了这四个世界文化的相互渗透与相互碰撞，而这四个世界均被包含在巴—以冲突之中。电影中涉及了父亲、德国、灭绝犹太人、以色列、巴勒斯坦、艺术的普遍性、爱的合并的困难等，因此，任何单一的主题都不可能包含如此广阔的内容。

乌迪·阿隆尼的电影使这些内容综合起来，并通过讲述一个叙述性的故事来实现，因此这里的故事叙述也同时成为一种艺术的寓言、精神分析的质疑、历史的沉思以及精神心理的命题。通过影片，观众从中唤起的并非单一的情感的触动，而是受到一种"情境"的影响，在情节的吸引下，共同领略了多方面的主题。

巴丢最后总结说，这部影片本质上看是乐观的。电影为我们树立了一种信心：正如情境既可以是重复的，也可以是令人失望的一样，在电影中存在各种纽结，因此，在此意义上，它属于巴丢所谓的肯定主义艺术。这一思想认为，艺术创造的思想，并非是对世界的某种简单的判断，而是同时暗示着世界可能被这种思想所改造。乌迪的电影艺术形构就是如此意义上的肯定，它预示着分裂可以被克服，巴勒斯坦的以色列或以色列的巴勒斯坦的力量，将会使灾难本身发生内在的转化。

二　电影是"第七种"艺术

巴丢在《非美学手册》第八章分析了"电影的虚拟动作"，指出电影是六大艺术之外的"第七种艺术"，是一种"加一"的艺术，是一种不纯粹的艺术。全文通过对电影"虚拟动作"的分析，通过与绘画、小说、诗、音乐等艺术的对比分析，认为"电影（cinema）只不过是拍摄和剪辑"，"没有其他的东西来构成'影片'（the film）"。[①]

为什么电影是"不纯"的"第七种艺术"，是"加一"的艺术呢？首先，巴丢认为，电影是通过可见物中撤回的东西而进行的操作。电影的图像是从可见场景中的第一次剪切，而运动的画面则是可见的现实场景的"被悬置、被颠倒、被扣除"，"剪辑比现实更本质"。电影与绘画的区别就是画面的运动与静止，电影作为运动的画面，是"由连续闪现的过去组成，在此意义上，电影是一种持续过去的艺术"。[②] 人们所看到听到的电影表达的观念，就是通过这些连续闪现的过去实现的。因此，巴丢认为，应该从三个不同方面来思考电影的动作：其一，"它将观念与通道、访问的矛盾的永恒性相关联。"其二，"动作是通过复杂的操作，在自身中减除的图像。"其三，"动作是从构成其他艺术实践的整体性之中获得的不

---

① Alain Badiou, *Handbook of Inaesthetics*, trans. Abberto Toscano, Stanford University Press, 2005, p. 86.

② Ibid., p. 78.

纯的循环。"①

因此，巴丢认为，如果离开了外在于电影的、由其他艺术构成的平台，那么思考电影就是不可能的了。在这种特殊的意义上讲，电影就是"第七种艺术"。但是电影永远不会与其他六大艺术处于同一层面之上，而是对其他六大艺术的"运用"，是其他六大艺术的"加一"（plus-one）。电影的操作是以其他艺术为起点的。

巴丢举例认为，如果电影离开小说，那么电影将不复存在。这一问题是复杂的，但有两点很明确，必须有故事（或故事的框架），必须有人物（或人物的说明）。然而电影除了来自小说的故事、人物外，还要与戏剧相关，因为电影需要演员，而"演员"就是戏剧中的术语。因此，电影观念建立在小说与戏剧之间，处于非二者之一的中间地带。巴丢又以威士康基（Visconti）的《魂断威尼斯》（*Death in Venice*）与托马斯·曼（Thomas Mann）为例，分析了电影与音乐的关系。

巴丢将词语"动作"的三种释义之间的联系称之为"电影诗学"（poetic of cinema）。这种诗学的全部效果就是使观念具有可感知的特点。观念只存在于电影的消逝中。"观念本身就是（引者注：对电影的）欣赏。"②电影的思想是一种混合的思想。是通过三种电影的动作实现的。"一是全局的动作，借此思想就是电影的消逝；二是局部的动作，借此思想也是不同于他自己、不同于图像的东西；三是不纯的动作，借此思想在被遗弃的艺术假想的游移的边界之间建立自身。"③正像诗是一种语言艺术一样，被"电影诗学"所编织的动作自然就是"虚拟动作"（false movements）。

巴丢又从全局动作、局部动作和不纯的动作三个方面来解释了为什么电影诗学的动作是虚拟动作。全局动作是虚拟动作是因为没有足够的尺度对其进行衡量。因为剪切的单元、镜头或顺序，不是通过时间的测量组成的，而是按照接近、回忆、坚持、破裂等原理组成的。局部的动作是虚拟

---

① Alain Badiou, *Handbook of Inaesthetics*, trans. Abberto Toscano, Stanford University Press, 2005, pp. 78—79.

② Ibid., p. 80.

③ Ibid., p. 81.

动作，是因为紧随图像从自身的减除之后的只有其效果。在此没有原始的动作，没有动作自身中的动作。不纯的动作也是一种虚拟动作，是因为根本没有办法从一种艺术到另一种艺术对动作进行操作。艺术是封闭的。绘画从来就不会变成音乐，舞蹈也不会变成诗歌。然而电影就是对这些不可能动作的有效的组织。而这种组织就是一种减除。

这就是为什么存在于影片中的电影，就像一个结，将三种虚拟动作联结在一起。由此电影将观念的不纯以纯粹的消逝传达给我们。因此，电影是一种不纯粹的艺术。电影是艺术的"加一"。然而，作为当代艺术的电影，其魅力就在于它将每个不纯的观念变成了自身正确的观念。

对于电影的评价和判断，在巴丢看来有三种方式：一种被称为"模糊的判断"，只会说"我喜欢"、"我不喜欢"之类的评价；一种被叫做"可区别的判断"，把电影作为某种风格加以评价；第三种叫做"自明的判断"。巴丢分别举例论述了这三种不同的对电影的判断。"自明的判断"就是通过电影的剪辑、拍摄、全局性或局部性动作、色彩、替身、声音等，接触到电影的观念，理解其内在的不纯性。因此，巴丢总结说："在电影中，没有什么是纯粹的。电影是被它的作为'加一'的情境内在地、整体地污染了。"① 电影是寄生在其他六种艺术之上的，电影是不纯粹的，但它就是要在这种矛盾和不纯粹中，实现自己的前后一贯和纯洁。电影不纯的观念是在被观众集体性的评价、判断中逐渐形成壮大的。

综上所述，巴丢在本章中讨论电影是不纯粹的艺术，是寄生于其他六种艺术之上的"加一"的艺术，其目的显然不在就电影动作而谈电影，而在于就这种特殊的不纯的电影，来谈他关于艺术与哲学的关系问题，重申他关于艺术是哲学的条件之一，艺术是哲学的真理程序之一的观点。那么，电影作为一种特殊的艺术，它与哲学又是怎样的关系呢？巴丢在《电影是民主的象征》及《电影与哲学》两篇文章中，对此问题进行了集中讨论。

---

① Alain Badiou, *Handbook of Inaesthetics*, trans. Abberto Toscano, Stanford University Press, 2005, p. 86.

三 电影作为民主的象征

巴丢在《电影是民主的象征》一文中提出了"电影是一种本体论意义上的艺术","电影是一种'大众艺术'"(cinema is a "mass art")[①] 的观点。

为什么电影是一种本体论的艺术呢？在巴丢看来，只有存在矛盾的关系时，哲学才得以存在。这些关系无法连接，或者不可能联系。而哲学恰恰就是要面对这些不可能的关系。因此，"哲学就是思想对那些不可能关系施加的暴力。"巴丢指出，如今在德勒兹之后，电影呼吁哲学，哲学也需要电影。电影给我们提供了矛盾的关系，提供了完全不可能的连接。而这是怎样的连接呢？电影是现实与策略间的脆弱关系。电影同时提供了复制现实的可能与这种复制完全虚拟的维度。现代技术为电影提供了比现实更"真实"的虚拟的复制品。这就等于说，电影成了某个古老悖论的形式，这个悖论关系就是存在与表象的关系。因此，在此意义上，电影是一种本体论的艺术。

为什么电影又是一种"大众艺术"呢？巴丢在文中给出了"大众艺术"的初步定义："如果那些杰作、那些艺术作品，在它们刚刚创作出来的时刻，能被任何权威或文化无可争议地宣布，这些作品受到了社会任何阶层人们的欢迎，那么，这些艺术作品就是大众艺术。"巴丢强调说，在这个定义中"在它们刚刚创作出来的时刻"是很重要的，这句话就排除掉了陈列在博物馆里的那些"具有忧郁历史主义气息"的作品，也排除了一些著名的艺术家的作品，例如，法国雨果、俄国普希金等作家，尽管他们的作品有成千上万的读者喜欢，但从范围上来看，远远比不上电影；此外，有些艺术家的作品往往在其作品创作出来的若干年，甚至艺术家去世之后才被大众所认可。而电影在创作出的时刻起，就会受到最广大群众的接受或认可，同样一部电影可以在超级大国、世界城市的影院中上映，也会在爱斯基摩人的冰屋中被观看，还会出现在非洲沙漠的帐篷中……

巴丢分析认为，"大众艺术"这一词组将两个重要的、对立的、矛盾

---

① Alain Badiou, "Cinema as a Democratic Emblem", *Parrhesia* No. 6, 2009, pp. 1—6. www. parrhesiajournal. org（此节下文引文如无注释均出自本篇文章，不再加注）。

的范畴并立在一起："大众"是一个政治的术语，或更确切地说，是一个激进民主的、共产主义色彩的范畴。而"艺术"则是带有精英、贵族色彩的重要范畴，因为艺术这一范畴中包含了创造力、特殊的艺术教育、独特的艺术历史等内涵。而"大众艺术"这一短语将这两个术语的矛盾的关系纽结在一起了：一方面是一种纯粹民主的元素，另一方面则是带有贵族气的元素。

如果说 20 世纪是先锋艺术的世纪的话，那么绘画、音乐、诗歌等都是先锋艺术。巴丢认为，20 世纪同时也是大众艺术的世纪，因为电影的出现。从最表面的形式来看，电影表现为大众的，同时又在一个先锋艺术的时代得到巨大发展。从深层的形式来看，电影展示了一些非现实的关系：如贵族与民主的关系、虚构与真实的关系、奇特与一般趣味的关系，等等。

那么如何理解电影这种"大众艺术"呢？如何理解这种"大众艺术"将矛盾的、非现实的关系纽结在一起呢？巴丢从五个方面对这种矛盾关系进行了分析论述：

（一）图像的悖论

这一点是对电影的最经典的解释，也就是文章开头提到的"本体论艺术"。电影作为"大众艺术"是因为它是古老的图像艺术的顶峰，图像在人类历史上无比的迷人。电影提供了相似图像的极致。可以说电影是形而上学认同循环的最终掌握。电影所展示的带有迷惑性的真实的画面，使电影的大众对这样的画面产生了近乎宗教般的虔诚。

（二）时间的悖论

电影作为"大众艺术"是因为它能将时间变为可感知的空间和画面。它创造了一种完全不同于现实时间的暂时的时间感受。更准确地说来，他将"时间的私人感觉"变成了再现。正是这种再现的间隙，使电影能够抓住那些意欲悬置时间改变命运的亿万观众的心。这一点使电影接近音乐。音乐使时间变得可听，而电影则使时间变得可看。当然，电影也能使时间变得可听，因为电影中包含了音乐。即使电影曾长期处于无声时代，然而它能将时间变成可见性，这一点足以使广大观众着迷。

（三）"第七艺术"的悖论

电影从其他六种艺术之中吸收了它们最受欢迎的部分，而放弃了这些艺术中的那些贵族气的艺术要求，使这些艺术变成了受大众欢迎的新的艺术样式。巴丢分析了电影从绘画、音乐、小说、戏剧等艺术样式中吸收了这些艺术中的某些因素。从绘画中保留了与外在世界的可感知关系，电影是"没有绘画的绘画"；从音乐中保留了音乐的节奏、韵律，使音乐能与现实的存在完美结合，电影中的音乐成了"没有音乐的音乐"，使音乐回到其主观的、叙述的语境中；从小说中保留了故事和叙事，变成了"电影剧本"，使电影的艺术性与商业性不能分开；电影将戏剧中的男演员与女演员统统变成了"电影明星"。总之，电影从其他艺术中吸收某些东西，当然，这种操作是极为复杂的，因为电影从这些具有悠久历史的复杂的艺术形式中，吸收了一般的、可被大众接受的东西，并使这些东西变成电影特有的视觉、听觉意象。因此，电影就是其他六大艺术的积极地民主化的过程：将这些艺术变成了"没有绘画的绘画，没有音乐的音乐，没有主题的小说，戏剧变成了明星的魅力，电影保证了所有艺术的大众化。"

（四）"非纯粹艺术"的悖论

在此，巴丢分析了电影中的艺术与"非艺术"的关系。电影之所以能成为一种大众艺术，是因为它总是处于"非艺术"的边缘。即使一部电影获得了极大的艺术成功，然而它内在地包含着许多非艺术的成分。反之，这些非艺术的成分也根本不能抑制一部电影成为艺术精品，成为大众艺术的杰作。因为电影将贵族的与民主的艺术、将艺术与非艺术编织在一起，因此，欣赏一部电影既可以获得精神的享受，也可以得到感官的愉悦。电影就是要在普通意见与思想作品之间的连接中进行操作。这样，电影就自然是一种"不纯粹"的艺术。

（五）伦理的悖论

巴丢分析认为，电影是一种形象的艺术。不仅包括空间、场地等形象，更重要的包含活生生的人物形象。电影展示了人类行为的某种消逝，以及这些行为所面临的普遍价值选择的问题。电影是英雄们出现的最后圣地，因为现实太商业化、太过世俗，我们的时代是一个缺乏英雄的时代。

电影如果没有这些伟大的英雄形象、道德人物，那么是根本无法想象的事情。电影中即使是流氓、恶棍也都是有血有肉的活生生的人物，这些人物真诚地抛弃罪恶。他们的肮脏邪恶根本不会阻挡他们身上某些闪光的东西。因此，电影里英雄与恶棍并存，生活的美善与丑恶同在，正义与邪恶、忠诚与背叛、理智与激情、勇气与懦弱交织。无论是西部片、言情片、情节片、科幻片等类型片，都可以看作是伦理类型。

巴丢通过以上对电影作为"大众艺术"观点的分析，最终目的还是要讨论艺术与哲学、电影与哲学的关系问题。在巴丢看来，从柏拉图始，哲学就关注悲剧、戏剧及不纯的视觉和表演艺术。所以今天的哲学讨论电影问题也不足为奇了。如果电影是一种大众艺术，那么这种艺术展示了怎样的扭曲和变形东西？它向哲学（以艺术为条件和支撑）展示了什么？电影与哲学哪个拥有"真理"之名呢？在此，巴丢提出电影作为大众艺术的观点，就是要告诉人们，不是德勒兹说的那样，电影会成为哲学，而恰恰应该是：哲学应该成为电影，成为一种大众手中的"工具"，成为大众从中吸取力量的源泉。以艺术为条件的哲学，应该是一种介入式哲学。在"电影哲学"（philosophy of cinema）之后，一种"'作为'电影的哲学"（philosophy *as* cinema），一种有可能成为大众哲学的新的哲学，必须并且正在到来。

四 "电影与哲学"

巴丢的电影思想与他的哲学思想，与他关于艺术与哲学关系的"非美学"构想都是紧密相关的。

巴丢在《无限思想：真理与回到哲学》一书中的第六章"哲学与电影"，集中讨论了"电影情势"（the situation of cinema）的问题。"情势"这一概念是巴丢哲学思想中的重要概念。在本文的第二章"艺术是哲学的真理程序之一"中，我们对这一术语作过具体介绍。巴丢所谓的"情势"是他思考"存在"问题的基础概念。他认为存在不能被直接把握，而只能通过对存在"显现"（presentation）的组织、结构进行研究才能接近存在。而"情势"就是这种显现的结构。没有任何东西可以离开情势。不存在没有显现的情势，也不存在不涉及显现的情势。巴丢说，小到一只猫，大到国家状态，抑或是军队或是一盘棋的游戏，都是一种情势。所以巴丢说：情势之外空无一物。

巴丢在讨论不同的哲学问题时，将情势做了不同的分类：在分析事件与事件点问题时，他将情势分为"自然情势"、"历史情势"和"中立情势"，只有历史情势中才有事件点。而艺术就属于"历史情势"。巴丢在讨论"真理是否存在"的问题时，他又将情势分为"个人情势"（爱）、"混合情势"（艺术、科学）和"集体情势"（政治）。艺术（包括电影）就属于这种混合情势，这种情势的特征之一，就是在这种情势中，（艺术与科学）存在的方式是个人的，而其产生和传递的效果却是集体的。艺术与科学组成了真理程序的网络。在这种情势中，它们的"事件"是美学的和概念的传递；它们的"操作者"是变化；它们无限的产品是不可识别的；对它们的质询就是艺术作品。

这里的"质询"是巴丢哲学思想中的又一个重要术语，是关于知识、真理、忠诚、类属程序等问题时的重要概念。"质询是忠诚过程的'有限状态'。这个过程强制着一系列的多，并与事件的额外的命名发生联系或非联系。"①

因此，在讨论"哲学与电影"这一问题时，巴丢对电影这种特殊的"情势"进行了分析，通过一系列问题的"质询"，思考电影情势的特殊性。

开篇巴丢提出"根本不存在'客观的'电影情势"②的观点。换言之，"电影情势不可能处于'自身之中'"。这其中有两方面的原因，一方面是巴丢所谓的"一般原因"，另一方面是"特殊原因"，即"电影程序的单一性"造成的。前者认为，我们所说的"电影艺术"是从我们主观的角度作出的判断。后者认为，电影的特殊性在于，它是一种"不纯的艺术"。巴丢接着通过四个例子来说明这两方面的原因。

接下来，巴丢系统阐述了这样一个主题："电影是当代的，并且它是

---

① Alain Badiou, *Being and Event*, trans. Oliver Feltham, Comtinuum, 2005, p. 330.

② Alain Badiou, *Infinite Thought*: *Truth and the Return to Philosophy*, trans. and ed. Oliver Feltham and Justin Clemens, New York: Continuum, 2004, p. 109（此处引文如无注明，均引自本书第六章"哲学与电影"第109—125页）。

为每个人准备的，因为电影确保的素材纯粹性最终被证明是属于当时的非艺术。"（p. 113）这就使电影在本质上，而非经验上，成为一种大众艺术。"电影将时代的意识形态的指示物集合在非艺术的素材周围。"（p. 113）在巴丢看来，要思考当代电影情势，我们的质询就需要围绕三个方向展开：

一是，对今天电影的"操纵者"进行纯化，这些"操纵者"包括：色情的裸体、灾难性的独特效果、情侣的亲密行为、社会情景剧、病态的残酷等。只有这样才能在电影的情势中有机会面对真实，有机会保证新的电影思想的出现。

二是，在素材的真正的动作中把握这些材料的知识，以及组织这些动作的主导趋势的知识。

三是，电影作品必须处理艺术的形构，并设想形构的形成。这就依赖于对电影素材及其操纵者进行纯化和置换的一系列操作。（p. 122）

可见，对电影的各种细节进行"质询"就变得十分必要。在这些细节中，有一种是个例外。这种例外就是特定时段巨大的政治变革、全球性事件等。除了这些国际性的例外，质询必须围绕大量的、或多或少被编码为类型电影中的那些主流主题进行。例如性的主题，暴力、惊悚、恐怖、悬疑的主题，工人形象，全球灾难的主题，小中产阶级的喜剧等。

此外，为了进一步说明电影作为不纯的艺术，巴丢对电影与其他艺术进行了对比，如与音乐、戏剧等的对比。最后，巴丢认为，我们还可以构想一种特殊的质询，一种在彻底全球性的层次上的质询，这种质询可以具体阐述为一种假想：一种新古典主义时刻。在这一时刻，没有新的艺术形构可以通过事件被觉察；我们所看见的是一种早已存在的图式，这就是当代的形式主义。

五　巴丢对电影艺术的思考

（一）电影艺术的哲学视野

巴丢的电影理论与他的哲学构想密切相关。巴丢哲学反对当代三大主流哲学思潮，他提出了"回到柏拉图"的哲学主张。而"回到柏拉图"并非像柏拉图信徒那样，是对柏拉图简单的拥戴，而是要对柏拉图进行修正，而这种修正最重要的就是要"解构柏拉图主义"。也就是说，"回到柏拉图"可以理解为：一方面是要解释柏拉图主义的过去，即构成现代性与后现代性的致命错误；另一方面是要回到柏拉图的文本中去。可见"回到柏拉图"并非一种怀旧和保守，而是一种根本的肯定。它标志着巴丢哲学与现在有限思想体系的决裂，标志着一种决定的开端形式，重新开始新的哲学。

我们把这种新的哲学概称为"事件哲学"。而巴丢认为哲学必须以四个真理程序为条件。艺术是哲学的重要条件之一。通过艺术（甚至主要通过艺术），巴丢展开了对事件的思考，展开了对艺术真理的思考。在巴丢看来，电影是与其他六种艺术不同的"第七种艺术"，电影是一种不纯的艺术，换言之，它是一种混合的艺术，是一种艺术与非艺术的混合。因此，电影作为哲学的条件（condition）是一种复数的条件（conditions）。这样，电影与诗歌（如马拉美）、小说、戏剧（如贝克特）等"文学艺术"相比而言，是哲学的一种"特殊"的条件。概而言之，文学是文字的画面，而电影是通过移动画面表达静止的思想。

（二）电影艺术本体论

巴丢提出的"数学即本体论"不仅是思考存在这一哲学基本问题的新思想方法，而且为思考艺术问题提供了新的构架。巴丢提出了哲学与艺术全新的关系——"非美学"构想，这一构想认为，"非美学"就成为思考艺术内在真理的重要方法和角度，这种方法论与电影直接联系在一起。电影作为哲学的条件之一，因为它是一种形而上的艺术，它可以勾画出存在及其表象间的关系。巴丢的错综复杂的集合本体论及其最近的"逻辑现象学"，均论述了一种新的电影本体论，即对电影到底是什么的思考。巴丢的观点是："电影除了拍摄和剪辑之外，什么也不是。""电影由流逝的过去组成，是一种永恒'流逝'的艺术。"[①] 换言之，电影是一种"消逝"

---

① Alain Bdiou, *Handbook of Inaesthetics*, trans. Alberto Toscano, Standord：Stanford University Press，2005，p. 78.

（dis - appearance）的艺术。电影既非一种机械主义的"消逝"，也非一种形成的过程。电影像其他艺术一样，在形式和内容上都是一种减法的程序。它的目的就是屈服于剩余的东西。换言之，电影的目的就是要永久记录世界的"空的"（voided）或"不存在的"（inexistent）的因素。用巴丢自己对电影的理解就是这样两个原则，一是电影是从非艺术内容中纯化自身；二是同时组织那种消逝中的（画面）稳定性（思想），使电影成为抽象的"拍摄与剪辑"。

巴丢在分析"电影作为民主的象征"和"电影与哲学"两个问题时，重申了电影作为第七种艺术，作为一种"不纯"的艺术，作为大众艺术等观点。由于电影介于艺术与非艺术之间，因此，在巴丢看来，"只有在对电影本身的内在的非艺术特征进行'纯化'的过程中，电影才能表现出它是一种艺术活动。"① 然而，巴丢同时认为，这样的过程（纯化）是永远不会完成的。然而，事实上，巴丢对电影的态度又是很暧昧的，也是带有悖论性的。因为，巴丢一方面认为，电影是不纯的艺术，但同时认为电影具有艺术的地位，是哲学的条件之一。巴丢事实上已经从"非美学"的角度确立了电影的艺术地位。例如，他引用了许多著名电影导演的作品和思想：如美国的格里菲斯（Griffith）、美国的奥逊·威尔斯（Orson Welles）、德国的穆尔诺（Murnau）、苏联的爱森斯坦（Eisenstein）、法国的戈达尔（Godard）、伊朗的基亚罗斯塔米（Kiarostami）、意大利的维斯孔蒂（Visconti）、葡萄牙的奥里维拉（Oliveira）等。使电影艺术与其哲学理论中的真理、事件、主体等概念联系起来。电影作为一种特殊的"情势"，对其进行质询的基础上，确立电影艺术的事件点，得出电影艺术真理的内涵。电影艺术的真理就是电影的艺术形构，是主体对电影事件的忠诚。巴丢在此以德国新电影派为例来说明这些问题。

（三）电影艺术与真理

巴丢的电影理论思想是对当代电影理论与后—理论所理解的真理的反

---

① Alain Bdiou, "Philosophy and Cinema", in *Infinife Thought：Truth and the Return to Philosophy*, ed. and trans. Oliver Feltham and Justin Clements, London, Continuum, 2004, p. 111.

驳。当代电影理论真正的局限就在于对真理范畴的拒绝和否认，这就导致了当代电影理论家对电影文本做出政治性解读，围绕政治与艺术问题展开其理论阐述。而后—理论，如美国诺埃尔·卡洛尔（Noel Carroll），所理解的真理是一种"绝对真理"，一种大写的真理，是一种总体化的真理，是与知识相混同的真理。后理论认为，真理是毫无意义的相对的概念，对我们没有多少作用。事实上，后理论理解的真理更像是一种"真确性"（veridicality）。而巴丢所理解的真理，既是单一的，又可以成为改写世界的逻辑。"真理是知识中打的洞"。因此，巴丢所讲的真理是巴丢哲学意义上的真理，是一种例外的、事件的真理。而电影理论与"后—理论"所谓的真理，均不能满足这些条件。巴丢认为，真理既是存在的，另一方面又在本质上是革命的。真理完全符合电影艺术，电影拥有特定的民主化的功能——它能将艺术与文学中的财富传达给一般民众。巴丢认为电影艺术作为哲学的条件，也可以使哲学走向"民主化"，使哲学以一种真理"柏拉图"的方式，对"青年进行腐蚀"。因此，巴丢呼吁："今天有必要成为一名柏拉图主义者。"

巴丢在分析电影艺术的四重维度时，从历史、叙事、心理、文化四个维度对阿隆尼的《宽恕》进行了独特的解读。四重维度揭示了电影艺术作为"不纯"艺术的根本特征。巴丢并没有从传统的美学角度、从电影理论的角度对电影构成要素进行分析，而是从"非美学"的角度，以"非美学"为方法论，分析了电影艺术与其他艺术的"共存性"，电影艺术与哲学的关系：并非电影哲学，而是哲学可以成为电影，可以为哲学的条件（科学、政治、艺术、爱）提供"共存性"的概念空间。哲学并不产生真理，而是为真理的产生创造条件。如果把电影理解为一种"消失"（dis-appearance）的艺术的话，那么，电影的真理（cinematic truths）只能存在于主观性的争论之中，而不会出现在哲学之中，也不会被理解成一种"时代的错误"（anachronistic）了。

总之，艺术是哲学的真理程序之一这一命题中，在巴丢看来，艺术例如诗、小说、戏剧等文学艺术，是哲学最重要的真理程序。然而，这里的艺术还应该包括"视觉艺术"，包括绘画，自然更包括电影。电影这种特殊的艺术，对于思考思想、真理、事件、哲学、艺术等问题，都起到了扩展和补充的重要作用。这一点我们可以从巴丢对于电影这一概念的理解上看出，在巴丢看来，电影概念始终徘徊在运动的图像与静止的思想的不协调性之间。这样，最后的结论就是，电影艺术本身是不能成为思想的。

第五章 巴丢"非美学"诗学思想

需要特别说明的是，"诗学"一词有广义、狭义之分。广义上的"诗学"开始于亚里士多德，是指对诗、戏剧、散文、小说等文学类型进行研究的学问或理论，可以通俗地理解为后来的"文学理论"。狭义的"诗学"可以仅限于研究诗歌的学问。而本章所使用的"诗学"一词是对狭义"诗学"的进一步具体化，含义更为集中，仅指对诗歌（具体而言是现代诗，或马拉美等几人的诗歌）的分析研究，可以看作是纯粹巴丢意义上的独特的"非美学"的诗学。本章将主要以巴丢对马拉美诗歌的分析解读为个案，对其"非美学"诗学的独特内容、方法及其特点等进行探讨。

第一节 象征主义与"诗人之王"——马拉美

在巴丢反复引用的几位诗人之中，出现频率最高、最受巴丢推崇的是马拉美。如果不了解马拉美，不了解象征主义诗歌，就很难透彻地理解巴丢的一切重要诗学命题，如"诗是沉默的行动"、"诗是一种特殊的思想"、"诗是语言内部的一场独裁起义"、"诗歌是叠合在自身内部的一种纯粹"、"诗歌是不偏离自身行动的思想"、"诗歌与哲学必须保持一场强有力的争吵"等。如果不了解马拉美及其象征主义诗歌理论，就很难透彻理解巴丢对马拉美诗歌独特的"非美学"式解读。因此，需要对象征主义和马拉美及其诗学理论作一简要介绍。①

一　无法定义的"象征主义"

"象征主义"可以从宗教、神话、历史、文学等多种角度定义。而法国文学史上，确切说法国诗歌史中的"象征主义"的定义问题，使文学史家和象征派诗人都感到十分头痛。这些文学史家、文学批评家、象征派诗人们分别从象征主义的源流、代表诗人、哲学、文学、社会背景、诗人运动、诗歌理论、创作细节等角度，对象征主义进行勾勒和界定。在这里我们只能引用几种代表性的说法。

在查尔斯·查德维克看来，无论把象征主义解释为以某一客观对象代替另一客观对象，还是以具体意象表达抽象思想，这些解释都显得太过宽泛。莫雷亚斯于 1886 年 9 月 18 日发表在《费加罗》报上的一篇《文学宣言》，一向被文学史家称为"象征主义宣言"，在这篇宣言中，他这样解释象征主义："我们已经提议用'象征主义'命名，唯有它能恰当地代表当今艺术创作者的精神走向。这一名称可以保留。"② 另一重要批评家米舍在《象征主义诗歌使命》一书中则通过一长串名字来"定义"象征主义："象征主义的面孔。魏尔伦的颓丧，拉福格的悲喜剧式的抽噎，马拉美的纤微与神秘，雷尼埃忧伤的高雅，沙曼金色的梦，凡尔哈伦的欢乐颂，克罗岱尔的宗教赞，还有比我们这个没落的 19 世纪的诗歌更丰富多样的吗？"③ 查尔斯·查德维克在《象征主义》一书中解释了两种象征主义：人本象征

---

① 这里主要参考了 Stéphane Mallarmé, *Oeuvres complètes*, *texte établi et annoté par Henri Mondor et G. Jean-Aubry*, Paris: Bibliothèque de la Pléiade, N. R. F. nouvelle édition, 1951. Helen Abbott, *Between Baudelaire and Mallarmé: Voice, Conversation and Music*, Ashgate e-book, 2009. ［英］查尔斯·查德维克：《象征主义》，肖聿译，北岳文艺出版社 1989 年版（本书的另一版本是：郭洋生译，花山文艺出版社 1989 年版）；柳扬编译：《花非花——象征主义诗学》，旅游教育出版社 1991 年版；金丝燕：《文学接受与文化过滤——中国对法国象征主义诗歌的接受》，中国人民大学出版社 1994 年版；张亘：《马拉美作品中的"否定观"》，武汉大学博士学位论文，2005 年（后在法国出版，张亘：《马拉美作品中的否定观》，法国格鲁伯出版社 2008 年版）；葛雷：《再论马拉美与中国诗》，《外国文学研究》1986 年第 1 期；等等。

② "Un Manifeste Litteraire", *Figaro litteraire*, 18 septembre 1886. 转引自金丝燕《文学接受与文化过滤——中国对法国象征主义诗歌的接受》，中国人民大学出版社 1994 年版，第 10 页。

③ 同上书，第 16 页。

主义和超验象征主义（transcendental Symbolism）。前者可以定义为"它是一种表达思想情感的艺术，它既不直接描述这些思想感情，也不通过与具体形象的公开比较来说明它们，而是通过暗示它们是什么、通过未加解释的象征，在读者头脑中把它们再度创造出来。"后者则可以定义为："在这种形式下，具体的意象被用做象征，但不是象征某种特定的思想感情，而是象征更广阔、更普遍的理想世界，对这个世界来说，现实的世界只不过是一种不完满的代表而已。"因此，超验象征主义往往比较隐晦、抽象甚至混杂。只有这样读者才能将目光超越现实，并汇聚到本体的理念（Idea）上，各种象征只是这种理念的不完整的、部分的表达。[①] 米舍在《象征主义诗歌使命》一书中分析了象征派与颓废派的关系，认为二者是同一个运动的前后两个阶段而已，是诗歌革命的两个时期。前一阶段是"抒情阶段"，后一阶段是"智性阶段"，是悲观主义到乐观主义的过程。象征主义为诗歌打开了新的视野、新的角度，是一种超越了颓废派否定一切消极心态的新的精神力量。

象征主义作为 19 世纪末叶的 1885—1900 年 15 年间繁荣于法国的诗歌运动，当时的各种文学杂志和文学沙龙、咖啡馆里的聚会成为孕育象征派诗歌的"温床"。不管是巴黎某区公寓的"水足"聚会，还是后来的"刺毛"，不管是《新左岸》杂志，还是《律戴斯》杂志，抑或是塞纳河左岸，都成了象征派诗人活动聚会、发表作品、发表演说的主战场。最为著名的塞纳河右岸马拉美的家，成了最为著名的"周二聚会"的场所，诗人、文人、批评家、艺术家、编辑都是周二聚会的忠实参与者，吉尔、巴莱士、雷尼埃、梅里尔、莫里斯等都成为这个聚会的常客。来到周二聚会的年轻人，成了完全不同的一代人，他们都涌入罗马街，等待着"新宗教的神赐"，寻找着精神的祭台。

综上所述，象征主义成为当时象征派诗人穿越现实，达到理想世界的一种尝试。马拉美卓尔不群的独特诗学思想及其诗歌创作，使他注定成为象征派运动的领袖和"传道士"。

---

① ［英］查尔斯·查德维克：《象征主义》，肖聿译，北岳文艺出版社1989年版，第4—5页。

二 "象征主义的象征"：马拉美

斯蒂芬·马拉美（Stéphane Mallarmé，1842—1898），是法国诗坛现代主义和象征主义诗歌运动的领袖人物，他甚至被英国查尔斯·查德维克誉为"象征主义的高级传教士"。[①] 与兰波、魏尔伦一起被称为象征主义三位先驱。马拉美童年的不幸（五岁丧母，父亲、姐姐相继去世，与奶奶相依为命）成为其诗歌创作的生命源泉。这位性格内向的诗人从小立下宏愿要成为一位大诗人。1862 年，二十岁的马拉美开始发表诗歌作品。中学时期疯狂地爱上英国爱·伦坡的诗歌，还对波德莱尔的作品表现出极大兴趣。1864—1865 年是他早期诗歌创作阶段，如《窗》《花》《叹》《蓝天》《海风》等诗作，诗歌主题自觉不自觉带有波德莱尔的影子。通过他乡、远行、遨游等意象，表现对充满诱惑又使人生厌的现实世界的拒斥和否定；丑恶、愚蠢、病态、肮脏的现实场景，令诗人厌恶，通过天空、窗、花等意象，象征对理想、对美好时光的怀念和追忆，使心灵在"绝对黑暗的感觉中深入前行"。1866 年开始，马拉美受到诗坛热烈的关注。同年，他开始创作的长诗《海罗狄亚德》，先后创作了二十年，直到去世的 1898 年仍然没有最后完成。这首诗是他诗歌创作的转折点，标志着他开始摆脱波德莱尔的影响，走向成熟的个人风格的创作时期。1876 年，用时 11 年的著名代表作——长诗《一个牧神的午后》发表。去世前的 1897 年，又发表了著名的《骰子一掷永远取消不了偶然》一诗。马拉美一生创作的诗歌总数并不多，不超过 1100 行。但其影响是空前的。

《海洛狄亚德》表现了人类生存的困境，以及意境纯洁、冰冷空无的世界。海洛狄亚德的美貌让人产生无限遐想，然而她却表情凄婉，双手捧着镜子孤影自怜，痴迷于镜中的幻影。而美丽的海洛狄亚德正是马拉美虚拟的理想的诗歌世界，也是他所追求的理想诗歌风格的象征。《一个牧神的午后》在发表之后引起了诗坛的轰动。法国著名评论家阿贝尔·蒂波岱在评价此诗时说道："大概没有再比《一个牧神的午后》在这条纯诗的道

---

① ［英］查尔斯·查德维克：《象征主义》，肖聿译，北岳文艺出版社 1989 年版，第 63 页。

路上走得更远了。诗人试图使其诗章里洋溢着音乐和芭蕾舞的逸韵之美，我们只要读上一页他的诗，心里便会马上感觉出这种美来。牧神的笛子、哀叹和出神所构成的幻觉与影子，围绕着这部作品形成一种被清澈气息和灿烂的金色所幻化成的云霓：在这部'思想剧'中，形式和主题、诗和诗意合二为一，使我们在发现它们的无限单纯的同时获得怡悦，甚至忘记了人世间的其他一切。"① 这首长诗讲述了牧神在六月的一个晴朗的日子里，在西西里海滨芦苇塘边的一次似真亦幻的神游。他看到一群在水中嬉戏的仙子，禁不住陷入一种恍惚迷离的思绪之中。于是他吹起芦笛，仙女们纷纷逃散。牧神陷入了似真似幻的梦境中。全诗虚无缥缈、亦真亦幻，充满了神秘的色彩。马拉美一生有一个未了的心愿，把世界创造为一本完美的书。而他的《骰子一掷永远取消不了偶然》一诗可以看作是"这本书"的一部分草稿，他曾在给魏尔伦的信中说道："我相信，世界上只有一本书。任何写过书的人，甚至天才，都在无意中试图完成这本书……我也许会成功的，当然不是成功地写出那本书的全部，但也许会拿出完成的一个片断来给人看……用完成的部分来证明那本书是存在的……"② 全诗以"任何思想都是骰子一掷"结尾，用来象征写诗与思想，象征偶然与绝对，象征写诗的可能与不可能，象征诗歌与思想的终极形而上之路——只有精神才是真正的存在，只有诗歌能证明精神的永存。更为重要的是，全诗的排版形式空前绝后，字体大小不一，诗行有时呈楼梯式，有时一行只有一个字，有时一页只有一个字或几个字。马拉美企图描画出思维同混乱的宇宙接触的历程，他力图洞穿宇宙的奥秘和法则。这种独特形式使这首诗"全部的新颖之处在于阅读间隔"，造就了一曲"思想的交响曲"。

那么，马拉美如何理解诗歌、文学？如何理解世界与存在？他的诗学理论又是怎样的奇思异想和理论风貌？

---

① 葛雷、梁栋：《现代法国诗歌美学描述》，北京大学出版社1996年版，第123—124页。

② 〔法〕马拉美：《马拉美作品全集》"七星文库"，伽利玛出版社1945年版，第663页。转引自秦海鹰《文学如何存在——马拉美诗论与法国20世纪文学批评》，《外国文学评论》1995年第3期。

三 马拉美"否定"的诗学观

马拉美在 1886 年 4 月 16 日接受《时尚》杂志记者的采访时，回答了"什么是诗歌"的提问："诗是通过具体固有节奏的人类语言，对生存各方面的神秘含义所作的表述。"这句定义中"固有节奏"、"人类语言"、"神秘含义"成为他全部诗学思想的基本思路，形成了他的"否定"的诗学理论。

（一）现实的虚空

马拉美作为超验象征主义的突出代表，与当时的象征派一样，都表现出了对现实的不满。更为重要的是，象征派运动是一次颠覆、断裂和反动，是对浪漫派及巴那斯派①为代表的传统文学观念的反动。而马拉美终其一生，就是要用诗歌建立一个超脱于现实之上的理想的世界、精神的世界、理念的世界。因此，马拉美认为，诗的目的就是要通过对我们所了解的现实世界的超越与精妙转化，为读者创造出现实之外的一个理想世界。诗歌所创造的意象，并非诗人情感与现实物象结合的产物，而是诗人心目中那个理想世界、理念世界的（部分）象征。马拉美心中的这个理想世界、理念世界，在他看来，是宇宙世界万物的灵魂和本质，理想世界、理念世界与现实宇宙世界一样处于永恒的运动发展变化中。显然，马拉美的理念、精神本体明显受到柏拉图及黑格尔以来的哲学思想的影响，与这一哲学传统在精神上是一脉相承的。马拉美声称，自己的诗作所创造的不是什么现实世界的真实的花朵，而是"万花之上的花"，是本质的花。在马拉美看来，诗歌的全部宗旨就是创造纯粹的观念。因此，马拉美主张真正的诗是思想的诗，诗就是思想本身。诗的思想就是对诗应该是什么，即理想诗的思考。因此，巴特评论马拉美诗学时说："马拉美的雄心壮志是把文学与

---

① 巴那斯派，又称"高蹈派"，19 世纪 60 年代法国诗歌流派。以古希腊神话中阿波罗和缪斯诸神居住的巴那斯山而得名，并出有诗选《当代巴那斯》。巴那斯派文学运动开始于 19 世纪 50 至 70 年代，是唯美主义的继续，是对浪漫主义诗歌的反动，是诗歌自然主义的一种方式。主张客观和冷漠，反对灵感，提倡同科学结合，注重形式探索。主张诗歌脱离社会，不问政治；以创作"冷静的"、"客观的"、"无我"的诗相标榜，充满悲观颓废情调；形式上刻意追求造型美观，是当时自然主义思潮在诗歌创作中的表现，亦为法国象征主义的文学前驱。

关于文学的思想融合在同一个文字实体中。"① 这样，马拉美的诗学实际可以看作是一种"元诗学"。

在马拉美看来，真实的世界之外，什么也不存在，只有虚空。马拉美晚年经常重复黑格尔的一句话"虚无不是终点而是出发点，它是存在的原始形式，它将在思想的变化中自我实现：这是双重的辩证法，从虚无和存在中，从理想和现实中可以使人从世界中看到绝对的现实。"② 而这个"绝对的现实"诗歌无法完美实现。而诗的恍惚、迷离、神秘、晦涩，恰恰正是这种状态的反应。最终，马拉美晚年就进入到了这种虚空、空无、寂静的世界。空无，也成了马拉美诗歌的一个主题意象。空屋、空床、空海贝、空镜、空洞、空坟墓等。空无是马拉美的世界本体存在观，也是他诗学的一种追求。由是之故，马拉美诗的这种空无的境界是不能用语言表达出来的，诗的境界全在语言之外。这就是马拉美的"无言诗学"。

（二）沉默的语言

马拉美的语言思想，大概是他诗学思想中最重要，也最复杂的方面。

首先，空无的语言。他认为诗歌语言必须反日常语言，真正的诗歌语言是一种"本体"语言。语言与现实无关，语言只是事物的观念。用现代语言学观点来看，他将语言的"能指"与"所指"分裂开来，认为诗歌语言是"能指"语言的艺术。诗歌语言既不表现现实，也不再现现实，而仅仅是语言本身。因此，他在《诗句的危机》中曾说过，当说一朵花时，是对现实中真实的花的遗忘，仅仅是音乐般的花的概念，这概念与人们熟知的花萼不同，是一切现实花束的缺席。词语不仅不指涉具体之物，更是对物的否定。马拉美认为，诗的语言是一种观念的语言，思想的语言。他常常把一些本来普通的名词大写，如书、神秘、偶然、无限、诗歌、音乐等，使它们变成抽象的专有名词，使它们抽象化、绝对化，完全独立于现实世界。马拉美将诗歌的语言上升到近乎"本体"的地位。诗的语言就是诗的存在，换言之，语言就是诗的本体。诗歌的存在就是"排除一切的存在"，他说："是的，文学存在，而且……单独地，排除一切的存在。"这

---

① ［法］罗兰·巴特：《批评文集》，瑟依出版社 1964 年版，第 106 页。
② 葛雷：《再论马拉美与中国诗》，《外国文学研究》1988 年第 1 期。

种排除一切的文学语言，构建了一种"空无"的语言。语言不是服务于主题内容的工具，语言的修辞、技巧、风格也不再是什么服务于主题内容的辅助技巧，而就是文学本身，文学的本质就是这种"空无"的语言。诗歌就是诗歌语言。

其次，沉默与纯化的暗示语言。马拉美认为，任何语言都不能与纯粹精神完全相符，不能与真理吻合，语言从来都是不透明的。他说："由于思维是在不借助工具、不发出声音的情况下书写尚属沉默的不朽之言，所以，世界上语言的多样性使得任何人都不可能以独一无二的节拍说出那些也许是真理的物质化身的词语。"① 诗歌语言就是通过人们的想象，暗示出那个理想的精神世界。暗示的语言就是象征、隐喻、含义晦涩的语言，往往用多意词、歧义词、典故、神话来达到语言的暗示、象征效果。因此，在马拉美看来，诗歌永远是个谜："直陈其事，这就等于取消了诗歌四分之三的趣味，这种趣味原是要一点点地去领会它的。暗示，才是我们的理想。"② 马拉美于是对语言深表怀疑，在他看来，语言音与义的任意性、偶然性、不确定性，永远不能完成那本完美的世界的书（马拉美在《谈文学运动》中最后一句话是："世界最终的目的就是为了写出一本完美的书"）。所以，马拉美认为，语言的不完美正是诗歌存在的理由。如果语言完美了，诗歌也就不存在了。"诗，从哲学上讲，弥补语言的缺陷，是上等的补偿。"③ 马拉美诗的语言风格的神秘、晦涩，句法上的支离破碎、颠倒多变，目的就是为了达到完美语言而对语言进行的"重新结构"，是重造"非语言"的"咒语"般的新词句，完成语言的隔离，重构一种诗的语言。诗歌创作就是一种"词语的炼金术"。

再次，语言的音乐性。马拉美艺术性地将诗歌与音乐、绘画、句法、

① ［法］马拉美：《马拉美作品全集》"七星文库"，伽利玛出版社 1945 年版，第 363—364 页。转引自秦海鹰《文学如何存在——马拉美诗论与法国 20 世纪文学批评》，《外国文学评论》1995 年第 3 期。

② ［法］马拉美：《谈文学运动》，参见黄晋凯等主编《象征主义·意象派》，中国人民大学出版社 1989 年版，第 42 页。

③ ［法］马拉美：《马拉美作品全集》"七星文库"，伽利玛出版社 1945 年版，第 364 页。转引自秦海鹰《文学如何存在——马拉美诗论与法国 20 世纪文学批评》，《外国文学评论》1995 年第 3 期。

甚至宗教等完美结合起来，为的就是突破旧诗学的规范，使诗有一种全新的风貌。马拉美指出，诗歌与音乐是不可分的。有人这样举例："《天鹅》围绕着 i 这个元音押韵：ui，ivre，ie，is，igne，具有和谐的音乐效果。《她纯粹的指甲……》这首诗更巧妙：全诗其实只有两韵，但字形分为四韵：yx，ore，ix，or。ix 字根的字在法文中属于罕见字尾，而 ptyx（咳）字既是罕见字，又是晦涩难懂的字。此外，持火炬的人（lampadophore，古代宗教仪式中出现的人）及餐具橱（credences）都是罕见字。但 ix 和 yx 的发音在法文中却有助于产生一种古怪气氛，使人产生声音的联想或启迪。"① "《纯洁的，轻快的……》则以 i 的尾音和押韵构成交响乐一般的效果。诗是语言的'交响曲'。另一首十四行诗《在令人难受的赤裸中》，a 和 b 两个音符起着风暴的低音作用。"② 马拉美酷爱音乐，经常听音乐演出。他的《一个牧神的午后》创作出来后，还被德彪西改编创作了音乐作品《牧神的午后序曲》。他强调音乐是诗歌空灵感的来源，因此，追求诗歌的一种音乐气氛，从词本身发掘音乐的成分，使诗变成了一曲曲缥缈的交响曲。可见，诗的音乐性是诗本身固有的。

最后，"魔鬼式"③ 句法。马拉美的句法与众不同，相当怪异，因此，托多洛夫与保尔·贝尼舒的一次谈话中，引用了贝尼舒的一段话："马拉美的句法所引起的'语法家的论战'（他自己的说法）与他的'意在象外'所带来的愈来愈缥缈隐秘的玄思之间并没有中断，他本人就承认这种玄思与'向常规让步的外观难以分离'"（《作家》，第 76 页）。④ 马拉美这种语言技巧，这种奇异的句法，"论证了马拉美所信奉的玄学……总之，马拉美本人的技巧为他否定内心的主张提供了形式。"⑤ 马拉美句法竭尽曲扭之能

---

① 郑克鲁：《象征的多层意义和晦涩——马拉美的诗歌创作》，《复旦大学学报》1995 年第 6 期。
② 同上。
③ ［瑞士］凯塞尔（W. Kayser）：《语言的艺术作品——文艺学引论》，陈铨译，上海译文出版社 1984 年版，第 192 页。
④ ［法］茨维坦·托多洛夫：《批评的批评：教育小说》，王东亮、王晨阳译，生活·读书·新知三联书店 2002 年版，第 147 页。
⑤ ［法］保尔·贝尼舒：《马拉美三首商籁体诗的诗学与玄学》，《理智的欲念》1983 年出版。参见［法］托多洛夫《批评的批评：教育小说》，王东亮、王晨阳译，生活·读书·新知三联书店 2002 年版，第 192 页。

事，以便给他的诗作创造"非语言"般"咒语"般的象征、暗示效果。查德维克在《象征主义》一书中举了一个例子：马拉美在一首十四行诗中以"La chevelure"（头发）一词开始，以"torche"（火炬）一词结尾，而这两极之间，诗人把句法结构尽情翻转，在诗中填满了数目惊人的描写光明、温暖的词汇，如 flamme（火苗）、foyer（火炉）、feux（火花）、feu（火）、ignition（燃烧）、fulgurante（闪烁）、astres（星星）等，通过这些视觉化的意象，在读者心中创造出他心仪女郎的温暖感和幸福感。晚期作品更是通过省略几乎全部标点符号，来反映其句法的微妙性和复杂性。《骰子一掷永远取消不了偶然》一诗可以看作是其句法变化的最突出代表。

（三）对诗人的放逐

马拉美在他的作品中，要努力完成那本完美的书，要实现诗人心中那个理想的诗的世界。因此，我们往往能发现，他的诗中"人"的缺失，缺少对人性、人的命运的关怀与思考，表现出了对诗人的"否定"。马拉美在给朋友卡扎利斯的信中写道："我现在不是我自己了，我再也不是斯蒂芬·马拉美了，而仅仅是一种让精神宇宙得以可见并借助先前构成那个我的东西得以发展的途径。"[①] 这段话与兰波所说的"我是另一个人"有异曲同工之妙。马拉美主张"书不带任何署名"，他反对诗人在作品里直抒胸臆、直接抒情，反对浪漫派诗歌理论。浪漫派理论认为的诗人是天才，诗人被推至造物主的地位之上，作品只是诗人的附属品，诗歌是诗人灵魂和情感的投射。而在马拉美看来，诗人只是诗歌理念的秉持者，诗人根本不是什么造物主，作者在作品中沉默，作者是在作品中缺席并空无。诗歌并非来自诗人的制作，而是它本身就是宇宙神秘的仪式般"咒语"，是绝对、无限的存在，诗歌等于世界独立存在。

马拉美所认为的诗人的"沉默"、诗人的空无，似乎使我们听到了"作者死了"的先兆预言。难怪巴特在《作者之死》一文中指出："法国的马拉美，毫无疑问是首先充分看到、预见到有必要用语言取代作者的人，而直到那时，一般批评家还认为作者是语言的主人。马拉美认为（我们也

---

① ［英］查尔斯·查德维克：《象征主义》，肖聿译，北岳文艺出版社 1989 年版，第 57 页。

持有相同观点）：是语言而不是作者在说话；写作是通过作为先决条件的非个人化，达到只有语言而不是'我'在起作用、在'表演'。他的全部诗学就在抑作者而扬写作。"①

综上所述，马拉美有感于现实的虚无与文化的虚空，提出了一种独特的否定诗学理论。马拉美把诗歌上升到本体论的高度，诗歌并非诗人的产品，诗歌是虚空世界冉冉升起的理念之光，诗歌是沉默的语言，是音乐的语言，是空无的语言。诗歌只指向自身，而与作者、现实、意义无关，它是一个自足而独立的精神世界、理念世界、语言世界。诗歌本身就是对世界与存在的思考，本身就是一种思想。诗歌启示人们重新思考真实与本源、世界与存在的神秘关系。马拉美的诗学是一种"纯化"的诗歌理论，是一种否定性的诗学。

第二节　巴丢对马拉美诗歌的"非美学"解析

巴丢在《世界的逻辑》的"评论与题外话"一节中曾说过，他与马拉美和贝克特之间有"不解之缘"，因为巴丢曾回忆说，马拉美是他哲学思想得以展开的条件。巴丢还说过，他自己全部哲学如果离开了马拉美和贝克特就不能更好地被理解，而他全部的哲学就是尝试着读懂二人的作品。通过马拉美，巴丢充分论述了自己的诗学思想，更好地解释了自己的所谓"减法本体论"；通过贝克特他更好地解读了散文，阐述了自己的类属真理思想。2003 年他出版了英文版的《论贝克特》一书。《论马拉美》一书则由于各种原因未能出版。②

因此，马拉美在巴丢著作中是出现频率最高的一个词汇。巴丢在其多部著作中对马拉美的作品进行了别具特色的解读。例如：巴丢早期著作《主体理论》中，对马拉美两首十四行诗进行了解读；在《存在与事件》中"沉思录 19"中解读了马拉美的《骰子一掷永远取消不了偶然》；在

---

① 赵毅衡编选：《符号学文学论文集》，百花文艺出版社 2004 年版，第 507—508 页。
② Alain Badiou, *Logics of Worlds*：*Being and Event 2*, p. 548. Jean-Jacques lecercle, *Badiou and Deleuze Read Literature*, Edinburgh University Press, 2010, p. 92.

《条件》一书中第五章以《马拉美的方式：减法与间隔》为题分析了马拉美的相关作品；《非美学手册》中第二至四章多次引用马拉美的诗作片断进行分析，第五章对马拉美长诗《骰子一掷永远取消不了偶然》进行了解读，在第十章"牧神的哲学"对马拉美《一个牧神的午后》一诗进行了细读；《世界的逻辑》中"评论与题外话"一节以回忆的形式总结了他对马拉美及贝克特的解读。我将其命名为"非美学"式解读。

巴丢为什么反复对马拉美作品进行解析呢？

巴丢阅读马拉美的原因是多重的，这里我们先概要地列举如下，我们将在后文通过仔细举例分析，进一步澄清二人之间的"形神毕肖"、"神气相投"和"互读互证"的奇妙关系。

首先，两个不同的世纪末的跨越时空对话。

马拉美创作成熟时期是在 19 世纪末，巧合的是巴丢哲学思想走向成熟高产期、并受到学术界热烈关注也是在世纪之交——20 与 21 世纪之交。二人所处的时代不同，然而时代背景及语境却有相似之处。同时，二人的艺术追求、艺术理想不谋而合，在人格及精神气质上更有神似之处。

两个世纪末内容相异、气脉相投的"否定"思潮。无论是 19 世纪末的颓废派还是象征派，还是 20 世纪末的后现代、后结构的解构思潮，共同的精神气象是否定、批判、颠覆与革新。马拉美的艺术追求是反判与革新，巴丢的艺术理想和哲学构想同样是"批判"与"创新"。马拉美一生"超凡脱俗"、别出心裁，艺术思想、艺术创造否定传统，新辟未来；巴丢哲学、诗学思想同样地对抗主流，"脱离同代"。

其次，"否定"诗学与"非美学"诗学。

上文我们已经分析了马拉美的"否定"诗学。巴丢的"非美学"诗学思想与马拉美诗学在一些核心命题上大同小异，不谋而合。为了在诗学思想上对马拉美的迎纳与承续，建立自己别具特色的诗学思想，巴丢展开了对马拉美的独特"非美学"式解读。最终形成了同样别具特色的"非美学"诗学思想——艺术真理、艺术主体、艺术观、语言观等。

再次，会心一笑：存在与空无。

巴丢对存在问题的思想开始于《存在与事件》，提出了存在既非一，也非多，而是空的思想，形成了"否定本体论"——数学集合本体论思想。而"非美学"诗学思想是在哲学思想视野中展开的艺术思考，是为了最终确立哲学与艺术间全新的"第四种关系"而提出了"非美学"的新观念，最终目的又返回去完成其独特的全新哲学新构想。

巴丢对马拉美的解读是一种"非美学"式细读。

巴丢认为，诗歌既是一种思想，同时也是一种操作——一种可呈现的思想的呈现，一种思想的实践，从这种思想实践中通过减除或否定的操作而得到思想。巴丢曾说，马拉美是艺术与哲学关系的最好隐喻。他还说过，离开马拉美和贝克特将无法彻底理解他的哲学思想。

在巴丢看来，马拉美诗歌就是他的事件哲学思想和"非美学"诗学思想的最好"象征"。巴丢通过对马拉美的独特解读，旨在分析马拉美诗歌的"内在的"、"独一的""内在哲学效果"——"失事的船只"就是一个事件；"骰子一掷"就是事件出现的最好象征；空屋、空镜、空床、空贝壳等，就是空无的"存在"的象征；马拉美的一系列作品又恰恰就是艺术真理产生的"艺术的形构"。作为思想实践的马拉美的诗歌，是如何通过减除、否定而得到思想，产生真理的。马拉美建立了一种"否定性"诗学，一种"无言的"诗学，一种纯粹的空的诗学，一种形而上的本体诗学。马拉美创作了"沉默"的诗歌、音乐性的诗歌、暗示性的诗歌、句法的诗歌。马拉美的诗学思想、艺术思想及其诗歌创作，是对世界与存在关系的说明，是对空无的存在的独特言说。

通过对马拉美等人诗歌的分析，巴丢试图要得出艺术与哲学关系的一些重要命题：

a. 真理（the truth）并不存在，只存在复数的真理（the truths）——这一点是至关重要的。人们于是假设不可化约（irreducible）的真理的多。

b. 每个真理都是一个过程，并且不是一种事件的判断或一种事件的状态。这一过程在权利上是无限的或不可完成的。

c. 人们将这种真理的无限过程中的每个有限时刻称为"主体的真理"。就是说主体没有控制真理并且主体同时内在于真理。

d. 每个真理的过程开始于一个事件。一个事件是不可预知、不可计算的——它是一种情境的补充。每个真理，并且因此每个主体，都依靠一个事件的出现（an evental emergence）。一个真理和一个真理的主体并非源于存在的东西，而是源于发生的东西，"发生"是在强烈的意义上的概念。

e. 事件揭露了情境的空。这是因为事件显示了现在存在而过去缺乏真理的东西。正是在这种空的基础上，主体作为真理过程的断片而建构自身。正是这种空将主体从情境中分离出来，也正是这种空将主体归因于一种空前的轨道中。由此可以说空的痛苦经验——作为空的场所的痛苦经验——建立了真理的主体，但这种痛苦经验并不产生任何类型的控制。最多，我们可以说，在一种完全一般的形式中，主体是真理的斗士。

f. 将主体联结于真理的选择是一种继续存在的选择：对事件的忠诚，对空的忠诚。①

巴丢如何通过对马拉美等人的解读来解决上述问题呢？下面通过巴丢的具体解读实例来进行具体阐述。

一 "仙女"：事件、命名与忠诚

巴丢《非美学手册》的第十章"牧神的哲学"，在其事件哲学、真理哲学的强力阅读的"预设"中，展开了对马拉美长诗《一个牧神的午后》的"非美学"式解读。因此本章题名叫"牧神的哲学"。通过对诗歌文本的"细读"，巴丢总结出这首诗的"内在哲学效果"——事件、命名、忠诚；这首诗"呈现了诗歌的一般程序：通过忠实于消失的不可判定的事件的名称来支撑主体"②；"诗歌必须保证永恒的真理。"③

《马拉美诗全集》的中译者葛雷先生，在《一个牧神的午后》一诗的

---

① Alain Badiou, *Handbook of Inaesthetics*, p. 55.
② Ibid., p. 126.
③ Ibid., p. 123.

题注中对本诗的内容做过简单概括："六月的一个晴朗的日子里，一个牧神在西西里海滨的芦苇塘边醒来，看到一群仙女在水中嬉戏，他吹起自己的芦笛，仙女们被笛声惊散纷纷逃逸，只留下一对仙女还像天鹅一样在一起抱吻，牧神扑过去，想拥抱她们，她们也纷纷逃逸，于是牧神怅惘地又沉入梦幻。"[①] 巴丢并没有对全诗的象征意义进行挖掘，也没有对全诗的朦胧、含蓄的意境美进行评介。而是分析了诗歌的"内在哲学效果"，事件的不确定性，事件的踪迹及其命名，主体对事件踪迹的忠诚，诗歌所传达出的真理的永恒等哲学命题。而这些哲学范畴和命题并非是巴丢仅仅简单地将其哲学范畴和命题"强加"于诗歌意象，恰恰相反，通过分析，巴丢从诗的"操作"中解读、发掘出了内在于诗歌的这些范畴和命题。

巴丢首先从该诗的三个不同版本说起，然后分析了诗的四个假设及其命名，假设暗示的对事件的忠诚，接下来是对全诗十节的内容逐一进行独特的"散文化"解读，最后得出全部的结论。下面从"文献分析"、"文本细读"、"总体结论"三个方面对巴丢的具体解读进行概要介绍。

（一）文献分析

该诗是 1865 年马拉美为剧院写的一部独幕剧《牧神的独白》，计划分为三部分：牧神的下午，仙女对话，牧神醒来。后来，这个剧本被改为《一个牧神的即兴发言》，最终以田园诗《一个牧神的午后》为题而发表。巴丢分别引用了三个不同版本的第一句，分别是：

> I had nymphs. Is it a dream? No：the clear
>
> These nymphs，I wish to dazzle them.
>
> These nymphs，I wish to perperuate them.

巴丢分析认为，这三个不同版本的变化轨迹非常清晰：第一个版本讨论的是欲望对象的现实性问题，得出结论是：不过仅仅是个梦。第二个版本暗示了不管对象的地位如何，这句话都是一种艺术的升华。第三个版

---

① ［法］马拉美：《马拉美诗全集》，葛雷、梁栋译，浙江文艺出版社 1997 年版，第 51 页。

本（即现在诗歌中的第一句，可译为："这些仙女，我欲使她们永存"）为整个诗布置了一个"任务"："即使发生了曾经出现的东西的消失，然而，诗歌必须保证诗歌的永恒真理。"这恰恰就是巴丢所认为的本诗最重要的"主题"，如何保持永恒的真理？他通过后面的具体分析解读试图回答这一问题。

（二）文本细读

1. "结构：假设与命名"

在"结构"分析部分，巴丢认为，全诗就位于一个裂隙之间，即永恒的保持及其证明的问题。诗中的"我"与"这些仙女"之间关系如何？在巴丢看来，仙女是否真的出现本身就是个"事件"，根本无法确定仙女是真实的还是梦境的幻觉，这就是事件的"不可确定性"。"这些仙女"仅仅是个"命名"，是仙女出现这个事件留下的唯一的"踪迹"。很显然，诗歌"命名"了这一事件（这些仙女），而"我"又是仙女的"见证人"，在这个"我"与"这些仙女"之间，诗歌建构了那个"牧神"，这个牧神对仙女钟情迷恋、心驰神往，他通过持续不断的幻觉、假设、想象，在半信半疑中保持着对"这些仙女"这个名字的持守和忠诚。那么这些假设究竟是什么呢？巴丢提出了四个原则，这四个原则每一个都有内在的分歧：其一，仙女根本是牧神欲望的结果，是他的想象的产物，她们可能根本就是个传说；其二，这些仙女仅仅是虚构的，是牧神用他的音乐艺术虚构出来的；其三，仙女们是真实，她们的出现是实事，只是由于牧神自己的不成熟、盲目仓促的举动，而冲散了仙女们，这是牧神的罪过；其四，也许"仙女"仅仅是个易逝的"名字"的化身——"仙女"就是维纳斯这个古老女神的名字。

可见这些假设都是不确定的，因此，牧神只能忠诚于"仙女们"这个名字。

2. 质疑与踪迹

我们可以通过质疑的方法，可以从上面的某个假设推到另一个假设。每一次质疑都推翻了前一个假设。这样，那些假设的名字都不能证明事件是否真正发生。依赖于名字的质疑，就成了欲望的真理的潜在的工具了。而这种欲望的真理就被诗歌艺术所把握和固定。然而这些真理、名字、假设、质疑都是不可确定的。而那个"欲使她们永存"的"我"就是这种不可确定的主体了。

3. 诗中的散文

这首诗中有许多斜体或引用（经过大写的词标记）的一些段落，巴丢认为这些内容可以叫做诗的"散文"部分。巴丢在这里所说的"散文"是有特殊含义，而不是我们通常所理解的散文艺术中所有的一般的散文文体。它与故事和质疑密切相关。巴丢这里所谓的"散文"是指"故事"（story）与"质疑"（doubt）间的一切"接合"（articulation）。通常理解的散文与诗歌相去甚远，而巴丢这里所谓的"散文"却是"诗歌的散文时刻"。而巴丢所谓的"故事"也是特指，"我们可以将'故事'定义为与质疑有关的东西"。质疑是记忆的一些碎片，而故事的唯一作用就是对这些质疑的暗示。

在巴丢看来，全诗讲述的三个故事不可能保存事件，事件只能被命名，它既不能被引述，也不能被叙述。全诗的斜体和引用的那些"散文"部分就是这首诗的"散文的时刻"。而这些过度使用的斜体和引文，以及全诗中出现的两个全部大写的词"CONTEZ"和"SOUVENIRS"，这些都是诗的"散文"，并充满了象征意味，有特别的"内在哲学效果"。巴丢对全诗进行了仔细的文本"细读"，对诗的散文形式进行了独特的分析。

下面按法文原版排版格式照录《一个牧神的午后》①：

　　　　L'Après‐midi d'vn favne

　　　　églogve

　　　　LE FAVNE

　　　　Ces nymphes，je les veux perpétuer.

　　　　Si clair，

_____

① 注：在此笔者不惜篇幅将法文全诗引出，因为中文译本的《马拉美诗全集》完全没有体现原诗的排版风格和大量引用、斜体的标记。这一点应该是中译本的一个遗憾。而全诗的这些内容被巴丢叫作诗的"散文"部分。牛津大学英法对照版：Stéphane Mallarmé, *Collected Poems and Other Verse*, trans. E. H. and A. M. Blackmore, Oxford：Oxford University Press，2006，pp. 38，40，42，44，46。

Leur incarnat léger, qu'il voltige dans l'air

Assoupi de sommeils touffus.

Aimai – je un rêve?

Mon doute, amas de nuit ancienne, s'achève

En maint rameau subtil, qui, demeuré les vrais

Bois mêmes, prouve, hélas! que bien seul je m'offrais

Pour triomphe la faute idéale de roses—

Réfléchissons. . .

ou si les femmes dont tu gloses

Figurent un souhait de tes sens fabuleux!

Faune, l'illusion s'échappe des yeux bleus

Et froids, comme une source en pleurs, de la plus chaste:

Mais, l'autre tout soupirs, dis – tu qu'elle contraste

Comme brise du jour chaude dans ta toison?

Que non! par l'immobile et lasse pamoison

Suffoquant de chaleurs le matin frais s'il lutte,

Ne murmure point d'eau que ne verse ma flûte

Au bosquet arrosé d'accords; et le seul vent

Hors des deux tuyaux prompt à s'exhaler avant

Qu'il disperse le son dans une pluie aride,

C'est, à l'horizon pas remué d'une ride,

Le visible et serein souffle artificiel

De l'inspiration, qui regagne le ciel.

O bords siciliens d'un calme marécage

Qu'à l'envi des soleils ma vanité saccage,

Tacites sous les fleurs d'étincelles, CONTEZ

《 *Que je coupais ici les creux roseaux domptés*

《 *Par le talent ; quand, sur l'or glauque de lointaines,*

《 *Verdures dédiant leur vigne à des fontaines,*

《 *Ondoie une blancheur animale au repos :*

《 *Et qu'au prélude lent où naissent les pipeaux,*

《 *Ce vol de cygnes, non! de naïdes se sauve*

《 *Ou plonge...* 》

Inerte, tout brûe dans l'heure fauve

Sans marquer par quel art ensemble détala

Trop d'hymen souhaité de qui cherche le *la* :

Alors m'éveillerais-je à la ferveur première,

Droit et seul, sous un flot antique de lumière,

Lys! et l'un de vous tous pour l'ingénuité.

Autre que ce doux rien par leur lèvre ébruité,

Le baiser, qui tout bas des perfides assure,

Mon sein, vierge de preuve, atteste une morsure

Mystérieuse, due à quelque auguste dent;

Mais, bast! arcane tel élut pour confident

Le jonc vaste et jumeau dont sous l'azur on joue,

Qui, détournant à soi le trouble de la joue

Rêve, dans un solo long, que nous amusions

La beauté d'alentour par des confusions

Fausses entre elle-même et notre chant crédule;

Et de faire aussi haut que l'amour se module

évanouir du songe ordinaire de dos

Ou de flanc pur suivis avec mes regards clos,

Une sonore, vaine et monotone ligne.

Tache donc, instrument des fuites, ômaligne

Syrinx, de refleurir aux lacs où tu m'attends!

Moi, de ma rumeur fier, je vais parler longtemps

Des déesses; et par d'idolatres peintures,

A leur ombre enlever encore des ceintures:

Ainsi, quand des raisins j'ai sucé la clarté,

Pour bannir un regret par ma feinte écarté,

Rieur, j'élève au ciel d'été la grappe vide

Et, soufflant dans ses peaux lumineuses, avide

D'ivresse, jusqu'au soir je regarde au travers.

O nymphes, regonflons des SOUVENIRS divers.

« *Mon oeil, trouant les joncs, dardait chaque encolure*

« *Immortelle, qui noie en l'onde sa brûlure*

« *Avec un cri de rage au ciel de la forêt;*

« *Et le splendide bain de cheveux disparaêt*

« *Dans les clartés et les frissons, ôpierreries!*

« *J'accours; quand, à mes pieds, s'entrejoignent (meurtries*

« *De la langueur goûtée à ce mal d'être deux)*

« *Des dormeuses parmi leurs seuls bras hasardeux;*

« *Je les ravis, sans les désenlacer, et vole*

« *A ce massif, haï par l'ombrage frivole,*

« *De roses tarissant tout parfum au soleil,*

« *Où notre ébat au jour consumé soit pareil.* »

Je t'adore, courroux des vierges, ôdélice

Farouche du sacré fardeau nu qui se glisse

Pour fuir ma lèvre en feu buvant, comme un éclair

Tressaille! la frayeur secrète de la chair:

Des pieds de l'inhumaine au coeur de la timide

Que délaisse à la fois une innocence, humide

De larmes folles ou de moins tristes vapeurs.

« Mon crime, c'est d'avoir, gai de vaincre ces peurs

« Traîresses, divisé la touffe échevelée

« De baisers que les dieux gardaient si bien mêlée;

« Car, à peine j'allais cacher un rire ardent

« Sous les replis heureux d'une seule (gardant

« Par un doigt simple, afin que sa candeur de plume

« Se teignîà l'émoi de sa soeur qui s'allume,

« La petite, naïve et ne rougissant pas:)

« Que de mes bras, défaits par de vagues trépas,

« Cette proie, à jamais ingrate se délivre

« Sans pitié du sanglot dont j'étais encore ivre. »

Tant pis! vers le bonheur d'autres m'entraîeront

Par leur tresse nouée aux cornes de mon front:

Tu sais, ma passion, que, pourpre et déjà mûe,

Chaque grenade éclate et d'abeilles murmure;

Et notre sang, épris de qui le va saisir,

Coule pour tout l'essaim éternel du désir.

A l'heure où ce bois d'or et de cendres se teinte

Une fête s'exalte en la feuillée éteinte:

Etna! c'est parmi toi visité de Vénus

Sur ta lave posant ses talons ingénus,

Quand tonne un somme triste ou s'épuise la flamme.

Je tiens la reine!

O sûr chatiment...

Non, mais l'ame

De paroles vacante et ce corps alourdi

Tard succombent au fier silence de midi:

Sans plus il faut dormir en l'oubli du blasphème,

Sur le sable altéré gisant et comme j'aime

Ouvrir ma bouche à l'astre efficace des vins!

Couple，adieu；je vais voir l'ombre que tu devins.

（牛津版的《马拉美诗集》中《一个牧神的午后》采用了直译法，葛雷版的《马拉美诗全集》对这首诗采用意译，本诗的英译和中译见本章最后附1、附2。）

巴丢对全诗进行了文本细读和"非美学"式解读，对第一节的分析是这样的：

巴丢为这节所拟标题是："Dissolution de l'événement dans son lieu supposé"（"事件在其假定地点的消散"），然后，巴丢引用了第一节原诗：

Si clair,

Leur incarnat léger，qu'il voltige dans l'air

Assoupi de sommeils touffus.

多么清楚，

她们轻而淡的肉色在空气中飞舞，

空气却睡意丛生。

（飞白译）

诗行的排列版式是中译本完全忽视的。巴丢对这节分析认为，女神消逝了，消逝在"肉色"的表象中，她们消散的地方，是牧神根本无法知道的，牧神甚至不知道这究竟发生在梦中还是现实中。

接下来，巴丢对后面的每一节引用原文，并如此这般地进行"非美学"式的解读：对每节的分析分别以这样的题目进行：第二节"Mise en place du doute"（质疑置于某处）；第三节"Du désir à la musique"（从欲望到音乐）；第四节"Extorquer au lieu le nom de l'événement"（从场所强制命名事件）；第五节 "Premiere tentation：s'abolir extatiquement dans le lieu"（第一重诱惑：在场所得意忘形）；"第六节 "Signes du corps et puissance de l'art"（身体的标记与艺术的力量）；第七节 "Deuxième tentation：se contenter du simulacre artistique"（第二重诱惑：满足于艺术的假象）；第八节 "La scène du crime"（罪恶景象）；第九节 "Troisième tentation：le nom unique et sacré"（第三重诱惑：独一而神圣的名字）；第十节 "Signification conclusive du sommeil et de l'ombre"（昏睡与幻影的决定意义）。通过第二节诗歌的分析，巴丢得出："质疑就是诗歌作为思想的一种积极的操作"的结论。第三节分析得出：揭示了爱的程序与艺术的程序的双重性。例如牧神的音乐既是对音乐艺术的描写，又是这首诗歌本身的内容。第四节得出：场所及其消失后的事件的命名。第五节分析了"第一重诱惑"，得出：真理开始于事件，对事件及其命名的诱惑，在与真理的对抗中呈现自身，这种诱惑只是满足于"有"，满足于场所的有限力量。第六节分析得出：事件的发生通过其命名而被证明。而神秘的踪迹就是艺术作品本身。从欲望的身体中消失的神秘之梦，可能只是艺术的简单的结果。艺术有产生踪迹的能力，而与世界客体无关。第七节分析了第二重诱惑：牧神满足于假象和无客体的欲望。这种假象就是忠实于事件的"空"。事件消失了，只有它的名字存在，在新的情势中，只能忠诚于这个空的名字。第八节有一段长长的斜体的引文，这说明了记忆从来不可能提供真正的事件本身，记忆只能通过事件的名字而得到。留给牧神的唯一记忆就是仙女们消失后留给他的感觉。这个记忆的牧神、散文式的牧神不能像事件要求的那样存在，他是一个非客体化的主体。第九节分析了第三重诱惑：神圣的、单一的、维纳斯的诱惑代替了"真正"的仙女，代替了真实的客体。最后一节分析认为：幻影就是"欲与仙女相遇"的永恒的真理。质疑就是抵抗持续诱惑的东西。只有睡梦中，才能保持这种幻影，保持永恒的真理。睡眠就是对真理的持续的忠诚。而这一切都产生在诗之中，只有诗的真理是永恒的。

（三）总体结论

巴丢通过以上对全诗的细读，最后得出了这样的结论：

这首诗展示给我们的是：

> 事件：事件的不可辨识性。思想存在于事件中，是一种不确定之物。
>
> 名字：名字是事件的唯一的在场。真理的程序就是：只有事件的名字是确定的，不用考虑所谓的质疑和诱惑。
>
> 忠诚：存在忠实于一种从不涉及回忆的事件，而忠诚于事件的名字。诗展示了诱惑的三种形象：狂喜、丰富和神圣。诗歌建构了那个忠实的操作者。主体在单一的真理中被编织。①

综上所述，巴丢通过对《牧神的午后》一诗的分析、细读，旨在得出：艺术的真理就是艺术主体对艺术事件的忠诚。

二 "骰子"：重构一种真理

《骰子一掷永远取消不了偶然》是马拉美诗歌中形式最为新奇，也最具代表性的一首诗。这首诗是马拉美在去世前一年写的，是他理想的"世界之书"的一部分。他曾在给魏尔伦的信中说道："我相信，世界上只有一本书。任何写过书的人，甚至天才，都在无意中试图完成这本书……我也许会成功的，当然不是成功地写出那本书的全部，但也许会拿出完成的一个片断来给人看……用完成的部分来证明那本书是存在的……"②《骰子一掷永远取消不了偶然》一诗可以看作是"这本书"的一部分草稿，全诗以"任何思想都是骰子一掷"结尾，用来象征写诗与思想，象征偶然与绝对，象征写诗的可能与不可能，象征诗歌与思想的终极形而上之路——只有精神才是真正的存在，只有诗歌能证明精神的永存。更为重要的是，全诗的排版形式空前绝后，它有时呈楼梯式，有时一行只有一个字，有时一页只有一个字或几个字。马拉美企图描画出思维同混乱的宇宙接触的历程，他力图洞穿宇宙的奥秘和法则。这种独特形式使这首诗"全部的新颖之处在于阅读间隔"，造就了一曲"思想的交响曲"。

---

① Alain Badiou, *Handbook of Inaesthetics*, pp. 139—140.
② 马拉美：《马拉美作品全集》"七星文库"，伽利玛出版社 1945 年版，第 663 页。转引自秦海鹰《文学如何存在——马拉美诗论与法国 20 世纪文学批评》，《外国文学评论》1995 年第 3 期。

巴丢在《非美学手册》第五章"一种诗学辩证法：Labid ben Rabi'a 与马拉美"中，对《骰子一掷永远取消不了偶然》与公元 6 世纪时一首阿拉伯诗歌《*Labid ben Rabi'a*》进行了对比分析。接着，巴丢得出了一系列"暂时性"的结论：

　　总之，我们可以得到以下一些暂时性的结论：

　　1. 在真理的场所通过的条件下不存在真理，在此真理场所被构想为一个无价值的、不在场的、被废弃的地方。每一个真理被一种可能性所危害，这种可能性就是在差异的场所旁可能空无一物，没有沙子、雨水、大海、地狱。

　　2. 诗语的主体是这种严酷考验或冒险的主体。

　　3. 主体既非废弃的见证者——那个在一切消失的地方复归的人——也非它的暂时的幸存者。

　　4. 如果主体是废弃的见证者，那么他将在空的基础上使语言变得活跃——就是说，在语言的重要性上——直到它引起了主人将由此而将成为的紧张形象。

　　5. 如果主体是废弃的幸存者，那么他将制造出来以使行动和非行动不可判定，在主体内部，或者会使变成非存在的严格证明。只有那里理念才会到来，这就是匿名。

　　6. 于是关于我们的涉及场所、主人与真理的联系的问题，就出现了两种可能的反应：

　　——真理是由场所的事实引起的——缺席和空的严峻考验——起初是怀旧般地唤起，然后是积极地唤起能掌握真理的主人的构想。

　　——真理出现于主人的消失导致的空无场所的匿名之中。简言之，主人自我牺牲以使真理成为可能。①

通过对比分析，巴丢认为主人消失才能导致真理出现。然而主人消失

---

① Alain Badiou, *Handbook of Inaesthetics*, p. 50.

场所的天空中出现了星座，这星座"在可能的高度上，与遥远的来世融合"（马拉美语）。这样，"马拉美保留了本体论的二元论，保留了一种与柏拉图主义的真理相同类的东西"。①

而那首阿拉伯诗歌则完全不同。在诗中主人以世俗的方式被建构。这首诗保持了一种内在原则的力量。而真理与主人的形象相混合，而不能从中被分离出来。

马拉美诗歌中分离的真理，要求超越和牺牲；而后一首诗真理与主人密切联系。这是思想的两个方向，前者是牺牲主人而热爱真理，后者则是既爱主人又爱真理。这两种方向就意味着两种选择，而我们当下的现代性就是面临这样的选择，面临这样的选择的不可能性。现代性根本无法让我们作出理智的明智的选择，从而现代性使真理成了"一种内在的恐怖"，使我们失去了选择的可能性。

因此，在巴丢看来，"思想必须后退一步"，"向马拉美和阿拉伯所共有的东西后退一步"，"必须为我们的时代而重构一种真理的思考"。而巴丢重构的真理的思考，就是来自马拉美，即巴丢坚持一种"空"的真理，一种非个人化的复数的真理，它既不必牺牲主人，也不必召唤主人。

通过对《骰子一掷永远取消不了偶然》的分析，得出了这样的结论：诗是哲学的条件之一，关于真理与主体问题有这样一些结论：

1. 真理并不存在，只存在复数的真理。

2. 每个真理都是一个过程，这个过程是无限的、不可完成的。

3. 真理的这种无限过程的有限的时刻，可以称为"主体的真理"。主体内在于真理。

4. 每个真理的过程都开始于一个事件。真理和主体都依赖事件的出现而出现，它们都源于"发生"的东西。

5. 事件揭示了情势的空。因为事件显示了现在存在而过去缺席的真理。主体是真理的斗士。

---

① Alain Badiou, *Handbook of Inaesthetics*, p. 51.

6. 主体通过对事件的忠诚，通过对空的忠诚，而与真理相连。①

三 句法："消失"、"取消"与"丧失"

巴丢通过对马拉美的阅读，认为马拉美诗歌的方式和逻辑就是空缺与沉默，是一种否定性操作。具体而言，巴丢在《条件》一书第五章"马拉美的方式：减法与隔离"，分析了马拉美三种类型的否定性操作：首先是"消失"（vanishing），这标志着事件的不可识别性。第二个是"取消"（cancellation），这标志着事件的不可判定性。第三个是"丧失"（foreclo-sure），这标志着最少的踪迹的消失，事件的不可命名性。

巴丢通过对马拉美下面一首十四行诗的分析，得出了前两种否定性操作：消失和取消。

[《 A la nue accablante tu... 》]	["Stilled beneath the oppressive cloud..."]
A la nue accablante tu Basse de basalte et de laves A même les échos esclaves Par une trompe sans vertu	Hushed to the crushing cloud Basalt and lava its form Even to echoes subdued By an ineffectual horn
Quel sépulcral naufrage (tu Le sais, ecume, mais y baves) Suprême unt entre les épaves Abolit le mat dévêtu	What shipwreck sequlchral has bowed (you know this, but slobber on, foam) The mast, supreme in a crowd Of flotsam and jetsam, though torn
Ou cela que furibond faute De quelque perdition haute Tout l'abîme vain éployé	Or will that which in fury defaulted From some perdition exalted (The vain abyss outspread)
Dans le si blanc cheveu qui traîne Avarement aura noyé Le flanc enfant d'une sirène	Having stingily drowned in the swirl Of a white hair's trailing thread The flank of a young Siren girl.
(Stéphane Mallarmé, *Collected Poems and Other Verse*, trans. E. H. and A. M. Black-more, Oxford: Oxford University Press, 2006, pp. 78, 80)	(Stéphane Mallarmé, *Divagations*, trans. Barbara Johnson, Cambridge, MA: The Belknap Press, 2007)（本诗中译参见本章末尾附3）

———————————

① Alain Badiou, *Handbook of Inaesthetics*, p. 55.

这首十四行诗从字面意义上来看，描绘的是一幅海上船只失事后的画面。第一节，岸边的礁石颓然默立，汽笛余音缥缈回荡；第二节，滔天巨浪将帆船吞噬，只剩下漂在海面上的弃物和海水泛起的碎沫；第三节，巨浪滔天，如从天而降，浩渺翻腾；第四节，沉船的巨大旋涡，像是恐怖的塞壬女妖的银发的踪迹。

然而，巴丢完全没有像传统文学批评那样，从这些"故事"、"意象"、"画面"来解读这首诗，而是从诗的"句法"开始了他的"非美学"式解读。"在一种哲学的层次上解读马拉美诗歌，预想了缺席的复原（例如真理标志下的思考，对思想的操作的思考）。"① 因此，巴丢对马拉美这首诗歌进行了从头至尾的包括标点、句法的"非美学"式解读：一种由语法建构导引的假设，于是巴丢对此诗进行了哲学意义上的"重构"：

A. 第一行的"tu"（英语译文中"hushed"一词），是"taire"（沉默）一词的过去分词，并与船只失事有关（海上沉寂的什么样的失事吞没了迷航的桅杆?）。

B. "无效的号角"暗示了（船只失事）的过去分词（海上死寂般的什么样的失事是无效的号角的结局?）。

C. 第二节构成了这样的问题（什么样的海上失事?）。

D. 第三节的三句，在"愤怒"之后有一个停顿，和在"加强"之后的停顿一样（巨大的毁灭过后的，狂暴的空空的深渊）。

E. "狂暴"描绘了那深渊，那深渊的罪孽就是已经吞没了年轻海妖的恐怖的后果。②

对以上的导引进行整合，于是可以得出第一层次的重构，诗歌被描述成了"散文"，从而使哲学从终结中回到这"散文"中：

散文描绘了被卷入深渊的船只，仅仅只留下了桅杆和被撕碎的碎片。海面上是漂浮的碎沫，成了这场灾难的痕迹。船只的号角再不能被听到；

---

① Alain Badiou, *Conditions*, trans. Steven Corcoran, Continuum, 2008, p. 49.
② Ibid. , p. 50.

它回荡在低空，再也听不到那悲惨的呼救。然而，狂怒没有使任何船只消失，只是深渊吞噬了海妖，那海面上的白色泡沫就是她的白发的痕迹。

海天相接的场所（情势），泡沫就是已经发生了的事件的痕迹（名字）。诗歌就是对痕迹的处理，是对痕迹的忠诚。痕迹（泡沫）是一种命名，诗歌是对这种名字的命名（name the name），以保证这种名字作为一种事件的命名。这泡沫既是沉船的痕迹，也是海妖突然消失的痕迹。由于这泡沫，船和海妖成了两种消失中的东西。它们脱离了事件的第一重的减法操作。事件的名字只能通过它的消失来暗示。马拉美通过一系列转喻，建构了这些消失中的词语的具体体现。"沉船事件"和"海妖事件"通过那些发生在场所（情势）中的消失的词语的增补，来命名这些消失了的事件。通过这样的分析，巴丢用这样的示意图①来表示，四个画线的词就是正在消失的东西，它们拥有事件名称的一切特征：

$$\text{foam}\begin{cases}\text{ship}(\text{bit of wrechkage})\rightarrow\text{mast}(\text{torn and abolished})\rightarrow\text{horn}(\text{ineffectual})\\\text{siren}(\text{drowned})\rightarrow\text{hair}\end{cases}$$

通过以上图示我们可以进一步看到，"泡沫"一词联结了两个"转喻链"，通过两种语义的假设：它既是沉船的痕迹，也是海妖沉没的痕迹。海妖的消失使船只失事具有了双重否定性：船只在海难中失事而消失，但在海妖的沉没中，船第二次消失，这次消失是由于海妖沉没时同样在海面留下的泡沫，也许根本没有船只存在过。因为在诗中，船只和海妖都没有真正出现过，而只是通过它们的隐喻（桅杆、白发）体现的。"泡沫"一词具有双重语义价值。事件的特征就是它的不可判定性的特征，一切消失的东西都是可质疑的。由第一重否定而得出的第二重否定，巴丢将其称作"取消"（cancelling）。这样，诗歌就是对这样的事件思想的思考，船只失事是否发生是不可判定的；同时，那海妖作为理想，也是一种事件，它的特征就是"消失的消失"。因此，诗歌所给我们的就是事件的不可判定性（undecidability）。

以上就是巴丢得出的马拉美的前两种否定的方式："消失"（vanishing）与"取消"（cancelling）。

---

① Alain Badiou, *Conditions*, trans. Steven Corcoran, Continuum, 2008, p. 52.

巴丢认为，马拉美诗中总会有"减除"的象征，十四行诗既是"空"的，并通过一切可能途径自我反应；同时，马拉美的十四行诗具有本身的寓意。通过上一首十四行诗分析了事件的不可判定性。而下面是又一首十四行诗，这首诗一向被认为有多种解读，法国的马拉美研究专家有各种各样的解释。而马拉美自己认为："这首诗的意思（如果它有一种意思的话）是语词的内在幻影的一种再现。人们反复地吟念几遍，便会感受它所揭示的神秘感。"① 巴丢对马拉美此诗的解读恰恰就是从"语词"、从句法、从韵律等开始的，然而巴丢并非要解读出某种"意义"，而是认为，可以通过这首诗分析出事件的不可命名性，分析出马拉美的第三种否定方式："丧失"（forclusion）。

Plusieurs Sonnets（十四行诗集）	A Few Sonnets
Ses purs ongles très haut dédiant leur onyx,	With her pure nails offering their onyx high,
L'Angoisse ce minuit, soutient, lampadophore	lampbearer Agony tonight sustains
Maint rêve vespéral brûlé par le Phénix	many a vesperal fantasy burned by
Que ne recueille pas de cinéraire amphore	the Phoenix, which no funerary urn contains
Sur les crédences, au salon vide: nul ptyx,	on the empty room's credences: no ptyx, 5
Aboli bibelot d'inanité sonore,	abolished bauble, sonorous inanity
(Car le Maître est allé puiser des pleurs au Styx	(Master has gone to draw tears from the Styx
Avec ce seul objet dont le Néant s'honore).	with that one thing, the Void's sole source of vanity).
Mais proche la croisée au nord vacante, un or	Yet near the vacant northward casement dies
Agonise selon peut-être le décor	a gold possibly from the decorations 10
Des licornes ruant du feu contre une nixe,	of unicorns lashing a nymph with flame;
Elle, défunte nue en le miroir, encor	dead, naked in the looking-glass she lies
Que, dans l'oubli fermé par le cadre, se fixe	though the oblivion bounded by that frame
De scintillations sitôt le septuor.	now spans a fixed septet of scintillations.
(Stéphane Mallarmé, *Collected Poems and Other Verse*, trans. E. H. and A. M. Blackmore, Oxford University Press, 2006, pp. 68, 70)	(Stéphane Mallarmé, *Collected Poems and Other Verse*, trans. E. H. and A. M. Blackmore, Oxford University Press, 2006, pp. 69, 71)

① ［法］马拉美：《马拉美诗全集》，葛雷、梁栋译，浙江文艺出版社 1997 年版，第 93 页《自嘲》一诗的页下题注。

对于这首诗的解读，与上一首一样，巴丢首先对诗进行了三步式的"散文"解读：①先对全诗进行散文式概要，而这种概要是建立在全诗的单义性（univocal meaning）基础之上；②接下来是对这种单义意义的"翻译"，"翻译"为一些特殊的概念（空、踪迹、事件、丧失等），而这些概念是巴丢哲学中的一些基本概念；③最后，他的解读往往以一个复杂的图式结束，这一图式再次对全诗的结构进行了"直观"（visualise）。

散文式解读：

> 深夜空空的屋子里充满了极度的痛苦，灯光的消失更加剧了这种苦痛。灯光是以那高擎在手中的火炬的形式展现出来，而如今只剩下熄灭了火焰的灰烬。这种空带来的极度苦恼，既不能被斜体日落的痕迹所驱散，甚至不能被骨灰瓮中的灰烬所驱散。
>
> 诗人，作为屋子的主人，早已经来到冥河，只带着那没有任何所指的能指的符号"ptyx"。
>
> 然而朝北的窗子旁边，一个镀金框的镜子闪着极微弱的光。这光就是那金框上的独角兽追击海妖而踢出的火花。
>
> 这一切消失了，就像海妖沉入了镜面一样，然而七点星光突然映现在镜中。①

单义式"翻译"：

巴丢接下来对全诗进行了独特的"翻译"：他认为全诗中，很显然的事件就是太阳西落，在马拉美诗中，"夜梦"通常以此来比喻消失的东西。全诗就是要努力找寻和处置这个场景中那消逝的光亮的踪迹，这踪迹就是巴丢所谓的事件的原始命名（the primitive names of the event）。经过这种仔细的"翻译"，巴丢得出：

A. 镜中的最初的支撑就是至关重要的太阳—事件的命名。

---

① Alain Badiou, *Conditions*, trans. Steven Corcoran, Continuum, 2008, p. 54.

B. 第一个消失的语词，第一次命名的尝试就是那海妖。

C. 第二个语词，通过它的消失的取消而与第一个语词相关，并且从那时起，保证了对事件的可能的夜晚的忠诚，这个词就是那七星座。

D. 通过这种方法，我们得到了太阳—事件，它是这空屋的剩余（supernumerary），通过决定性的星座（这决定取消了海妖），指出了那不可判定的东西。[①]

图式的结论：

只剩下那镜子的空屋子中出现了三重的否定的语词：骨灰瓮、主人、ptyx。第一个词只包含了死亡；第二个因为早已在冥河，自然只包含了死亡；第三个词是根本就不存在的，没有任何所指的。因此，这三个没有一个是存在的，这些都是消失中的语词，是事件性的命名，然而它们又无法消失，因为它们被呈现在诗中。这些词没有任何可以言说的效果，它们只是"缺乏"，只是"减除"，只服务于呈现那不可判定的东西。这三个语词的唯一能力就是对事件的召唤，它们只能出现在事件消失之后，是具有不可替代性的。

这些词语是一种特别的减除作用，不是作为事件回声的"消失"（vanishing），不是作为不可判定性回声的"取消"（cancellation），而是"丧失"（foreclosure）。这三个词暗示了情势之中的真理（开始于事件真理）的力量，不会废除这种情势的全部。这种力量废除的东西是不存在任何作为被减除的东西，不存在任何事件的忠诚的标记，那形成太阳—事件踪迹的星座，是根本无法参观和命名的。因此，这三个"丧失"中的语词展示的就是"不可命名"的地带。

通过这首诗的复杂的减除操作，我们必须区分以下三者：

消失（vanishing），它的价值在于标记。

取消（cancellation），它宣告了不可判定的东西，保持真理。

丧失（foreclosure），它指出了不可命名的东西，并修正了真理过程的

[①] Alain Badiou, *Conditions*, trans. Steven Corcoran, Continuum, 2008, p. 55.

不可交叉的局限。

"主人"就是主体的减法的形象。马拉美诗全部取消了主体。诗人是不可署名的。在真理过程的内部，主体不可命名。

"骨灰瓮"的减法分明就是死亡。星座在已经消失的太阳事件中保持着真理的力量，以此抵抗着死亡。

而"pytx"则是词语的一切所指的减除，它只是一个有韵律的能指，没有任何所指，是一种没有客体的客体，是虚无的空的唯一的根源。

综上所述，三个"丧失"中的词语宣布了不可命名的东西，既可以指主体的不可命名，又可以指死亡和语言的不可命名。

四 "诗就是一种观念"：分离与隔离

巴丢通过以上两首诗，分析了三种否定性操作：消失、取消和丧失，分析了思想的三种客体：事件、不可判定与不可命名。他认为，这些否定性操作及思想客体仅仅构成了诗歌的条件和局限。最终的问题是关于诗歌的真理、诗歌的观念、诗歌的理念的问题。巴丢赞同马拉美诗学思想，两人都认为"诗是一种观念"，一种纯粹的观念，而诗作为纯粹的观念是通过两种方式实现的：即分离（separation）与隔离（isolation）。

巴丢在分析马拉美诗学思想之前，先排除了几种错误的观念、几种对诗歌的重大误解：其一是认为诗歌根本不存在对世界的错误的双重划分和可安慰的想象：现代人不屑于想象，而诗人保留了真理并使其远离梦想，清空了他的信任；第二种错误观念是，诗歌所传达的东西，就是自然的呈现；第三种错误观念是认为，马拉美的诗并不值得依赖，因为他认为主体是不可命名的。

在巴丢看来，马拉美的诗既不是挽歌，也不是圣歌，更不是抒情诗。马拉美讲得很清楚，"诗歌的赌注就是观念"。观念的标志性特征就是它的纯粹性。诗歌的赌注就是获得这种纯粹性。只有从纯化的角度来看，诗歌的机制才是减法的。

那么什么是纯粹性？在巴丢看来，就是这样的理念：忽略一切关系而把握存在，把握存在的没有整体性的多样性，像彼此分离的群星。诗歌宣布了存在的条件就是与任何东西无关，是一切自然关系的否定，是阻碍的克服，是理念的最终形成。

诗歌对存在的纯粹性的捕捉，除了主要的减除操作之外，就是一种断裂的图式，就是打破诗歌的一切束缚，一切自然关系或传统关系的再现的幻想。而这种断裂图式的两种主要类型就是"分离"与"隔离"。

第一种方式是一种"代数学的断裂"，由切断、删除组成，在这种图式中，它所属的东西是可以被清点和计算的，是一种可计算的"并置"。

第二种方式是一种"拓扑学的断裂"，就是排除一切关系，形成空的轮廓，由一种可计算的多进入一种纯粹的多元的存在中。

隔离，它的数字的地方、多样化场景是由分离决定的，就是马拉美诗学的终极操作，被构想为一项真理的计划。这样的操作就是一种理念的生产，一种真理的生产。

巴丢通过对马拉美的 *Prose*（*pour des Esseintes*）（中译题目《为戴泽特所赋短诗》）一诗的分析，来论述"分离"与"隔离"的相关功能。原诗的法、英文对照如下：

Prose （*pour des Esseintes*）	Prose （*For des Esseintes*）
Hyperbole! de ma mémoire	Hyperbole! can you not rise
Triomphalement ne sais – tu	from my memory triumph – crowned,
Te lever, aujourd'hui grimoire	today a magic scrawl which lies
Dans un livre de fer vêtu;	in a book that is iron – bound;
Car j'installe, par la science,	for by my science I instil 5
L'hymne des cœurs spirituels	the hymn of spiritual hearts
En l'oeuvre de ma patience,	in the work of my patient will,
Atlas, herbiers et rituels.	atlases, herbals, sacred arts.
Nous promenions notre visage	Sister, we strolled and set our faces
(Nous fûes deux, je le maintiens)	(we were two, so my mind declares) 10
Sur maints charmes de paysage,	toward various scenic places,
O sœur, y comparant les tiens.	comparing your own charms with theirs.
L'ère d'autorité se trouble	The reign of confidence grows troubled
Lorsque, sans nul motif, on dit	when, for no reason, it is stated
De ce midi que notre double	of this noon region, which our doubled 15
Inconscience approfondit	unconsciousness has penetrated,

Que, sol des cent iris, son site,	that its site, soil of hundredfold
Ils savent s'il a bien été,	irises (was it real? how well
Ne porte pas de nom que cite	they know) bears no name that the gold
L'or de la trompette d'été.	trumpet of Summertime can tell. 20
Oui, dans une île que l'air charge	Yes, in an isle the air had charged
De vue et non de visions	not with mere visions but with sight
Toute fleur s'étalait plus large	every flower spread out enlarged
Sans que nous en devisions.	at no word that we could recite.
Telles, immenses, que chacune	And so immense they were, that each 25
Ordinairement se para	was usually garlanded
D'un lucide contour, lacune	with a clear contour, and this breach
Qui des jardins la sépara.	parted it from the garden bed.
Gloire du long désir, Idées	Ideas, glory of long desire,
Tout en moi s'exaltait de voir	all within me rejoiced to see 30
La famille des iridées	the irid family aspire
Surgir à ce nouveau devoir,	to this new responsibility,
Mais cette soeur sensée et tendre	but Sister, a wise comforter,
Ne porta son regard plus loin	carried her glance no further than
Que sourire et, comme à l'entendre	a smile and, as if heeding her, 35
J'occupe mon antique soin.	I labour on my ancient plan.
Oh! sache l'Esprit de litige,	Let the litigious Spirit know,
A cette heure où nous nous taisons,	as we are silent at this season,
Que de lis multiples la tige	the manifold lilies' stem would grow
Grandissait trop pour nos raisons	to a size far beyond our reason 40
Et non comme pleure la rive,	not as the shore in drearisome
Quand son jeu monotone ment	sport weeps when it is fraudulent,
A vouloir que l'ampleur arrive	claiming abundance should have come
Parmi mon jeune étonnement	in my initial wonderment
D'ouïr tout le ciel et la carte	hearing the heavens and map that gave 45
Sans fin attestés sur mes pas,	endless evidence close at hand,
Par le flot même qui s'écarte,	by the very receding wave,
Que ce pays n'exista pas.	that there was never such a land.
L'enfant abdique son extase	The child, already dexterous
Et docte déjà par chemins	in the ways, sheds her ecstasy 50
Elle dit le mot: Anastase!	and utters "Anastasius!"
Né pour d'éternels parchemins,	born for scrolls of eternity
Avant qu'un sépulcre ne rie	before a sepulchre chuckles "Ha!"
Sous aucun climat, son aïeul,	beneath its forebear any sky

续表

De porter ce nom：Pulchérie! Caché par le trop grand glaïeul.	to bear the name "Pulcheria!" 55 veiled by too tall gladioli.
(Stéphane Mallarmé, *Collected Poems and Other Verse*, trans. E. H. and A. M. Blackmore, Oxford University Press, 2006, pp. 52, 54)	(Stéphane Mallarmé, *Collected Poems and Other Verse*, trans. E. H. and A. M. Blackmore, Oxford University Press, 2006, pp. 53, 55) (本诗中译见本章末尾附 5)

对该诗的"散文"式解读，巴丢在此引用了加德纳·戴维斯在其著作 *Mallarmé ou la couche suffisante d'intelligibilité* (Paris：José Corti，1988) 中的一大段分析。[①] 然后，巴丢在戴维斯解读的基础上，从五个方面分析了这首诗所包含的"分离"与"隔离"间的关系。

第一，诗的真理与百科知识区分开来。在诗的开头两节，首先遇到了"科学"（渗透着赞歌）与"耐心"之间的关键区分。"耐心"是"我耐心创作的作品"中的一种劳动，耐心是以"百科全书"的隐喻而被呈现，它可以作为知识而被译解。"图册、标本、神艺"都是知识的分类，是整体化的知识。相反，诗的真理的科学是与炼金术的创造性形式相关，与"魔法书"相关。

第二，纯粹观念出现的真正途径是沉默中的平静。诗中反复出现了"二"，如"we were two（我们两个在一起）"，"sister，we strolled and set our faces（我们昂着我们的面颊）"，"our doubled unconsciousness（我们双重的潜意识）"、"as we are silent this season（在我们保持沉默的时刻）"等。对诗人来说，一种微妙的高昂的意识的冲动出现；而对于姐姐，则是一种沉思的和微笑的沉静。而恰恰是这种沉默中的平静，才是纯粹观念出现的唯一途径。在这"二"与"理念"之间没有辩证和争论。诗人就是要实践姐姐的沉默中的平静的途径，从而抵达诗的真理。

第三，从第三节的"scenic places（美景胜地）"到第六节的"every flower spread（百花盛开的胜地）"之间的内容里，断裂的图式和分离的

---

① 可参见 Alain Badiou：*Conditions*，trans. Steven Corcoran，Continuum，2008，pp. 63—4。

图式都发生作用，这种变化使存在的多将要形成，它为理念的隔离作了准备。

第四，百花盛开的胜地，就是理念之地的象征，显然呈现为一种"多"（multiple），而非一个"整体"（Whole）。这个多没有"关系"和"再现"的结构。这种无限属于从一切计算和比较中减除而来的多之外的一种多。甚至它优先于隔离的最终行动，诗歌已经拒绝了存在的任何关系。纯粹的观念是一种理念的多，它们彼此隔离。理念之花的生长绝不屈服于任何比较的关系。

第五，你将会发现那些在断裂图式中的，可理解之地的那些非实存的东西，是有可能被计算的。这是因为知识可以解释一切实存的东西，而这些非实存的东西是可以被实存的东西证实的。

第三节　巴丢"非美学"的诗歌解读方法

总体来看，巴丢阅读马拉美最大的特点就是"细读法"。然而，巴丢的这种"细读法"绝不同于新批评的文本细读，而是巴丢独特的"非美学式"细读。其次，他的阅读并非传统文学批评式的阅读，并非传统的美学式阅读，而是一种"非美学"式解读。总之，巴丢对马拉美的解读是一种"强力阅读"（strong reading）。

什么是强力阅读（strong reading）？

首先，我们理解的"强力阅读"指的是一种"预构性"阅读。所谓"预构性"意指巴丢阅读前的理论预设，他的阅读是在其宏观的事件哲学理论视野观照之下，在"非美学"理论框架的规约之内，在着眼于文学与哲学关系的框架内，在艺术真理、艺术事件、艺术主体等理论范畴的理论阐述中进行的阅读、评价和分析。然而这种"预构式"理论框架绝没有将艺术当作其哲学的一个研究对象，这一点是巴丢在解释"非美学"一词时明确指出的，而是通过解读对艺术与哲学关系进行"反缝合"，还艺术与哲学一种"平等"的关系（而非传统的"等级制"关系），最终实现艺术与哲学的"非美学"式关系，实现二者的"生产性"关系——艺术真理是存在于艺术中的内在的、独一的"内在哲学效果",并非外在、强加给艺术的"功能"或"任务";同时,哲学以艺术为条件而展开对真理问题的思考。艺术是哲学的四个类属真理程序之一。

所以,巴丢在《非美学手册》第一章"艺术与哲学"中就"预构"了他的"非美学"式解读:

我想接下来的途径被浓缩为一系列命题:

——作为一个普遍规则,一件作品不是一个事件。作品是一个艺术的实事,它是艺术程序纺织而成的织物。

——一件艺术作品也不是一个真理。一个真理是一种源于事件的艺术程序。这个程序仅仅是由作品构成。但程序并不是由任何一个作品来显示的(如同无限性一样)。因此,作品是一个真理的局部例证或是一个真理的不同节点。

——我们把艺术程序的不同节点(point)叫做它的主体。就是说,出于艺术品属于艺术程序的考虑,作品是艺术程序的主体。换言之,一件艺术品就是一个艺术真理的主体节点。

——真理的唯一存在就是艺术品。一个艺术真理就是一个作品的类属的多。但是这些作品只能通过它们的成功的事件才能将艺术的真理编织为存在。

——我们还能这样说:一件艺术作品就是追问真理的所在,真理在其中得以实现或者说作品是真理的一个有限的碎片。

——因此,作品服从于一种新奇的原则。这是因为一种质询作为真正艺术作品的反向确认(retroactirely validated)。由于这种询问尚未发生,是一种真理轨迹内的空前的主体点(subject-point)。

——作品在"后—事件"的维度内组成真理。这一维度起始于"艺术形构的约束"。结果,一个真理是一个艺术的构架,这种构架源于一个事件(通常,一个事件是一组艺术作品,即一个奇特的作品的多),并且这种构架通过充当其主体节点的艺术作品的形式展示出来。①

这七段总结性观点中出现了一系列范畴，而这些核心范畴就是其《存在与事件》中的核心范畴：事件、主体、真理、质询、多等。而在《非美学手册》紧接上面七个观点之后，巴丢用艺术主体、艺术真理、艺术事件等概念，分析了"艺术形构"对于艺术真理的重要性。巴丢在任何其他著作中对马拉美等人的分析、解读都是围绕这些理论、范畴展开的。

其次，"强力阅读"还是一种"特定性"阅读。这种"特定性"既表现在阅读对象选择上，又表现在文学体裁上。巴丢的阅读对象非常集中，局限于"特定的"现代经典作家的作品，并且在体裁上局限于特定的文学体裁和艺术门类。这些作家作品包括马拉美、兰波、策兰、佩索亚、贝克特、曼德尔斯塔姆等几个作家，对他们的作品的阅读也是有选择的，例如对马拉美的阅读仅局限于几首十四行诗，如《礁石》、《自寓》等，和几首长诗，如《一个牧神的午后》和《骰子一掷永远取消不了偶然》等。艺术门类更是局限在文学中的诗歌、小说、戏剧作品。其他艺术类型仅仅局限于电影、舞蹈、戏剧。并没有对音乐、绘画、雕塑等其他门类进行过专门论述（但在有些论文、演讲中也提到过音乐例子、个别绘画例子）。这样的限定是与他的"非美学"的理解相关的。巴丢对"非美学"的解释就是要发掘"特定艺术的内在哲学效果"。

最后，"强力阅读"是一种意象、语法、范畴式阅读，而非传统的"意义"阅读。这与传统解释学、传统美学的解读相去甚远。巴丢通过引述诗歌、散文著作的片断，对其句法、词法进行解析，通过诗歌中的某些意象进行解析，句法、意象解析最终要回到其独特"非美学"、哲学范畴——事件，真理，主体，存在、空无、无限、踪迹等范畴中去。与其说，他对文学的"解释"（本书使用了"解读"而没有使用"解释"一词），还不如说是一种"解读"，是一种"接合"，是用这些特殊的范畴来

---

① Alain Badiou，*Handbook of Inaesthetics*，p. 12.

描述这些作品的"内在哲学效果",使这些特定艺术的真理与他的哲学"接合"。在巴丢看来,艺术与真理是"内在"、"独一"于艺术的效果中的。巴丢所选择、限定的这些特定作家、作品,都是源于艺术事件的"艺术的形构",艺术真理开始于一个艺术事件,艺术形构是一种艺术程序,是对艺术事件的持续的忠诚。因此,巴丢的诗学是一种"减法"诗学,是一种"纯化"的诗学。将其他艺术从他所选定的"特定"艺术之中减除出去;对所选择的特定艺术、艺术作品的分析更是一种"纯粹"的分析,一种"非美学"式的分析。

综上所述,巴丢对马拉美诗歌的解读是一种独特的"非美学"式解读,是一种"强力阅读"。巴丢对马拉美的"非美学"式解读,是一种句法分析,一种语词能指的分析。这种解读是单义性的,单义性又以句法为保证。巴丢的"强力阅读",是一种散文化的阅读,是一种散文优先原则的阅读,因为在巴丢看来,诗的"内在哲学效果"必须通过这种"散文式"解读才能被揭示出来。在此意义上,巴丢解读马拉美,也可以反过来认为,是马拉美对巴丢的"解读"。马拉美的创作及诗学思想是理解巴丢哲学思想、诗学思想的一把钥匙。

第四节　巴丢"非美学"诗学思想

在巴丢看来,艺术是哲学思想产生的四个领域之一,艺术是一种真理程序。可见,艺术在巴丢的哲学思想中占举足轻重的地位。巴丢的文艺思想是一种有别于传统的美学角度的独特的"非美学"的文艺思想。从某种意义上来讲,巴丢文艺思想与其哲学思想具有同等重要性,他的文艺思想也是他的哲学思想。

他的艺术思想、诗学思想用最简洁的方式来概括的话就是,艺术是与哲学的对抗中来确立自身,艺术的本体是艺术自身,而不在艺术的外在的各种"条件",艺术既不是"模仿"也不是"表现",艺术的真理就是"事件"之后的艺术形构。

一 诗是沉默的行动

丹尼尔·海勒—罗珍在《论阿甘本：阅读从未写出之物》一文中引用了阿甘本《无法追忆的传统》一文中的一句话："就存在而言，人类语言行为本欲阐明它，却反而臆断并撇开了与它的距离。"阿甘本也是法国当代最著名的哲学家之一，他的这句话揭示出一个重要的哲学和诗学问题：即语言与存在、语言与思想的关系问题。

巴丢在《语言、思想、诗歌》① 一文中，对存在、语言、诗、思想等问题进行了集中的分析论述。

与马拉美一样，巴丢持一种"纯诗观"。巴丢认为，诗存在于自身。因为在巴丢看来，"诗没有需要传递的东西，它只是一个表达，是一项仅仅从自身获取权威的声明。"巴丢在文章中以兰波的两句诗为例，来说明诗为什么存在于自身。

啊！一只翅膀扇动着柳树花粉！

芦苇丛的玫瑰，早就被吃光了！

从这两句诗来看，谁在说话？哪一个世界在这里被命名？"一只翅膀"指的是什么？为什么"扇动着柳树花粉"？这些略显突兀的词语的"暴力组合"要向我们传达什么吗？在巴丢看来。这些言词中没有什么是可以交流的；没有事先明确的东西。芦苇丛长着玫瑰，或从语言中升起一只诗意的翅膀驱散柳树花粉，在这些想法周围并不存在着能与它融为一体的观念。

那么我们继续巴丢的思考。诗存在于自身？存在于诗的本体中吗？诗的本质中吗？还是存在于诗的语言中？在巴丢看来，"诗歌把自身表现为语言之物，毫无例外，作为一个事件被经历。""诗歌是叠合在其自身内部之上的一种纯粹。""诗是一种闭合的显现。"在巴丢看来，正是在诗的这种"表现为语言之物"中，正是在这种"闭合"和"纯粹"的语言之物中，我们才重新获得了对诗的语言与生俱来的清白的信任感。所以巴丢

① ［法］阿兰·巴丢：《语言、思想、诗歌》，伊索尔译，《诗选刊》2008 年第 8 期。

说，"现代诗歌中栖息着一种至关重要的沉默。""诗歌在语言表面注入沉默。而此后，从这里开始，它开始向一种前所未有的肯定移动。这沉默是一种行动。就这一点来说，诗歌谈论的正是维特根斯坦所说沉默的对立面。诗歌说：'这件事无法在属于多数人的语言里被谈论；我发明沉默以便于表达它。我把这言谈从世界中隔离出来。而当它再被谈论时，那总是和它的第一次一样。'"

在这里我们如何理解巴丢的"沉默的行动"的思想，在巴丢看来，诗歌的语言是一种纯粹的闭合，是一种孤独的呈现，是对理解力的放逐。当今的语言是一种交流的和现实的语言，是混乱的图像语言，是一种属于媒体的中介语言，马拉美把这种语言描述成"世界报告文学"的语言。诗歌语言与我们当下的"世界报告文学"的语言在用途上截然相对。诗歌语言使语言停留在自身之内。诗歌语言拒绝令人生厌的说、炫耀、放送和评论。这种语言恰恰就是拉康所说的"恰当的言说"（well - saying）。这样来看，诗歌语言就正是巴丢所讲的"诗歌是语言朝向自身的优美；它是对语言资源的美妙轻触。"

二　诗是一种特殊的思想——真理事件

巴丢首先分析了"思想"和"知识"的概念，他认为，"思想"不是"知识"。在他看来，"知识"是指向客体的，是对客观事实的说明，是与客体相关的东西。当真实以客体的形式进入人的经验时，就产生了知识。而思想并不必要与客体相关。

诗的语言是自身之内的纯粹，是与客体的闭合，诗在于创造，在于宣告它自己的世界，所以诗歌就是一种思想。但诗歌作为一种思想与其他思想，尤其是哲学思想是完全不同的思想，它是一种可感的思想，是不偏离自身行动的思想。而哲学是思想的思想，哲学思想是论辩推论式（或数学式）的范式，而诗是可以经验的思想，是可感的思想。

诗通过"减法"和"散播"来实现其"可感的思想"的范式。诗歌通过"减法"对对象进行纯粹的、去客体化的以及祛魅，是一种从客体的任何给定性中"隔离"出来的思想。所谓的"散播"就是在无穷无尽的隐喻流通中使对象溶解。就是说一旦被谈论，客体就迁往意义的其他地方，通过成为不是它本身的别的东西，它使自身去客观化。诗歌在这种客体的散播中显现为一种思想。

巴丢以兰波的一首《渴感喜剧》诗歌，来说明这种减法和散播。

> 草地上颤动的鸽群
> 猎物，奔跑中看见黑夜，
> 那些水兽，那被困的动物，
> 末日的蝴蝶！……都渴了。

通过分析这首诗，巴丢认为，正是这首诗在对当下彻底的去客体化之后，诗歌的思想才开始。"诗歌远远不是一种知识形式，而是思想的典范瞬间，这一思想是从维系着知识能力的万物中撤退和减除而获得的。"

这样，诗歌作为一种特殊的思想与哲学的作为思想的思想之间就不可避免地产生了冲突。诗歌与哲学的冲突由来已久，从柏拉图就已经开始。在柏拉图看来，哲学是渴望真理的，或者说哲学本身就是真理，而诗歌是对模仿的模仿，是理念的理念、影子的影子，与真理隔了三层，所以诗人与诗歌都要被驱除出理想国。

而巴丢认为，这种诗与哲学的冲突是本质性的。这种冲突希望不要终结。因为"放弃数学推理模式对于哲学而言是毁灭性的，那将使它变成一首失败的诗。而回归客观性对诗歌来说也是致命的，那会带来说教诗歌，迷失在哲学里的诗。"在巴丢看来，诗歌是以一种独特的方式对真理的呈现，诗歌是哲学思想产生的条件之一。

这一点马拉美也有过类似的观点。马拉美曾说，我相信对于哲学和诗歌来说那是共同的："那里——无论到底哪里——拒绝不可说的，它在说谎。"马拉美这句话的意思就是，诗歌与哲学面临共同的任务，就是去思考无法被思考之物，说出不可能说出的。

所以，在巴丢看来，诗就是以一种特殊方式对真理呈现，是用沉默的语言方式对不可言说的一种言说，对无法思考之物进行的思考。换言之，诗歌是一种特殊的思想，是一个思想事件，是一个真理事件。

三　艺术与真理①

巴丢在《哲学与真理》②一文中，详细论述了他的真理观。他认为，关于真理问题，海德格尔只留下了诗的解决方案③。为了寻找其他解决途径，必须构想一种真理，"它既可以作为对于事件忠诚的结构，同时也作为知识领域传播的普遍力量"。"真理的本质呈现为思想的一切种类都是否定性的：不可判定性（undecidability），不可辨别性（undiscernibility），普遍的非—整体（generic not‐all）和不可命名（unnameable）。"④ 接下来，巴丢引用了海德格尔的三段关于真理的文献，并逐一分析。最后总结认为，"真理不是智力的符合。真理不是限制在判断的形式中，黑格尔认为真理是一种通道。海德格尔认为真理是一种历史命运。"而巴丢则认为，"真理首先是某种新的东西"。为此，要严格区分真理与知识。如果真理是某种新的东西，那么关于真理的根本性哲学问题"就是真理的现身（appearance）与其'形成'（becoming）的问题。""真理必须服从思想，它不是一个判断，而是一种现实中的过程。"下图就可以说明真理的"形成"过程。⑤

巴丢用大量的篇幅和例证，论证了真理的形成过程。在巴丢看来，真理、主体和事件，是单一过程的各个方面，真理的形成恰恰就是这样一个过程：

→真理是不可判定（undecidable）与不可命名（unnameable）之间的

---

① 本节"艺术与真理"与下一节"艺术主体"的内容是本人拙文《诗与哲学之争的"非美学"构想——阿兰·巴丢文艺思想初探》的一部分，发表在《江西社会科学》2010年第5期。

② Alain Badiou, *Infinite Thought*：*Truth and Return to Philosophy*, trans. and ed. Oliver Feltham and Justin Clements, Continuum, 1998, Chapter Two "*Philosophy and Truth*", pp. 58—68.

③ 笔者注：在巴丢看来，哲学史上也往往只是从某一真理程序（科学、政治、艺术、爱）来理解真理问题。

④ Alain Badiou, *Infinite Thought*：*Truth and Return to Philosophy*, trans. and ed. Oliver Feltham and Justin Clements, Continuum, 1998, Chapter Two "*Philosophy and Truth*", p. 58.

⑤ Ibid., p. 61.

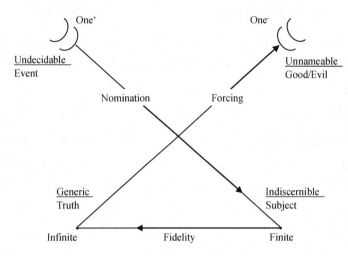

一个过程。换言之，真理开始于事件，开始于不可判定的（情境的）额外的增补（One$^+$），最终则呈现为一种不可命名（One$^-$），呈现为情境中的一种元素，这种元素的真确性的宣称是不能被"力迫"的。

→真理开始于事件。事件是一种全新的东西的发生，它是不可判定的（undecidable）。因此，真理的发生就像一个"赌注"（wager），是以一种"真理的公理"（an axiom of truth）的形式发生的。

→事件的踪迹就是对事件的强制命名（nomination）。主体对事件的忠诚是一种绝对的忠诚，一种持续的忠诚。这种忠诚是根本无法选择的，是一种绝对纯粹的选择、没有概念的选择，这样的选择是根本无法辨别的（indiscernible）。真理是无限的，主体是有限的。"主体就是两种不可辨别之间消失的东西。"真理的行动就是两种不可辨别之间的纯粹选择组成的。这种行动是绝对有限的。

→真理的无限是由于真理来自四种真理程序，真理是"类属"（generic）的真理。类属的真理是一个无法统一、非整体化的类属的子集。这种子集无法结构，也无法用语言命名。但是我们可以通过"力迫法"（forcing）使这种子集完成其类属的整体化。

→这样真理的力量就依靠这种假设的力迫来实现。类属真理的无限力量能走多远？事实上，情势中总会存在阻止这种力量的"节点"（points），这个节点就是情势的不可命名（unnameable）。不可命名就是那些不能被恰当命名而被排除在外的东西。

用一句话表达事件、真理、主体的关系就是："一个真理通过宣布真理的主体而得以存在，这些主体在宣布真理的过程中以其对事件的忠诚而成为主体。"①

在巴丢看来，哲学并不产生真理，而仅仅是艺术与真理之间的"中介"。哲学思想来自科学、艺术、政治和爱四种真理程序中。艺术作为一种真理的程序，艺术真理都来源于艺术真理事件，而不是来自艺术作品。因为艺术作品是艺术的事实，是艺术程序纺织而成的织物。一件艺术作品不是一个真理，真理是一种源于事件的艺术程序，这个程序是由艺术品构成的。巴丢认为，"一边说艺术品是真理，一边又说艺术品是这一真理由此起源的事件，这是不可能的。"② 一个艺术真理就是一个作品的类属的多。艺术作品的不同节点就是艺术的主体，换言之，一件艺术品就是一个艺术真理的主体节点。因此，巴丢总结道："认为艺术作为一个内在而独特的真理的最准确的表达因而既不是作品，也不是作者，而源于事件的断裂的艺术的形构。"③ 那么"艺术形构"又指什么呢？巴丢解释说："它是一种身份结果，始于一个事件，由一个几乎无限的作品混合组成，谈及它时，就好像是说它产生了（在严格的所谈及的艺术的内在性角度上）这个艺术的一种真理，一种艺术—真理（art－truth）。"④ 艺术形构往往发生在哲学的边缘，因为艺术作为单一真理，作为无限的形构为哲学提供条件。哲学并不产生真理，而是对某种真理类型的详尽阐释。"哲学自身不产生任何有效的真理。哲学把握真理，展现真理，揭示真理，宣布真理的存在。"⑤

---

① Peter Hallward，*Introduction to Badiou: A Subject to Truth*，Minneapolis: University of Minnesota Press，2003，p. xxvi. 关于真理的详细的形成过程，必须结合巴丢的数学（集合论）本体论思想才能更清晰地理解，限于篇幅，暂不具体展开论述。

② Alain Badiou，*Handbook of Inaesthetics*，trans. Alberto Toscano，Stanford: Stanford University Press，2004，p. 11.

③ Ibid.，p. 12.

④ Ibid.，p. 13.

⑤ Ibid.，p. 15.

四 艺术主体思想

巴丢关于艺术主体的思想,是建立在他哲学中的新的"主体"概念基础之上的。巴丢的主体思想与福柯的主体理论,尤其是与拉康的主体思想都有一定的联系。这里我们不妨对三者的主体理论稍作介绍。

福柯的主体理论是一种"建构论"。他认为,人是通过三种"对象化模式"而被转变为主体的:成为科学的对象,成为分化的实践的对象,成为自己伦理实践的对象。并因此分别构成知识主体、权力主体和伦理主体。总之,在福柯看来,主体并非知识、权力、伦理的主人,而相反是作为它们的对象而被建构出来的。

而拉康的主体论可以称作一种"生成论"。他认为主体(人)是能指作用的产物,是具有优先性的"象征界"这一秩序的产物。拉康强调主体是一个发生的过程,是从对自我的求助的失败到最终投身语言游戏,讲的都是人如何成为主体或主体之实现的问题。拉康从个体发生学模式的角度分析了主体是由个体逐渐走向作为文化社会的代表的主体的。他通过对自我和他者的比对以及将语言和无意识引入主体研究,将笛卡尔的"我思故我在"改为"他者思故我在",从而消解了现代性意义上的实在主体。[①]

而巴丢的主体理论既具有福柯主体理论的"人之死"的内涵,同时,更受拉康的"生成论"主体理论的启发。但是巴丢的主体理论在对二人的"吸收"基础上,更走向了一种"超越",建立了独具特色的主体理论。

在巴丢看来,"主体是由艺术工作、科学定理、政治决策,以及爱的证据构成的。除此之外,'主体'也不是一个抽象的操作者,通过事件之后的有规则的行动,所有的个体都成为这个主体的一部分。"[②] 在这里,巴丢所说的主体是总体化的,没有他者,没有对立面。这就从根本上扬弃了后萨特时代复活主体的普遍存在的自我延宕和自我间离。例如,梅洛—庞蒂、伊莉格瑞和利科所探讨的"作为他者的自我"的观点,在差异与他者

[①] 以上拉康与福柯主体思想的概括参考了黄作《不思之说——拉康主体理论研究》,人民出版社 2005 年版,第 40—41 页。

[②] 参见《存在与事件》英文版序言。

中确立主体自我。这样的主体是通过差异和他者范畴的中介而存在的。巴丢把主体从差异和延宕中抽取出来，从自身的内部撤离出来，以至于完全存在于它们所证实的当下的外部之中。也就是说，当一个真理—事件发生时，主体就会出现，并通过在一个情境中辨识出事件的踪迹而忠诚于它，这一情境的真理就是这个事件。

如上所述，真理开始于事件，而在事件与真理之间，必须有主体出现，真理才得以形成。所以，艺术主体思想也是巴丢文艺思想中最为重要的方面。巴丢在《论艺术主体》[①] 一文中，详尽阐述了他的艺术主体思想。巴丢认为，"主体的问题是作为事件的踪迹与具体世界中的身体结构之间的一种关系。"如图：

$$\text{Event} \mid \text{Trace} \quad \text{Body} \mid \text{World}$$
$$\underbrace{\qquad\qquad\qquad}_{\text{Subject}}$$

在巴丢看来，思考主体的问题的出发点是要思考更为本原的"存在"（being）的问题。而在他看来"存在"的问题，就是要思考"存在"的纯粹的"多"（multiplicity）、实存（existence）与事件（event）及事件的发生（happening）的关系的问题。"世界"（world）与"世界情境"（world situation）就是一切事物得以存在的地方；"事件"不是"在"（in）世界中发生，而是"为了"（for）世界而发生。"主体"（subject）就是"事件与世界之间的一种关系"。而这种关系又不是直接的关系，而是事件消逝后的"踪迹"（trace）与主体在世界之中的现实存在的"新身体"（body）之间的关系。

而思考艺术主体问题，就要思考诸如"艺术世界"、"艺术的事件"、"艺术事件的踪迹"、"艺术的身体"及"什么是新的艺术主体的结构"等重要问题。

巴丢认为，"艺术世界"就是"艺术世界的情境"，这种情境就是混乱的感性现象与形式之间的关系。而"艺术事件""一个真正的艺术事件，

---

① Alain Badiou, "The Subject of Art", *The Symptom* 6, 2005. Spring. http：//www. lacan. com/symptom6 _ articles/ badiou. html.

就是世界规则中的一种变化。"巴丢这里讲的"世界规则",指的就是世界的新的形式化的可能,或者说就是非形式化东西的形式化。"艺术创造"就是使这种非形式化的东西形式化,所以艺术创造就是这种形式化与非形式化之间的"肯定的"分离。"艺术事件的踪迹"就是"某种总是宣称是真正形式的东西,是某种新的艺术作品的尊严。"他认为那些宣言式的对艺术流派、艺术时尚、艺术趋势的命名,同样是这种"艺术踪迹"的表现。接着,巴丢分析了艺术中的"身体"问题。他认为"艺术领域的新的身体是某种像真正的具体的创造的东西——艺术品、表演,你想到的一切这类东西,可是这些东西都是与事件的踪迹有关的。"艺术世界中的"新身体"就是与艺术事件的踪迹相关的艺术世界的新创造。在巴丢看来,艺术创造中新形式的创造是一种内在无限性的运动,也是世界无限性实现的途径。

如图所示,在巴丢看来,"艺术主体的问题就是真正保持身体一方与事件踪迹一方的差异的问题。"但是当今世界艺术主体存在着两种范式,一种是称为"一元论的可还原性"范式,认为主体就是身体本身。而这种艺术范式的最终形式就是"享乐"(enjoyment)。另一种艺术主体的范式就是理性主义的、形而上学式的所谓"可分性"范式。这种范式认为主体可以从它的身体中分离出来。这种范式的艺术的最终形式就是"牺牲"(sacrifice)。当代世界的艺术就是"享乐"与"牺牲"之间的战争。二者的共同之处就是"死亡的权力"(the power of death)。他认为这两种范式中,根本没有真正的艺术创造的位置,因此,必须寻找第三种范式的可能性,就是要寻找一种新的主体范式。这种新的主体范式"是某种内在的差异的东西",是一种独立自主的主体性过程,是一种真正的创造。"当我们把主体理解为一个创造的过程,一个生产的过程,理解为一个真正能够把事件的踪迹与世界中的新身体的结构之间的关系组织起来的过程。这就是主体情境。""所以我认为当代艺术主体的问题就是寻找新的主体范式的问题,这种新的范式完全处于享受与牺牲的当代战争之外。"因此,巴丢最后总结说,当代艺术主体的问题就是寻找新的主体范式的问题,这是当代艺术的特殊使命,因为这种新的主体范式是平息"享乐"与"牺牲"之间的两种范式之间的斗争、实现真正和平的重要途径。

综上所述，巴丢分析了艺术主体的问题就是创造一种新的范式的问题，而这种新的范式就是一种真正的创造，就是保持艺术事件—踪迹与艺术世界—新身体结构之间关系的张力，就是真正保持身体一方与事件踪迹一方的真正的内在差异的问题。

五 诗与哲学——回到柏拉图

巴丢的哲学思想在当今时代显得格外引人注目，当今时代是一个解构的时代，是一个怀疑论和相对主义的时代，是一个"哲学终结"的时代，但巴丢却批判了哲学终结的所有思想形式，认为哲学通过"真理"、"事件"、"主体性"等概念得以运行，哲学通过政治、艺术、科学和爱四大领域的真理程序得以产生。

他特别反对在当今话语中的两种哲学终结论的变种：其一是海德格尔的版本，他认为形而上学已经耗尽和终结了；其二是一种"粗俗"的激进版本，其认为哲学已经在自然科学和人文科学的发展中被超越。

他认为目前哲学可能面临的最为严重的威胁来自于对语言和语言游戏的认可（无论是大陆派还是英美派的语言游戏论都是怀疑论）。但是，在这些大量的目标中，巴丢特别瞄准了海德格尔的"通向语言之路"及其在法国的变种。在这种特殊的哲学终结论的版本中，巴丢认为海德格尔的志向在于"缝合"哲学和诗。对巴丢而言，这种行为不仅意味着在形而上学上对断根的思乡愁绪（海德格尔对形而上学的理解如同柏拉图哲学中的忘却存在），而且也意味着对技术的狭隘偏见以及将数学理性贬低为一种"逻辑学"内容。巴丢通过号召"回到柏拉图"来重新让哲学和诗分离开来，这有助于重新区分逻各斯和数学，也有益于重建哲学及其条件（数学、诗学、爱、政治学）之间的自由循环。他不再沿着尼采和海德格尔的路线来思考（尽管巴丢与他们的关系极其复杂），而是不合时宜地提出了"回到柏拉图"，即"颠倒被颠倒的柏拉图主义"。正是在柏拉图那里（《巴门尼德篇》），巴丢找到了内在性本体论的所有渊源。

巴丢认真思考了海德格尔的"语言学转向"，这样，诗成为思考的前提。按照海德格尔的理解，一旦形而上学走向封闭，技术形成了极权，那么诗歌（其中荷尔德林的诗歌是最为杰出的）帮助我们去存在，并为我们指明方向来颠覆这种状况。海德格尔告诉我们，柏拉图的思想通向了一条再现的数学客观性之路。海德格尔认为柏拉图之路抹杀了诗，而将本体论的前途完全付诸于纯工具理性化的思想概念上，而巴丢认为，本体论必须从哲学和诗的思想中分裂出来，回归柏拉图指出的其真正的数学渊源之中。

海德格尔将思想和诗缝合在一起，他也将思想从属于神圣，从属于诺言的时代。诗人时代是一个诗人成为上帝（或众神）的时代："这个时代对于诗人来说是一个令人痴迷的时代，其残缺是我们都陷入了虚无。"因为这样的神只能说"它已经萎缩，世界将被祛魅"。（《临时性本体论简论》，第19页）巴丢希望打破这种局面，并让诗学超越有限性哲学的原则。今天，诗的原则业已在承诺的图景中终结，诗重新返回到神那里，让这个世界再次被神秘化。按照巴丢的理解，哲学必须根除其自身的思想愁绪，否则他就不可避免地最终返回到通向神明之路上。

六 结语

综上所述，巴丢关于艺术与哲学关系的新见解，关于艺术真理、艺术主体的新看法，关于"非美学"途径的新构想，为当代哲学思想、文艺思想吹来一股清新的空气。这些内容仅仅是其丰富文艺思想和哲学思想的某个侧面，而更为广阔的、独具原创性的其他哲学思想和文艺思想正有待学术界的进一步探讨。

巴丢文艺思想的当代意义也是不容低估的。由于他的哲学构想是直接针对当代哲学的三大主潮：分析哲学、解释学哲学、后现代主义哲学，所以其哲学思想和文艺思想具有极强的批判性。他始终站在时代的前沿，思考当代社会存在的社会问题如：商品的统治、交往统治、技术专业化需要和现实的精心安排的安全的执迷等四大方面。并提出了极富原创性的全新哲学构想。其文艺思想也充满批判性、当下性。他的文艺思想的出发点就是对当下哲学终结论断的批判和反驳，是对当代艺术中的相对主义、语言中心主义等的反思和批判。同时，又对当代艺术存在的"身体主义""欲望化倾向"等问题，进行了分析批判。正是由于其文艺思想的强烈的批判性和当下性，使他的思想更具有思考当下文学理论问题的重要的参考意义和价值。例如，它认为解释学哲学、分析哲学，尤其是 20 世纪哲学的语言学转向，使当前的文艺思想陷入了语言的相对主义、甚至虚无主义的泥淖中。后现代哲学更是使当代文艺思想陷入解构的旋涡中，解构意义、解构经典、解构艺术的神圣性、艺术走向日常生活化泛化、艺术娱乐化、市场化等等。这一切对于真正的艺术，对于艺术真理的形上追求，对于当代人的精神信仰危机都构成了威胁，因此，如何面对艺术的日益"堕落"，如何重树艺术真理的信仰，就成为当代艺术必须思考的难题。而巴丢的单一真理思想、普遍性思想、事件的哲学、新理性哲学，无疑对于我们思考这些当代迫切需要解决的问题提供了重要的理论参考。

附 1：牛津版的《一个牧神的午后》采用了直译法，句句对应，英文译文按原版式照录如下：

A Favn in the Afternoon

Eclogve

THE FAVN *speaks*：

I'd love to make them linger on，those nymphs.

So fair，

their frail incarnate，that it flutters in the air

drowsy with tousled slumbers.

Did I love a dream?

My doubt，hoard of old darkness，ends in a whole stream

of subtle branches which，remaining as the true 5

forests，show that I've offered myself (quite alone，too)

the roses'ideal failing as something glorious——

Let me reflect...

what if these women you discuss，

faun，represent desires of your own fabulous

senses！Illusion flows out of the chilly blue 10

eyes of the chaster one，like a fountain in tears：

the other，though，all sighs—do you think she appears

in contrast like a day's warm breeze across your fleece?

Not at all：through the lazy languishing release

stifling with heat the cool dawn's struggles，not a sound 15

of water but my flute's outpourings murmurs round

the thicket steeped in music；and the one stir of air

my dual pipes are swiftly shedding everywhere

and then dispersing in a sonorous arid sleet,

is, over the horizon that no ripples pleat, 20

the visible, serene and artificial sigh

of inspiration reascending to the sky.

O fringes of a placid mere in Sicily

thus plundered by my sun – rivalling vanity,

silent beneath the blooms of brilliant light, PROCLAIM 25

"how I was cropping here the hollow reeds made tame

by talent, when, across the blue – green gold of things

far off—verdures devoting their vines to the springs—

came shimmering to rest a pallid animal glow;

and when the pipes were brought to birth, how at their slow 30

prelude this flight of swans—no! naiads—fled away

or dived..."

All things burn in the fulvid time of day,

inert, failing to show by what art it dispersed,

that nuptial excess craved by someone seeking A

natural; and then I must waken to the first 35

passion, erect, alone, beneath an age – old light,

lilies! and one among you, a simple neophyte.

Other than that sweet nothing voiced by their lip, the kiss

giving assurance softly of the faithless, this

virgin – proof breast of mine bears witness to some bite 40

of a mysterious kind from sacred teeth; but wait!

that certain esoteric something chose the great

twin reed played under heaven as its secret friend;

diverting the cheek's disturbances for its own end,

it dreams, in a long solo, that we have seduced 45

the beauties round about us by a false confusion

of them with the naive melody we've produced;

and dreams of, high as love itself can modulate,

evacuating from the commonplace illusion

of some pure loin or rear that my shut eyes create 50

a sonorous, monotonous and empty line.

Try, then, to flower again, organ of flights, malign

syrinx, across the lake – flats where you wait for me!

Proud of these sounds of mine, I'll speak perpetually

of goddesses; I'll lift more of the drapery 55

up from their shadows with idolatrous displays:

so, when I've sucked the gleam of grape – flesh, to erase

this disappointment that my sleight has scattered, I

raise the void cluster, laughing, to the summer sky;

avid for drunkenness, I blow into its light – 60

filled skins, and stare through them until the fall of night.

Nymphs, let's expand again various MEMORIES.

"*My gaze delved through the reeds, darted on each of these*

immortal throats plunging their heat into the flow

with cries of fury at the forest heavens; so 65

the glorious cascade of tresses slipped from view

in glitterings and shiverings—such jewelleries!

I sped there; at my feet lay linked (and wounded through

the languor tasted from this pain of being two)

a sleeping pair of nymphs in their lone careless braid 70
of limbs; I seized without unlacing them, and flew
here to this thicket hated by the frivolous shade
where roses dry up all their fragrance in the sun
and where our frolics may be squandered like the light."
I love these virgin angers, this untamed delight 75
of nude and sacred burdens slipping away to shun
my burning lips that drink in, as a lightning – sheet
quivers! the flesh's secret terror, from the feet
of the cruel girl to the heart of the timid one
simultaneously abandoned by an innocence, damp 80
with foolish tears or fluids of a less grim stamp.
"My offence, in my joy at conquering these sly
terrors, was that I prised apart the tousled wry
kisses the gods had kept so deftly mingled: I
no sooner strove to hide this ecstasy of mine 85
within one girl's happy recesses (with a fine
fingerhold on the other one—naive and slight,
not blushing in the least—so that her feathery white
might be tinged as her sister's passion caught alight),
than from my arms, untwined by some vague perishings, 90
this everlastingly ungrateful captive springs
free, careless of my still –intoxicated sighs."

No matter! Other nymphs will draw me nonetheless,
their tresses tangled on my horns, to happiness:
how, purple, freshly ripe, the pomegranates rise 95
and burst and murmur with the bees, my passion knows;
our blood, allured by what may seize its fancy, flows

for the swarm of desires eternally released.

Among the dead leaves, at times when the forest glows

with gold and ashen tints, there rises up a feast: 100

Etna! across your very slopes, then, Venus goes,

and on your laval ground she rests her artless toes

when sad slumbers are sounding and the flame has ceased.

I've seized the queen!

The punishment is certain...

No,

but the soul void of words and heavy body slow – 105

ly fall before noon's haughty calm. No more ado;

must sleep now, must forget the blasphemy and blame,

spread on the thirsty sand; and as I love to do

open my mouth to the wines' potent star!

Both of you,

farewell; I'm going to see the shadow you became. 110

(Stéphane Mallarmé, *Collected Poems and Other Verse*, trans. E. H. and A. M. Blackmore, Oxford: Oxford University Press, 2006, p. 39/ 41/43/45/47)

附 2

一个牧神的午后

这些仙女，我欲使她们永存

她们的肌肤，

是那样的光艳，粉红，在天光中熠烁，

带着迷离睡意。

我爱一个梦吗？

我的怀疑，古老的沉沉夜色，

停留在那细密纤巧的树枝上，

这是真正的树枝，哎！我感到了孤独，

为了克服那追求玫瑰理想的缺陷

让我们思索吧……

仿佛你所妄加非议的女人们

却得到你奇异的感官的祝愿

田神从你宛若泪泉的冷淡而湛蓝的眼睛里，

从你的贞洁中飞出迷茫的幻觉：

然而，另一位仙女在深深叹息，你说过

她那出众的妩媚宛如热天里吹入你浓发的习习海风吗？

不，你滞留在昏迷的疲倦中

为压倒凉爽之晨的炎热所窒息；

不要水声呢喃，让我的笛声潇洒

林丛；只有风儿把声音散入淅沥的

霖雨之前，从玲珑的笛管中喷出，

在不被涟漪搅扰的天边，

那充满灵感的嘹呖而恬静的笛声

响遍行云。

啊，沼泽遍地，平静的西西里海滨，

我那纷繁、默许的虚荣

在明媚耀彩的花朵下期待着阳光，讲吧，

我用天才在这里割着虚心、驯服的芦苇，

当远山蔚蓝的金色上

碧绿把它的藤蔓献给水泉时，

一只憩息的白色羽禽飘来

在芦笛声声的序曲中，

这翱翔着的天鹅，不，是沐浴的仙女

在躲躲闪闪地遁入水中……

痴呆地，在这狂放的时刻心急如焚！

不知通过怎样的艺术

被弄笛人祝愿的情侣们逃走了

于是我怀着无比的虔诚醒来

你独自亭亭玉立在古老的光波中，

百合花！你是最纯朴的一朵花。

他们传播了爱的唇带来甜蜜，

吻是不负心的最低保证，

我的酥胸是未被玷污的标志

然而，够了！为了知己选择了这样的奥秘，

在穹天下来舞弄这孪生的荆枝：

她让两颊的羞赧涌向内心，

在悠长的独奏中绮梦纷纷，

我们用美与轻信之歌间的

缤纷玄思来戏弄身边的美；

让爱的私语如逝梦一样轻盈

如闭目冥思中

清脆、怅惘如丝如缕的
笛声一样柔美。

逃遁的工具，狡黠的西林克斯呵，
在你等待我的湖面上尽情地开花吧！
我要用自豪的喧哗长久地谈论
女神；描述这为之折腰的画图，
和她们解开腰带的身影：
这样，当我吮吸葡萄的闪光，
以排遣坦诚所造成的懊恼，
我沉入欢欣，把空蒂举向夏日的晴空，
将气息吹向她那光润的玉肌
带着贪婪的陶醉，一直注视着傍晚。

啊，仙女，让我们充实自己的回忆，
"我的目光洞穿荆丛枝投向每一个
长生的脖颈，它们把自己的灼热溺入涟漪，
向着林空发出一声狂喜的呼喊；
水淋淋的头发的光彩融入天光和战颤像无数宝石！
我跑过来，当我的双脚几乎接触到
（那一对尴尬的情侣身上沥下的涓滴给我留下印记）
那被勇敢的胳膊搂抱的睡美人；
我用力拉他们，他们并没松开胳膊
飞翔在这被浮影厌憎的高地
这里玫瑰花的芳香已在阳光下消尽
我们日下的嬉戏也如那花香一样成为泡影。"
我敬慕你，贞洁的怒火，裸体
狎妮的欢娱呵，她溜开，
逃避着我火热嘴唇的啜吻，像一道

颤栗的闪光，她的玉肌暗自抽搐，

从她非人的双足到羞怯的内心

都留下那被狂泪濡湿的天真

和那略带轻愁的烟云。

"我的罪恶是因克服这背叛的恐惧

而快乐，用上帝保留的吻

分开如此杂混、蓬乱的发束：

因为我要把一丝热烈的笑隐入

因她的独留而漾起的幸福皱纹

她用一根手指按住，

使她羽毛的天真熄灭于

如火如荼的姐姐的激动，

天真的小仙女一点儿也不脸红：

这位妖美的小猎物

从我隐约僵木的胳膊下挣出

毫不怜悯我如醉如痴的呜咽。"

罢了！她们的发辫缠住了我额头的犄角，

让她们把我拖向幸福的迷津，

你知道，我的激情鲜红而熟透

你裂开的石榴招来蜜蜂嗡嘤，

我们的血液因爱上一位行将到手的人

而欲望像永恒奔流的蜂群。

在这树林镀上金色灰烬将息的时刻，

一个节日在暗淡的叶子上复活：

艾特娜！在维纳斯莅临的你的心中，

在你那熔岩般的激情是留下她天真的足迹，

在一片哀愁雷鸣般的震响，炽烈的火焰燃尽，

我抓住了皇后！

噢，肯定我要遭受惩罚……

不，但是

闲适的话语的灵魂和这变得沉重的躯体，

在这正午自豪的沉寂中迟迟地颓唐下去，

不再需要在对亵渎的遗忘中睡去

在平展变质的沙滩上，当我

向着醇酒般浓烈的阳光张开嘴巴！

情侣，再见，我要看到你们蜕成的幻影。

（葛雷、梁栋译《马拉美全集》，第 51—56 页）

附 3

礁石

在那幽暗的礁岩的

卑微与窒人的赤裸里，

在那号角颓然

驯顺的回声里，

怎样坟茔般的沉溺

（你知道，浪花呵，并垂涎窥伺）

沉船间涌起一个接天巨浪，

那帆落桁杆的桅樯便被吞噬。

浪涛汹涌

宛若从长空坠落

向浩森深渊翻腾，

在那飘拂着的海之银发间

将美人鱼那稚嫩洁白的香肋

淹溺亲吻。

（葛雷、梁栋译《马拉美全集》，第 111 页）

附 4

自寓

纯洁的指甲高高地献上自己的玛瑙
深夜的焦虑，支撑着这高擎火炬的人
拿住被金凤点燃、骨灰瓮
不予欢迎的夜梦。

空荡荡沙龙的祭器桌上，
神号发出空幻的嘹亮，
（主人用这虚无感到光荣的器皿
到忘川去淘汲泠泠清泪。）

在空虚的北方的窗子跟前，
一缕金色沿着隐约的背景闪着暗淡之光，
背景里独角兽们在一只水怪对面炮着蹶子踢出火花

它赤裸地消溶在镜中，
被框子封闭在遗忘里，
点点星光早早地演起了七重奏。

（葛雷、梁栋译《马拉美全集》，第 93—94 页）

附5

为戴泽特所赋短章

夸张啊！你是否知道，
你曾在我的记忆里升腾奔逸，
今天，在一部铁的道德之书中
变得难以理喻：

因为我通过科学
将睿智心灵的赞歌
在我耐心创造的作品中
制成了标本、圣仪和图册。

我们昂着自己的面颊
（很清楚，我们两个一起）
在那旖旎的风光里游移，
姐儿呵，试将你的美丽与这风光的秀丽比个高低。

当人们无端地谈起
我们双重的潜意识
而将这骄炽深化的时候，
那权威的世纪便被倾圮。

闪爆万道彩虹的大地呵，
这多娇的景色似曾相识，
无须那夏日铜号的嘹呖，
人们也知道它的名字。
是的，在和风吹展的历历在目
绝非海市蜃楼的小岛上

盛开的白花使原野更加绚丽，

我们的言语难以企及。

如此烂漫绚丽的大地

千花万卉争艳斗奇，

每一朵花的清晰轮廓，

都是开向一片崭新天地的窗子。

长久向往的荣誉、意念，

在我心灵振奋凝视，

那非意念的冶叶倡条

在这新的使命上崛起。

可这位疯狂柔情的姐儿呵，

目光穿透那盈盈的巧笑，

为了与她曲意迎合，

我沉湎于那古老的思索。

啊！要知道那执拗的精神

在我们保持沉默的时刻，

如千姿百态的百合花

亭亭玉立越过理性的疆界。

当它嘟嘟嚷嚷胡诌些含混的言语，

不像是漾于岸畔的呜咽，

却是一种广哀的无际

落入我年轻感官的恐惧，

幻成无际的长天和绵绵图景，

在这世间，根本不存在的

彬彬长涛将我的脚步追逐，

又在身后留下确实的画图。

孩子沉入神思，

人生之路使她博学多识，

她却说：阿纳斯塔斯，

人生来就是在迢遥之路上颠沛流离，

不管阴晴寒暑，

在坟茔尚未咧嘴微笑之前，

她的祖先就给她戴"布尔钗丽"

——这个被丰满的菖兰花所荫庇的名字！

（葛雷、梁栋译《马拉美诗全集》，第65—68页）

第六章　巴丢文艺思想的当代视野

　　阿兰·巴丢的最新哲学力作《世界的逻辑：存在与事件2》^① 2006 年在法国出版，其英译本于 2009 年在纽约 Continuum 出版社出版。这一著作标志着巴丢哲学思想的又一次重大转折：即由 20 世纪 80 年代《存在与事件》时期以纯数学集合本体论为基础，在抽象概念上对"存在"、"事件"等哲学术语进行研究，转向了对"世界"及"存在"在"世界"逻辑中的表象（appearing）的研究。在原有的"事件"、"存在"、"真理"等核心概念的基础上，《世界的逻辑》中又出现了"身体"（body）、"大逻辑"（Greater Logic）、"客体"（object）、"关系"（relation）、"变化"（change）、"真理的主体"（the‐Subject‐of‐Truth）等术语。构成巴丢哲学思想的三个最基本的原则为：本体论、逻辑和主体（的）。本体论，就是对纯多的思考，对"作为存在的存在"的思考；逻辑，是对表象的思考，对"世界中的存在（being‐in‐a‐world)"的思考；主体（的），就是对真理（truths）、对思想本身的思考。这三个原则如果离开第四个原则就毫无意义，而第四个原则就是"事件"。前三个原则可以经由数学（科学）中的三个"事件"加以理解，即康托尔事件、格罗滕迪克事件和科恩事件。而对第四个原则的思考则需要通过艺术，通过马拉美事件来进行。因此，《世界的逻辑》是巴丢对哲学四个条件中的科学和艺术进行思考的著作，正如英译者前言所言：

---

　　① Alain Badiou, *Logiques des Mondes*, paris：Seuil, 2006 (*Logics of Worlds：Being and E-vent*，2，trans. Alberto Toscano, New York：Continuum，2009.)

对巴丢而言，哲学写作经常被迫地跨越两种表面上相抵触的语言方式：数学的形式化与诗性的措词。巴丢坚决反对哲学的至高无上的意义——他尝试着复活理性主义，以反对有限的多副面孔——这就需要哲学（四个）条件中的两个条件的合作，即数学与诗。《世界的逻辑》还是一种新的结合的发明，即诗的召唤（连同叙事艺术一起）与严格的形式化推理的新结合。①

在巴丢自己看来，该书的任务就是对永恒真理的问题进行思考。"本书关心的问题恰恰是：本书不仅关心真理（truths）是什么的问题，还关注它们的呈现。"② 巴丢认为，"每个世界都能在其内部创造自身的真理。"③ 因此，他进一步指出，本书主要围绕三个核心术语展开："主体—真理"、"多"与"语言"。而"主体—真理"这一偶然的术语是对另外两个术语的增补（supplement）。巴丢这部著作的主旨是要表明，永恒的真理是在不同的世界中（如在艺术、科学、政治和爱）被创造出来的，"世界的多样性"及"真理—身体"这两大主题由此得以阐明。

第一节　"介入式"的哲学

巴丢对世界逻辑中真理问题的思考切入当下世界逻辑问题和当下艺术问题（艺术真理、艺术主体）之中，这是其主张的"介入式"哲学的必然结果。巴丢在与齐泽克合著的《哲学在当代》④ 一书中，表明了"介入"的哲学主张。"哲学首先并且最重要的在于：对新问题的介入。"⑤ 这些问题并不是指所有问题，而是那些被天才哲学家看作"真正重要"的问题。

---

① Alain Badiou, *Logics of Worlds*：*Being and Event*，2，trans. Alberto Toscano, New York：Continuum，2009，p. xv.

② Ibid.，p. 9.

③ Ibid.，p. 8.

④ Alain Badiou & Slavoj Zizek, *Philosophy in the Present*，trans. Peter Thomas and Alberto Toscano, Cambridge：Polity Press，2009.

⑤ Ibid.，p. 1.

哲学家真正应该介入的问题，就是在历史的、政治的、艺术的、科学的、爱的情势中出现的新问题，那些需要哲学家进行新的介入的问题。

巴丢通过对三个例子的分析表明，在怎样的新情势中哲学家应当采用介入的姿态对其中的新问题进行思考。第一个例子来自柏拉图的《高尔吉亚篇》，这是苏格拉底与加里克利斯的一段对话。巴丢借此说明，哲学的任务就是告诉我们必须选择，这是在两种类型的思想——苏格拉底与加里克利斯——之间进行的选择。因此，哲学可以被看作是选择，是决定。它的任务是解释选择，一种生存的选择，一种思想的选择。第二个例子是数学家阿基米德之死。通过这一例子，巴丢旨在说明，在国家权力与真理之间存在着距离，这种裂隙是无法融通的，因此，哲学的任务就在于思考这种距离。通过这两个例子，可以给哲学情势下这样两种定义：哲学情势就是要澄清选择与决定；哲学情势就是要澄明权力与真理间的裂隙。

巴丢所举的第三个例子是电影艺术的例子。日本导演沟口健二（Mizoguchi）执导的电影《劲松物语》（*The Crucified Lovers*），讲述了一个在日本古典时代的故事：装裱佛经的大经师以春，因受宫廷批准获得独立经营的资格，从而拥有了显赫的地位和滚滚财源，但他非常吝啬。他妻子的哥哥在经营中周转困难，想向他借些钱，却被拒绝。而大经师的一位装裱工人茂兵卫想借钱帮助以春夫人渡过难关，被以春得知后诬陷二人有私情，并威胁要让官府将他抓走。当时的法规十分严厉，如果已婚的女人有奸情就要和情人一起被钉死在木板上。于是夫人就与茂兵卫一起出逃，二人产生了深深的恋情。几经周折，最终被抓住。由于以春一直担心家丑外扬而将这件事隐瞒下来，未向官府报告，只是谎称妻子回了娘家。事件败露后他的商铺被查封，他自己也被流放。电影最后的镜头是茂兵卫与夫人被绑在一起，向刑场走去。两人脸上露出淡定、幸福的笑容。他们还沉浸在爱的甜蜜中。巴丢认为，恰恰是这对情人脸上的微笑构成一种哲学的情势。在这种情势中，我们能够看到某种不可通约的（incommensurable）东西，这种东西就是一种无关系的关系。在二人相爱的事件与当时的国家律法间，是不可通约的。哲学告诉我们，必须思考事件。也就是说，要思考这个例外，思考这个非常规的事件，思考生活的转变。

通过以上三例，巴丢认为，哲学的任务就是要思考三种情势：选择（决定）、距离（间隙）与例外（事件）。即思考思想的基本选择；思考思想与权力、真理与国家间的间隙；思考例外的价值、事件的价值、断裂的价值，以反抗生活的持续及社会的保守主义。最后，哲学的概念最终应与三个问题密切相连：选择（或决定）的问题、距离（或间隙）的问题、例外（或事件）的问题。

巴丢总结道，最为复杂的哲学概念告诉我们这样的东西："如果你想使你的生活变得有意义，你必须接受事件，必须与权力保持距离，必须坚定自己的选择。"① 因此，巴丢特别指出，哲学就是那不存在的思想，哲学对没有关系的关系格外感兴趣。并不是因为有"某物"才有哲学，哲学并不反对任何其他东西。由于存在矛盾的关系，由于存在断裂、决定、距离和事件，所以存在哲学，也应该有哲学存在。那些沉默的、拥有新思想的哲学家们，在沉思这些矛盾的情势时，往往是以普遍原则的名义进行的。而这种普遍性又包含什么内容呢。巴丢概括了对普遍性的八种理解，这八条可以说是巴丢哲学思想的总结归纳。这八条普遍性是指：

其一，思想是普遍性真正的中介；

其二，每种普遍性都是独特的，或说是一种独一性；

其三，每个普遍性都源自一个事件，事件不涉及情势的特殊性；

其四，某种普遍性最初是作为一种不可判定的决定而呈现自身的；

其五，普遍性具有一种含蓄的（implicative）形式；

其六，普遍性是单义性的（univocal）；

其七，每种普遍的独一性都保持未完成或开放性；

其八，普遍性只不过是类性的多的忠诚的结构。

综上所述，巴丢近年来的哲学明显地表现出一种"介入"姿态。这一姿态也许是他写作《世界的逻辑》的初衷之一。这使他的哲学思想以及文艺思想都表现出一种强烈的批判意识和参与现实的能力。巴丢在《世界的逻辑》、《当代法国哲学》、《论艺术主体》、《当代艺术的十五个命题》、《身

---

① Alain Badiou & Slavoj Zizek, *Philosophy in the Present*, trans. Peter Thomas and Alberto Toscano, Cambridge: Polity Press, 2009, p. 16.

体，语言，真理》等著作、论文和讲演中，表达了对当今世界中的政治、科学、艺术、爱等情势中的问题的看法。

一 "民主唯物主义"与"唯物辩证法"——身体、语言与真理

巴丢在《世界的逻辑》的前言中，将其哲学思考的核心命题概括为两个特定概念之间的张力，这两个特定的概念即巴丢所谓的"民主唯物主义"(democratic materialism)与"唯物辩证法"(materialist dialectic)。[①]前者是对我们这个时代世界的界定和描述，后者则对他本人哲学思想所集中思考的真理问题，以及存在与事件、知识与真理等问题的概括。

巴丢在前言中指出，当今世界被诸如"相对主义"、"民主"、"恐怖"等字眼所控制，我们现在拥有的是自由市场、技术、金钱、工作、博客、选举、性自由等。于是人们现在普遍的、自然而然的意识形态和思想信念就是："只有身体和语言"。为什么说这种观念是一种"民主唯物主义"呢？巴丢分别从"民主的"和"唯物主义"两个方面进行了解释。

第一方面，为什么是"民主的唯物主义"呢？因为现代人存在的唯一根据就是个人的身体，即存在＝个体＝身体。仅仅以当今最具创造性的艺术家为例，那些编舞者、画家、唱片制作人等，都在尽情展示身体，展示身体的欲望、身体的生理机制、身体的亲昵动作和身体的裸露行为，展示性行为、裸体、暴力、病态、颓废等，并将这些视觉的身体"解剖"冠之以"美学"的名号。今天的身体生产艺术，身体不再是向我们展示生活力量的主体了，由于它生产了艺术，所以身体已经成为一架机器，一架将艺术和产品本身铭刻其中的机器。"后现代"也是这种当代民主唯物主义的可能名号之一。后现代就是要聚集享乐的身体。人类充满了动物性，"人权"(human right)成了"生存权"（"活着的权力"，the right of living)的同义语。人类要保护一切活着的身体。这就是当代民主唯物主义的准则，这一准则的科学名称就是"生物伦理学"(Bioethics)。可见我们的唯物主义不过是生命的唯物主义，一种"生物唯物主义"(bio‐material‐

---

① Alain Badiou, *Logics of Worlds*: *Being and Event*, 2, trans. Alberto Toscano, New York: Continuum, 2009, pp. 1—40.

ism)。

另一方面，为什么"民主的唯物主义"又是"民主的"呢？因为这种身体的"平等"必须寻求一种相应的语言来加以保证，就是包含一切身体的复数的语言，这种语言是一种极权的语言。人们不分地域、文化、年龄、性别、肤色、宗教、习惯等，一切人都需要受到法律的保护。这种极权的语言统治着一切身体，它所做的不是容忍，而是"介入的权力"，是"合法的"、"世界性的"，必要时会诉诸武力。身体必须要为僭越这种语言而付出代价。

如果我们要拒绝这种"民主唯物主义"，那么，我们必须提出一种"唯物辩证法"。要弥补语言与身体间的裂隙，必须通过第三个术语。因此，"唯物辩证法"应该做出的正确宣称则是："除了真理之外，只存在身体和语言。"① 表面上看，"民主唯物主义"与"唯物辩证法"似乎都是"唯物主义"，但实际上二者有本质区别。在这里"除了"一词必须引起注意，这一句法并不意味着"真理"是身体与语言的综合或附加，而是现存东西之上的"例外"（exceptions），真理是被语言统治的身体的"自我揭示"（self - revelation）。"真理是将自身嵌入（interpolate）现存（there is）连续性之中的东西的哲学命名"②。可见，在这里，真理是具有本体论地位的。真理是一种"非物质性"的存在，因为它处于我们的思想中。正像笛卡尔的格言一样：除了（永恒的）真理，只存在（偶然的）肉体的和精神的东西。巴丢早已在《存在与事件》中提出，真理是类性的多（truths are generic multiplicities），而主体就是真理的节点（a subject is a point of truth）。

巴丢提出的"唯物辩证法"，在今天，因为真理的出现而成了一种新的唯物辩证法。真理的最重要的本体论特征就是：世界的确是由身体和语言构成。但是每个世界都有能力在它自身之中创造自身的真理。真理在呈现方式上是独一的，在《存在与事件》中，巴丢在纯粹存在的抽象层次上

---

① Alain Badiou, *Logics of Worlds*：*Being and Event*，2，trans. Alberto Toscano，New York：Continuum，2009，p. 1.

② Ibid.，pp. 4—5.

谈论真理，而到了《世界的逻辑》中，他要在现象的层次上对真理问题进行思考，在现实的具体世界中进行思考。

二 真理新形式：真理—主体

巴丢在《世界的逻辑》中提出真理的普遍性形式的问题。他用"唯物辩证法"的真理形式来反对当下"民主唯物主义"的逻辑形式。当代"民主唯物主义"最显著的形式就是"只有个人和团体"。而他提出的"唯物辩证法"认为，真理的普遍形式是一种主体的方式，而这种主体形式，既非个人的也非团体的。换言之，这种真理—主体，是从一切团体中减除自身，并破坏了任何个体化。

如果对科学理论、艺术作品、解放性政治、爱的法则下的新生活中的真理进行分析，我们就会发现，真理有些特征决定了它为什么是一个"例外"(exception)。那么，这样的主体形式的真理，有哪些独一的特征呢？巴丢将这种真理的特征总结为以下几点：①

1. 产生于当下这个度量、算计的帝国时代的真理依然是永恒的。这样的真理构成了一个例外。

2. 虽然真理被一种特殊的语言所描述，但它还是超语言的。它以思想的一般形式摆脱了一切特殊语言。

3. 真理预设了一物质踪迹的闭集合。这些踪迹依赖于正面的变革，将一切真理预想为一个事件的踪迹。

4. 这些踪迹与一种操作性的形象相关联，这种形象可以叫做"新身体"。"新身体"就是对事件踪迹的操作性处置。

5. 真理在其结果的基础上阐明、评估它的构成，而不是建立在简单的既成事实之上。

6. 以对结果的明确表达为基础，真理导致了一个新的主体形式。

7. 真理既是无限的，又是类性的。它是一个激进的例外。

综上所述，巴丢认为真理作为一种"激进的例外"是建立在当代形而

---

① Alain Badiou, *Logics of Worlds*: *Being and Event*, 2, trans. Alberto Toscano, New York: Continuum, 2009, pp. 33—34.

上学的"唯物辩证法"空间之上。因为，在他看来，"唯物辩证法"促进了真理与主体的结合，"民主唯物主义"则促使生命与个体的结合。二者的对立实际上是两种"自由"的对立。

三 两种自由：新的"真理—身体"

"民主唯物主义"所理解的"自由"就是脱离"语言"的束缚，而使个人身体尽情开发其潜能，让身体实现它们的现实可能性。性自由就是这种自由的最典型形式。性自由问题处于身体欲望与语言的禁令之间。

但是"唯物辩证法"所理解的"自由"却与之不同，它是指身体是否并如何通过语言参与到这种真理的例外之中。因此，这里的"自由"不是身体与语言之间的秩序或关系，而是与真理的直接不合作。

这就意味着在世界中出现了一种"新身体"，一种"真理—身体"。不合作的主体形式通过这种新身体使重新定义自由成为可能。自由就是积极参与到"新身体"的结果之中，"新身体"总是超越我们身体自身。"真理—身体"就属于科学、艺术、政治、爱这四种例外之一。所以，自由不是身体基本生命的范畴，而是属于智力的新奇的范畴。它不在日常生活中，而是超越日常生活之上。

在"民主唯物主义"中经常出现"生命"一词，如何理解这里的"生命"一词呢？在巴丢看来，必须将其置于哲学思考的重要位置上，通过对"什么是生活"这一问题的系统回应来思考"生命"的新含义。而要做到这些，显然还要通过"真理"这一"例外"，对"身体"的定义进行思考。因此，当代哲学最重要的赌注就是创造一个新的身体的定义，将其理解为"真理—身体"（bodies-of-truth）的身体，或理解为"主体化的身体"（subjectivizable bodies）。只有这样，我们才能获得"生命"的新定义：活着就是参与，一点一滴地参与到"新身体"的组织中，因为这"新身体"是真理额外产生的有力支撑。真理的出现是一个棘手的问题，也是一种伟大的冒险。因为我们必须在一个旧的世界中，完整的解释全新事物出现的可能性。只有在这样的世界中，在世界的表象中，我们才能解释"新真理"出现的独一的、例外的现象。

四 真理的进程与哲学的未来

要解释"新真理"的出现，迎来哲学的新的未来，就必须从这种"例外"的"客体化"入手。真理只能发生在世界的对象中。只有通过"客体化"的新定义，才能解释真理存在的矛盾地位——它既发生在世界中，又是世界中的例外。

而对"客体化"的解释需要系统的数学形式主义与现象学的描述。在此，巴丢仅仅从"变化"的角度来解释这一概念。在巴丢看来，真正的变化是一种激变，是一种断裂，是一种绝对的偶然、绝对的非连续性，其最重要的结果就是一种多，这种多不出现在世界中，而是在最高强度时突然出现。"新身体"就是客体，这种客体决定着这种变化的方向及结果。"新身体"是创造性实践的逻辑集合。

用来解释真理过程的语言是在世界中的"节点"（points），我们必须通过对"新身体"、对"真理—主体"的形式化来看待世界中的这些节点。而这些节点就是表象基础上的客体与变化。世界中的节点就是现实生存中的艰难选择，你必须在两种可能性之间做出选择。一种选择是否定性的，它通过破坏新身体而破坏整个真理的进程。另一种选择是肯定的，将形成新的身体，阐明真理，提升主体。而这种选择就是一种赌注。节点就是真理没有保证的时刻。

那么，具体而言，如何实现真理的过程呢？巴丢指出了一种途径：从客观性与表象的理论到现实的"真理—身体"；或者，从世界的逻辑构架到主体的实质上演。这一切都要经过对"大逻辑"以及对变化的思考，通过事件的激进形式来完成。

这就是巴丢对哲学的新未来的描述。哲学必须展示真实生活的可能性，哲学家则应在黑夜中摸索，期待着真理黎明的到来。正像华莱士·史蒂文斯在诗中所写的那样："我们必须整晚忍受我们的思想。"这也许是哲学家与哲学的使命。史蒂文斯还写道："直到那耀眼的光亮镶嵌在冰冷之中。"哲学家必须从世界的新逻辑、从新的"真理—身体"理论、从新的节点……出发，才能将那哲学的真理（truth）与那多元的真理（truths）

融合在一起，这时，那小写的真理就变成了大写的真理。黎明时分我们将看到那真理（Truth）在冷空中闪耀。因此，巴丢说，哲学家就要整夜忍受思想的煎熬，哲学家就是那孤独的"守夜人"。

五　巴丢"真理—身体"VS当代哲学的"身体转向"①

在尼采哲学之前，从柏拉图、中世纪、文艺复兴、笛卡尔直到 19 世纪，欧洲哲学存在一个漫长的主体哲学（或意识哲学）阶段，这种哲学或者将人看成是智慧的存在（柏拉图），或者将人看成信仰的存在（基督教），或者将人看成理性的存在（启蒙哲学），这一切实际上存在一个共同的人的定义：人是理性的动物。

通常认为意识哲学发源于笛卡尔，因为他明确地将意识和身体对立起来，但是在柏拉图那里，灵魂和身体早就是对立的。

柏拉图在其一系列著作中，论述了身体和灵魂相对立的二元论的基本构架：身体是短暂的，灵魂是不朽的；身体是低级的，灵魂是高级的；身体是导致恶的，灵魂是通达善的；身体是贪欲的，灵魂是纯洁的。灵魂同知识、真理、精神、理性站在一起，对身体具有巨大的优越感。

柏拉图所揭示的灵魂和身体的对立在后世哲学中以各种各样的形式被改写流传。在中世纪，身体主要遭到道德伦理的压制（如奥古斯丁强调上帝同世俗的对立而主张禁欲）。在宗教改革之后，尤其是 17 世纪起，身体则主要受到知识的诘难，人们坚信只有心灵、理性才能揭开知识和真理的秘密。到黑格尔哲学，"人"被抽象为意识和精神，人的历史被抽象为意识和精神的历史，身体由此陷入了人的历史的无尽黑暗之中。对马克思而言，要想使身体摆脱奴役而获得解放必须从意识和意识形态着手，意识形态的改造成为历史变革的重要环节。马克思在意识和身体的哲学双轨中跋涉，而身体依然没有获得自主性，不是哲学和伦理学的中心。

这一悠久的主体哲学传统到尼采开始彻底崩溃了。身体在尼采哲学里，成为个体的决定性要素。尼采的口号是"一切从身体出发"。在人的

---

① "当代哲学的身体转向"有关内容参考汪民安、陈永国编《后身体：文化、权力和生命政治学》，吉林人民出版社 2003 年版。

定义中，身体和动物性的权力意志取代了形而上学中理性的位置。世界将总是从身体的角度获得它的各种各样的解释性意义，它是身体动态弃取的产物。

尼采的哲学思想得到了后来者的进一步发展。最早对身体哲学作出回应的是巴塔耶。巴塔耶表达了对理性的厌恶，并使非理性暴露出来，尤其是将色情的秘密暴露出来。色情是身体的冲动，尼采的权力意志在这里拥有了对应物。

德勒兹也对主体哲学进行了批判。他将身体看作是一部巨大的欲望机器，并把欲望机器看作是决定性和生产性的，它始终积极地、连续不断地生产现实。

福柯也从尼采那里接受了身体的概念。他认为，历史在某种意义上只能是身体的历史，历史将它的痕迹纷纷地铭写在身体上。身体成为各种权力的追逐目标，权力在试探它，挑逗它，控制它，生产它。正是在对身体做的各种各样的规划过程中，权力的秘密、社会的秘密和历史的秘密昭然若揭。在他看来，"历史摧毁了身体"。

在 20 世纪的哲学探索中，有三个重要力量将身体拖出了意识（主体）哲学的深渊。一是梅洛—庞蒂从知识起源中取消了意识的特权位置；二是迪尔凯姆、莫斯、布尔迪厄重视个人的身体实践和训练，以实践一元论克服了身体和意识的二元对立；三是尼采和福柯的传统，在他们的哲学中，只有身体和历史、身体和权力、身体和社会的复杂纠葛。

巴丢的"事件哲学"思想，无疑为当下哲学的身体转向提供了另外一个维度——"真理—身体"的维度，这是一种"新身体"的维度。巴丢认为，所谓主体是因为对事件的忠诚而成为主体。"主体—真理"的思考只能通过事件在现实中的踪迹以及世界中的新身体来思考，"新身体"就是"真理—身体"。这里"真理—身体"是思考身体问题的"第三种范式"。[①]传统的身体范式其一可称为"一元论的可还原性"范式，它认为主体就是身体本身，这种范式的最终形式就是"享乐"（enjoyment）；另一种主体范

---

① Alain Badiou, "The Subject of Art", *The Symptom* 6, Spring, 2005. http://www. lacan. com/symptom6 _ articles/ badiou. html.

式就是理性主义的、形而上学式的所谓"可分性"范式，这种范式认为主体可以从它的身体中分离出来，它的最终形式只能是肉体身体的"牺牲"。从尼采、梅洛—庞蒂等人的身体哲学、身体美学理论来看，他们所说的身体成了他们反理性主义、反柏拉图主义的一种"工具"，是将可分的身体肉体与精神统一的身体从理性与意识中分离出来，通过高扬身体而抑制理性与意识，以此来对抗柏拉图以来的肉体与灵魂的二分，以及肉体与精神的等级说，对抗逻各斯中心主义。巴丢哲学提供了"身体"的第三种范式，这是一种"新身体"范式，一种"真理—身体"的范式。巴丢致力于普遍真理的呼吁，致力于断裂、偶然的事件的出现，主体在"后事件"的意义上，由于对事件的忠诚而成为主体。在当今世界中，从新的"真理—身体"理论中，从世界的新节点出发，一个光耀宇宙的大写的真理必将出现。这就是巴丢的哲学，巴丢哲学的未来。

第二节　当代艺术批判

巴丢从这种"介入的"哲学立场出发，对当今世界的各种情势中出现的、值得关注的新问题进行了独特的分析、研究和批判。他曾经撰文分析当前的金融危机；他撰写了《萨科齐的意义》对资本主义民主选举及法国政治进行批评；他撰写《共产主义设想》一书表达对共产主义理想的呼唤；他在《饱和的工人阶级的一般认同》的访谈中，谈了全球化时代的工人阶级认同问题；他在《突尼斯、暴乱和革命——"改变世界"的意义》一文中表达了对突尼斯暴乱及中东问题的看法；他在《当代法国哲学思潮》中表达了对哲学未来的观点……

巴丢在最近出版的《世界的逻辑》一书中，以及最近发表的一系列论文、演讲中，进行了当代艺术问题的批判。下面以其《当代艺术的十五个命题》① 一文为依据概括巴丢对当代艺术的基本观点。

---

① Alain Badiou，"Fifiteen Theses on Contemporary Art"，in *Lacanion Ink*，23，http：//www. lacan. com//frameXXIII7. htm. 译文参考伊索尔。

一 避免做一个浪漫主义者：减法

巴丢认为，摆在当代艺术家面前的最紧迫、最重要的任务之一就是"如何才能避免做一个形式主义的浪漫主义者"。一方面，当代艺术家无限地追求新奇的形式，表现出对新形式的无限的渴望。另一方面，当代艺术家们迷恋身体，迷恋性、死亡和暴力。当代艺术表现出了一种形式主义与一种浪漫主义的合题。巴丢认为，这是当下艺术迫切需要加以批判的倾向。

巴丢提出，艺术不能如此堕落，不能从无限的崇高下降到有限的身体和性中去。艺术应该是通过物质减法的有限方式创造出来的一个无限的主体系列。艺术生产是一种新的无限内容的生产，艺术是充满新的光亮的产品。艺术的目的应该是通过精确而有限的概括产生一种照亮世界的新的光辉。当前艺术中存在着这样一对矛盾：对新形式无限的渴望与表现有限的身体与性之间的矛盾。要克服这一矛盾就必须通过"减法"。

这里"减法"有两层含义：一方面指不要沉迷于新奇的形式，另一方面不要沉迷于有限性的身体、性、痛苦、暴力、死亡等。这里，"减法"这一术语来自巴丢的"数学本体论"，也来自他的"非美学"的诗学思想。在这里，巴丢呼吁艺术家不要沉迷于对形式的无限渴望之中，更不要痴迷于对身体、性等感官刺激的追求中。在巴丢看来，尽管新形式对艺术很重要，但对形式稳定性的渴望也同样重要。对身体欲望的新形式的无限渴望与无限追求，只能导致艺术更加堕落。更为关键的是，从他的介入哲学的视角来看，当今世界自身充满了对新奇、奇幻、奇异的迷恋和追求，如果甘愿与世界"同流合污"，而不能保持"距离"，不做出"选择"，不进行"批判"，那么艺术家、哲学家就根本无法形成自己的思想，无法介入这个世界，无法为颓废的世界点亮真理的光辉。

二 艺术新的普遍性：艺术真理

针对当下艺术迷恋新奇，迷恋性、死亡和暴力的现状，巴丢发出了对艺术真理的呼吁。在他看来，当代艺术的重大问题是回答艺术创作普遍性的问题。艺术创作究竟有没有普遍性？这种普遍性又是什么呢？在巴丢看来，那就是艺术真理。艺术真理就是艺术创造新的普遍性的哲学命名。

巴丢认为，艺术真理这种新的普遍性是一种具体的普遍性，是对当代世界抽象普遍性的对抗。全球化时代向我们提供了一种抽象的普遍性：金钱、信息、权力等的普遍性。而艺术问题、艺术创造的功能问题，不在于用艺术的形式对世界的抽象普遍性进行简单的对抗和批判、揭露，而在于提供一种全新的普遍性，一种具体的普遍性，那就是艺术真理。这种新的普遍性不仅显现出某个团体的本性，更为我们每个人提供了某种新的普遍性，艺术真理的普遍性。

那么，艺术真理又是什么呢？

巴丢给艺术真理下了一个定义："艺术真理是理念自身在感性世界中的事件。""新的艺术普遍性就在于在感性之中创造理念事件的新形式。"艺术真理，在巴丢看来，是人类与世界之间形成的一种新的感性关联，是反对金钱、权力、身体的抽象普遍性的一种可能。艺术真理不是对世界的感性的临摹，更不是感性的静态表达，艺术应是面向每个人的非个人化的真理的生产。换言之，艺术创造新的普遍性任务就是创造一种新的感性，一种和世界的感性相联系的新感性。这种新的感性是对当今世界抽象普遍性对人的压迫的一种反抗。因此，今天的艺术创造就成为人的解放的一部分，艺术问题在此意义上成了一个政治解放的问题，艺术本身就带有了政治性。

三 不纯艺术形式的纯化：新形式创造

那么，创造艺术的新的感性形式，又将是一种怎样的艺术形式呢？今天艺术家试图把一切艺术形式加以融合，试图创造一种多种媒体融合的新的形式以达到艺术的"整体化"。

在巴丢看来，艺术"整体化"只是一个梦想，而且这一梦想并不新鲜，因为早在19世纪，德国艺术家理查德·瓦格纳就已经尝试过了。瓦格纳将音乐、舞蹈、诗称之为"纯粹人性的艺术"，他主张这三种艺术形式可以为了共同的戏剧的目的而融合为一个整体，让舞蹈展现身体的人、音乐展示心灵的人、诗歌展现理性的人，从而使这些艺术的表现手段统一联合起来，最高程度地实现戏剧艺术的目的。巴丢反对这种追求艺术"整体化"的做法，他认为这种想法只是一种绝对整合的力量，就像是一种艺术全球化的梦想一样。这样的整合只是一种抽象物。所以，巴丢强调，我们应该需要一种全新的艺术形式，需要创造一种新艺术，而不是将所有艺术总体化。

在巴丢看来，从来没有一种绝对纯粹的艺术形式，从来没有纯粹的新形式。这一点与上面提到的艺术"整体化"一样。可见，所谓艺术新形式的创造，实际上就是"不纯"的、"混杂"的艺术形式的不断提纯的过程，在这种逐渐的提纯过程中，实现形式的复杂化。巴丢反对一种极端的对形式的"纯化"。例如马列维奇的"至上主义"名画《白上白》，就使颜色和形式达到了极端的纯化，同时也使艺术新形式的创造走向了终点。这是巴丢所不赞同的。因此，他认为艺术创造并非完全是新形式的提纯，提纯净化要有一种逐渐的过程，而不是纯粹创造力的猝然爆发。

四　艺术主体：作家？作品？

艺术创造绝不仅仅是新形式的创造，它也创造出艺术真理及艺术真理的主体。那么艺术主体究竟是什么呢？是作家吗？抑或是作品？巴丢明确指出，艺术的主体不是艺术家。因为，如果把艺术主体看作是艺术家，那么艺术创造就成了某种个人化的表达。而艺术个体是很难创造艺术新的普遍性的，艺术新的普遍性的新形式也是无法由某个个人来完成的。虽然，艺术家对艺术创作来说是必不可少的。因此巴丢认为，艺术主体就存在于艺术作品，此外无它；而艺术家始终是艺术中被牺牲掉的那部分，它最终在艺术中消失。艺术伦理就在于接受这一消失。如果把艺术家视为艺术产品市场营销的手段，那么艺术家当然是重要的；但如果把艺术看作一种新的创造，一种神秘的创造，那么艺术家就必须消失。只有艺术作品才是艺术自身真实的主体存在。艺术真理则是艺术事件之后形成的一系列作品的"艺术形构"。

作者问题一直为文学理论所关注，只是在不同时代，不同理论流派中，作为艺术要素之一的艺术家在整个艺术体系中不断发生着位移，有时它占据理论的中心，有时它被挤到边缘。在此，我们很容易联想到巴特提出的"作者之死"的观点。巴特的"作者之死"是关于文学理解、评价中的作者意图问题。关于这个问题维姆萨特和比尔兹利曾经合写了《意图谬误》一文，而巴特的论断是更为激烈的"反意图主义"，他直接提出了"作者之死"。"一个文本并不包含从神学角度上讲可以抽出的单一意思"，"作者一经远离，试图'破译'一个文本也就完全无用了。"① 福柯提出了"作者—作用"的概念，他的讨论是从话语角度展开的。他认为是作者产生的惯例与历史、社会、权力等都有关系。

　　而巴丢这里所谓的艺术家的消失，与福柯所讲的"主体之死"和巴特所说的"作者之死"完全不同。巴丢所讲的艺术主体绝不是具体的现实的"人"，而是艺术作品。艺术主体是一种"无客体"的主体，与拉康的主体理论密切相关。巴丢在此提出艺术家消失的根本目的在于将艺术自身交还给艺术主体和艺术真理，他要呼唤艺术的真理，来对抗、批判当下艺术存在的问题。

五　艺术的真正功能：创造新的可能性

　　当今艺术是一种形式主义的浪漫主义，这种混合更是一种帝国式的艺术。这种帝国式艺术存在着一种悖论性形式：一方面是形式主义，认为创造新的形式，我们可以随心所欲，没有法律规定的束缚和选择，因此，一切皆有可能。然而，另一方面也可以说一切皆不可能，帝国就是唯一的可能，别无选择，帝国就是唯一的政治可能，帝国艺术也是唯一的可能。因此，一切皆不可能。这样，这种"一切皆有可能"与"一切皆不可能"之间的悖论就是当代艺术（帝国艺术）的悖论。

　　为了打破这种悖论，使艺术成为"非帝国艺术"，我们必须放弃"一切皆有可能"与"一切皆不可能"而创造"新的可能"。而"创造新的可能性"就成了当代艺术的真理功能。当代艺术的真正功能就在于说出某些

---

① 　［法］罗兰·巴特：《罗兰·巴特随笔选》，怀宇译，百花文艺出版社2005年版，第300页。

东西的可能性，在于创造一种新的可能性。

而这种艺术创造的新的可能性又是什么呢？

那就是"艺术必须像数学范例那样严密精确，像黑夜伏兵一样令人惊奇，像星星一样崇高肃穆"。这样的艺术就是一个诗学的命题，这是巴丢所提出的"非美学"文艺思想的题中之意。艺术创造艺术新的可能性意味着艺术创造艺术真理，而艺术创造真理的过程是一个减除的过程，就像数学演算的范例一样，传达某种永恒性的东西，一种不在纯粹流通之内的东西，一种不属于持久更新的形式的东西，这就是艺术创造的第一重决定性；第二重决定性是某种令人惊奇的东西，是新的可能性的创造，而新的可能性总是令人惊讶，新的可能性我们无法事先估计，它像是一种决裂，一个新的开端，从而令人惊奇；第三个决定性是指，由于它是一个新的可能性，由于它带给人们惊奇，艺术因此就像知识黑夜中的一道闪光，像星星一样崇高肃穆，犹如一颗颗明星，光耀苍穹。

这样，艺术创造了新的可能性，从而也就与自由相关联，与人的解放相关联。但是艺术创造新的可能性的"自由"，与当今民主国家所谓的政治"自由"的概念不完全相同。艺术创造的真正自由是上述三重决定性的结合，是逻辑框架、知识的新奇与星星的崇高肃穆之美的结合，这要比民主意义上的"自由"复杂许多，它是一种新的自由。"它是思想的，也是物质的"，"像一个新的开端，一个新的可能性，新的决裂，最终类似一个新的世界，一道新的光亮，一座新的星系。这就是艺术定义的自由"。

结　语[①]

A. 科恩在评价罗蒂"哲学终结"的观点时讲过这样一句话："哲学的长期性是人类自我能力的深刻反映；正是这种能力使得哲学思维对人类来说是必不可少的。只要人类存在，就离不开哲学思维。"[②] 与此相关的一系列"终结论"，如文学终结论、历史终结论、理论终结论、主体终结论、意识形态终结论等，形成一股强大的后现代主义"终结潮流"。但最终争论的结果似乎更多的人倾向于与科恩类似的观点：只要人类存在，哲学就不会真正完结；只要人类存在，文学就永远存在；只要人类存在，人类历史就不可能走向终点……

在此，重新回顾这一系列"终结论"争论的来龙去脉，似乎没有太大必要。因为思考后现代"终结思潮"之后哲学的未来与理论的未来似乎更为迫切、更有意义。那么，后现代之后，哲学现状及未来出路何在？文学艺术、文艺学美学研究的问题何在，出路又在哪里？巴丢的哲学思想及文艺思想在最近十年被热烈关注，笔者认为，与这些问题不无关系。巴丢的历史性出场对于我们思考这些问题具有重大理论意义及很强的现实针对性。

---

① "结语"系拙文《"后学之后"：阿兰·巴丢思想的历史性出场》的一部分，发表在《马克思主义美学研究》辑刊，第 14 卷第 2 期，中央编译出版社 2011 年版。

② Avner Cohnen，"The 'End - of - Philosophy'：An Anatomy of Across - Purpose Debate" 原载 *History and Anti - history in Philosophy*，Dordrecht：Kluwer Academic Pnb. ，1998. 参见《世界哲学》2004 年第 1 期。

一

众所周知，后现代主义思潮的主要特征是"否定性"的：摧毁、解构、颠覆、否定、超越、批判既定的、传统的思想、价值、观念等。因而后现代主义又被叫作"否定的后现代主义"。虽然它曾经有过对现代性批判的一些积极意义，但最终却导致了价值虚无主义、怀疑主义、否定主义、相对主义等。此后，美国的格里芬、罗蒂、怀特海等人为代表的"建设性后现代主义"，试图重建人与人、人与世界的价值关系，似乎让人看到了后现代内部的一种积极裂变和"新生"的希望，然而，却最终没能根本上改变后现代主义思潮带来的消极影响。仅仅通过"行动哲学"、"生态主义"、"重构主义"等主张，试图彻底扭转"否定的后现代主义"带来的虚无主义、相对主义等消极影响，看来是杯水车薪，无能为力的。

巴丢哲学思想的出现，给走向颓势的后现代哲学迎头一击，更使"后学之后"哲学的未来有了一丝希望。

巴丢激进的哲学立场，对后现代主义、解释学、分析哲学三大思潮的激烈批判，及其独特的哲学思想，使他迅速成为当前欧美学术界关注的焦点之一。我们可以用"不合时宜"一词来概括巴丢哲学思想的独特性，这里所谓的"时宜"就是当代后现代主义思潮所形成的"时宜"。我们从以下几个方面来归纳一下这种"不合时宜"，以此来突显巴丢"特立独行"的激进哲学立场以及其哲学思想的独特性，突显巴丢哲学思想历史性出场的理论意义和价值。

其一是"回到柏拉图"与"反柏拉图主义"的对抗。

怀特海曾说过，欧洲的哲学传统是由一系列对柏拉图的脚注而构成的。德勒兹也说过类似的话：现代哲学注定是以推翻柏拉图主义为目标的。20世纪似乎是反柏拉图主义的世纪。自尼采哲学直到今天的后现代主义哲学，均打起了"反柏拉图主义"的大旗，反抗柏拉图哲学以来的形而上学传统、认识论传统、本质主义传统。在巴丢看来，反柏拉图主义在主题上、哲学学派上多种多样。如萨特用存在主义思想反柏拉图的本质思想，海德格尔把对存在的遗忘的开端追溯到柏拉图，波普尔的人权思想认为集权主义从柏拉图开始，语言哲学站在诡辩论一边反对柏拉图，等等。①
所以，巴丢说反柏拉图主义的名单列也列不完。

而巴丢的哲学姿态却是"柏拉图主义的姿态"。"柏拉图主义的姿态"
就是以下四个方面："承认诗人时代的结束；把数学的当代形式作为本体
论的向量；从真理功能的角度思考爱；铭记政治开始的方向。"② 从这一柏
拉图立场出发，巴丢提出了"数学等于本体论"等一系列哲学命题，创造
了一系列新的哲学范畴。许多命题和范畴似乎也在今天的"后现代主义"
语境中"不合时宜"。巴丢打起"回归柏拉图"的大旗，他对当代主导的
每一种哲学倾向进行顽强的抵抗。他拒绝给自己的哲学加上诸如"分析
的"、"欧陆的"等标签。巴丢对自身哲学的这种"边缘化"处境毫不畏
惧，甚至藐视这种被"边缘化"。他说："自柏拉图以来，哲学始终是对观
念的突破……对哲学家来说，凡是没有争议的东西就都是可怀疑的。"③

其二，"永恒的、普遍真理"对抗"差异"、"多元化"时代的"真理
的终结"。

正如彼德·霍尔沃德所言："巴丢哲学最重要的和一鸣惊人的举措，
使他完全脱离同代人的举措，就是证实真理的严格的、毫不妥协的普遍
性，并最终把这种真理从判断和阐释的合法性中抽取出来。"④ 对于"真
理"的彻底放弃也许是当今时代的突出文化症候之一。然而，巴丢采取了
"介入"哲学立场，他几乎全部的哲学努力就是证明和呼唤真理的普遍性
和永恒性。这一点可能会面临后现代主义等当代哲学思潮的无情嘲笑或讥
讽。然而巴丢打起"回归柏拉图"的大旗，就是要向柏拉图或笛卡尔所主
张的真理的一次回归。

然而，巴丢对"真理"有独特的理解，它既不是柏拉图的"符合论"
真理，也不是海德格尔的"存在论"真理，更不是党派式的真理。与当代

---

①　Alain Badiou, *Manifesto for Philosophy*, trans. and ed. Norman Madarasz, New York:
State University of New York Press, 1992, pp. 98—99.

②　Ibid., p. 97.

③　Alain Badiou, *Abrégé de métapolitique*, Paris: Seuil, 1998, p. 90.

④　Peter Hallward, Badiou: A Subject to Truth, Minneapolis: University of Minnesota
Press, 2003, p. xxiii.

三大哲学主流解释学、分析哲学、后结构主义对真理的各种理解也完全不同。三大哲学尽管对真理的理解不同，但共同之处就是对"真理"的深刻怀疑。巴丢所谓的"真理"是一个过程，是一种信仰，是不时发生的、我们制造出来的东西。真理作为一个过程，开始于一个事件的偶然相遇。它是"事件"之后发生的，与自身所召集和维持的主体同时出现，因此，真理、事件、主体就是这同一过程的不同方面："一个真理通过主体的宣布而成为真理，这些主体在宣布真理的过程中，以其对事件的忠诚而成为主体。"① 真理之所以是一种信仰，指的就是事件之后的主体对事件的持久的"坚持"和"忠诚"，一种近似信仰的、对于事件的忠诚。因为真理这一过程开始于与事件的偶然相遇，因此，这种相遇发生在真理的四个程序之中，所以它又是"不时发生的"、"制造出来的东西"。

后现代否定了真理，更否定了真理的普遍性、永恒性，主张差异、多元和碎片化。要从传统哲学的形而上理性主义"迷梦"中回到现实中来。而巴丢却主张真理的普遍性和永恒性，反对后现代主义的文化相对主义，反对这种后现代差异哲学主张的身份政治。足见巴丢的哲学勇气，他似乎在与整个时代作对。他所谓的真理的普遍性是指真理来自哲学的四个条件，来自四个真理程序之中——科学、政治、艺术、爱。每个真理程序中产生的真理都是单一的、独特的、内在的，因此是复数的真理（truths）。哲学并不产生真理，而是为四个真理程序中真理的产生提供概念空间。哲学中所讲的真理（Truth），从规模上而言，就是指这四个真理程序中真理的普遍性、永恒性，每一个真理程序都将产生各种各样的真理，真理的可能性永远不会停止。这里的普遍性就是一种使本身可以被实现的力量。普遍的真理就构成了"时代的真理"，成为时代永恒的东西。

其三，"真理—主体"对抗"主体终结"后的"身体—个体"。

四种真理程序为哲学提供了条件，哲学由此产生。这些条件之外的东西，被巴丢诊断为"我们当代卑鄙的东西"。在真理程序的每个领域中，主体都是真理的主体。而巴丢所理解的主体与福柯、阿尔都塞理解的"人

---

① Peter Hallward, *Badiou: A Subject to Truth*, Minneapolis: University of Minnesota Press, 2003, p. xxiii.

之死"相一致，是一种"空洞的、分裂的、无实质的、无思想的"主体。巴丢从解构主义之中拯救出了主体，使主体成为一种总体化的、否定的、存在于外部的主体，一种没有他者、没有对立面的主体。这种主体就是"真理—主体"。巴丢哲学致力于创造"一种不依靠现象学的主体的哲学，不依靠充足性的真理的哲学，不依靠历史主义的事件的哲学"。巴丢正是以这样的哲学"介入"当代世界的逻辑，反对当今世界的"民主唯物主义"的"身体"和"语言"的帝国式统治，反对欲望化、市场主义、肉身化、物欲化、金钱至上、帝国式语言等对人们的统治。

其四，"数学＝本体论"对抗"语言本体论"。

巴丢提出的"数学即本体论"，更确切地说是数学集合论的本体论。数学集合论思想主要来自康托尔及后来的策梅罗—弗兰克尔公理化集合理论。"事件"是在康托尔集合论中发明的，在策梅罗—弗兰克尔理论中形成了真理程序。巴丢规定了真理程序单独发生在艺术、科学、政治和爱四个领域，而哲学需要做的就是给这些领域产生的复数的真理提供一个思考的概念空间，也就是思考这些真理程序的并置或兼容性。这样这四个独立的真理程序就成了哲学得以实现的前提条件。策梅罗—弗兰克尔公理化集合理论就是"康托尔事件"之后的真理程序。因此，集合理论就成了哲学的前提，即哲学的"元本体论"。巴丢从集合论出发建立了与其结构平等的概念体系。在集合理论的结构基础上的哲学范畴就具有了不同于以往的新范畴和旧范畴的新解释，如真理、主体、事件等范畴就具有了新的内涵，而事件点、情势、情势状态、类属的多等则是巴丢独创的一些全新哲学范畴。巴丢从数学集合论作为哲学起点，展开了对"存在"问题的思考，放弃了语言之于存在问题思考的首要性和优先性。集合论将存在显现为纯粹多元性，这种元素的多是超越语言的。他对哲学的"语言转向"持怀疑的态度。他讥讽解构主义是一种现代诡辩论，维特根斯坦等人是现代诡辩论者。巴丢认为，在数学思想或在作为思想的数学中，最关键的是真实的事物，而非纯粹的词语。哲学必须与数学重新结合，数学是严格意义上的本体论，是作为存在的无限发展。数学为条件的哲学，使真理服从于事件的局部化，把真理从诡辩的语言暴政中解放出来。

其五，"系统化"哲学构想对抗当代的"碎片化"时代。

巴丢的哲学体现了一种"不合时宜"的系统性特征。巴丢也曾说过"哲学始终是系统的"。巴丢这里所说的"系统性"是指其来自集合理论的"类属"的多思想，是指哲学真理程序的"类属"性特征，指哲学四个条件的共存性和并置性——无论是政治、科学、艺术还是爱。这四个条件共同构成哲学的存在条件，不能将哲学缝合于其中某个条件。哲学史上将哲学缝合于某个条件，必将导致哲学的灾难性后果。四个真理程序中的事件与真理同时具有这种共存性。无论是数学界的康托尔事件，政治领域中的法国 1968 年五月事件，诗歌领域中马拉美、佩索亚和塞兰事件，爱和欲望方面有拉康事件。巴丢哲学就是要指出这些事件及这些事件后的真理的共存性。正是类属程序范畴将存在的诸范畴及事件的诸范畴贯穿了起来。齐泽克这样评价巴丢："他以独特的方式把严格的数学知识、真理的哲学情怀、艺术家的感性和激进的政治活动结合起来。"[1] 此外，巴丢著作所涉猎的领域也体现了这种"系统性"。这些领域包括数学、拓扑学、现代诗学、电影、戏剧、舞蹈、小说、政治学、精神分析等。

二

巴丢正是在这样的哲学视域中，展开了对"非美学"问题的研究。"非美学"思想的出发点就是对诗与哲学关系的一种新的构想。巴丢将历史上诗与哲学的关系归结为三种图式：启蒙式、浪漫式与古典式。而"非美学"是诗与哲学关系的第四种图式。这种图式认为，诗（艺术）不再是哲学的研究对象，而是哲学得以形成的条件，是哲学的四个真理程序之一。艺术中产生的复数的真理，艺术中的主体、艺术事件等问题，需要放在哲学建构的概念空间中加以思考，因此，哲学并不产生真理，哲学的目的是掌握真理，掌握四个真理程序中产生的真理。从而形成哲学中所说的大写的真理，形成普遍、永恒的时代真理。

"非美学"除了被巴丢理解为诗（艺术）与哲学的新的关系之外，还

---

[1]　参见齐泽克为 Peter Hallward 所著的 *Badiou: A Subject to Truth*（University of Minnesota Press, 2003, pp. ix—xiii）一书所写的序言。

被巴丢解释为"特定艺术中的内在哲学效果"。巴丢所谓的特定艺术既指特定的艺术类型，也指特定的作家作品。因此，"非美学"不仅仅是一种新的关系，还是一种新的思想和新的方法。作为一种新的文艺思想，"非美学"包含了巴丢对艺术真理、艺术主体、艺术事件等问题的独特思考。作为一种新的方法，一种新的文艺解读方法，巴丢展开了他认为的特定艺术类型、艺术作品的"非美学"式解读。

巴丢全新的"非美学"的文艺思想认为，艺术真理是艺术事件之后的一系列艺术形构。艺术的主体就是艺术事件之后的一系列作品及作品的新形式。艺术事件是在艺术的情势中发生的、偶然的、断裂的、标志着新的真理和新的主体诞生的事件。巴丢独特的"非美学"文艺解读方式，则是一种参与式解读，一种强力解读，一种反传统式解读，一种哲学式解读，总之是一种"非美学"式的解读。

通过这种"非美学"的文艺思想及"非美学"式的解读，巴丢对贝克特小说、戏剧，对马拉美（还包括佩索亚、策兰、兰波等人）的诗歌进行了文本细读。然而这种文本细读绝不是"新批评"的语义式分析，也不是解释学的意义式细读，更不是传统美学体验式品读，而是通过"非美学"式的解读，发掘出这些作品的"内在哲学效果"，即这些作品中内在包含的、独特的关于"存在"、"事件"、"真理"、"主体"等方面的哲学思想。哲学中提到的这些概念只是一种"概念空间"，而要真正理解这些哲学范畴，必须回到哲学的条件，回到艺术中（政治、科学、爱之中）去，用特定艺术类型中的特定作品来解释这些哲学范畴的思想内涵。贝克特小说、戏剧揭示了存在的"空"、存在的"阴暗"、主体的形象、爱的相遇、事件及命名等哲学思想。通过对马拉美诗歌句法、诗学思想等方面的解读分析，揭示了事件、命名、真理、忠诚等哲学思想。巴丢对电影艺术进行了独特的理解。他认为电影是一种"大众艺术"，一种"不纯"的艺术，是"第七种艺术"，是一种"加一"的艺术。电影是民主的象征。电影艺术有历史的、叙事的、精神分析的、文化的四重维度。电影需要哲学，哲学也应该成为一种"大众哲学"。

三

巴丢哲学思想并没有就此停下脚步。巴丢的思想是"正在进行时"。2003 年至今的几年间，巴丢又出版了法语著作近 30 部，期间他的著作有20 余部被译为英文。他的最新哲学思考集中体现在《世界的逻辑》中。他的哲学思想由 80 年代《存在与事件》中的抽象概念层面上对存在、事件、主体、真理等问题的思考，转向了在"世界的逻辑"中思考这些问题。他的哲学近年来表现出了强烈的"介入"立场。他对当代世界的逻辑进行了深刻分析与批判。认为世界的"民主唯物主义"逻辑中，"只有身体和语言"。而要打破这种逻辑，就必须加入"三"——"真理"。他主张的"唯物辩证法"认为，世界的逻辑应变成"除了真理，只有身体和语言"。

从这种"介入的"哲学立场出发，他展开了对当代艺术问题的批判。当前艺术的当务之急就是"避免做一个浪漫主义的形式主义者"。艺术应该找到一种新的普遍性——艺术真理。艺术的主要任务就是真正的"新形式"的创造，艺术的真正功能则是，创造新的可能性。这种可能性既包括艺术的可能性，同时指政治的可能性。巴丢对当代艺术的批判，对于我们思考中国语境中的文艺现象和文艺理论问题都具有一定的借鉴、参考意义。诸如当前中国文艺界的"身体写作"问题、当代文学的"新生"问题、"新媒体文学"与文学产业化问题、"后理论"时代文艺研究的出路问题等。

当然，尽管巴丢哲学思想、文艺思想非常"新"，但也有人指出其思想中存在着这样那样的局限与问题。如有的学者指出，巴丢的思想并不新。他的许多概念、术语及哲学系统都是在前人基础上的拓扑嫁接。有人指出，他的哲学思想存在数学结构与哲学结构的"类比"化倾向。有人认为，他的"非美学"思想存在各种各样的悖论。例如他反语言中表现的悖论——他一方面反语言转向，另一方面又是语言艺术家（作家、戏剧家）；诗与哲学关系的悖论，建立了一种抽象美学；诗歌解读方法中既放弃语义，又离不开语言分析的悖论；巴丢将一些不可译的作品译成了法文；等等。有人分析了巴丢的"非美学"与"反美学"的暧昧关系，分析了巴丢的艺术自律与艺术他律间的矛盾以及艺术与非艺术关系的模糊观点，等等。

　　巴丢"不合时宜"的思想，他对当代主流思想的批判，他对普遍、永恒真理的倡导，使他给当代思想界带来一股鲜活的空气。但同时，令笔者忧虑的是，他对普遍真理（信仰）的强烈呼吁，他激进的批判姿态，使他只能孤军奋战，某种意义上更像是一个孤独的哲学"斗士"，他把包括自己在内的哲学家以自嘲的方式称为"孤独的守夜人"，真理的曙光和他思想的光辉何时才能划破冰冷的夜空？我们只能拭目以待。

主要参考文献

一 法 文 部 分

（一）巴丢著作年表

1969	1. *Le Concept de modèle. Introduction à une épistémologie matérialiste des mathématiques*. Paris：Maspéro.
1975	2. *Théorie de la contradiction*. Paris：Maspéro.
1976	3. *De l'idéologie*. en collaboration avec F. Balmès. Paris：Maspéro. 4. *Le movement ouvrier révolutionnaire contre le syndicalisme*. Paris：Potemkine.
1978	5. *Le Noyau rationnel de la dialectique hégélienne*. en collaboration avec L. Mossot et J. Bellassen. Paris：Maspéro. 6. *La "contestation" dans le P. C. F.* Paris：Potemkine.
1980	7. *Jean-Paul Sartre*. Paris：Potemkine.
1982	8. *Théorie du sujet*. Paris：Seuil. （2008，Seuil.）
1985	9. *Peut-on penser la politique?* Paris：Seuil. （2008，Seuil.）
1988	10. *L'Etre et l'événement*. Paris：Seuil.
1989	11. *Manifeste pour la philosophie*. Paris：Seuil.
1990	12. *Le Nombre et les nombres*. Paris：Seuil. 13. *Rhapsodie pour le théatre*. Paris：Le Spectateur français.

1991	14. *D'un désastre obscur : Sur la fin de la vérité d'état.* Paris : L' Aube.
1992	15. *Conditions.* Paris : Seuil. 16. *Politique et modernité.* Badiou *et al* , Bordeaux : Osiris.
1994	17. *L'éthique : Essai sur la conscience du mal.* Paris : Hatier. (2003, 2009, Paris : Nous.)
1995	18. *Beckett : L'increvable désir.* Paris : Hachette.
1997	19. *Gilles Deleuze : "la clameur de l'etre. "* Paris : Hachette. (2007, Hachette Littératures) 20. *Saint Paul et la fondation de l'universalisme.* Paris : Prsses Universtitaires de France.
1998	21. *Court traité d'ontologie transitoire.* Paris : Seuil. 22. *Petit Manuel d'inesthétique.* Paris : Seuil. 23. *Abrégé de métapolitique.* Paris : Seuil.
1999	24. *De l'amour,* Paris : Flammarion. 25. *Les Citrouilles ,* Actes Sud – Papiers
2003	26. *Circonstances,* 1: *Kosovo,* 11 — *septembre, Chirac/Le Pen.* Paris : éditions Léo Scheer. 27. *Matrix : Machine philosophique. Paris : Ellipses.*
2004	28. *Figures du destin : Aristote, Freud et Lacan ou la rencontre du réel.* (Danielle Eleb) Paris : Broché. 29. *Circonstances,* 2: *Iraq, foulard, Allemagne/France.* Paris : Broché. 30. *Evénemnt et répétition.* (avec Medhi Belhaj Kacem.) Paris : Tristam. 31. *Le siècle.* Paris : Broché. 32. *L'Antiphilosophie de Wittgenstein.* Paris : Nous.

续表

2005	33. *Circonstances*，3：*Portées du mot "Juif"*．Paris：Broché. 34. *Big Bang*：*Destruction et création dans l'art du 20e siècle.* Paris：Broché. 35. *Le Siècle.* Paris：Seuil. 36. *De la limite*，（François Jullien，Hubert Reeves）Parenthèses.
2006	37. *Logiques des mondes*：*L'être et l'événement*，*tome 2.* Paris：Seuil. 38. *De la limite.* avec François Jullien，Paris：Broché. 39. *Beckett*：*L'increvable désir.* Hachette Littératures
2007	40. *Circonstances*，4：*De quoi Sarkozy est−il le nom?* Paris：Nouvelles Editions Lignes.
2008	41. *Petit panthéon portatif.* Paris：éd. La Fabrique éditions. 42. *Mao. De la pratique et de la contradiction.* avec Slavoj Zizek，Paris：éd. La Fabrique éditions.
2009	43. *Second manifeste pour la philosophie*，Paris：Fayard.（2010，Flammarion） 44. *L'Antiphilosophie de Wittgenstein*，*Paris*：*Nous.* 45. *Éloge de l'Amour.*（avec Nicolas Truong）Paris：Flammarion. 46. *Circonstances*，5：*L'Hypothèse communiste*，Paris：Nouvelles Editions Lignes.
2010	47. *Il n'y a pas de rapport sexuel*：*Deux leçons sur 《L'Etourdit》de Lacan.*（avec Barbara Cassin）Paris：Fayard. 48. *Le fini et l'infini*，Paris：Bayard Centurion. 49. *Cinéma*，（avec Baecque）Paris：Nova editions. 50. *Cinq leçons sur le "cas" Wagner*，（avec Isabelle Vodoz）Paris：Nous. 51. *L'Explication*，（avec Alain Finkielkraut & Aude Lancelin）Paris：Nouvelles Editions Lignes. 52. *L'idée du communisme*，（avec Slavoj Zizek）Paris：Nouvelles Editions Lignes. 53. *La philosophie et l'évènement*，（avec Fabien Tarby），Paris：éd. Germina. 54. *Heidegger. Les femmes*，*le nazisme et la philosophie.*（avec Barbara Cassin）Paris：éd. Fayard.

年	
2011	55. *La relation énigmatique entre philosophie et politique*，Paris：éd. Germina. 56. *L'Antisemitisme partout. Aujourd'hui en France.* avec Eric Hazan，La Fabrique. 57. Circonstances，6：Le Réveil de I'Histoire，Éditions Lingnes.
2012	58. *La République de Platon.* Librairie Arthème Fayard. 59. Circonstances，7：Sarkozy：pire que prévu，les autres：prévoir lepire，Éditions Lingnes. 60. Controverse，avec Jean‐Claude Milner，Le Seuil.

（二）巴丢文艺创作

年	
1964	1. *Almagestes.* ［novel］. Paris：Seuil.
1967	2. *Portulans.* ［novel］. Paris：Seuil.
1979	3. *L'Écharpe rouge.* ［play］. Paris：Maspéro.
1994	4. *Ahmed le subtil.* ［play farce］Farce. Paris：Actes du Sud.
1995	5. *Ahmed le philosophe，suivi de Ahmed se fâche.* ［play \ Théatre］. Paris：Actes du Sud.
1996	6. *Les Citrouilles.* ［play］Paris：Actes du Sud.
1997	7. *Calme Bloc ici‐bas.* ［novel］Paris：P. O. L.
2010	8. *La tétralogie d'Ahmed：Ahmed le subtil；Ahmed philosophe；Ahmed se fache；Les citrouilles*，Paris：Actes Sud

（三）巴丢论文、文集年表（1965—2003）

年	
1965	1. "Matieu"，in *Derriere le miroir：5 peintres et un sculpteur*，Paris：Maeght Editeur：pp. 24—31.
1966	2. "L'autonomie du processus esthétique"，in *Cahiers Marxistes‐Léninistes*，Paris：école Normale Supérieure，12/13：pp. 77—89.

1967	3. "L'Autorisation", in *Les temps Modernes* 258：pp. 761—89. 4. "Le (Re) commencement du materialisme dialectique", In *Critique*, No. 240：pp. 438—467. （Review of Althusser, for Marx and Reading Capital.）
1968	5. "La subversion infinitésimale", in *Cahiers pour l'analyse* 9, pp. 118—37.
1969	6. "Marque et manque：à propos du zéro", in *Cahiers pour l'analyse* 10, pp. 150—73. 7. *Et al. Contribution au problème de la construction d'un parti marxiste-léniniste de type nouveau*, Paris：Maspéro.
1976	8. *Le Mouvenent ouvrier révolutionnaire contre le syndicalisme*, Marseille：Potemkine.
1977	9. "Le Flux et le parti" (dans les marges de L'Anti-Oedipe), in *La Situation actuelle sur le front de la philosophie*, A. Badiou and Sylvain Lazarus eds., *Cahiers Yenan* No. 4, Paris：Maspéro, pp. 24—41. 10. "La Situation actuelle sur le front de la philosophie", in *Cahiers Yenan* No. 4, Paris：Maspéro.
1978	11. *La Contestation'dans le P.C.F.*, Marseille：Potemkine.
1981	12. *Jean-Paul Sartre*, Paris：Potemkine.
1983	13. "*Custos, quid noctis*?" Review of Lyotard, in *Le Différend*, Paris：Minuit, in *Critique* 450 (November 1984)：pp. 851—63
1984	14. "Poème mise à mort, suivi de *L'ombre où s'y claire*", in *Le Vivant et l'artificiel*, Sgraffite：Festival d'Avignon：pp. 19—23.
1985	15. "Six propriétés de la vérité", in *Ornicar*? 32 (January) pp. 39—67; continued in *Ornicar*? 33 (April), pp. 120—49.
1986	16. *Est-il exact que toute pensée émet un coup de dés?* Paris：Conférences du Perroquet.

1988	17. *Une soirée philosophique*, Paris: Potemkine/Seuil, with Christian Jamblet, Jean – Claude Milner and François Regnault.
1989	18. "Untitled Response", in *Temoigner du differend. Quand phraser ne peut*, *Autour de Jean –Francois Lyotard*, (eds) Francis Guibal and Jacob Rogoznsk, Paris: Osiris: pp. 109—113. 19. "Dix – neuf réponses à beaucoup plus d'objections", in *Cahiers du Collège International de Philosophie* 8: pp. 247—68. 20. *Samuel Beckett: L'Ecriture du générique*, Paris: Editions du Perroquet. 21. "D'un sujet enfin sans objet", in *Cahiers Confrontations* 20: pp. 13—22; *On a finally Objectless Subject*, trans. Bruce Fink, in *Who Comes After the Subject?*, ed. Eduardo Cadava, Peter Connor, Jean – Juc Nancy, London: Routledge, 1991: pp. 24—32.
1990	22. *Rhapsodie pour le théatre*, Paris: Imprimerie Nationale. 23. "Ta faute, ôgraphie!" in *Pour la photographie III*, Paris: Germs: pp. 261—265. 24. "Saississement, dessaisie, fidélité, on Jean – Paul Sartre", in *Les Temps Modernes* 531—3, vol. I, pp. 14—22. 25. "L'Entretien de Bruxelles", in *Les Temps Modernes* 526: pp. 1—26. 26. "Pourquoi Antoine Vitez a – t – il abandonné Chaillot pour le Francaes", in *L'Art du théatre* 10: pp. 143—145.
1991	27. "L'étre, l'événement et la militance", interview with Nichole – Edith Thévenin, in *Futur Antérieur* 8, pp. 13—23. 28. "Objectivité et objectalité", review of Monique David – Ménard, in *La Folie dans la raison pure: Kant lecteur de Swedenborg*, Paris: Virn.

	29. "Le statut philosophique du poème après Heidegger", in *Penser aprè Heidegger*, ed. Jacques Poulain and Wolfgang Schirmacher, Paris: L'Harmattan, pp. 263—268. 30. "L'Age des poètes", in *La Politique des poètes. Pourquoi des poètes en temps de détresse*, ed. Jacques Rancière, Paris: Albin Michel, pp. 21—38. 31. *Casser en deux l'histoire du monde*? Paris: Le Perrequet. 32. "Les Lieux de la Vér ité", interview with Jacques Henri, in *Art Press spécial*: '20 ans: *l'histoire contnue*, hors série No. 13: pp. 113—18.
1992	33. "Monde contemporain et désir de philosophie", *Reims*: *Cahier de Noria*, No. 1. 34. "Le Pays comme principe", in *Le monde*. *Bilan économique et social* 1992. Paris: Le Monde: pp. 134—135. 35. "*Réponses écrites d'Alain Badiou*", Interview with student group at the University of Paris VIII (Vincennes/Saint – Denis), in *Philosophie*, *philosophie* 4: pp. 66—71. 36. "Y – a – t – il une théorie du sujet chez Georges Canguilhem?", in *Georges Canguilhem*, *Philosophe*, *historien dex sciences* (Bibliothèque du Collège International de la Philosophie, Paris: Albin Michel), pp. 295—304.
1993	37. "Qu'est – ce que Louis Althusser entend par 'philosophie'", in *Politique et philosophie dans l'oeuvre de Louis Althusser*, ed. Sylvain Lazarus, Paris: PUF, pp. 29—45. 38. "Philosophie et poésie au point de l'innommable", in *Poésie* 64, 1993, pp. 88—96. 39. "Nous pouvons redéployer la philosophie", Interview with Rober – Pol Droit, in *Le Monde*, 31 August: 2. 40. "Que pense le poème?", in *L'Art est – il une connaissance*?, ed. Roger Pol Droit, Paris: Le Monde Editoins: pp. 214—224. 41. "Sur le livre de Francoise Proust, Le Ton de l'histoire", in *Les Temps modernes* 565/566: pp. 238—48. 42. "Topos, ou Logiques de l'onto – logique", Une Introduction pour philosopher, tome 1, unpublished typescript, (153 pages).

续表

1994	43. "Silence, solipsisme, sainteté: l'antiphilosophie de Wittgenstein", in *BARCA! Poésie, Politique, Psychanalyse*, 3, pp. 13—53. 44. "1977, une formidable régression intellectuelle", in *Le Monde* 1944/1994, Le Monde, SARC: p. 78. 45. "Art et philosophie", In *Artistes et philosophes: éducateurs?*, ed. Christian Descamps, Paris: Centre Georges Pompidou: pp. 155—170. 46. *La Question de l'être aujourd'hui*, Unpublished lectures (partially published in *Court traité*) given at the Ecole Normale Supérieure, Paris.
1995	47. *L'Impératif de la négation*, Review of Guy Lardreau, La *Véracité*, Paris: Verdier. Unpublished typescript (14 pages). 48. *Platon et/ou Aristote – Leibniz, Théorie des ensembles et théorie des Topos sous l'oeil du philosophe, L'Objectivité mathématque. Platonismes et structures formelles*, ed. Marco panza. Paris: Masson: pp. 61—83. 49. *Préface: Il faut descendre dans l'amour*, Henry Bauchau, *Heureux les déliants: poèmes* 1950—1995. Brussels: Labor: pp. 7—16.
1996	50. "Vérités et justice", in *Qu'est – ce que la justice? Devant l'autel de l'histoire*, ed. Jacques Poulain, Paris: Presses Universitaires de Vincennes, pp. 275—81. 51. "Les Gestes de la pensée [on François Chatelet]", in *Les Temps modernes* 586: pp. 196—204. 52. "Jean Borreil: le style d'une pensée", In *Jean Borreil: la raison de l'autre*, des. Maurice Matieu and Patrice Vermeren. Paris: L'Harmattan, pp. 29—35. 53. "Logologie contre ontologie", Review of Barbara Cassin, *L'Effet sphistique*, Paris: Gallimard. *Poésie* 78 (December): pp. 111—116. 54. *Théorie axiomatique du sujet*, *Notes du cours* 1996—1998, unpublished typescript (121 pages).
1997	55. "L'insoumission de Jeanne", in *Esprit*, 238, pp. 26—33. 56. "Lieu et déclaration", in *Paroles à la bouche du présent. Le négationnisme: histoire ou politique?*, ed. Natacha Michel, Marseille: Al Dante, pp. 177—184.

续表

1998	57. "On ne passe pas", in *Théorie, littérature, enseignement*, Revue du Département de Lettres, Université de Paris VIII, 16, pp. 17—20. 58. "Paul le saint", interview with Jacques Henric, *Artpress* 235 (May 1998): pp. 53—58. 59. "Penser le surgissement de l'événement", interview with E. Burdeau and F. Ramone, *Cahiers du Cinéma*, Spring. 60. "Le plus - de - Voir, on Jean - Luc Godard's *Histoire du cinéma*", in *Artpress*, hors série. 61. "De la Vie comme nom de l'Etre", in *Rue Descartes* 20 (May 1998): pp. 27—34. 62. "Le Dépli du désert", Preface to Salam al - Kindy, in *Le Voyageur sans Orient: Poésie et philosophie des Arabes de l'ère préislamique* (Arles: Sindbad/Actes Sud, 1998): pp. 11—15.
1999	63. "Considérations sur l'état actuel du cinéma et sur les moyens de penser cet état sans avoir à conclure que le cinéma est mort ou mourant", in *L'art du cinéma* 24, pp. 7—22. 64. "Les langues de Wittgenstein", in *rue Descartes* 26, 1999, pp. 107—116. 65. "Théatre et politique dans la comédie", in *Oú va le théatre?*, ed. Jean - Pierre Thibaudat. Paris: Hoëbeke: pp. 17—24. 66. "La Sainte - Alliance et ses serviteurs", in *Le Monde*, 20 May 1999 (available online at: http: // www. Lemonde. fr/article/0, 2320, 6246, 00. html.) 67. *De la Langue française comme évidement*, unpublished typescript (9 pages). 68. "Entretien avec Alain Badiou", Interview with Nicola Poirier, in *Le Philosophoire* 9: pp. 14—32. 69. "Préface", to Danièle Moatti - Gornet, in *Qu'est - ce qu'une femme? Traité d'ontologie*. Paris: L'Harmattan. 70. *La Scène du Deux*, Badiou et al., sous la direction de L'Ecole de la Cause Freudienne (with other contributions by Roger Dragonetti, Alain Grosrichard, Brigitte Jaques, Charles Méla, Jacques Roubaud), in *De l'Amour*, Paris: Flammarion: pp. 177—190. 71. "The Scene of Two", trans. Barbara P. Fulks, in *lacanian ink* 21 (Spring 2003): pp. 42—55.

2000	72. "Vide, séries, clairière. Essai sur la prose de Severo Sarduy", in *Severo Sarduy Oeuvres complètes*, ed. François Wahl, vol. 2: 1619—1625. 73. *Saint Paul, fondateur du sujet universel*, in *études Théologiques et Religieuses* 75, pp. 323—333. 74. "Les lieux de la philosophie", in *Bleue: Littératures en force* 1 (Winter), pp. 120—125. 75. "Une tache philosophique: être contemporain de Pessoa", in *Colloque de Cerisy: Pessoa*, ed. P. Dethurens and Maria – Alzira Seixo, Paris: Christian Bourgeois, pp. 141—155. 76. "Théatre et philosophie", in *Frictions* 2, pp. 131—141. 77. " Un, Multiple, Multiplicité (s)", in *Multitudes* 1, pp. 195—211. 78. "Huit thèses sur l'universel", in *Universel, singulier, sujet*, ed. Jelica Sumic, Paris: Kimé, pp. 11—20. 79. "L'Existence et la mort", in *Philosopher T*2: *Les interrogations contemporaines, matériaux pour un enseignement*, eds Christian Delacamagne and Robert Maggiori. Paris: Fayard. pp. 293—302. 80. "Metaphysics and the Critique of Metaphysics", Trans. Alberto Toscano, *Pli* (*Warwick Journal of Philosophy*) 10: pp. 174—190. 81. *Sur La Parole muette de jacques Rancière*, in *Horlieu – (x)* 18: pp. 88—95. 82. *L'Etre – là: mathématique du transcendental* (2000), unpublished typescript (109 pages).
2001	83. "Le gardiennage du matin", in *Jean – François Lyotard: L'exercise du différend*, ed. Dolorès Lyotard, Jean – Claude Milner, Gérard Sfez, PAris: PUF, pp. 101—111. 84. *Destin politique du théatre, hier, maintenant*, unpublished typescript (7 pages). 85. *La Dialectique romantique de Gilles Chatelet*, talk given at the conference *Autour Gilles Chatelet*. Ecole Normale Supérieure, Paris, 27 June 2001, unpublished typescript (7 pages). 86. *Esquisse pour un premier manifeste de l'affirmationisme*, unpublished typescript (19 pages).

续表

2002	87. *La Révolution culturelle*：*La dernière révolution*，Paris：Les Conférences du Rouge – Gorge. 88. *L'Aveu du philosophe*，[lecture given at Centre Pompidou in Paris，3 April 2002]，unpublished typescript（10 pages）. 89. "Depuis si longtemps，depuis si peu de temps"，[on Françoise proust]，*Rue Descartes* 33：*Une philosophie de la résistance*：*Franoise proust*（Spring）：pp. 101—4. 90. "L'Investigaioion transcendantale"，in *Alain Badiou*：*Penser le multiple*，ed. Charles Ramond. Paris：L'Harmattan：pp. 7—18. 91. "Que penser? *Que faire*?"［on the French Presidential elections of April 2002，co – written with Sylvain Lazarus and Natacha Michel]，in *Le Monde*，28 April 2002.
2003	92. *La Commune de Paris*：*Une déclaration politique sur la politique*，Paris：Les conférences du Rouge – Gorge. 93. "Le Balcon du Présent"，in *Failles* 1（October 2003）. 94. *La Commune de Paris*：*une déclaration pooitique sur la politique*，Paris：Les Conférences du Rouge – Gorge，2003，and in revised form in Badiou *Logiques des mondes*（2005）. 95. "Dialectiques de la fable：Mythes philosophiques et cinéma"，Badiou et al.，*Matrix*，*machine philosophique*，Paris：Ellipses，2003. 96. *Foucault*：*continuité et discontinuité*，unpublished typescript（10 pages）. 97. *Lacan*，*la philosophie*，*la folie*，unpublished typescript（5 pages）. 98. *Mathématiques et philosophie*，unpublished typescript（18 pages）. 99. *Le Sujet supposé chrétien de Paul Ricoeur*：*à propos de Ricoeur*，*La Mémoire*，*l'histoire*，*l'oubli*，Paris：Sevil，Elucidations 7（March 2003）.

（四）法语研究文献（部分著作及论文）

1. Rémy Bac，*La Soustraction de l'être*，Paris：Le Grand Souffle，2008.

2. Bruno Besana et Oliver Feltham（éd），*Écrits autour de la pensée d'Alain Badiou*，Paris：Éditions L'Harmattan，2007.

3. Charles Ramond （éd）, *Penser le multiple*, Paris: L'Harmattan, 2002.

4. Fabien Tarby, *La Philosophie d'Alain Badiou*, Paris: L'Harmattan, 2005.

5. Fabien Tarby, *Matérialismes d'aujourd'hui: de Deleuze à Badiou*, Paris: L'Harmattan, 2005.

6. Ramond Charles, *Alain Badiou: Penser le multiple*, （Collection La Philosophie en commun） Paris: L'Harmattan, 1999.

7. Bruno Bosteels, *Badiou o el recomienzo del materialismo dialéctico*, Santiago de Chile: Palinodia, 2007.

8. Bruno Bosteels, *Alain Badiou, une trajectoire polémique*, Paris: La Fabrique, 2009.

9. Tristan Aguilar, "Badiou et la non – philosophie: un parallèle", in *La Non – Philosophie des Contemporains*, ed. François Laruelle （Paris: Kimé, 1995）, pp. 37—46.

10. Eric Alliez, "Que la vérité soit", in *De l'Imppossibilité de la phénoménologie: sur la philosophie française contemporaine* （Paris: Vrin, 1995）, pp. 81—87.

11. Eric Alliez, "Badiou/Deleuze", in *Futur antérieur* 43 （1998）, pp. 49—54.

12. Eric Alliez, *Badiou.* "La grace de l'universel", in *Multitudes* 6 （2001）, pp. 26—34.

13. Daniel Bensaïd, "Alain Badiou et le miracle de l'événement", in *Résistances: Essai de taupologie générale* （Paris: Fayard, 2001）, pp. 143—170.

14. Bruno Bosteels, "Por una falta de política: Tesis sobre la fílosofía de la democracia radical", in *Acontecimiento: Revista para pensar la política* 17 （1999）, pp. 63—89.

15. Bruno Bosteels, "Travesías del fantasma: Pequeña metapolítica del '68

en México'", in *Metapolítica: Revista Trimestral de Teoría y Ciencia de la política* 12 (1999), pp. 733—768.

16. José Gil, "Quatre méchantes notes sur un livre méchant", review of Badiou, in *Deleuze, Futur antétieur* 43 (1998), pp. 71—84.

17. Yoshihiko Ichida, "Sur quelques vides ontologiques", in *Multitudes* 9 (May 2002), pp. 49—65.

18. Chrisian Jambet, review of Badiou, "L'Etre et l'événement", in *Annuaire philosophique* 1987—1988 (Paris: Seuil, 1989), pp. 141—183.

19. Eustache Kouvélakis, "La politique dans ses limites, ou les paradoxes d'Alain Badiou", in *Actuel Marx* 28 (2000), pp. 39—54.

20. Philipe Lacoue-Labarthe, "untitled discussion of L'Etre et l'événement", in *Cahiers du Collège Internationale de philosophie* 8 (1989), pp. 201—210.

21. Philipe Lacoue-Labarthe, "Poésie, philosophie, politique", in *La Politique des poètes, Pourquoi des poètes en temps de détresse*, ed. Jacques Rancière (Paris: Albin Michel, 1992), pp. 39—63.

22. Charles Romond, (ed.) "Alain Badiou: La pensée du multiple" (papers given at the international conference on Badiou, *Bordeaux*, 21—23 October 1999) (Paris: L'Harmattan, 2002).

23. Jacques Rancière, untitled discussion of *L'Etre et l'événement*, in *Cahiers du Collège Internationale de philosophie* 8 (1989), pp. 211—226.

24. Juliette Simont, "Le Pur et l'impur" (sur deux questions de l'histoire de la philosophie dans *L'Etre et l'événement*), in *Les Temps modernes* 526 (May 1990), pp. 27—60.

25. Emmanuel Terray, "La Politique dans L'Etre et l'événement", in *Les Temps modernes* 526 (May 1990), pp. 72—78.

26. Pierre Verstraeten, "Philosophies de l'événement: Badiou et quelques

autres", in *Les Temps modernes* 529—30 （August 1990）, pp. 240—294.

27. Arnaud Villani, "La Métaphysique de Deleuze", ［critique of Badiou's Deleuze］, in *Futur antérieur* 43 （1998）, pp. 55—70.

28. François Wahl, "Le Soustractif", Preface to Badiou, in *Conditions*, （1992）, pp. 9—54.

二 英文部分

（一）阿兰·巴丢著作的英译本（按出版时间排列）

1. *Manifesto for Philosophy*, trans. Norman Madarasz, Albany: SUNY Press, 1999.

2. *Deleuze: The Clamor of Being*, trans. Louise Burchill, Minnesota University Press, 1999.

3. *Ethics: An Essay on the Understanding of Evil*, trans. Peter Hallward, New York: Verso, 2000.

4. *On Beckett*, trans. Alberto Toscano, ed. Nina Power, London: Clinamen Press, 2003.

5. *Infinite Thought: Truth and the Return to Philosophy*, trans. and ed. Oliver Feltham & Justin Clemens, London: Continuum, 2003.

6. *Saint Paul: The Foundation of Universalism*, trans. Ray Brassier, Stanford: Stanford University Press, 2003.

7. *Theoretical Writings*, trans. Ray Brassier, New York: Continuum, 2004.

8. *Handbook of Inaesthetics*, trans. Alberto Toscano, Stanford: Stanford University Press, 2005.

9. *Metapolitics*, trans. Jason Barker, New York: Verso, 2005.

10. *Briefings on Existence: A Short Treatise on Transitory Ontology*, trans. Norman Madarasz, Albany: SUNY Press, 2005.

11. *Being and Event*, trans. Oliver Feltham, New York: Continuum,

2005.

12. *Polemics*，trans. Steve Corcoran，New York：Verso，2007.

13. *The Century*，trans. Alberto Toscano，New York：Polity Press，2007.

14. *The Concept of Model*，trans. Zachery Luke Fraser & Tzuchien Tho，Melbourne：re. press，2007，Open Access.

15. *Number and Numbers*，Cambridge & Malden：Polity Press，2008.

16. *The Meaning of Sarkozy*，trans. David Fernbach，New York：Verso，2008.

17. *Conditions*，trans. Steve Corcoran，New York：Continuum，2009.

18. *Logics of Worlds：Being and Event*，*Volume* 2，trans. Alberto Toscano，New York：Continuum，2009.

19. *Pocket Pantheon：Figures of Postwar Philosophy*，London & New York：Verso，2009.

20. *Theory of the Subject*，trans. Bruno Bosteels，New York：Continuum，2009.

21. *Philosophy in the Present*，with Slavoj Zizek，Cambridge & Malden：Polity Press，2009.

22. *The Communist Hypothesis*，London & New York：Verso，2010.

23. *Five Lessons on Wagner*，Susan Spitzer（Transator），Slavoj Zizek（Afterword），London & New York：Verso，2010.

24. *Democracy in What State?* trans. William McCuaig，New York：Columbia University Press，2010.

25. *Second Manifesto for Philosophy*，Cambridge & Malden：Polity Press，2011.

26. *Wittgenstein's Anti - Philosophy*，trans. Bruno Bosteels，London & New York：Verso，2011.

27. *What Does a Jew Want? On Binationalism and Other Specters*，Udi Aloni（Author），Slavoj Zizek（Contributor），Alain Badiou（Contribu-

tor），Judith Butler Columbia University Press，2011.

28. *In Praise of Love*，trans. Peter Bush，New York：The New Press，2012.

29. *Plato's Republic*，Cambridge & Malden：Polity Press，2012.

30. *The Adventure of French Philosophy*，ed. Bruno Bosteels，Verso，2012.

31. *The Rebirth of History：Times of Piots and Uprisings*，trans. Gregory Elliott，London & New York：Verso，2012.

32. *Philosophy for Millitants*，trans. Bruno Bosteels，London & New York：Verso，2012.

33. *Cinema*，trans. Susan Spitzer，Cambridge & Malden：Polity Press，2013.

34. *Reflections on Anti – Semitism*，with Eric Hazan and Ivan Segre，Verso Books，2013.

35. *Philosophy and the Event*，trans. Fabien Tarby，Cambridge & Malden：Polity Press，2013.

36. *Mathematics of the Transcendental：Onto – Logy and Being – There.* trans. A. J. Bartlett & Alex Ling，Bloomsbury Academic，2014.

（二）巴丢论文（部分）

1991	1. "On a Finally Objectless Subject"，Trans. Bruce Fink，in *Topoi*，No. 7，1988，pp. 93—8. Reproduced as：Alain Badiou，*On a Finally Objectless Subject*，in *Who Comes After the Subject?* trans. Bruce Fink，London：Routledge. pp. 24—32.
1994	2. "The Fold：Leibnitz and the Baroque"，in *Gilles Deleuze：The Theatre of Philosophy*，C. Boundas & D. Olkowski eds. ，trans. T. Sowley，NYC：Columbia，pp. 51—69. 3. *Being by Numbers*，interview with Lauren Sedofsky in *Artforum*，October，pp. 84—87，118，123—4.

1996	4. "Descartes/Lacan", trans. Sigi Jöttkandt and Daniel Collins, *UMBR* (a), No. 1, 1996, pp. 13—17. 5. "Psychoanalysis and Philosophy", trans. Raphael Comprone and Marcus Coelen, *UMBR* (a), No. 1, 1996, pp. 19—26. 6. "Hegel", Trans. Marcus Coelen and Sam Gillespie, *UMBR* (a), No. 1, 1996, pp. 27—35. 7. "What is Love", trans. Justin Clemens, *UMBR* (a), No. 1, 1996, pp. 37—53.
1998	8. "Is There a Theory of the Subject in Georges Canguilhem?" trans. by G. Burchell, in *Economy and Society*, Vol. 27, No. 2/3, 1998, pp. 225—233.
1999	9. "Philosophy and Politics", trans. Thelma Sowley, *Radical Philosophy*, July/August, Uxbridge: Brunel University, pp. 29—32. 10. "One Divides into Two", trans. A. Toscano. in *Collège International de Philosophie* 04/07.
2000	11. "Art and Philosophy", trans. Jorge Jauregui, *lacanian ink* 17, Fall, pp. 48—67. *Psychoanalysis and Philosophy*, trans. Oliver Feltham, in *Analysis* 9, Melbourne. 12. "On a Contemporary Usage of Frege", trans. S. Gillespe and J. Clemens, *UMBR* 2000 (a), pp. 99—115. 13. "Metaphysics and the Critique of Metaphysics", trans. Alberto Toscano, *pli: Warwick Journal of Philosophy*, No. 10, 2000, pp. 174—90. 14. "Of Life as a Name of Being, or, Deleuze's Vitalist ontology", *pli: Warwick Journal of Philosophy*, No. 10, 2000.

2001	15. "Who is Nietzsche?" trans. Alberto Toscano, *pli*: *Warwick Journal of Philosophy*, No. 11, 2000, pp. 1—10. 16. "The Political as a Procedure of Truth", trans. Barbara P. Fulks, *Lacanian Ink* 19, Fall, pp. 71—81. 17. "On Evil: An Interview with Alain Badiou", with Christoph Cox and Molly Whalen, in *Cabinet* 5, pp. 69—74. 18. "Highly Speculative Reasoning on the Concept of Democracy", Trans. Jorge Jauregui *lacanian ink* 16, Spring, pp. 28—43. 19. "The Ethic of Truths: Construction and Potency", trans. Selma Sowley, *pli*: *Warwick Journal of Philosophy*, No. 12, 2001, pp. 245—255.
2002	20. "Philosophical Considerations of Some Recent Fact", tans. Steven Corcoran, *Theory & Event*, vol. 6, No. 2, 2002. 21. "Existence and Death", trans. Nina Power and Alberto Toscano, *Discourse*: *Journal for Theoretical Studies in Media and Culture*, Vol. 24, No. 1, 2002, pp. 63—73. 22. "What is to be thought? What is to be done?" in *Counterpunch* May 1, trans. Norman Madarasz. 23. "On the Truth – Process", followed by interventions of S. Zizek and G. Agamben, *European Graduate School*, August. 24. "One Divided into Two", trans. Alberto Toscano, in *Culture Machine*, No. 4, 2002.
2003	25. "Of an Obscure Disaster: On the End of the Truth of State", *lacanian ink* 22, Fall, trans. Barbara P. Fulks, pp. 58—89. 26. "The Scene of Two – full version", trans. Barbara P. Fulks, *lacanian ink* 21, Spring, pp. 42—55. 27. "Beyond Formalisation: An Interview", with Peter Hallward and Bruno Bosteels, trans. Bruno Bosteels and Alberto Toscano, *Angelaki*: *Journal of Theoretical Humanities*. Vol. 8, No. 2, 2003, pp. 111—136. 28. "Seven Variations on the Century", *Parallax*, Vol. 9, No. 2, 2003, pp. 72—80. 29. "Philosophical Considerations of the Very Singular Custom of Voting: An Analysis Based on Recent Ballots in France", trans. Steven Corcoran, *Theory & Event*, Vol. 6, No. 3, 2003. 30. "Logic of the Site", trans. Steve Corcoran and Bruno Bosteels, *Diacritics*, Vol. 33, No. 3, 2003, pp. 141—150. 31. "Lack and Destruction", *UMBR* (a), No. 1, 2003, pp. 39—61.

2004	32. "A Conversation with Alain Badiou, with Goldenberg", in *Lacanian Ink*, No. 23, 2004. 33. "Some Replies to a Demanding Friend, Think Again: Alain Badiou and the Future of the Philosophy", *Peter Hallward*, London: Continuum Books, 2004, pp. 232—237. 34. *The Flux and the Party: In the Margins of Anti - Oedipus*, trans. Laura Balladur and Simon Krysl, *Polygraph*, No. 15—16, 2004, pp. 75—92. 35. "Fragments of a Public Diary on the American War Against Iraq", in *Contemporary French and Francophone Studies*, Vol. 8, No. 3, 2004, pp. 223—238. 36. "Of an Obscure Disaster", trans. Barbara P. Faulks, in *lacanian Ink*, No. 22, 2004. 37. "Fifteen Theses on Contemporary Art", *Lacanian Ink* 23, Spring, pp. 103—119. 38. "Behind the Scarfed Law", *There is Fear*, *IslamOnline. net*, March 3.
2005	39. "Lacan. Seminar, Book X: Anxiety", trans. Barbara P. Faulks, in *lacanian ink* 26, Fall, 2005, pp. 70—71. 40. "The Subject of Art", in *The Symptom* 6, Spring. Audio of the lecture delivered at Deitch Projects, NYC, April 1, 2005. 41. "An Interview with Alain Badiou: Universal Truth & the Question of Religion", with Adam A. Miller, in Journal of Philosophy and Scripture, Vol. 3, No. 1, 2005, pp. 38—42. 42. "The Adventure of French Philosophy", *New Left Review*, No. 35, 2005, pp. 67—77. 43. *The Cultural Revolution: The Last Revolution?* trans. Bruno Bosteels, *Position: East Asia Cultures Critique*, Vol. 13, No. 3, 2005, pp. 481—514. 44. "The Triumphant Restoration", trans. Alberto Toscano, *Position: East Asia Cultures Critique*, Vol. 13, No. 3, 2005, pp. 659—662. 45. "An Essential Philosophical Thesis: 'It Is Right to Rebel against the Reactionaries'", trans. Albaerto Toscano, in *position: east asia cultures critique*, Vol. 13, No. 3, 2005, pp. 669—77. 46. "On the European Constitution", ENS, May 18, trans. A. Toscano. 47. "Democratic Materialism and the Materialistic Dialectic", in *Radical Philosophy* Vol. 130, March/April, Uxbridge: Brunel University: pp. 20—24. 48. "Manifesto of Affirmationism", trans. Barbara P. Faulks, in *Lacanian Ink* 24/25, Spring, 2005, pp. 92—109.

2006	49. "The Question of Democracy", in *Lacanian Ink* 28, Fall, pp. 54—67. 50. "The Formulas of the Real", in *lacanian ink* 28, Fall, pp. 50—53. 51. "What is a Philosophical Institution?" Or: Address, Transmission, Inscription, trans. A. J. Bartlett, in *Cosmos & History*, Vol. 1, No. 1—2, 2006, pp. 9—14. 52. "Drawing", in *Lacanian Ink* 28, Fall, pp. 42—49. 53. "Anxiety", trans. Barbara P. Faulks, in *Lacanian Ink*, No. 26, 2006, pp. 70—71. 54. *The Formulas of L'étourdit*, trans. Scott Savaiano, in *Lacanian Ink* No. 27, Spring, 2006, pp. 80—95. 55. "Lacan and the Pre – Socratics", in *Lacan: The Silent Partners*, London: Verso, 2006, pp. 7—16. 56. "The Desire for Philosophy and the Contemporary World", in *Lacan. com*. 57. "Speaking the Unspeakable", Video of lecture at Tilton Gallery, in NYC, March 6 2006. Audio of the lecture, *The Symptom* 7, Spring. 58. "Eight Theses on the Universal", in *lacan. com*.
2007	59. "Hegel, Kant, Lacan from Logiques des mondes", in *Lacanian Ink* 30, Fall, pp. 64—99. 60. "35 Propositions from Logiques des mondes", in *Lacanian Ink* 29, Spring, pp. 73—85. 61. "Towards a New Concept of Existence", in *Lacanian Ink* 29, Spring, pp. 62—72. 62. *Truth Art as a Place for Politics*, Video – Pratt Institute, Brooklyn. 63. *Truth Procedures in Politics*, Video – Abreu Gallery, NYC. 64. *Truth Procedure in Art*, Video – Tilton Gallery, NYC. 65. *Destruction, Negation, Subtraction –On Pier Paolo Pasolini*, Art Center College of Design in Pasadena – February. 66. "The Contemporary Figure of the Soldier in Politics and Poetry", *UCLA* – January. 67. "The Event in Deleuze", *Parrhesia* – Winter.

续表

2007	68. "A Musical Variant of the Metaphysics of the Subject", in *Parrhesia* – Winter. 69. "Bodies, Languages Truths", in *Lacan. Com*, Winter. 70. *Philosophy as Creative Repetition*, in *The Symptom* 8, Winter. 71. "The Uses of the Word 'Jew'", in *Lacan. Com* – Winter.
2008	72. "The Son's Aleatory Identity in Today's World", in *Lacanian Ink* 32, Fall, pp. 64—79. 73. "A Political Variant on the Physics of the Subject – of – Truth from Logiques des mondes", in *Lacanian Ink* 31, Spring, pp. 72—85. 74. "What is to Live? from Logiques des mondes", in *Lacanian Ink* 31, Spring, pp. 80—99. 75. "Philosophy as Biography", in *The Symptom* 9, Spring. 76. "Some Remarks Concerning Marcel Duchamp", in *The Symptom* 9, Spring. 77. "The Dimensions of Art – on Udi Aloni's film Forgiveness", in *The Symptom* 9, Spring. 78. "The Communist Hypothesis", in *New Left Review* 49, Winter.
2009	79. "Adorno's Negative Dialectics and Wagner", in *Lacanian Ink* 33, Spring, pp. 72—113. 80. *On a Finally Objectless Subject*, *The Symptom* 10, Spring.

（三）国外阿兰·巴丢研究著作

2002	1. Jason Barker, *Alain Badiou: A Critical Introduction*, London: Pluto Press, 2002.
2003	2. Peter Hallward, *Badiou: A Subject to Truth*, Minneapolis, University of Minnesota Press, 2003.
2004	3. Peter Hallward (ed.), *Think Again: Badiou and the Future of Philosophy*, London: Continuum.

2005	4. Gabriel Riera (Editor), *Alain Badiou: Philosophy and its Conditions*, Albany: New York, SUNY Press.
2006	5. Paul Ashton (Editor), A. J. Bartlett (Editor), Justin Clemens (Editor): *The Praxis of Alain Badiou*, Melbourne: re. press.
2008	6. Adam Miller, *Badiou, Marion, and St. Paul: Immanent Grace*, London: Continuum. 7. Sam Gillespie, *The Mathematics of Novelty: Badiou's Minimalist Metaphysics*, Melbourne, Australia: re. press. 8. Oliver Feltham, *Alain Badiou: Live Theory*, London: Continuum.
2009	9. Christopher Norris, *Badiou's Being and Event: A Reader's Guide*, London: Continuum. 10. Bruno Bosteels, *Badiou and Politics*, Durham, Duke University Press. 11. Adrian Johnston, *Badiou, Zizek, and Political Transformations: The Cadence of Change*, Evanston, Northwestern University Press.
2010	12. A. J. Bartlett & Justin Clemens (eds), *Alain Badiou: Key Concepts*, London: Acumen. 13. Alex Ling, *Badiou and Cinema*, Edinburgh: Edinburgh University Press. 14. Kent den Heyer, *Thinking Education Through Alain Badiou*, New York: Wiley – Blackwell. 15. Fredric P. Miller, Agnes F. Vandome, John NcBrewster, *Alain Badiou*, New York: Alphascript Publishing. 16. Ed Pluth, *Badiou: A Philosophy of the New*, New York: Polity Press.

续表

2011	17. Bruno Bosteels, *The Actuality of Communism*, London & New York: Verso. 18. Bruno Bosteels, *Badiou and Politics*, Durham: Duke University Press. 19. A. J. Bartlett, *Badiou and Plato: An Education by Truths*, Edinburgh: Edinburgh University Press.
2012	20. Jon Roffe, *Badiou's Deleuze*, McGill – Queen's University Press.
2013	21. Tzuchien Tho and Giuseppe Bianco, *Badiou and the Philosophers: Interrogating 1960s French Philosophy*, London: Bloomsbury.

(四) 国外巴丢研究论文 (部分)

1. Eric Alliez, *Badiou*: "The Grace of the Universal", *Polygraph*, Vol. 17, 2005, pp. 263—273.

2. Paul Ashton, A. J. Bartlett and Justin Clemens, "Masters & Disciples: Institution, Philosophy, Praxis", in *Cosmos and History*, Vol. 1, No. 1—2, 2006, pp. 1—8.

3. M Azman, "How to Think Science? How Does Science Think?" *Filozofski Vestnik*, Vol. 26, No. 1, 2005.

4. Jon Baldwin, and Nick Haeffner, "'Fault Lines': Simon Critchley in Discussion on Alain Badiou", in *Polygraph*, Vol. 17, 2005, pp. 295—307.

5. Etienne Balibar, "The History of Truth: Alain Badiou in French Philosophy", in *Racical Philosophy*, Vol. 115, 2002, pp. 16—28.

6. Etienne Balibar, "The History of Truth: Alain Badiou in French Philosophy", in Peter Hallward (ed.), *Think Again: Alain Badiou and the Future of Philosophy*, London: Continuum Books, 2004, pp. 21—38.

7. Jason Barker, "The Topology of Revolution", in *Communication and Cognition*, Vol. 36, No. 1—2, 2003, pp. 61—72.

8. Jason Barker, "Topography and Structure", in *Polygraph*, Vol. 17, 2005, pp. 93—104.

9. A. J. Bartlett, "The Pedagogical Theme: Alain Badiou and an Event-less Education", in *Anti - THESIS*, Vol. 16, 2006, pp. 129—147.

10. A. J. Bartlett, "Conditonal Notes on a New Republic?" in *Cosmos and History*, Vol. 1, No. 1—2, 2006, pp. 39—67.

11. Nico Baumbach, "Something Else is Possible: Thinking Badiou on Philosophy and Art", in *Polygraph*, Vol. 17, 2005, pp. 157—173.

12. Miguel de Beistegui, "The Ontological Dispute: Badiou, Heidegger, and Deleuze", in Gabriel Riera (ed.), *Alain Badiou: Philosophy and Its Conditions*, trans. Ray Brassier, Albany, State University of New York, 2005, pp. 45—58.

13. V. Bell, "On the Critique of Secular Ethics: An essay with Flannery O'Connor and Hannah Arendt", in *Theory Culture & Society*, Vol. 22, No. 2, 2005.

14. Daniel Bensaid, "Alain Badiou and the Miracle of the Event", in Peter Hallward (ed.), *Think Again: Alain Badiou and the Future of Philosophy*, London: Continuum Books, 2004, pp. 94—105.

15. Bruno Besana, "One of Several Event? The Knot between Event and Subject in the Work of Alain Badiou and Gilles Deleuze", in *Polygraph*, Vol. 17, 2005, pp. 245—266.

16. Bruno Bosteels, "Alain Badiou's Theory of the Subject: the Recommencement of Dialectical Materialism?" (Part 1) in *Phi: Warwick Journal of Philosophy*, No. 12, 2001, pp. 200—229.

17. Bruno Bosteels, "Alain Badiou's Theory of the Subject: the Recommencement of Dialectical Materialism?" (Part 2) in *Phi: Warwick Journal of Philosophy*, No. 13, 2002, pp. 173—208.

18. Bruno Bosteels, "On the Subject of the Dialectic", in Peter Hallward (ed.), *Think Again: Alain Badiou and the Future of Philosophy*, London: Continuum Books, 2004, pp. 150—164.

19. Bruno Bosteels, "Logics of Antagonism: In the Margins of Alain Badiou's 'The Flux and the Party'", in *Polygraph*, No. 15—16, 2004, pp. 93—107.

20. Bruno Bosteels, "Post - Maoism: Badiou and Politcs", in *Postions: East Asia Cultures Critique*, Vol. 13, No. 3, 2005, pp. 575—634.

21. Bruno Bosteels, "The Speculative left", in *South Atlantic Quarterly*, Vol. 104, No. 4, 2005, pp. 751—767.

22. Bruno Bosteels, "Badiou without Zizek", in *Polygraph*, Vol. 17, 2005, pp. 221—244.

23. Bruno Bosteels, "Can Change Be Thought?" A Dialogue with Alain Badiou, in Gabriel Riera (ed.), *Alain Badiou: Philosophy and Its Condition*, Albany, State University of New York, 2005, pp. 237—261.

24. Bruno Bosteels, "Alain Badiou's Theory of the Subject: The Recommencement of Dialectical Materialism?" in Slavoj Zizek (ed.), *Lacan: The Silent Partners*, London: Verso, 2006, pp. 115—168.

25. Anne Bottomley, "Shock to Thought: An Encounter (of a Third Kind) with Legal Feminism", in *Feminist Legal Studies*, Vol. 12, No. 1, 2004, pp. 29—65.

26. Ray Brassier, "Stellar Void or Cosmic Animal? Badiou and Deleuze", in *Pli: Warwick Journal of Philosophy*, Vol. 10, 2000.

27. Ray Brassier, "Nilil Unbound: Remarks on Subtractive Ontology and Thinking Capitalism", in Peter Hallward (ed.), *Think Again: Alain Badiou and the Future of Philosophy*, London: Continuum Books, 2004, pp. 50—58.

28. Ray Brassier, "Badiou's Materialist Epistemology of Mathematics",

in Angelaki: Journal of Theoritical Humanities, Vol. 10, No. 2, 2005, pp. 135—150.

29. Ray Brassier, "Presentation as Anti - Phenomenon in Alain Badiou's Being and Event", in *Continental Philosophy Review*, 2006.

30. Ray Brassier, and Alberto Toscano, *Postface*, in Ray Brassier and Alberto Toscano eds. and trans., *Theoretical Writing*, London: Continuum Books, 2005, pp. 233—241.

31. Nicholas Brown, $\{\emptyset, \$ \} \in \{ \$ \}$? *Or, Alain Badiou and Slavoj Zizek, Waiting for Something to Happen*, in CR: The New Centennial Review, Vol. 4, No. 3, 2004, pp. 289—319.

32. Levi R. Bryant, "A Lacanian Episteme?" in *Communication and Cognition*, Vol. 36, No. 1—2, 2003, pp. 121—7.

33. Richard Byrne, "Being M. Badiou: The French Philosopher Brings His Ideas to America, Creating a Buzz", in *The Chronicle of Higher Education*, Vol. 52, No. 29, 2006, pp. A. 20.

34. Antonio Calcagno, "Jacques Derrida and Alain Badiou: Is There a Relation between Politics and Time?" in *Philosophy and Social Criticism*, Vol. 30, No. 7, 2004, pp. 799—815.

35. Antonio Calcagno, "Politics and tis Time: Derrida, Lazarus and Badiou", Ph. D., University of Guelph (Canada), 2004.

36. Antonio Calcagno, "Can Alain Badiou's Notion of Time Account for Political Events?" in *International Studies in Philosophy*, Vol. 37, No. 2, 2005, pp. 1—14.

37. Lorenzo Chiesa, "Count - as - one, Forming - into - one, Unary Trait, S1", in *Cosmos and History*, Vol. 1, No. 1—2, 2006, pp. 68—93.

38. Justin Clemens, "The lalangue of Phallio: Lacan versus Lacan", in *UMBR* (a), No. 1, 1996.

39. Justin Clemens, "Platonic Meditations", in *Pli: Warwick Journal of*

Philosophy, Vol. 11, 2001, pp. 200—229.

40. Justin Clemens, "Letters As the Condition of Conditions for Alain Badiou", in *Communication and Cognition*, Vol. 36, No. 1—2, 2003, pp. 73—102.

41. Justin Clemens, *The Romanticism of Contemporary Theory: Institution, Aesthetics, Nihilism*, Aldershot, Ashgate, 2003.

42. Justin Clemens, "Doubles of nothing: The problem of Binding Truth to Being in the Work of Alain Badiou", in *Filozofski Vestnik*, Vol. 26, No. 2, 2005, pp. 21—35.

43. Justin Clemens, "Had We But Worlds Enough, and Time, this Absolute, Philosopher", in *Cosmos and History*, Vol. 1, No. 1—2, 2006, pp. 277—310.

44. Stephen Clucas, "Poem, Theorem", in *Parallax*, Vol. 7, No. 4, 2001, pp. 48—65.

45. Marcel Cobussen, "Noise and Ethics: On Evan Parker and Alain Badiou", in *Culture, Theory, and Critque*, Vol. 1, No. 1, 2005, pp. 29—42.

46. Joan Copjec, "Gai Savoir Sera: The Science of Love and the Insolence of Chance", in Gabriel Riera (ed.), *Alain Badiou: Philosophy and Its Conditions*, Albany, State University of New York, 2005, pp. 119—135.

47. Simon Critchley, "Observations and Questions Regarding A. Badiou's Ethics Doctrine", in *Filozofski Vestnik - Acta Philosophy*, Vol. 19, No. 1, 1998, pp. 21—31.

48. Simon Critchley, "Demanding Approval: On the Ethics of Alain Badiou", in *Radical Philosophy*, Vol. 100, 2000, pp. 16—27.

49. Simon Critchley, "On the Ethics of Alain Badiou", in Gabriel Riera (ed.), *Alain Badiou: Philosophy and Its Conditions*, Albany: State University of New York, 2005, pp. 215—235.

50. Conor Cunningham, "Lacan, Philosophy's Difference, and Creation

From No – One", in *American Catholic Philosophical Quarterly*, Vol. 78, No. 3, 2004, pp. 445—479.

51. Marc De Kesel, "Truth As Formal Catholicism on Alain Badiou, Saint Paul: La Fondation de l'universalisme", in *Communication and Cognition*, Vol. 37, No. 3—4, 2004, pp. 167—197.

52. Jean Toussaint Desanti, "Some Remarks on the Intrinsic Ontology of Alain Badiou", in Peter Hallward (ed.), *Think Again: Alain Badiou and the Future of Philosophy*, London: Continuum Books, 2004, pp. 59—66.

53. Ignaas Devisch, "Democracy's Contnet Thinking Politics with Badiou and Schmitt", in *Communication and Cognition*, Vol. 36, No. 1—2, 2003, pp. 45—59.

54. Peter Dews, "Uncategorical Imperatives: Adorno, Badiou and the Ethical Turn", in *Radical Philosophy*, Vol. 111, 2002, pp.33—37.

55. Peter Dews, "States of Grace: The Excess of the Demand in Badiou's Ethics of Truths", in Peter Hallward (ed.), *Think Again: Alain Badiou and the Future of Philosophy*, London: Continuum Books, 2004, pp. 106—119.

56. Peter Dews, "Disenchantment and the Persistence of Evil: Habermas Jonas, Badiou", in Alan D. Schrift (ed.), *Modernity and the Problem of Evil*, Bloomington, Idiana University Press, 2005, pp. 51—65.

57. Elie During, "How Much Truth Can Art Bear? On Badiou's 'Inaesthetics'", in *Plygraph*, Vol. 17, 2005, pp. 143—155.

58. Alexander Garcia Düttmann, "What Remains of Fidelity after Serious Thought", in Peter Hallward (ed.), *Think Again: Alain Badiou and the Future of Philosophy*, London: Continuum Books, 2004, pp. 202—7.

59. Terry Eagleton, "Subjects and Truths", in *New Left Review*, No. 9, 2001, pp. 155—160.

60. Terry Eagleton, *Figures of Dissent*: *Critical Essays on Fish*, in *Spivak*, *Zizek and Others*, London: Verso, 2003.

61. Oliver Feltham, "Singularity Happening in Politics: The Aboriginal Tent Embassy, Canberra 1972", in *Communication and Cognition*, Vol. 37, No. 3—4, 2004, pp. 225—245.

62. Oliver Feltham, *And Being and Event and...*: *Philosophy and Its Nominations*, in *Polygraph*, Vol. 17, 2005, pp. 27—40.

63. Oliver Feltham, "An Explosive Genealogy: Theatre, Philosophy and the Art of Presentation", in *Cosmos and History*, Vol. 1, No. 1—2, 2006, pp. 226—240.

64. Alan Filewood, "Impurity and the Postcolonial Subject", in *Performance Research*, Vol. 9, No. 4, 2004, pp. 95—98.

65. Bruce Fink, "Alain Badiou", in *UMBR* (a), No. 1, 1996.

66. Barbara Formis, "Event and Ready – Made: Delayed Sabotage", in *Communication and Cognition*, Vol. 37, No. 3—4, 2004, pp. 247—261.

67. Zachary Fraser, "The Law of the Subject: Alain Badiou, Luitzen Brouwer and the Kripkean Analyses of Forcing and the Heyting Calculus", in *Cosmos and History*, Vol. 1, No. 1—2, 2006, pp. 94—133.

68. Andrew Gibson, "Badiou, Beckett, Watt and the Event", in *Journal of Beckett Studies*, Vol. 12, No. 1—2, 2001, pp. 40—52.

69. Andrew Gibson, "Narrative Subtraction", in Jörg Helbig (ed.), Erzählen und Erzähltheorie im 20. Jahrhundert, Heidelberg, Carl Winter universitätsverlag, 2001, pp. 213—231.

70. Andrew Gibson, "Three Dialogues and Beckett's Tragic Ethics", Samuel Beckett Today/Aujourd'hui: An Annual Bilingual Review/in *Revue Annuelle Bilingue*, Vol. 13, 2003, pp. 43—54.

71. Andrew Gibson, "Repetition and Event: Badiou and Beckett", Com-

munication and Cognition, Vol. 37, No. 3—4, 2004, pp. 263—278.

72. Andrew Gibson, "Badiou and Beckett: Actual Infinity, Event, remainder", in *Polygraph*, Vol. 17, 2005, pp. 175—203.

73. Andrew Gibson, *Beckett and Badiou: The Pathos of Intermittency*, Oxford, Oxford University Press, 2007 (forthcoming).

74. Sam Gillespie, "Subtractive", in *UMBR* (a), No. 1, 1996, pp. 7—10.

75. sam Gillespie, "Hegel Unsutured (an Addendum to Badiou)", in *UMBR* (a), No. 1, 1996, pp. 57—69.

76. Sam Gillespie, "Neighborhood of Infinity: on Badiou's Deleuze: The Clamor of Being", in *UMBR* (a), No. 1, 2001, pp. 91—106.

77. Sam Gillespie, "Placing the Void – Badiou on Spinoza", in *Angelaki: Journal of the Theoretical Humanities*, Vol. 6, No. 3, 2001, pp. 63—77.

78. Sam Gillespie, "Beyond Being: Badiou's Doctrine of Truth", in *Communication and Cognition*, Vol. 36, No. 1—2, 2003, pp. 5—30.

79. Sam Gillespie, "The Mathematics of Novelty: Badiou's Minimalist Metaphysics", Nniversity of Warwick, Warwick, 2004.

80. Sam Gillespie, "Giving form to Its Own Existence: Anxiety and the Subject of Truth", in *Cosmos and History*, Vol. 1, No. 1—2, 2006, pp. 161—185.

81. Nancy Glazener, "The Novel, the Social, and the Event: An International Ethical Encounter", in Anna Fahraeus (ed.), *Textual Ethos Studies: or Locating Ethics*, New York, Rodopi, 2005, pp. 35—52.

82. Russell Grigg, "Lacan and Badiou: Logic of the Pas – tout", in *Filozofski vestnik*, Vol. 26, No. 2, 2005.

83. lindsey Hair, " 'I Love (u)': Badiou on Love, Logic, and Truth", in *Polygraph*, Vol. 17, 2005, pp. 127—142.

84. lindsey Hair, "Ontology and Appearing: Documentary Realism as a Mathematical Thought", Cosmos and History, Vol. 1, No. 1—2, 2006, pp. 241—262.

85. Peter Hallward, "Ethics Without others: A reply to Critchley on Badiou's Ethics", Radical Philosophy, Vol. 102, 2000, pp. 27—30.

86. Peter Hallward, "The Singular and the Specific: Recent French Philosophy", Radical Philosophy, No. 99, 2000, pp. 6—18.

87. Peter Hallward, "Badiou's politics: Equality and Justice", in Culture Machine: Generating Research in Culture and Theory, No. 4, 2002.

88. Peter Hhallward, Badiou: A Subject to Truth, Minneapolis, University of Minnesota Press, 2003.

89. Peter Hallward (ed.), Think Again: Alain Badiou and the Future of Philosophy, London: Continuum Books, 2004.

90. Peter Hallward, "Depending on Inconsistency: Badiou's Answer to the "guiding Question of All Contemporary Philosophy"", in Polygraph, Vol. 17, 2005, pp. 11—25.

91. G Helcinel, "A Century Beyond Good and Evil: on 'siecle' by Alain Badiou", in Esprit, No. 5, 2005, pp. 63—74.

92. Stefan Herbrechter, "Badiou, Derrida, and The Matrix: Cultural Criticism Between Objectless Subjects and Subjectless Objects", in Polygraph, Vol. 17, 2005, pp. 205—220.

93. Nick Hewlett, "Engagement and Transcendence: The Militant philosophy of Alain Badiou", in Modern & Contemporary France, Vol. 12, No. 3, 2004, pp. 335—352.

94. Dominiek Hoens, "The True is Always New: Essays on Alain Badiou", in Communication and Cognition, Vol. 36, No. 1—2, 2003, pp. 3—4.

95. Dominiek Hoens, "Miracles Do Happen: Essays on Alain Badiou", in Communication and Cognition, Vol. 37, No. 3—4, 2004, pp. 165—6.

96. Dominiek Hoens and Ed Pluth，"Working Through as a Truth procedure"，Communication and Cognition，Vol. 37，No. 3—4，2004，pp. 279—292.

97. Christian paul Holland，*Time for Paul：Lyotard，Agamben，Badiou*，Ph. D.，Emory University，Georgia，2004.

98. Hopley，Vit and Yve Lomax，"Immanent Trajectories"，in *Parallax*，Vol. 7，No. 4，2001，pp. 3—8.

99. Kirsten Hyldgaard，"Truth and knowledge in heidegger，lacan，and Badiou"，in *UMBR* (a)，No. 1，2001，pp. 79—90.

100. James Ingram D.，"Can Universalism Still Be Radical? Alain Badiou's Politics of Truth"，in *Constellations*，Vol. 12，No. 4，2005，pp. 561—573.

101. Sarah James，*The Rudiments of Ornamental Composition* / Constructed Works，2005.

102. Accessed Jenkins，Joseph Scott，*Inheritance Law as Constellation in Lieu of Redress：A Detour Through Exceptional Terrain*，Ph. D.，University of California，Los Angeles，California，2004.

103. Keith Jenkins，"Ethical Responsibility and the Historian：on the Possible End of a History 'of a Certain Kind'"，in *History and Theory*，Vol. 43，No. 4，2004，pp. 43—60.

104. A Johnston，"Nothing is Not Always No–One：(a) voiding love"，in *Filozofski vestnik*，Vol. 26，No. 2，2005，pp. 67—81.

105. S. H. Jones，and D. B. Clarke，"Waging Terror：The Geopolitics of the Real"，in *Political Geography*，Vol. 25，No. 3，2006，pp. 298—314.

106. Eleanor Kaufman，"Why the Family is Beautiful (lacan against Badiou)"，Diacritics，Vol. 32，No. 3/4，2002，pp. 135—151.

107. Eleanor Kaufman，"Betraying well"，in *Criticism*，Vol. 46，No. 4，2004，pp. 651—9.

108. Adrian Kear，"*Thinking Out of Time：Theatre and the Ethic of in-*

terruption", Performance Research, Vol. 9, No. 4, 2004, pp. 99—110.

109. P. T. Kroeker, "Whither Messianic Ethics? paul as political Theorist", in _Journal of the Society of Christian Ethics_, Vol. 25, No. 2, 2005, pp. 37—58.

110. Ernesto Laclau, "An Ethics of Militant Engagement", in Peter Hallward (ed.), _Think Again: Alain Badiou and the Future of Philosophy_, London: Continuum Books, 2004, pp. 120—137.

111. Mogens Laerke, "The Voice and the name: spinoza in the Badioudian Critique of deleuze", in _Pli: Warwick Journal of Philosophy_, No. 8, 1999, pp. 86—99.

112. Jean – Jacques Lecercle, "Alice and the sphinx", in _REAL: The Yearbook of Research in English and American Literature_, No. 13, 1997, pp. 25—47.

113. Jean – Jacques Lecercle, "Cantor, lacan, Mao, Beckett, Meme Combat: The philosophy of Alain Badiou", in _Radical Philosophy_, No. 93, 1999, pp. 6—13.

114. Jean Jacques Lecercle, "Badiou's poetics", in Peter Hallward (ed.), _Think Again: Alain Badiou and the Future of Philosophy_, London: Continuum Books, 2004, pp. 208—217.

115. Alex Ling, "Can Cinema Be Thought?: Alain Badiou and the Artistic Condition", in _Cosmos and History_, Vol. 1, No. 1—2, 2006, pp. 263—276.

116. Juliet flower MacCannell, "Alain Badiou: Philosophical Outlaw", in Gabriel Riera (ed.), _Alain Badiou: Philosophy and Its Conditions_, Albany, State University of New York, 2005, pp. 137—184.

117. Pierre Macherey, "The Mallarmé of Alain Badiou", in Gabriel Riera (ed.), Alain Badiou: _Philosophy and Its Conditions_, trans. Marilyn Gaddis Rose and Gabriel Riera, Albany, State University of New

York, 2005, pp. 109—115.

118. Norman Madarasz, "On Alain Badiou's Treatment of Category Theory in View of a Transitory ontology", in Gabriel Riera (ed.), *Alain Badiou: Philosophy and Its Conditions*, Albany: State University of New York, 2005, pp. 23—43.

119. Oliver Marchart, "Politics and the Political: An Inquiry into Post - Foundational Political Thought", Ph. D. , University of Essex (united kingdom), 2003.

120. Oliver Marchart, "Nothing But a Truth: Alain Badiou's "Philosophy of Politics" and the left heideggerians", in *Polygraph*, Vol. 17, 2005, pp. 105—125.

121. Todd May, "Badiou and Deleuze on the One and the Many", in Peter Hallward (ed.), *Think Again: Alain Badiou and the Future of Philosophy*, London: Continuum Books, 2004, pp. 67—76.

122. Tracy Mcnulty, "Feminine Love and the Pauline Universal", in Gabriel Riera (ed.), *Alain Badiou: Philosophy and Its Conditions*, Albany, State University of New York, 2005, pp. 185—212.

123. Bob Meister, " 'Never Again': The Ethics of the Neighbor and the logic of genocide", in *Postmodern Culture: An Electronic Journal of Interdisciplinary Criticism*, Vol. 15, No. 2, 2005.

124. Pierre - François Moreau, "Alain Badiou as a Reader of Spinoza", in *Pli: Warwick Journal of Philosophy*, Vol. 14, 2002.

125. Alberto Moreiras, "Children of light: Neo - Paulinism and the Cathexis of Difference (part i)", in *Bible and Critical Theory*, Vol. 1, No. 1, 2004, pp. 1—16.

126. Alberto Moreiras, "Children of Light: Neo - Paulinism and the Cathexis of Difference (part Ⅱ)", Bible and Critical Theory, Vol. 1, No. 2, 2005, pp. 1—13.

127. Valentine Moulard, "Thought as Modern Art or the Ethics of perver-

sion", Philosophy Today, Vol. 48, No. 3, 2004, pp. 288.

128. B. Madison Mount, "The Cantorian Revolution: Alain Badiou on the philosophy of Set Theory", in Polygraph, No. 17, 2005, pp. 41—91.

129. Julian Murphet, "Cultural Studies and Alain Badiou", in Gary Hall and Clare Birchall (eds.), New Cultural Studies, Edinburgh, Edinburgh university press, 2006.

130. Jean Luc Nancy, "Philosophy Without Conditions", in Peter Hallward (ed.), Think Again: Alain Badiou and the Future of Philosophy, London: Continuum Books, 2004, pp. 39—49.

131. Toula Nicolacopoulos, and George Vassilacopoulos, "Philosophy and revolution: Badiou's infidelity to the Event", in Cosmos and History, Vol. 1, No. 1—2, 2006, pp. 210—225.

132. Benjamin Noys, "Badiou's Fidelities: Reading the Ethics", in Communication and Cognition, Vol. 36, No. 1—2, 2003, pp. 31—44.

133. Benjamin Noys, "The Provocations of Alain Badiou", in Theory, Culture and Society, Vol. 20, No. 1, 2003, pp. 123—132.

134. Adi Ophir, and Ariella Azoulay, "The Contraction of Being: deleuze After Badiou", in UMBR (a), no. 1, 2001, pp. 107—120.

135. E. J. Palti, "Poststructuralist Marxism and the 'Experience of the Disaster.' on Alain Badiou's Theory of the (Non -) Subject", in The European Legacy, Vol. 8, No. 4, 2003, pp. 459—480.

136. Rajeev Patel, "Global Fascism Revolutionary Humanism and the Ethics of Food Sovereignty", in Development, Vol. 48, No. 2, 2005, p. 79.

137. D Pekerow, "The Evental Site of Resistance: Badiou As Supplement to foucault", in International Studies in Philosophy, Vol. 37, No. 2, 2005, pp. 57—80.

138. Ed Pluth, and Dominiek Hoens, "What If the Other is Stupid? Badi-

ou and Lacan on 'logical Time'", in Peter Hallward (ed.), *Think Again: Alain Badiou and the Future of Philosophy*, London: Continuum Books, 2004, pp. 182—190.

139. Nina Power, "Towards an Anthropology of Infinitude: Badiou and the Political Subject", in *Cosmos and History*, Vol. 1, No. 1—2, 2006, pp. 186—209.

140. Jean – Michel Rabaté, "Unbreakable B's: from Beckett and Badiou to the Bitter End of Affirmative Ethics", in Gabriel Riera (ed.), *Alain Badiou: Philosophy and Its Conditions*, Albany: State University of New York, 2005, pp. 87—108.

141. C Ramond, and A. Badiou, "Poetry as a Condition of Philosophy: Interview with Alain Badiou", in *Europe – Revue Litteraire Mensuelle*, Vol. 78, No. 849—850, 2000, pp. 65—75.

142. Jacques Rancière, "Aesthetics, Inaesthetics, Anti – Aesthetics", in Peter Hallward (ed.), *Think Again: Alain Badiou and the Future of Philosophy*, London: Continuum Books, 2004, pp. 218—31.

143. F Regard, "The Ethics of Biographical Reading: A Pragmatic Approach", in *Cambridge Quarterly*, Vol. 29, No. 4, 2000, pp. 394—408.

144. J Reinelt, "Theatre and Politics: Encountering Badiou", in *Performance Research*, Vol. 9, No. 4, 2004, pp. 87—94.

145. Kenneth Reinhard, "Universalism and the Jewish Exception: Lacan, Badiou, Rozenzweig", in *UMBR* (a), No. 1, 2005.

146. Revault d'Allones, M. , "Who is Afraid of Politics? A Response to a Recent Book by Alain Badiou", *Esprit*, No. 12, 1998, pp. 236—242.

147. Gabriel Riera, "Alain Badiou After the 'Age of poets'", (a): in *A Journal of Culture and the Unconscious*, Vol. 1, No. 1, 2000, pp. 10—33.

148. Gabriel Riera, "For an 'Ethics of Mystery': Philosophy and the poem", in Gabriel Riera (ed.), *Alain Badiou: Philosophy and Its Conditions*, Albany: State University of New York, 2005, pp. 61—85.

149. Alain Badiou, and L. Sedofsky, "Being by Numbers: Interview with Artists and Philosopher Alain Badiou", in *Artforum*, Vol. 33, No. 2, 1994, pp. 84—90.

150. Skidelsky, Edward, "Bogus Philosophy", in *New Statesman*, Vol. 14, No. 657, 2001, p. 51.

151. A. M. Smith, Sheridan, "Three New Novelists: JMg le Clezio, Didier Coste and Alain Badiou", in *London Magazine*, No. 4, 1964, pp. 61—64.

152. Daniel W. Smith, "Mathematics and the Theory of Multiplicities: Badiou and Deleuze revisited", in *Southern Journal of Philosophy*, Vol. 41, No. 3, 2003, pp. 411—449.

153. Daniel W. Smith, "Badiou and Deleuze on the Ontology of Mathematics", in Peter Hallward (ed.), *Think Again: Alain Badiou and the Future of Philosophy*, London: Continuum Books, 2004, pp. 77—93.

154. Brian Anthony Smith, "The limits of The subject in Badiou's Being and Event", in *Cosmos and History*, Vol. 1, No. 1—2, 2006, pp. 134—158.

155. Yannis Stavrakakis, "Re - Activating the Democratic Revolution: The Politics of Transformation Beyond Reoccupation and Conformism", in *Parallax*, Vol. 9, No. 2, 2003, pp. 56—71.

156. Carsten Strathausen, "The Badiou - Event", in *Polygraph*, No. 17, 2005, pp. 275—293.

157. Amanda Stuart Fisher, "Developing an Ethics of Practice in Applied Theatre: Badiou and Fidelity to the Truth of the Event", in *Research*

in Drama Education, Vol. 10, no. 2, 2005, pp. 247—252.

158. Giuseppe Tassone, "Amoral Adorno: Negative Dialectics Outside Ethics", in *European Journal of Social Theory*, Vol. 8, No. 3, 2005, pp. 251—267.

159. Simon Tormey, "A 'Creative power'? The Uses of Deleuze. A Review Essay", in *Contemporary Political Theory*, Vol. 4, No. 4, 2005, p. 414.

160. Alberto Toscano, "From the State to the World? Badiou and Anti-Capitalism", in *Cosmos And History Communication and Cognition*, Vol. 37, No. 3—4, 2004, pp. 199—223.

161. Alberto Toscano, "Communism As separation", in Peter Hallward (ed.), *Think Again: Alain Badiou and the Future of Philosophy*, London: Continuum Books, 2004, pp. 138—149.

162. Alberto Toscano, "The Bourgeois and the Islamist, or, The other Subjects of Politics", in *Cosmos and History*, Vol. 1, No. 1—2, 2006, pp. 15—38.

163. Nathan Widder, "The Rights of Simulacra: Deleuze and the Univocity of Being", in *Continental Philosophy Review*, Vol. 34, No. 4, 2001, pp. 437—453.

164. Matthew Wilkens, "Introduction: The Philosophy of Alain Badiou", in *Polygraph*, No. 17, 2005, pp. 1—9.

165. Slavoj Zizek, "Psychoanalysis in Post-Marxism: The Case of Alain Badiou", in *The South Atlantic Quarterly*, Vol. 97, No. 2, 1998, pp. 235—261.

166. Slavoj Zizek, *The Ticklish Subject: The Absent Centre of Political Ontology*, New York, Verso, 2000.

167. Slavoj Zizek, "Is There a Politics of Subtraction? Badiou Versus Lacan", in *Communication and Cognition*, Vol. 36, No. 1—2, 2003, pp. 103—119.

168. Slavoj Zizek, "From Purification to Subtraction: Badiou and the Real", in Peter Hallward (ed.), *Think Again: Alain Badiou and the Future of Philosophy*, London: Continuum Books, 2004, pp. 165—181.

169. Slavoj Zizek, "Notes on a Debate 'From Within the People'", in *Criticism*, Vol. 46, No. 4, 2004.

170. Slavoj Zizek, *Lacan: The Silent Partners*, London: Verso, 2006.

171. Slavoj Zizek, "Badiou: Notes from an Ongoing Debate", in *International Journal of Zizek Studies*, Vol. 1, 2006.

172. Slavoj Zizek with Joshua Delpech - Ramey, "On Divine Self - Limitation and Revolutionary Love", in *Journal of Philosophy & Scripture*, Spring.

173. Alenka Zupančič, "The Fifth Condition", in Peter Hallward (ed.), *Think Again: Alain Badiou and the Future of Philosophy*, London: Continuum Books, 2004, pp. 191—201.

三 中文部分

（一）编著

1. ［法］阿尔都塞：《保卫马克思》，顾良译，商务印书馆 2006 年版。

2. ［法］阿尔都塞、巴里巴尔：《读〈资本论〉》，李其庆、冯文光译，中央编译出版社 2001 年版。

3. ［法］阿尔都塞：《哲学与政治：阿尔都塞读本》，陈越编译，吉林人民出版社 2003 年版。

4. ［法］阿兰·巴丢：《世纪》，蓝江译，南京大学出版社 2011 年版。

5. ［法］阿兰·巴丢：《爱的多重奏》，邓刚译，华东师范大学出版社 2012 年版。

6. ［法］贝克特：《马龙之死》，阮蓓、余中先译，湖南文艺出版社 2006 年版。

7. ［法］贝克特：《看不清道不明》，谢强、袁晓光等译，湖南文艺出版社 2006 年版。

8. ［古希腊］柏拉图：《柏拉图全集》（四卷），王晓朝译，人民出版社 2003 年版。

9. ［古希腊］柏拉图：《理想国》，郭斌和、张竹明译，商务印书馆 1986 年版。

10. ［英］查尔斯·查德维克：《象征主义》，肖聿译，北岳文艺出版社 1989 年版。

11. ［法］茨维坦·托多洛夫：《批评的批评：教育小说》，王东亮、王晨阳译，生活·读书·新知三联书店 2002 年版。

12. ［法］弗朗索瓦·多斯：《从结构到解构：法国 20 世纪思想主潮》，季广茂译，中央编译出版社 2004 年版。

13. ［日］福原泰平：《拉康镜象哲学阶段》，王小峰、李濯凡译，河北教育出版社 2002 年版。

14. ［德］海德格尔：《海德格尔选集》，孙周兴选编，上海三联书店 1996 年版。

15. ［德］海德格尔：《面向思的事情》，陈小文、孙周兴译，商务印书馆 1996 年版。

16. ［德］海德格尔：《存在与时间》，陈嘉应、王庆节译，上海三联书店 1986 年版。

17. ［德］黑格尔《美学》第一卷，朱光潜译，商务印书馆 1996 年版。

18. ［法］吉尔·德勒兹、菲力克斯·迦塔利：《什么是哲学》，张祖建译，湖南文艺出版社 2007 年版。

19. ［日］今村仁司：《阿尔都塞：认识论的断裂》，河北教育出版社 2001 年版。

20. ［瑞士］凯塞尔：《语言的艺术作品——文艺学引论》，陈铨译，上海译文出版社 1984 年版。

21. ［法］列维：《萨特的世纪——哲学研究》，闫素伟译，商务印书馆 2005 年版。

22. ［法］罗兰·巴特：《批评文集》，瑟依出版社 1964 年版。

23. ［英］马丁·艾斯林：《荒诞派戏剧》，华明译，河北教育出版社 2003 年版。

24. [法] 马拉美：《马拉美诗全集》，葛雷、梁栋译，浙江文艺出版社 1997 年版。

25. [斯洛文尼亚] 齐泽克：《敏感的主体》，应奇、陈丽微等译，江苏人民出版社 2006 年版。

26. [法] 萨特：《萨特文集》，沈志明、艾珉主编，人民文学出版社 2005 年版。

27. [法] 萨特：《辩证理性批判》（全两卷），林骧华等译，安徽文艺出版社 1998 年版。

28. [法] 萨特：《存在主义是一种人道主义》，周煦良、汤永宽译，上海译文出版社 1988 年版。

29. [美] 希里斯·米勒：《文学死了吗》，秦立彦译，广西师范大学出版社 2007 年版。

30. [古希腊] 亚里士多德：《诗学》，罗念生等译，人民文学出版社 1962 年版。

31. [英] 詹姆斯·诺尔森（文）、[英] 约翰·海恩斯（图）：《贝克特肖像》，王绍祥译，上海人民出版社 2006 年版。

32. 陈永国主编：《激进哲学：阿兰巴丢读本》，北京大学出版社 2010 年版。

33. 程党根：《游牧思想与游牧政治试验——德勒兹后现代哲学思想研究》，中国社会科学出版社 2009 年版。

34. 杜声锋：《拉康结构主义精神分析学》，远流出版事业股份有限公司 1988 年版。

35. 杜小真：《一个绝望者的希望：萨特引论》，上海人民出版社 1988 年版。

36. 高宣扬：《当代法国哲学导论》，同济大学出版社 2004 年版。

37. 黄作：《不思之说——拉康主体理论研究》，人民出版社 2005 年版。

38. 黄晋凯等主编：《象征主义·意象派》，中国人民大学出版社 1989 年版。

39. 金元浦：《文学解释学——文学的审美阐释与意义生成》，东北师范大学出版社 1997 年版。

40. 金元浦：《接受反应文论》，山东教育出版社 1998 年版。

41. 金元浦、陶东风：《阐释中国的焦虑——转型时代的文化解读》，中国国际广播出版社 1998 年版。

42. 金元浦：《"间性"的凸现》，中国大百科全书出版社 2002 年版。

43. 金元浦：《范式与阐释》，广西师范大学出版社 2003 年版。

44. 金丝燕：《文学接受与文化过滤——中国对法国象征主义诗歌的接受》，
中国人民大学出版社 1994 年版。

45. 刘小枫：《诗化哲学》，华东师范大学出版社 2007 年版。

46. 卢永茂等：《贝克特的小说研究》，河南大学出版社 1995 年版。

47. 柳扬编译：《花非花——象征主义诗学》，旅游教育出版社 1997 年版。

48. 马元龙：《雅克·拉康：语言维度中的精神分析》，东方出版社 2006 年版。

49. 万书辉：《文化文本的互文性书写：齐泽克对拉康理论的阐释》，巴蜀
书社 2007 年版。

50. 汪民安主编：《生产》第三辑，广西师范大学出版社 2006 年版。

51. 王治河主编：《后现代主义辞典》，中央编译出版社 2004 年版。

52. 张奎志：《西方思想史中诗与哲学的论争与融合》，黑龙江大学，博士
论文，2007 年。

53. 张亘：《马拉美作品中的"否定观"》，武汉大学博士学位论文，2005
年（后在法国出版，张亘：《马拉美作品中的否定观》，法国格鲁伯出
版社 2008 年版）。

54. 张一兵：《问题式、症候阅读与意识形态——关于阿尔都塞的一种文本
学解读》，中央编译出版社 2003 年版。

55. 赵毅衡编选：《符号学文学论文集》，百花文艺出版社 2004 年版。

56. 周国平编：《诗人哲学家》，上海人民出版社 2005 年版。

（二）论文

1. ［法］阿兰·巴丢：《哲学与政治》，杜小真译，《国外理论动态》2006
年第 12 期。

2. ［法］阿兰·巴丢：《共产主义的构想》，赵文译，《国外理论动态》2008
年第 10 期。

3. ［法］阿兰·巴丢：《一分为二》，肖辉、陶长安译，《国外理论动态》
2008 年第 11 期。

4. ［法］阿兰·巴丢：《当代法国哲学思潮》，陈杰、李谶译，《国外理论动态》2008 年第 11 期。

5. ［法］阿兰·巴丢：《革命与马克思主义》（访谈），刘胜坤等编：《国外理论动态》2008 年第 11 期。

6. ［法］阿兰·巴丢：《巴丢论当前金融危机》，肖辉、张春颖译，《国外理论动态》2009 年第 10 期。

7. ［法］阿兰·巴丢：《巴丢论当前经济危机与法国当前形势》，肖辉译，《国外理论动态》2009 年第 10 期。

8. ［法］阿兰·巴丢：《语言、思想、诗歌》，伊索尔译，《诗选刊》2008 年第 8 期。

9. ［法］阿兰·巴丢：《〈萨科齐的意义〉英文版导言》，鞠振、王志超译，《国外理论动态》2010 年第 6 期。

10. ［法］阿兰·巴丢：《电影的虚假运动》，谭笑晗、肖熹译，《电影艺术》2012 年第 5 期。

11. ［法］阿兰·巴丢：《身体·语言·真理?》，艾士薇译，《当代艺术与投资》2011 年第 5 期。

12. ［法］阿兰·巴丢：《〈瓦格纳五讲〉前言》，艾士薇译，《当代艺术与投资》2011 年第 4 期。

13. ［法］阿兰·巴丢：《电影作为哲学实验》，李洋译，《文艺理论研究》2013 年第 4 期。

14. ［斯］齐泽克：《后马克思主义中的精神分析——以阿兰·巴丢为例》，白新欢、丘晓丹编译，《马克思主义研究》2006 年第 6 期。

15. ［英］詹姆斯·D. 英格拉姆：《普遍主义仍然是激进思想吗? ——阿兰·巴丢的真理政治》，汤红娟译，《国外理论动态》2008 年第 8 期。

16. ［英］尼克·胡列特：《政治作为思想——阿兰·巴丢政治理论的矛盾性》，杨晓蓉译，《国外理论动态》2008 年第 8 期。

17. ［美］布鲁诺·博斯提尔斯：《后毛主义：巴丢与政治》（上、下），陈橙译，《国外理论动态》2009 年第 6、7 期。

18. ［美］王璞：《七十年代：政治消逝的时刻——谈巴丢的〈主体理论〉》，

《书城》2010 年第 8 期。

19. 艾士薇：《从"非美学"看巴丢的当代艺术观》，《文艺理论与批评》2013 年第 1 期。

20. 艾士薇：《巴丢论传统美学的三种方案与"重述美学史"》，《东岳论丛》2013 年第 2 期。

20. 艾士薇：《巴丢对传统哲学的反思与真理观重构》，《学习与实践》2013 年第 4 期。

22. 朵渔：《诗如何思——巴丢诗学札记（节选）》，《名作欣赏》2013 年第 10 期。

23. 葛雷：《再论马拉美与中国诗》，《外国文学研究》1986 年第 1 期。

24. 金元浦：《文化：在全球舞台上的竞争》，《人民日报》2008 年 2 月。

25. 金元浦：《文化研究：学科大联合的事业》，《社会科学战线》2005 年第 1 期。

26. 金元浦：《文艺学的问题意识与文化的转向》，《中国人民大学学报》2003 年第 6 期。

27. 金元浦：《当代艺术创新是一个复合工程》，《文艺研究》2003 年第 2 期。

28. 金元浦：《当代文艺学的文化的转向》，《社会科学》2002 年第 3 期。

29. 蓝江：《回归柏拉图：事件、主体和真理——阿兰·巴丢哲学简论》，《南京大学学报》2009 年第 3 期。

30. 蓝江：《谁是阿兰·巴丢》，《南京社会科学》2009 年第 6 期。

31. 蓝江：《"马克思主义并不存在"——巴丢在何种意义上是一个"后马克思主义者"》，《山东社会科学》2010 年第 2 期。

32. 蓝江：《"类性溢出"的社会变革：论巴丢对阿尔都塞的社会变革理论的批判性继承》，《社会科学辑刊》2010 年第 6 期。

33. 蓝江：《从元结构走向类性真理：浅析巴丢的〈元政治学纲要〉》，《马克思主义与现实》2010 年第 6 期。

34. 蓝江：《政治性与政治：后原教旨主义的政治视野——以穆芙和巴丢为例》，《江苏社会科学》2011 年第 1 期。

35. 蓝江：《巴黎公社与共产主义观念：析巴丢的解放政治学逻辑》，《南京大学学报》2011 年第 3 期。

36. 蓝江：《德勒兹的本体论与永恒轮回：浅析巴丢对德勒兹的批判》，《现代哲学》2011 年第 5 期。

37. 蓝江：《在世之中的真理的身体：阿兰·巴丢的现象学转向》，《哲学动态》2011 年第 11 期。

38. 李洋：《电影美学的十个论题——阿兰·巴丢、电影美学评述》，《文艺研究》2013 年第 9 期。

39. 吕清平、蔡大平：《西方学界关于巴丢思想研究综述》，《国外理论动态》2010 年第 6 期。

40. 秦海鹰：《文学如何存在——马拉美诗论与法国二十世纪文学批评》，《外国文学评论》1995 年第 3 期。

41. 谭笑晗：《论阿兰·巴丢的电影美学——以〈电影的虚假运动〉为中心》，《长春大学学报》2013 年第 7 期。

42. 王璞：《七十年代：政治消逝的时刻——谈巴丢的〈主体理论〉》，《书城》2010 年第 8 期。

43. 王金林：《论巴丢的"共产主义假设"》，《马克思主义与现实》2010 年第 3 期。

44. 王雅华：《难以命名、异延、意义之谜团》，《外国文学评论》2006 年第 3 期。

45. 阎小青：《后现代主义的挽歌——试论巴丢的〈小万神殿〉》，《名作欣赏》2012 年第 3 期。

46. 查鸣：《艺术内化与哲学之中的非美学思想——论巴丢的美学思想》，《西华师范大学学报》2012 年第 3 期。

47. 张莉莉：《"创造真理"：从存在到逻辑——评阿兰·巴丢〈世界的逻辑〉》，《哲学分析》2010 年第 3 期。

48. 张莉莉：《从历史到主体性——资本主义是阿兰·巴丢意义上的空无吗?》，《当代国外马克思主义评论》〈年刊〉2012 年。

49. 张奎志：《西方思想史中诗与哲学的论争与融合》，黑龙江大学，博士论文，2007 年。

50. 张士民:《对贝克特文学风格的文体学研究》,《国外文学》2010 年第 1 期。

51. 郑克鲁:《象征的多层意义和晦涩——马拉美的诗歌创作》,《复旦大学学报》1995 年第 6 期。

52. 钟尹:《论荒诞派戏剧中的喜剧策略》,《南方文坛》2009 年第 2 期。

附录一 关键词法、英、中对照表

appartenance	belionging	属于
inclusion	inclusion	包含
compte – pour – un	count – as – one	计数为一
déduction	deduction	减法
discernable	disernible	可辨识的
être	being	存在
état de la situation	state of the situation	情势状态
excès	excess	过剩
événement	event	事件
fidélité	fidelity	忠诚
indécidable	undecidable	不可判定的
indiscernalbe	indisernible	不可辨识的
inesthétique	inaesthetics	非美学
intraphilosophiques	intraphilosophical	哲学内部的
intervention	intervention	介入、干预
le fini	finity	有限
le generique	generic	类属
le forcage	forcing	力迫
l'être – en – tant – ue'être	being qua being	在者在
l'infini	infinity	无限
métastructure	metastructure	元结构
métaontologique	metaontology	元本体论
mise – en – un	forming – into – one	形式化为一
multiple pur	pure multiple	纯多

续表

operation	operation	操作
ontologie	ontology	本体论
objet	object	对象
situation	situation	情势、情境
suture	suture	缝合
subjectivation	subjectivization	主体化
sujet	subject	主体
ultra – un	ultra – one	太一
vérités	truth	真理
vide	viod	空

附录二 人名中英文对照表

Alberto Toscano	阿尔伯特·托斯卡诺
Antonio Calcagno	安东尼奥·卡尔卡诺
Albert Lautmann	阿尔伯特·劳特曼
Bruno Bosteels	布鲁诺·博斯提尔斯
Christopher Norri	克里斯托弗·诺瑞
Daniel W. Smith	丹尼尔·史密斯
Etienne Balibar	埃蒂安·巴利巴尔
Ernesto Laclau	恩斯特·拉克劳
Fabien Tarby	法比安·塔比
Felix Guattari	菲力克斯·伽塔利
Gabriel Riera	盖布瑞尔·里耶拉
Georges Ganguilhem	乔治·康吉莱姆
Gilles Deleuze	吉尔·德勒兹
Jacques Rancière	雅克·朗西埃
Jason Barker	詹森·巴克
Jean – François Lyotard	让—弗朗索瓦·利奥塔
Jean Paul Sartre	让·保罗·萨特
Jean – Luc Nancy	让—吕克·南希
Jean – Michel Rabate	让—米歇尔·拉巴特
Jacques Lacan	雅克·拉康
Jean Cavailles	让·卡瓦耶斯
Jean Hyppolite	让·伊波利特
Justin Clemes	朱斯汀·克莱门斯

Juliet Flower	朱丽叶·弗拉沃
Joan Copjec	琼·考詹克
Luc Ferry	吕克·费里
Louis Althusser	路易斯·阿尔都塞
Norman Madarasz	诺曼·毛德拉斯
Miguel De Beistegui	米格尔·德·贝斯特古
Mac Cannellt	马克·康奈尔
Oliver Feltham	奥里弗·费尔萨姆
Paul Ashton	保罗·安什顿
Peter Hallward	彼德·霍尔沃德
Pierre Macherey	皮埃尔·马舍雷
Sam Gillespie	山姆·吉莱斯皮
Simon Critchley	西蒙·克里奇利
Slavoj Zizek	斯拉沃热·齐泽克
Todd May	多德·梅
Tracy McNluty	特雷西·麦克纳尔蒂

后　记

　　2011 年，我结束了在中国人民大学难忘的三年博士研究生学习，取得了文艺学的博士学位，呈现在眼前的这本小书，算是这三年学习的一点收获吧！

　　然而，并非一切"收获"都令人欣喜，在这本书即将付梓的时刻，我的心情却有几分沉重。回想起三年人大求学的点点滴滴，回想起三年里身边的每位师长、朋友对自己的教诲、帮助，回想起论文选题、开题到写作过程中的日日夜夜，不禁心潮起伏，感触良多。

　　在 2009 年上半年的专业课上，第一次听说了"巴丢"的名字。随后，杨慧林教授、耿友壮教授、张永清教授、陈奇佳老师及我的导师金元浦教授，都多次提到巴丢及其思想，提到国外目前正在掀起巴丢研究的热潮。于是我将巴丢的文艺思想，作为这次专业讨论课上自己研读汇报的题目。随着资料的不断丰富，及对巴丢思想了解的逐渐深入，最终确定了以巴丢文艺思想研究作为自己将来的博士论文选题。然而，面对巴丢著作资料全部是法文原著及英文译本，而无一中译本的现状，也曾无数次打算"知难而退"，但在导师、同学的鼓励下，最终咬紧牙关，决定挑战自我，走上了艰难的"巴丢思想之旅"。

　　为了更准确地把握巴丢法语原著的思想，我从 2009 年暑假开始，通过报辅导班和自学的方式，学习法语，常常是对照着法语原著、英文译本，查阅着法语和英语词典，一点点翻译他的重要著作和论文。记不清多少个通宵伏案的夜晚之后，伴随着清晨的第一缕阳光，拖着沉重的双腿走进学校餐厅。其中的艰辛只有自己才能体会。正是由于自己法语方面的薄弱，加上巴丢思想本身的繁复、深邃，造成了对其思想观点、概念、术语的理解、翻译常常困难重重，甚至会有这样那样的不妥乃至错误。因此，在这本小书即将出版的时刻，我唯恐自己的浅薄会贻笑于方家。

在博士论文即将出版之际，我首先要感谢我的导师金元浦教授。虽然我在学习研究的过程中付出了辛劳，然而，金老师却是为了我的成长而付出了不少心血。博士论文从选题、开题到具体写作过程，每个环节都融进了导师的悉心指导和谆谆教诲。在治学方面，金老师教导我们要彻底抛弃保守传统的思想观念和思维方式；要形成开放多元的全球化学术视野；要在自己的学术领域里勇于探索，力据前沿；更要脚踏实地，打好基本功，努力拼搏。在生活和工作方面，金老师更是给予了我无微不至的关怀。他既是导师，更像父辈和朋友。恩师不但是我学业上的引路人，更是我辈学习的榜样。他不仅学术上造诣深厚，在学术的前沿孜孜以求，而且注重理论联系现实，在文化研究、文化创意产业研究等方面成果卓著。虽年已六旬，却依然精力充沛，在自己的学术道路上永不停息地奔波着，常令我辈自愧不如！在此，我向导师由衷地道一声"谢谢您！请您保重身体！"

同时，要特别感谢张永清教授。从入学时起，他在我的学业上就给予了大力的帮助和指导。张老师严谨的治学风格，宽厚谦和的为人，都值得我永远学习。还要感谢陈奇佳老师，在他的课上为我提供了关于巴丢的重要学术信息。还有马元龙老师、杨慧林老师、耿友壮老师、张法老师、程光炜老师、孙郁老师、许鹏老师、卢铁鹏老师、李炳海老师等，他们丰厚的学养，课堂上丰富的学术知识传授，使我一次次获得思想的启迪和知识的升华。谢谢你们！

另外，还要感谢我的硕士生导师邢建昌教授，感谢他多年来在我学业、工作、生活上给予的教导、帮助和支持。感谢他在我求学期间所给予的鼓励和帮助。感谢我们教研室的各位同事，在我三年脱产学习期间所给予的大力支持。感谢李有光、董树宝、张力、张宁、王林生、庄鹏涛、刘颜玲、程艳、牛军、张爱武、史岩林、刘建辉等同学、朋友的帮助。

还要特别感谢我的家人。感谢我的妻子谢永红女士，在我求学期间，她独自承担了一切家务，还要照顾父母、教育儿子。我之所以能顺利地完成自己的学业，离不开妻子多年来的辛勤付出，感谢她和我们聪明懂事的儿子。还要感谢我的父母、两位姐姐和姐夫，感谢他们默默的支持和无限的关爱。

最后，我还要感谢中国社会科学出版社对本书出版的大力支持，感谢出版社文学艺术与新闻传播出版中心郭晓鸿副主任，感谢编辑熊瑞对本书进行的认真负责、一丝不苟的编辑和校对。

本书的出版虽是博士阶段学习的一个小结，然而我对巴丢思想的学术探求之路才刚刚起步！

毕日生
2013 年 9 月 8 日于石家庄